U0924293

行政裁量的构造与审查

王贵松◎著

中国人民大学出版社

·北京·

目　录

绪　言

在我国，行政裁量已渐渐成为行政法学的核心概念之一。行政裁量具有丰富内涵和多重面相，可以从不同角度观察研究，可以说是一个极具魅力的基本范畴。

一、行政裁量的复眼观察

行政裁量，可以有种种界定，简单而言，即行政在法定限度内所享有的判断和行动的自由。从微观的行政决定过程来看，行政机关首先认定要件事实（主要证据），对是否符合法定要件作出判断，进而根据其他因素，作出是否处理、如何处理的选择。如果要彻底贯彻法治行政的原理，法规就要以一义性的概念来规定行政决定的要件和内容，并在认定了要件之后即课予作出该行政决定的义务。但如此则难以应对复杂多变的社会生活现实。这时，立法者就要以抽象的概念来表达行政决定的要件和内容，用可以式规定授权给行政机关。当然，如果能有更为具体的概念来规定时，也不允许立法者使用不必要的高度抽象的概念，否则将违反宪法上的人格尊严和平等原则。在宪法的制约范围内，拘束行政机关到何种程度、授予其何种程度的裁量权，取决于立法者的意志。① 基于立法者的政策判断，现实中多数的法律均在一定程度上承认行政机关判断和行为选择的自由。我们常说的行政裁量，到底是在法的执行层面上，还是在法的实现层面上而言的，值得深思。研究行政裁量，既要

---

① ［日］杉村敏正『法の支配と行政法』（有斐閣、1970 年）201～202 頁参照（附注：日文文献的中文译法可参见本书的参考文献日文部分）。

考虑其法的执行性，也要顾及行政的有限创造性。

行政裁量，可谓行政法根本问题的缩影。这里既有立法、行政、司法三种国家机关之间的权限分工与制约，又有国家对私人权利的尊重与保护。剥夺行政机关的裁量权，由立法者预定一切规则，不仅在事实上不可想象，在原理上也违反分权原则。行政裁量有其存在的价值，在社会高度复杂化的今天，裁量领域呈现出扩大的趋势，但行政机关恣意行使裁量权的可能性也在扩大。立法者授予行政机关裁量权，目的在于藉由行政裁量实现法律之下的个案正义，而这又构成了行政裁量的限制。在行政裁量权的行使过程中，行政机关享有的只是一定限度内的自由。其限度或者界限何在，司法机关能否为受到侵害的私人提供救济、能够提供怎样的救济、进行何种强度的审查，关系到立法者的意志在行政领域的实现，关系到行政机关与司法机关的权限分配，关系到个人权利的空间与效力，归根到底均关涉法治行政的实现。根据法治行政的要求，应当将法的规定和价值贯彻到行政裁量领域，确保法在行政裁量中的实现。

二、本书的主要思考

行政裁量的理论问题林林总总，在各论中的问题更为复杂。有关行政裁量的研究文献已浩如烟海，所涉领域也是非常广阔。鉴于自身的研究能力和兴趣、基于对中国当下行政裁量理论和实践的判断，本书并不打算体系性地研究行政裁量问题，而拟展开专题探讨，以法释义学为径路，剖析行政裁量的内在构造，从行政过程论的角度构建行政裁量的规范和审查之道。本书所作行政裁量总论性思考主要涉及以下一些方面：

◎行政裁量的本质

行政裁量的本质何在，曾是行政裁量学说史上的一大焦点。从立法与行政的关系而言，是法为行政设定的限制或边界，还是法授予行政的自由权限？从行政与司法的关系而言，是行政不受干预的自由，还是让其合乎目的行使的义务？是设定独立基准的承认，还是决定和选择的自由？行政裁量究竟是一个怎样的过程，能否归结为法律解释的问题，利益衡量、价值判断在其中扮演怎样的角色？裁量是仅为意志问题，还是兼有认识和意志的问题？

◎行政裁量的存在空间

在行政裁量的学说史上，一直存在要件裁量和效果裁量的论争。法律要件中是否存在裁量选择，还是只存在认识判断？法律效果中是否存在裁量？如果承认效果裁量，那么，在得出法律效果的过程中，哪些环节存在裁量？事实的认定是否存在裁量？法律的解释、法律的涵摄过程中是否存在裁量？通常的所谓裁量，只是在实体意义上而言的，程序的裁量在裁量的体系中占据何种地位，又该如何定性？

◎行政裁量的立法技术

行政裁量可以说是一把双刃剑。在行政领域，法律的实现必须借助于行政裁量。法律在授予行政机关以裁量权时，也要有防止行政裁量权滥用的立法技术。将原先的粗放式立法改为精细式立法，详细规定行政权限的发动要件与效果，是非常必要的。但只要是立法，就可能多多少少存在裁量。纯粹实体上的规范是不够的。那么，可否从程序上、过程上进行整体设计呢？除了私人参与的法定化、信息公开制度的充实等之外，说明理由义务的法定化、设定裁量基准的义务化等，如何在裁量的规范化中发挥其功能？

◎行政裁量基准

行政裁量基准是近年来的一大热点。为什么要设定裁量基准？其规范上的要求来源于何处？设定裁量基准是否与授权裁量的目的相悖？能否承认裁量基准具有法的性质？裁量基准为什么在行政过程中会具有拘束力？谁有权设定裁量基准，究竟是有裁量权的一切主体，还是只“下放”到某一层级的行政机关？设定裁量基准是要遵循特定的程序，还是仅遵循个案中的裁量行为一般程序？在设定了裁量基准之后，公务人员机械适用裁量基准，又该如何处理？裁量基准与个案考虑的义务之间存在冲突，这种冲突该如何解决？司法如何审查裁量基准？裁量基准在合法性的判断中起着怎样的作用，违反裁量基准是否就意味着违法？

◎行政裁量的界限与瑕疵

在传统行政法的实定法和理论中，秉持着裁量不予审理的原则。那么，行政裁量有无界限与瑕疵的问题？行政裁量的界限论或瑕疵论的提出，对行政裁量的传统理论会造成怎样的影响？行政裁量存在怎样的界限？哪些才能称为行政裁量的界限？由此，行政裁量的瑕疵有哪些，如何类型化？

承认行政裁量有可能存在瑕疵，也就是也可能违法，那么，裁量问题与法律问题是对立的问题（二元论，是裁量，就没有合法性问题），还是裁量问题包含于法律问题之内（一元论，裁量也要接受合法性的评价）?

◎行政裁量与权利的关系

在最初的理论中，行政裁量与权利是无关的：有行政裁量，就不承认私人的权利；有权利，就不能交由行政去裁量。后来逐渐承认了“无瑕疵裁量请求权”，即便存在行政裁量，私人的请求权也可以成立。问题是这种权利对行政裁量的效力到底有多大，既能为私人提供适当的保障，又能避免给行政裁量权造成不适当的限制?

◎行政裁量与司法审查

行政裁量集授权与限制于一身。对于司法而言，行政裁量与一般的行政行为差别在哪里?传统理论一般认为，行政裁量对司法具有限制的功能，司法在审查行政裁量时应当尊重裁量的价值，甚至不予审查。但在现代法治主义之下，司法仍要表现出如此的谦抑吗?即便表示出尊重，其根据源于何处?过去的行政裁量问题只产生合理性问题、裁量问题不是法律问题或法适用的问题等基本命题，还能否成立?

虽然司法已可以审查行政裁量，但这里仍然存在司法审查的限度问题，仍然要处理司法权与行政权的关系。面对行政裁量问题，司法能采取何种强度的审查?可否类型化?有哪些审查标准可用?为什么要采取不同的强度和标准去审查?

◎行政裁量的收缩

行政裁量权是法定界限内的判断和选择自由，其自由在一定条件下会受到压缩。在私人遭受第三人甚至自然界的侵害时，为什么能将行政的职责、任务等规定，转换为行政的介入义务?在哪些情况下会发生行政裁量权的收缩，甚至只有一种选择才是合法的决定?有无可能在理论上作一体性的把握?怎样把握裁量收缩的要件方为妥当?在行政裁量问题的行政诉讼中，法院作出何种类型的判决、对行政裁量提出怎样的要求，方能合乎法院的宪法定位?

第一章

行政裁量的类型与构造

从行政裁量的发生史开始，从其类型的角度入手，均可在一定程度上认知行政裁量。在此基础上剖析行政裁量的内在构造，或许才是行政裁量研究的关键所在。它构成了行政裁量的基础原理，为后续的裁量控制问题奠定基础。

第一节　行政裁量与行政权的裁量

行政裁量的相关概念繁多，尚需甄别。这里先对行政裁量的语意作出说明，之后再探讨行政裁量与立法裁量、规划裁量等之间的关系，以便确定本书研究的行政裁量之前提。

一、行政裁量的语意

在中国，行政裁量的语词无论在理论上还是在实务中均经历了一番变迁，其变迁史也能反映出现实需求的一种变化。

（一）“自由裁量”从何而来

在中国“自由裁量”一词远比“行政裁量”用得更为广泛，甚至一度达到泛滥的地步。说“行政裁量”，或许要加上“就是自由裁量”的补充说明，对方才可能明白。杨建顺认为，“中国学者对‘自由裁量权’的理解，大多是将与‘自由裁量权’相联系的一组概念即羁束裁量和自由裁量相混淆的结果。这种混淆，追根溯源，也许源于对英语中的‘discretion’翻译上的误差。英语 discretion，本义是慎重、辨别力、考虑、处理权的意思。作为行政法上的专有概念，译成‘行政裁量（权）’最为适宜。在‘行政裁量权’前面添加‘自由’，根本无法揭示‘行政裁量权’的丰富含义”①。但笔者以为，“自由裁量”的使用很可能来源于大陆法系“自由裁量”的影响，而非英语中“discretion”的误译。

何为行政裁量，行政裁量为何受到不同待遇，这还需从行政裁量的产生谈起。在19世纪前半叶欧洲绝对王权松动之后，行政与司法的分离逐渐明显，为避免行政措施遭遇法院的干预，裁量的概念产生，并确立了对属于行政部门或官僚体系裁量范围的，普通法院或行政裁判机关的审查应受限制的原则。② 所谓行政裁量，就是行政不受审查的自由空间。行政裁量，系由德国19世纪学者F. F. 迈耶（F. F. Mayer）以法国pouvoir discrétionaire所发展形成的一个概念③，其对应的德语为Ermessen，英语为administrative discretion。

行政裁量的研究，以F. F. 迈耶1862年出版的《行政法的原则》一书为嚆矢④，迈耶堪称行政裁量论的鼻祖。在该书中，他将不受法的羁束，从而也就不能作为法律问题给予权利救济的领域称为“纯粹行政”（reine Verwaltung）并将其分成考虑法的职务行为（相当于内部事项）、一般性处置和命令、单个命令和处置三种类型。他将纯粹行政的单个命令和处置领域的行政作用作为自由裁量权支配的领域，具体又分为三类：第一种裁量见于行政作为国家或团体在司法上私人人格的代理，即国家或团体的财产的管理者，与私人完全一样，对他人行使权利的情形。当时，国库理论居于支配地位，这是很有意义的，但在今天，其基本上属于私人的行为。第二种裁量主要是国家高权上的赋予、分配或通过公共团体的自由决议等初次赋予权利，例如国籍的赋予、外国人的入境许可、营造物给私企使用的特许、公共团体法人资格的赋予等。

---

① 杨建顺：《行政规制与权利保障》，502页，北京，中国人民大学出版社，2007。

② 参见吴庚：《行政法之理论与实用》，74页，北京，中国人民大学出版社，2005。

③ 参见陈慈阳：《行政裁量及不确定法律概念——以两者概念内容之差异与区分必要性为研究对象》，载台湾行政法学会编：《行政法争议问题研究》上，458页，台北，五南图书出版公司，2001。

④ 参见翁岳生：《行政法与现代法治国家》，36页，台北，三民书局，2015。

行政机关对赋予的相当性、有用性、衡平性、容许性等进行自由判断，进而作出决定。当时，将多义性的概念理解为在赋予权益的行为中存在裁量的概念，赋予与否不产生违法的问题。第三种裁量是通过高权对已获承认的个人或团体权利的范围作出限制性影响。在限制个人权利、课予义务的领域也承认裁量的理由是，生活现象和事情具有不确定、多样性和程度的差别时，法律至少应当满足一般性根据和一般性框架的设计要求。但不能只顾及权利的形式平等、合法性，以免无理地导致不正确的状态，法律就应当容许在这些一般性的根据和框架中为考虑个别的、处所、时间等情形保留充分的余地。积极的行政就需要对技术性事项作出衡量判断。① 由于当时行政诉讼制度尚未建立，迈耶的理论完全未考虑法院对行政裁量的审查问题，而仅对行政裁量本身加以分析。他从裁量与法律的关系入手，将行政裁量分为两种，即纯粹行政的裁量和法律适用的裁量，这一分类是一个伟大的贡献，成为后来自由裁量与羁束裁量或不确定法律概念区分的滥觞。②

在行政裁量理论的研究初期，只有“自由裁量”（freies Ermessen）与羁束行为的对立，只是到了1910年时，奥地利学者劳恩（von Laun）将“自由裁量”一分为二，即“羁束裁量”和“狭义的自由裁量”，“自由裁量”开始成为行政裁量的下位概念。羁束裁量是行政机关根据立法者的目的作出行为，行政机关不得考虑不同于立法者的目的，不允许有独自的判断；而狭义的自由裁量是立法者授予行政机关作公益性的比较衡量的权限，行政机关与立法者居于相同的地位。前者受行政法院的审查，后者则排除行政法院的审查。③ 此后，真正受到关注的正是狭义的“自由裁量”。这一学说经由美浓部达吉、佐佐木惣一等人的介绍传至日本，而美浓部达吉的学说又被介绍至中国。“自由裁量”的概念经由这一途径传入中国。

美浓部达吉的行政裁量理论早在20世纪初就传入了中国。当时，

---

① ［日］鍋澤幸雄「ドイツにおける行政裁量観念の成立序説」早稲田法学会誌12号（1962年2月）205～208頁参照。

② 参见翁岳生：《行政法与现代法治国家》，36～37页，台北，三民书局，2015。

③ 参见［日］田村悦一：《自由裁量及其界限》，李哲范译，17～18页，北京，中国政法大学出版社，2016。详细介绍，可参见本章第二节一。

美浓部达吉本人尚无广义自由裁量的二分法。美浓部认为，处分因其内容而可分为两种，其基于行政官厅自由的裁量者，则为便宜处分；其不过法的适用者，则为裁定处分。说裁定处分，是说行政官厅无自由裁量的余地，仅为适用法规的规定而已。法规中自行规定细密的事项，使行政官厅丝毫不得以自己意见容其左右的余地。这时，官厅唯有依特定的实在事物，决定法规的解释，完全依法规的规定加以适用而已。这就是所谓裁定处分，或依法处分。但法规中多没有如此严密的规定，而于一定范围内，使行政官厅依自己认为适于公益而予以执行。这时，行政官厅不仅适用法，还可以根据自己认为便宜的加以处分，故称之为便宜处分。① 美浓部达吉是从法规的规定将行政处分区分为裁定处分与便宜处分，相当于羁束行为与裁量行为，这显然是德奥的早期学说，羁束裁量与自由裁量的区分、乃至美浓部三原则尚未出现。

与早期的美浓部达吉相似，1911 年毕业于东京大学的法学士钟赓言亦未对行政裁量作二分化处理。他在其 20 世纪 20 年代的讲义中将行政处分分为执行处分与裁量处分。执行处分亦称为依法处分，是指法规关于处分之内容及应行此处分之情事或原因，皆有明细规定，行政官署只有认定其情事或原因是否与法规所定条件相符的权限，如果其条件具备，即不得不依法规所定内容而实行的处分。若法规仅规定行政处分的内容，关于实行此处分的情事或原因，则属于行政官署的决定权限，又或不仅关于应行处分的情事或原因，属于官署决定，且其处分的内容亦无详细规定，而一任行政官署斟酌决定，行政官署于此范围内所为的处分，即为“裁量处分”②。

而同样是东京大学法学士的范扬，在其 20 世纪 30 年代的教材中则已明确使用“羁束裁量”与“自由裁量”的划分。③ 他认为，行政机关

---

① 参见［日］美浓部达吉：《行政法总论》，熊范舆译述，146 页，天津，丙午社，1907。

② 钟赓言：《钟赓言行政法讲义》，77 页，北京，法律出版社，2015（原为朝阳大学法律科讲义 1927 年版）。当然，钟赓言也使用“自由裁量”的概念。

③ 此前，美浓部达吉的弟子白鹏飞借鉴美浓部达吉的说法已经开始区分关于便宜问题的自由裁量与关于法律问题的自由裁量，前者只有适当与否的问题，后者则为违法与否的问题。参见白鹏飞编：《行政法总论》，7～9 页，上海，商务印书馆，1932。

须受法规拘束而实行的一切作用，皆为羁束行政。即使法规允许行政机关自由判断的场合，也有羁束行政存在。法规规定有时外形上似任行政机关自由判断，而实际上仍有一定的不成文法存在，以拘束行政。这时，行政机关须依不成文法处理，仅于具体特定场合就何者为法有自由认定的权能。这时的自由判断称为羁束裁量或法规裁量。而在成文法规定明确承认行政机关自由判断，而拘束行政权的不成文法又不存在时，行政机关对此可以自认为适当者进行裁断。这时的自由判断即为自由裁量或便宜裁量。行政机关不受任何法规拘束，而只需考虑何者合乎公益，而以便宜作出判断。[①] 此后，"自由裁量"变成了狭义的自由裁量。[②]

相反，"discretion"在中国早期的翻译中并未译成"自由裁量"。例如，雷宾南在翻译戴雪的《英宪精义》中将"discretion"译为"裁决权能"，并指出"裁决权能在法律上为一专用名词。当应用于司法时，此名用以指裁判官当折狱之际不依法律的条文，而依本人的判断力以分别曲直。当应用于行政时，此名用以指官吏判断某项行为之是非，纯以己意行之，而不复受裁成于法律"[③]。

（二）从"自由裁量"到"行政裁量"

1983年，新中国第一本统编行政法教科书《行政法概要》使用的概念便是"自由裁量"，其作者是具有法国法背景、毕业于法国巴黎第一大学的王名扬。法国法上并无羁束裁量与自由裁量的二分法。《行政法概要》一书根据行政措施受法律拘束的程度如何，将其分为羁束的行政措施和自由裁量的行政措施。"凡法律已有详细或具体的规定，行政机关在处理具体事件时，仅能依法执行，不能参加自己意见的，是羁束的行政措施。""凡法律没有详细规定，行政机关在处理具体事件时，可以依照自己的判断采取适当的方法的，是自由裁量的行政措施。"[④] 此

① 参见范扬：《行政法总论》，26～27页，北京，中国方正出版社，2005（原书为商务印书馆1937年版）。

② 参见林纪东编著：《中国行政法总论》，5版，17页，上海，正中书局，1947。

③ ［英］戴雪：《英宪精义》，雷宾南译，32页注释1，北京，中国法制出版社，2001（原书为商务印书馆1930年版）。

④ 王珉灿主编：《行政法概要》，113页，北京，法律出版社，1983。

后的两本英美行政法的著作出版，更是起到推波助澜的作用。一本是龚祥瑞的《比较宪法与行政法》①，另一本是施瓦茨的《行政法》。② 这两本是在新中国行政法学初创时期，对中国行政法学产生过重要影响的著作，龚祥瑞和徐炳均将 administrative discretion 译作“自由裁量”。之后，“自由裁量”便为人们广泛接受。

与此相对，近来，也有学者力倡应以“行政裁量”取代流行的“自由裁量”。杨建顺指出，“以‘行政裁量’取代‘行政自由裁量’，厘清‘自由裁量’的概念内涵和外延，对于正确把握法治行政原则，合理建构国家权力配置体系，具有极其重要的意义”。“‘自由裁量’是一个非常狭义的概念，切不可随意‘滥用’”③。亦即不可以狭义的自由裁量指代广义的行政裁量。

但也有学者认为，羁束裁量和自由裁量均受司法审查，区分的意义不大。在我国，“行政自由裁量”的术语既然由来已久，已为很多人接受，继续沿用未尝不可。而且行政自由裁量中的确有一定的自由度，如此理解“自由”二字的含义，也未尝不可。④ 这一观点也有一定的道理。“自由裁量”一词在中国的使用已有近百年的历史，在中华民国期间建立起来的羁束裁量与自由裁量的二分，到新中国，从《行政法概要》始便丢失了这种对“自由裁量”的内部区分。

但我们也应看到，早期使用“自由裁量权”称谓的某些学者也渐渐接受了“行政裁量”的叫法，例如姜明安。⑤ 他认为，“一般来说，dis-

---

① 参见龚祥瑞：《比较宪法与行政法》，464～465 页，北京，法律出版社，1985。

② 参见［美］伯纳德·施瓦茨：《行政法》，徐炳译，556～572 页，北京，群众出版社，1986。

③ 杨建顺：《行政规制与权利保障》，北京，503、507 页，北京，中国人民大学出版社，2007。

④ 参见余凌云：《行政自由裁量论》，3 版，3 页脚注 1，北京，中国人民公安大学出版社，2013。一个有趣的现象是，该书初版于 2005 年，也就是现在的上卷，使用的是“行政自由裁量”的概念，但在该书下卷的三篇论文中（均写作于 2007 年之后），作者基本上都使用了“行政裁量”的概念。

⑤ 例如，姜明安的一篇早期论文题为《论行政自由裁量权及其法律控制》，载《法学研究》，1993 (1)，近来的一篇文章则题为《论行政裁量的自我规制》，载《行政法学研究》，2012 (1)。

cretion 翻译成自由裁量权，我认为这个翻译是不准确的。立法者从来不可能授予执法者完全自由的那种裁量权，执法者在任何情况下也不可能完全自由的行使那种裁量权，裁量权不可能有完全自由的，也不可能有绝对自由的。所以说，没有完全自由的裁量权，裁量权就是裁量权，不要翻译成自由裁量权”[①]。目前，即使以英美法为背景的学者也渐渐开始使用“行政裁量”的概念，年轻的学者更是如此。[②]

“裁量”一词在很长时期里只是一个学术概念。2007 年《行政复议法实施条例》首次在行政法规的层面上使用了“自由裁量权”[③]，2008 年《国务院关于加强市县政府依法行政的决定》、2010 年《国务院关于加强法治政府建设的意见》则未再沿用《行政复议法实施条例》中的“自由裁量权”，而是使用了获得学术界较多认可的“行政裁量权”概念。2014 年修改《行政诉讼法》时，首次在法律的层面上使用了“自由裁量权”的概念。该法第 60 条规定，“行政机关行使法律、法规规定的自由裁量权的案件可以调解”。“自由裁量权”的采用或许是考虑到行政实务中的习惯和社会接受程度，但杨建顺认为，将“自由裁量权”理解为狭义的自由裁量权或许更符合调解的原理。

由“自由裁量”的流行到“行政裁量”的主流化，反映出的不仅仅是学者态度的变化，更是对控制、规范行政裁量权的社会需求的回应。行政裁量有自由的一面，但也有受限制的一面。使用“行政裁量”，有助于观念的更新，也有助于在学术脉络中找准自身的定位。

---

① 姜明安：《行政监管裁量权的法律规制》，载《湖南省社会主义学院学报》，2009（4），8 页。

② 例如，杨伟东翻译的《英国行政法教科书》和毕洪海翻译的《裁量正义》等均使用了“裁量权”或“行政裁量”的概念。参见［英］彼得·莱兰、戈登·安东尼：《英国行政法教科书》，杨伟东译，北京，北京大学出版社，2007；［美］肯尼斯·卡尔普·戴维斯：《裁量正义》，毕洪海译，北京，商务印书馆，2009。

③ 该条例第 40 条规定，“公民、法人或者其他组织对行政机关行使法律、法规规定的自由裁量权作出的具体行政行为不服申请行政复议，申请人与被申请人在行政复议决定作出前自愿达成和解的，应当向行政复议机构提交书面和解协议”。第 50 条第 1 款第 1 项规定，“公民、法人或者其他组织对行政机关行使法律、法规规定的自由裁量权作出的具体行政行为不服申请行政复议的”，“行政复议机关可以按照自愿、合法的原则进行调解”。

（三）行政裁量的不同内涵

行政裁量是一个相对概念，可以从与立法权的关系、与司法权的关系以及行政权内部的关系等不同角度予以界定，不同的学者在定义时常有微妙的差异。①

从与司法审查的关系来说，行政裁量是指司法予以尊重的行政机关的判断余地和选择自由。而从与法律的关系来说，行政裁量是指法律使用多义性的规定而承认行政享有的判断余地。后者的这种裁量也称作广义的裁量。裁量基准等就是在这个意义上来把握行政裁量的。② 通常多见从其与司法审查的关系角度界定行政裁量者。例如，翁岳生认为，“行政裁量乃行政机关在法律积极明示之授权或消极的默许范围内，基于行政目的，自由斟酌，选择自己认为正确之行为，而不受法院审查者”③。但是，随着法治原则的确立和司法审查技术的发展，法院只是在一定程度上尊重行政裁量，而非不予审查。也有学者从与立法的关系角度界定行政裁量。姜明安认为，行政裁量权是“法律、法规赋予行政机关在行政管理中依据立法目的和公正合理的原则，自行判断行为的条件，自行选择行为的方式和自由作出行政决定的权力”④。有了立法者对行政裁量的实体法规定之后，作为司法者的法院才能在诉讼上监督并实现立法者的要求。从与立法相对的角度来理解行政裁量，有助于对行政裁量的整体把握。立法赋予行政的裁量权在何种情况下才能受到司法的尊重，正是行政裁量的主要问题所在。

---

① 藤田宙靖则又提供了一个解决当事人之间纠纷的视角来理解行政裁量。从“解决两个当事人之间纠纷”的角度来看，某行为被委诸行政机关裁量，法院的审查就意味着，“完全采用一方当事人（行政机关）的主张（仅以‘属于裁量’为理由），而对方当事人（原告）就其论点的反驳、反证（除主张超越裁量界限外）则概不允许”。这不是一个有无证明力、或者举证责任分配的问题，而是直接排除了原告主张、举证的机会。这是一个减轻法官负担、让诉讼顺利进行的制度。［日］藤田宙靖「自由裁量論の諸相—裁量処分の司法審査を巡って—」日本学士院紀要70卷1号（2015年10月）79～81頁参照。

② ［日］芝池義一『行政法読本　第3版』（有斐閣、2013年）66～69頁参照。

③ 翁岳生：《行政法与现代法治国家》，35页，台北，三民书局，2015。

④ 姜明安：《论行政自由裁量权及其法律控制》，载《法学研究》，1993（1），44页。

考虑到行政裁量问题有必要从多个角度把握，日本学者高木光提出了一个综合的界定，而对传统定义作出了一点修正。他认为，“所谓行政裁量，是指行政权在外部法（除行政立法外）的框架内所享有的判断和行动自由（余地）”①。这一定义具有很大的包容度，包含着立法权的外部控制、司法权的外部控制以及行政权内部进行行政裁量分配的可能，是其对行政领域的裁量进行综合思考的结果。

二、行政权的裁量

在整个国家活动中，与行政裁量对应的词还有立法裁量、司法裁量，这是从主体的角度对裁量作出的划分。在行政领域中，有行政立法、行政规划等政策性裁量，有行政内部活动中的裁量，还有在行政决定中对要件、效果的法执行阶段的裁量等。行政内部活动中的裁量，在行政法学上一般不研究。由于传统行政法学是从依法律行政原理出发，更多关注的是狭义行政行为（Verwaltungsakt）的控制，建构起以行政行为的撤销诉讼为中心的行政诉讼制度。通常所说的“行政裁量”也多在行政行为的层面上进行探讨。从行政过程来看，行政立法裁量、规划裁量和行政裁量三者基本上处于同一层次的不同阶段。行政裁量与行政立法裁量、规划裁量或许可以统称为“行政权的裁量”或“行政中的裁量”，但这三种裁量之间存在较大的差别，能否统一到一起仍有待研究。

（一）行政立法裁量与行政裁量

从理论上来说，行政立法是根据法律的授权而对特定事项作出具体化的规定。在具体化的过程中，行政立法主体可以在法律授权的范围内根据政策需要、专门技术要求等作出一定的选择。所谓“行政立法裁量”，我国台湾地区学者又称之为“订定命令的裁量”②，是指行政机关根据法律的授权在行政立法时所享有的判断和形成自由。

在理论上探讨得更多的是宪法上的“立法裁量”，而不是行政法上的“行政立法裁量”，但两者仍有一定的相似之处。对于立法裁量的界定，大致有两种路数：第一是实体意义上的立法裁量，亦即“宪法上授

---

① ［日］高木光「法規命令による裁量拘束—保険薬局指定処分を素材とした一考察—」法学論叢172巻4・5・6号（2013年3月）97頁。

② 许宗力：《宪法与法治国行政》，181页，台北，元照出版公司，1999。

予立法机关在立法上的判断自由”①。第二是司法审查意义上的立法裁量，亦即“在法院依申请审查法律的合宪性时，应对立法机关的政策判断表示敬意，并在探讨法律目的及其实现的手段时，抑制细致的调查和法院独自的判断”②。这两种路数具有密切的关联，在实体上承认立法机关的自有判断的幅度，在司法审查中就成为对立法机关判断的尊重和对法院审查的抑制。③ 之所以对立法裁量予以尊重，一般从两个方面来探讨：其一是优越的判断结果，具体而言，国会拥有较法院更多更为准确的反映社会实际的必要资料，国会也更能具有从大局出发的综合性和专门技术性政策判断能力，故而其判断结果要优越于法院的判断。其二是民主的过程，具体而言，国会的判断更有可能回应国民多样化的偏好，议员对于国会的判断结果要向选民承担政治责任。④

相较于立法裁量系议会与司法机关之间的关系，行政立法裁量则是处理行政机关（行政立法）与议会（法律）、行政机关与司法机关之间的关系。立法裁量与行政立法裁量相比，事前在内容上被设定基准或指令的情形较少，民主正当性的程度更高。⑤ 享有行政立法权的行政机关在制定行政法规范时，除了受到授权法的拘束外，享有较为广泛的形成自由。法律授权范围内的事项，则属于行政立法裁量的领域。具体而言，行政立法裁量包括是否制定、何时制定、按照何种程序制定、如何制定行政立法等方面的裁量。⑥

相对于立法裁量而言，行政立法裁量与行政裁量均具有派生性。关于行政立法裁量与行政裁量的关系，大致有两种学说：其一是包含说，

① ［日］野中俊彦、中村穆男、高橋和之、高見勝利『憲法Ⅱ第5版』（有斐閣、2012年）231頁（野中俊彦執筆）。

② ［日］戸松秀典『立法裁量論』（有斐閣、1993年）3頁。

③ ［日］安西文雄「司法審査と立法裁量論」立教法学47号（1997年7月）6～7頁参照。

④ ［日］宇佐美誠「司法審査と公共選択：立法裁量論の予備的検討（一）」中京法学28巻3・4号（1994年4月）91～95頁参照。

⑤ ［日］山本真敬「「立法裁量」と「行政裁量」の関係についての一考察——裁量論の総合的検討のための予備的考察——」早稲田法学会誌63巻2号（2013）396頁参照。

⑥ 参见叶俊荣：《行政命令》，载翁岳生编：《行政法》，579～586页，北京，中国法制出版社，2002。

即行政裁量不仅在行政行为中存在，在行政立法中也同样存在。对行政立法的授权不仅是对行政行为阶段中行政机关的裁量限制，也是授予行政立法机关的一种行政裁量权。① 其二是并列说，即行政立法裁量与行政裁量处于并列的关系，行政立法裁量是一般、抽象法规的创设，在功能上不同于以作出个案决定为目的的行政裁量。② 行政立法裁量仍然是立法权的行使，兼有立法和法适用的属性，而行政裁量则是行政权的运用，仅为法适用的问题；行政立法裁量较行政裁量更为广泛，其政策性、技术性更强，受到司法审查的可能性更小。

我国法院囿于人大制度及自身的宪法地位，并不能对法律的合宪性、法规的合法律性进行审查；对于行政立法（行政法规、规章），仅对规章有一定程度上的审查权。对于行政立法，通常根据“不抵触”原则，主要审查其是否符合法律授权的目的、范围。至于合法性之外的立法裁量问题，尚未有过司法审查的裁判。③

（二）行政规划裁量与行政裁量

所谓规划裁量，以前通常称为“计划裁量”，学术上又称为“规划者的形成自由”。在现代行政中，法可能只设定行政的目标，而将实现这一目标的手段交由行政机关以规划的形式予以统筹实现。为了实现法定目标，规划的制定者需要在公益与私益之间、在不同的方案之间进行合理的权衡取舍。这种比较衡量就是规划裁量的本质所在。“规划裁量”的概

---

① ［日］芝池義一『行政法総論講義　第4版補訂版』（有斐閣、2006年）70頁参照。

② 参见许宗力：《宪法与法治国行政》，190～191页，台北，元照出版公司，1999。

③ 2003年3月，南京市美亭化工厂厂长杨春庭起诉南京市江宁区人民政府未依据《南京市房屋拆迁管理办法》及时废止《江宁县城镇房屋拆迁管理暂行办法》，造成拆迁损失惨重，这起首例立法不作为行政诉讼案件被法院裁定驳回。2004年11月21日“包头空难”发生后，罹难者家属认为根据1993年国务院第132号令《国内航空运输旅客身体损害赔偿暂行规定》进行理赔，显失公正；国家民航总局没有依据1995年通过的《民用航空法》第128条“国内航空运输承运人的赔偿责任限额由国务院民用航空主管部门制定，报国务院批准后公布执行”的规定及时制定立法，是立法不作为。但是，罹难者家属于2005年诉民航总局立法不作为的起诉先后被一审、二审法院以“不属于行政诉讼的受案范围”不予或驳回受理。相关分析可参见于立深：《行政立法不作为研究》，载《法制与社会发展》，2011（2），74页。

念源于德国联邦行政法院 1969 年 12 月 12 日的判决。在该案判决中，法院针对联邦建筑法上的建筑详细规划承认了规划裁量（Planungsermessen）的概念。它认为，规划裁量不是法定基准的解释适用，而是利益的比较衡量，因而，应审查利益是否得到适当的比较衡量，但审查不能没有制约。判决称，规划裁量的特色在于：第一，规划的权限在本质上包含且必须包含相当范围内的形成自由；第二，该规划的形成自由并不是基于某特定的精神作用，而是包含着各种复杂多样的要素，亦即认识、评定、评价，进而是意欲；第三，规划与形成自由的结合构成了行政法院控制规划的不可避免的限制，亦即只能在具体的情形下审查形成自由是否超越法律界限，或者形成自由是否没有按照授权目的行使；第四，其他行政机关各种形式的参与是对既有的形成自由的参与，作为联邦建设法第 11 条认可的要件，上级行政机关的参与仅为履行合法性控制的权限和义务。①

在行政裁量与规划裁量的关系上，存在质的差别说与量的差别说两种学说。质的差别说（其代表性学者有霍佩（W. Hoppe）、奥森比尔（F. Ossenbühl）等）认为，法律规范为条件式规定，规划法则是目的式规定。规划不同于推论性的执行规范，它是以各种利益、必要性的比较衡量以及对将来的预测为基准。规划上形成自由中的选择自由与法律效果裁量中的选择自由遵循着异质性的构造法则。② 也正是基于此，该学说甚至主张弃用“规划裁量”的概念，而代之以“规划者的形成自由”的表述。量的差别说（其代表性学者有施密特·阿斯曼（Schmidt-Aβmann）等）认为，两者之间不存在质的差别，两者都要对所有相关观点进行概括性的调查、比较衡量。比较衡量是合理行为的一般法律符号，是法律指导性行政的本质所在。两者量的差别存在于已有法律规定的精确性和预想的比较衡量结果的可预测性。从裁量领域的大小来寻求两者的差异，问题的重点就从分析规划裁量的构造特征转为规划裁量的法的界限问题或法控制规划裁量的方式问题。③ 日本学者大桥洋一认

---

① ［日］遠藤博也『計画行政法』（学陽書房、1976 年）88～89 頁参照。

② ［日］遠藤博也『計画行政法』（学陽書房、1976 年）92 頁参照。

③ ［日］宮田三郎『行政計画法』（ぎょうせい、1984 年）102 頁参照。如后所述，判断过程审查正成为行政裁量的主要审查方法之一。而过程性控制也被视为法院控制规划裁量的一大特征。［日］高橋滋『現代型訴訟と行政裁量』（弘文堂、1990 年）103～104 頁参照。

为，规划裁量比个别行政活动中的行政裁量更为广泛，但规划裁量是行政裁量的一种，也有法的界限。立法者在将制定规划的考虑事项法定化时不得不使用抽象性高的规定，议会的控制是有界限的。在司法的控制中，规划裁量的审查方法便成为中心课题。①

在我国的行政判决中，关于行政规划的案例十分罕见，尚未有“规划裁量”的概念，但存在类似的表述，法院的态度是不违法即不予审查。例如，在重庆市北碚区蔡家岗镇灯塔屠场与重庆市北碚区人民政府关闭屠宰场具体行政行为纠纷上诉案中，重庆市高级人民法院指出：

> 重庆市人民政府根据《生猪屠宰管理条例》和国家有关规定，结合重庆市实际，制定了《重庆市生猪屠宰管理办法》。该《办法》系地方政府规章，合法有效，能够作为本案的依据适用。根据《生猪屠宰管理条例》第四条“定点屠宰厂（场）的设置规划由省、自治区、直辖市人民政府按照统一规划、合理布局、有利流通、方便群众、便于检疫和管理的原则，结合本地实际情况制定”和《重庆市生猪屠宰管理办法》第五条第一款“市人民政府组织商品流通、农业、环保、卫生、工商、规划等有关行政部门，按照统一规划、有利流通、便于管理、相对集中、总量控制的原则，制定全市定点屠宰厂（场）设置规划”的规定，重庆市人民政府有权作出重庆市生猪定点屠宰厂（场）设置规划。重庆市人民政府于2001年10月印发了《设置规划》，该《设置规划》明确确定北碚区设置1个Ⅱ级标准生猪屠宰厂（场）……《设置规划》中确定各区、县、市生猪屠宰厂（场）设置数量的多少是行政机关根据行政法规和规章的授权，依据相关原则和事实作出的自由裁量行为，不是设定行政许可，也不是增设行政许可条件的行为，其没有与上位法相抵触。至于行政法规、地方法规设定屠宰许可是否必要，不属于法院审查范围。②（着重号系引者所加，下同）

---

① ［日］大橋洋一『行政法Ⅰ現代行政過程論』（有斐閣、2009年）295頁参照。

② 重庆市北碚区蔡家岗镇灯塔屠场与重庆市北碚区人民政府关闭屠宰场具体行政行为纠纷上诉案，重庆市高级人民法院行政判决书，（2005）渝高法行终字第54号，2005年6月20日。

行政法规和规章中仅有生猪屠宰场设置许可和设置规划的原则规定，法院将规划中的设定视为法规授权的“自由裁量行为”，与法规规章并不抵触，适用的仅为合法性审查，而对设置规划中的权衡问题未行审查。

（三）行政权的裁量一统

对于行政中常见的这三种裁量，即就具体个案作出的行政裁量、制定抽象规则的行政立法裁量以及对未来进行设计的行政规划裁量，确实具有一定的相似性。随着实质法治的深入发展，不论是行政立法裁量还是规划裁量，所受到的法的拘束越来越多，与行政裁量之间的差别也有一定程度上的缩小。在法治发达的国家，司法已经可以审查行政立法裁量、规划裁量。在规划裁量的审查中，法院主要审查是否不存在比较衡量、比较衡量的不完备、比较衡量上的评价错误或者比较衡量的不均衡等。这与行政裁量的瑕疵（常常分为裁量不足、裁量逾越和裁量滥用）十分相似，一定程度上可以说规划裁量的司法审查借鉴了审查行政裁量的已有经验。有学者指出，近来德国出现了一种理论动向，将行政规划中法适用的方法和行政裁量的控制方法、亦即衡量原则和衡量过程的控制理解为对所有行政裁量均有效的基本模式。① 无论是裁量的授权、判断的授权还是比较衡量的授权，都是立法者授予行政的评价特权，都可以回溯至共通的基本思考。因而，明显可以对行政的决定过程统一要求，展开共通的瑕疵论探讨。在重要的审查阶段上，它们存在一些共同的问题：（1）行政认识遵守了相关授权根据所赋予的决定余地吗？（2）行政对决定的重要事实进行了适当而充分的调查吗？（3）行政自行作出决定时，是以合理的判断基准为基础吗？②

前述高木光的行政裁量定义包含着行政权内部的行政裁量分配问题。过去很多的行政裁量定义不经意间仅仅指出行政裁量与法律之间的关系，而对行政立法在行政裁量中的独特地位有所忽视。高木光提出，不仅要关注行政行为中的裁量，也要将其他行为形式或行为类型纳入视野。如果打比方来说，如表1-1所示，法律的规范密度是20%，相对于立法权而言，行政裁量在整体上就有80%。立法的授权虽然一方面规范密度低，

---

① ［日］山本隆司「開かれた法治国——行政法総論の基本概念の再検討」公法研究65号（2003年）171頁参照。

② ［德］托马斯·格罗斯（Thomas Groβ）「欧州的文脉におけるドイツの裁量論」（小舟賢訳）判例時報1933号（2006年8月）8頁参照。

但另一方面也意味着指令相当一部分裁量权应当以法规命令的形式来行使。在法规命令成为司法审查的对象时，相对于司法权的行政裁量要根据授权目的而决定其大小，宪法、法律以及不成文法是其外部法。而在行政处分成为司法审查的对象时，相对于司法权的行政裁量就多了法规命令这种行政机关自己制定的外部法。如果法规命令的规范密度是 60%，则在与司法权的关系上，行政机关在作出行政处分的裁量最多只有 20%。

表 1-1

<table>
<tr><td colspan="2">法律的规范 20%</td></tr>
<tr><td>法规命令的规范 60%</td><td rowspan="2">行政权的裁量
整体 80%</td></tr>
<tr><td>行政处分的裁量 20%</td></tr>
</table>

如果存在解释基准、裁量基准等，处分厅负有根据基准处理个案的义务。如表 1-2 所示，如果其规范密度是 30%，而且基准不违反法令，对于适合标准化的案件，由于行政自我拘束等法理，行政规则发生外部效果，则法院的审查强度可以达到 50%＋30%，留给处分厅的裁量最多只有 20%。①

表 1-2

<table>
<tr><td colspan="3">法律的规范 20%</td></tr>
<tr><td colspan="2">法规命令的规范 30%</td><td rowspan="3">行政权的裁量
整体 80%</td></tr>
<tr><td rowspan="2">行政处分的
裁量 50%</td><td>行政规则的自我拘束 30%</td></tr>
<tr><td>处分厅的裁量 20%</td></tr>
</table>

高木光将行政裁量的思考从传统个案中的行政决定扩展到行政立法这种行政的行为形式，显示出行政裁量在行政权内部分配的一面。循着这条思路，我们还可以将行政规划中的裁量（当然也存在先于法律的规划）、行政指导中的裁量、行政强制中的裁量纳入其中，将行政权裁量所考虑外部法界限、内部的若干因素一一展示出来（如表 1-3 所示），以便在行政过程中规范行政裁量，在行政救济中以判断过程审查为主要

① ［日］高木光「法規命令による裁量拘束」法学論叢 172 巻 4・5・6 号（2013 年 3 月）100～102 頁参照。

方法来审查行政裁量。

表 1-3

<table>
<tr><td colspan="3">法律的规范 20%</td></tr>
<tr><td colspan="2">行政立法的规范 30%</td><td rowspan="4">行政权的裁量整体 80%</td></tr>
<tr><td colspan="2">行政规划的裁量 20%</td></tr>
<tr><td rowspan="2">行政决定的裁量 30%</td><td>裁量基准的自我拘束 20%</td></tr>
<tr><td>个案中的裁量 10%</td></tr>
</table>

当然，在行政权裁量的统一视角之下，行政立法裁量、规划裁量等仍有诸多不同于行政决定中裁量的特殊性。下文如无特别说明，行政裁量仍主要以行政行为中的裁量为对象，而不包含行政立法裁量和规划裁量。

三、行政裁量的价值

在传统的民事、刑事法领域，制定法的个别条款既是司法机关处理个案时所依据的决定规范或裁判规范，也是社会成员的行为规范。社会成员应遵守的行为规范以个别条款的形式规定在制定法上，一旦违反，就由法院以该个别条款作为裁判规范课予制裁。但在规范行政活动的制定法中，仅有制定法的规定是不够的，而需要经过两阶段的过程方能实现，也就是行政机关根据制定法的授权适当地作出决定，再由决定的相对人去遵守。立法目的的实现很大程度上依存于行政机关决定的妥当性，这是现代行政活动相关法的一大特色。① 而其中介入的行政机关的行为，很大程度上就是通过行政裁量完成的。

第一，行政裁量的存在，简单地说，主要是调和立法者万能主义与公务员万能主义的需要。德国著名行政法学家 W. 耶利内克②指出：

---

① ［日］阿部昌樹「行政裁量の立法技術論的検討（一）」法学論叢 121 巻 2 号（1987 年 5 月）61 頁参照。

② W. 耶利内克（Walter Jellinek，1885—1955）是德国一位重要的行政法学家，系国法学大师 G. 耶利内克（Georg Jellinek，1851—1911）之子，1908 年在拉班德（Paul Laband，1838—1918）的指导下完成了其博士论文《有瑕疵的国家行为及其效果》，1912 年在奥托·迈耶（Otto Mayer，1846—1924）的指导下完成其教授资格论文《法律、法律适用与合目的性考虑》。

"何以法律忽而规定自由行政，忽而规定羁束行政？因为其在两个不可达到之理想间必须持中，即在立法者万能与行政公务员万能之间……任何两种理想之一，若皆无法实现，就必须结合行政两种方式，一方面依法令，一方面依自由裁量。立法者特别依相同要件同其处理之基础，明确规定行政机关之作为，另则，亦需给行政机关自由，此对行政多元性言有其价值。"① 行政作为立法的执行者自然要服从法律。立法者如果能够用一义性的语言将行政机关的任务和职权一一规定，如果能够把现实中的所有一切都能予以明确地规范，则行政仅遵从法律，严格机械地执行法律，立法的目标就可以实现。然而，这样事实上是不可能的。现实世界的复杂性、变动性、个别性与法律的抽象性、稳定性、普遍性之间始终存在矛盾，于是不确定法律概念、多种法律效果就会出现。这样，就需要行政机关根据现实情况，按照立法者大概的指示作出适当的判断和选择，作出合理的裁量决定。而且，行政的专业性和技术性是立法者无法充分了解的，对于这样的问题，立法就无法进行更适当的规制，而只能交给行政进行裁量。另一方面，要实现行政的目的，公务员的作用亦不可忽视，但也不可高估。公务员固然可以有极高的素质，能够想立法者之未想，急人民之所急，但公务员毕竟还是人而非天使，是人就有犯错误的时候，就可能有各种各样的利益诱使其滥用自己的权力。因此，在某些情况下必须给其制定一定的行为标准，甚至是羁束性的行为规范。让行政机关及其公务人员在一个由法律规则和原则形成的四角天空下进行裁量，既是无奈之举，亦是明智之举。

第二，行政裁量的价值还在于输入行政政策、促进制度的正义。行政与司法不同，它不仅仅是执行法律，还要促进一定社会目标和政策的实现。因为法律一般只能实现最低程度的正义，而难以提升到善的层次。但行政作为公共利益的代表者和促进者，就必须要努力实现福利国家的目标，就需要将法律无法实现或难以促进的目标政策化。但政策如何进入行政决定之中呢？很大程度上是通过不确定法律概念、通过不同效果的选择来实现。这样，行政裁量就既落实了法律的基本规定，又促进了行政政策的实现，不仅能实现最基本的制度正义，还能提升制度正义的品格。

---

① ［德］亨利·苏勒、边赫·许乐：《德国警察与秩序法》，2版，李震山译，346页，台北，登文书局，1995。

第三，行政裁量的价值还在于努力实现个案的公正性。处于案件现场的行政机关最能了解案件本身的情形，最可能对利害关系作出适当的调整。行政机关既要按照法定目的和权限进行考虑，又要考虑具体案件中的特殊情况，还要考虑到自己执行的公共政策的需要。在这诸多的考量因素之中，行政机关要找到一个合法的、合理的、合目的的解决办法，非有裁量权而不可。正如戴维斯所言，"在整个法律和政府制度中，最有必要且最有希望改善个案公正的领域，是那些必须更多地依靠裁量而非规则和原则做出决定的领域，是那些与正式听证和司法审查基本都无关的领域"①。

第二节　行政裁量的羁束与自由

行政裁量，与羁束行政相对应，而在行政裁量内部，亦有自由裁量与羁束裁量的区分。裁量行为与羁束行为所受到的"待遇"有很大的差别。羁束与裁量或羁束裁量与自由裁量是否需要区分、如何区分，一直是大陆法系行政法学的传统话题。在中国，这一话题是否需要继续、如何继续，仍然值得我们去思考。

一、行政裁量与依法律行政原理

"依法律行政"原理是行政法学的根本原理之一，是指行政机关应服从于法律、尊重法律、根据法律的要求而行事。一方面，它试图以反映民意的法律来约束行政机关的恣意；另一方面，用法律的稳定性来取代行政的随意性，确保法的安定性和可预期性。它体现了民主主义与自由主义的结合。②

然而，行政机关并不限于消极地不侵害私人的合法权益，通过执行法律的方式来保护私人的合法权益，同时接受依法律行政原理的控制；它还要积极地维护社会秩序，促进公共利益，其方式除了执行法律之

① ［美］肯尼斯·卡尔普·戴维斯：《裁量正义》，毕洪海译，245页，北京，商务印书馆，2009。

② 参见王贵松：《依法律行政原理的继受与嬗变》，载《法学研究》，2015（2），83～84页。

外，还需要一定的方针政策等，确保行政的顺利运营。这是一个二律背反的任务。所以，现实中的法律为了适应这种要求，即便在传统行政法理论下的法律关系中，也屡屡对行政机关进行概括性的授权，将具体的行动委诸行政机关政策性、行政性的判断。行政机关受到法律的授权而作出的政策性行政性判断就被称为裁量行为，反之则为羁束行为。在裁量不受法律严格约束的意义上，可以说，行政（自由）裁量论是“依法律行政原理”的例外。① 但是，行政裁量并非法治的化外之地，行政裁量一旦滥用，将使法治行政空洞化。随着法治行政的发展，司法日益加强对行政裁量的审查。行政是否遵从法律的目的行使其裁量权应在司法审查中充分审理，行政机关也必须说明其裁量权行使的目的，而这正是法治行政的焦点之一，从法治行政的角度来看也是越来越重要的课题。②

二、裁量与羁束的区分及其相对化

羁束与裁量是行政法学上的一对历史范畴，对两者的区分曾经被视为与裁量本质相关的问题，但随着司法实践和理论的发展，两者之间出现了相对化的现象。

（一）裁量与羁束的历史类型

在大陆法系的传统行政法学中，根据受法律拘束程度的不同，将行政行为分为受法律约束的羁束行为和承认一定自由度的裁量行为，又将裁量行为分为羁束裁量（又称为法规裁量）和自由裁量（又称为便宜裁量）。在羁束行为中，行政机关严格受法的拘束，而没有选择的余地；在裁量行为中，行政机关受法的拘束的程度则相对宽松。羁束裁量尚有法规的规定，行政机关可以在法规的空间幅度内进行选择；自由裁量行为常常只受公益目的、法的一般原则等约束，只有在行政机关滥用裁量权、逾越裁量权时才作为违法的行政行为来处理，否则便不受司法的审查。③这也是自 1910 年劳恩分类以来的大陆法系行政法学的一个通说。

在 1910 年之前，基本上只有裁量—羁束的二分法。对于如何区分

① ［日］藤田宙靖『行政法総論』（青林書院、2013 年）97 頁参照。

② ［日］阿部泰隆『行政法解釈学Ⅰ実質的法治国家を創造する変革の法理論』（有斐閣、2008 年）363 頁参照。

③ 参见［日］田中二郎『行政法総論』（有斐閣、1957 年）284 頁；杨建顺：《行政规制与权利保障》，505～506 页，北京，中国人民大学出版社，2007。

羁束与裁量，或者说如何认知裁量及其范围，19世纪80年代在奥地利曾发生过一场著名的论争——贝尔纳齐克（Bernatzik）－特茨纳（Tezner）论争，并形成了德国法上的要件裁量说与效果裁量说两大理论。1910年，奥地利学者劳恩（Laun）在总结贝尔纳齐克－特茨纳论争的基础上，形成了现代裁量论的原型。劳恩与贝尔纳齐克一样，对于裁量的领域，采用“何为合乎公益的考量”要件裁量说，其要件的认定应柔顺地、正确地追求立法者的意图和目的。他由此出发，将从前所说的“自由裁量”区分为“羁束裁量”和“狭义的自由裁量”，其识别的标准就是行政对合目的性和公益性的考虑。一方面，羁束裁量在主观上区别于评价，在理论上常常赋予一义性的方向，行政不得有与立法者目的不同的考虑，其目的的探究不允许行政独自的判断，在这一点上，行政判断服从司法审查。另一方面，本来意义上的自由裁量（即狭义上的自由裁量），立法者授予行政对公益进行比较考量的权限，行政与立法者居于同等的地位，司法对此不得审查。[①] 行政裁量的二分法由此产生，其结果是在量上缩小了裁量的范围，换言之，缩小了不受司法审查的行政空间，其历史贡献自不待言。但同时应指出的是，劳恩区分的标准实际上并不清晰，下面我们就来看看继受这一学说的日本学者是如何二分行政裁量的。

（二）裁量与羁束的区分标准

在日本传统行政法时期，就如何区分羁束裁量与自由裁量，也形成了两大重要学说，那就是要件裁量说和效果裁量说。这两大学说的先驱者美浓部达吉和佐佐木惣一，均受到劳恩学说的影响[②]，并各自形成了一个学派，即主张效果裁量说的东京学派与主张要件裁量说的京都学派。严格说来，日本的这两个学说与德国法上的要件裁量、效果裁量说是不同的：德国学者是从规范构造论出发，在分析法律规范的构成上来判断行政机关是在法律要件的认定上还是在法律效果的选择上享有一定的自由；日本学者则是从行为类型论出发，主要是从整个法律规范的文字表述（并不限于法律要件或效果部分，我国现今的理论与之类似）、行政行为的功能和性质（是授益性还是侵益性行为）等角度来谈要件裁

① 参见［日］田村悦一：《自由裁量及其界限》，李哲范译，17～18页，北京，中国政法大学出版社，2016。

② ［日］高橋靖「我国裁量理論へのLaun説の導入（一）」早稲田法学会誌29巻（1978年）263頁以下参照。

量和效果裁量，而没有完全限于法律规范来谈要件、效果的裁量。或许正是在这个意义上，有学者指出，将日本所谓要件裁量说和效果裁量说称为“形式说”和“实质说”更为适当。①

东京学派主张的效果裁量说认为，裁量权的有无仅在于决定或选择行政行为的效果。决定限制或侵害私人权益的行为是羁束裁量；决定赋予私人权益的行为，只要没有特别的法律规定，就是自由裁量。效果裁量说是一种重视私人自由、财产救济功能的目的论解释理论，与早期的自由主义法治国家相适应。京都学派主张的要件裁量说，重视法条的规定方法，认为行政机关的裁量权只是在于法律要件的认定。法条明确规定了要件，运用了“紧急实施的必要”、“促进土地的合理利用”之类的多义性不确定法律概念，其解释是法律问题，应视为羁束裁量；法条没有确定要件或者只是指示行政终极目的的公益概念，需要行政机关以独自的公益判断补充要件，作出行政行为，因而其判断就是自由裁量，妥当与否免于司法审查。② 东京学派效果裁量说的“效果”实际上是行为结果意义上的“效果”，而非法律规范构造上与法律要件相对应的“法律效果”；京都学派要件裁量说的“要件”则主要是法律规范构造上与法律效果相对应的“法律要件”。因而，两大学派并没有在同一个层面上针锋相对。

除了要件裁量说从法的规定方法角度、效果裁量说从行为的性质角度进行区分之外，还存在第三种学说，即法规目的说，第二次世界大战后长期居于支配性地位，该学说的代表者乃美浓部达吉的弟子田中二郎。他认为，即使法规没有明文规定，还有习惯法和条理法，未必可以自由裁量。从法规的合理解释来看，有时对于限制人民权利自由的行政

---

① ［日］芝池義一『行政法総論講義　第4版補訂版』（有斐閣、2006年）75頁参照。

② ［日］原田尚彦『行政法要論　全訂第六版』（学陽書房、2005年）148～149頁参照；［日］盐野宏：《行政法总论》，杨建顺译，82～83页，北京，北京大学出版社，2008。美浓部达吉曾就自由裁量行为提出了三点判断标准，即“美浓部三原则”：“第一，侵害人民之权利，或命人民负担，或限制其自由之处分，无论何者，均不得为自由裁量之行为。第二，为人民新设定权利，及其他与利益于人民之处分，法律除特与人民以要求其利益之权利外，其原则皆为自由裁量之行为。第三，不直接发生左右人民权利义务效果之行为，除法律特加限制者外，其原则皆为自由裁量之行为。”［日］美浓部达吉：《行政裁判法》，邓定人译，98页，北京，中国政法大学出版社，2005（原为商务印书馆1933年版）。

行为也可能存在承认裁量的旨趣，对于设定权利利益的行政行为也可能存在羁束行政机关的旨趣。要区分羁束与裁量，应在具体的情形下对法的目的旨趣进行合理的、合目的性的解释。如果把法解释为预定了一般法则性即一义性的解决，则据此而作出的行政行为是羁束行为；如果把法解释为委托行政机关进行政治性、技术性的判断，则据此而作出的行政行为是裁量行为。具体而言，（1）如果法是以一义性（eindeutig）的规定来设定时，行政机关没有自由裁量的余地；（2）如果法是以抽象的不确定概念规定行政行为的要件（如“存在不可宽恕的事由时”、“存在紧急实施的必要时”、“有相当理由足以怀疑危害人的生命财产或公共安全时”等），认定是否符合这一要件，应根据客观的经验法则进行，这也是羁束行为；（3）如果法在要件上没有特别的规定，而在内容上规定可以有种种选择的余地，行政机关对是否作为享有判断的余地，这时要判断行为是羁束行为还是裁量行为，需要考虑行为的性质，对法规的目的进行合理的解释，并注意行政行为相关法理的存在，而不能因没有法的明文规定的制约就直接莽撞地认为是裁量行为。如果行为是认定事实、确认法律关系的存在与否，它就没有裁量余地；如果行为是授予权利或利益，则原则上属于裁量行为；如果行为是限制或剥夺权利和自由、课予不利，则从法治主义出发应认为其为羁束行为；如果实现行政行为目的的手段多种多样，法没有明文规定而仅受到法理上的制约，这时该行为是羁束裁量。①

上述三种学说是日本区分羁束裁量与自由裁量的代表性理论。但打开近些年来翻译过来的日本教科书就会发现，要件裁量说、效果裁量说等学说既被当作区分羁束行为与裁量行为的标准，又被当作区分羁束裁量与自由裁量的标准。② 原来，在日本传统行政法中，确实也存在羁束行为与裁量行为（包括羁束裁量与自由裁量）的划分，但在区别羁束裁量与自由裁量时，却是将羁束裁量包含到羁束行为之中，然后将包含羁束裁量的羁束行为与自由裁量进行比较。因此，所谓要件裁量说，实际上是认为要件的裁量就是自由裁量，而所谓效果裁量说实际上是认为效

---

① ［日］田中二郎『行政法総論』（有斐閣、1957 年）289～291 頁参照。

② 参见［日］和田英夫：《现代行政法》，倪健民、潘世圣译，186～187 页，北京，中国广播电视出版社，1993；［日］室井力主编：《日本现代行政法》，吴微译，89～90 页，北京，中国政法大学出版社，1995。

果的裁量就是自由裁量，否则即为羁束行为。上面的各种学说虽然是在区分羁束行为与裁量行为，并将羁束裁量包含在羁束行为之中与自由裁量进行比较，其实，再进一步就可以区分羁束裁量与自由裁量，因为纯粹的羁束行为是微乎其微的。真正的羁束行为所适用的法律规范是由确定的或一义性的法律概念加上明确的不可选择的法律效果构成的。然而，除数字之外的法律概念基本上都属于不确定的法律概念，法律效果的唯一性也是很少的。这两个因素复合的效果必然是导致只有在极少的情况下才会出现羁束行为。因此，区分羁束行为与自由裁量的标准很大程度上也是区分羁束裁量与自由裁量的标准。

（三）裁量与羁束的相对化

针对上述划分的标准，日本学者渡边洋三尖锐地指出，对于羁束裁量与自由裁量的区分问题，学说上虽然有标准，但是不存在客观的标准；理论上本来也没有标准，但是有需要解决的实践问题。两个概念的区分只是解决合法性与合理性、司法可否审查问题的道具。然而，自由裁量也是一定界限之中的自由，而非司法绝对不介入的恣意妄为的自由。①

我们可以看到，按照上述标准确实也并不能很好地区分羁束裁量与自由裁量，多重标准的共同使用，必然导致界限的模糊不清。之所以如此，其根本原因还是在于羁束裁量与自由裁量之间并没有质的区别，而只有量的差别。羁束裁量与自由裁量之间本是流动的，可以相互转换，生硬地将其一刀两断也是不可能的。

原来的羁束裁量也可能因为判断余地的存在而承认其存在裁量的空间。例如，在日本的神户海关案（公务员惩戒处分判决）中，《国家公务员法》只规定了惩戒的事由和所应遵循公正、平等对待、禁止不利对待等一般原则，而没有设定具体的标准。按照效果裁量说，惩戒处分属于羁束裁量。② 日本最高法院的下述判决，一方面指出了裁量权的应有判断过程，另一方面也承认了有惩戒权者的判断余地：

有惩戒权者除了要考虑符合惩戒事由的行为原因、动机、性

---

① ［日］渡辺洋三『現代国家と行政権』（東京大学出版会、1972年）93～96頁参照。

② 按照要件裁量说，该情形则属于自由裁量。由此亦可见，要件裁量说与效果裁量说在同一个问题上可能存在不同的见解，两者并不是可以和平共处的学说。

> 质、样态、结果、影响等，还要考虑该公务员上述行为的前后态度、惩戒等的处分历史、所选处分对其他公务员及社会的影响等诸多因素，才能决定是否应给予惩戒处分，应选择何种处分。既然其判断要综合考虑上述广泛的因素，如果不委诸通晓行政厅内日常事务、对部下职员进行指挥监督者进行裁量，就不能期待适当的结果。因此，对于公务员存在国家公务员法规定的惩戒事由时，是否给予惩戒处分、给予何种惩戒处分，应理解为委诸有惩戒权者裁量。当然，上述裁量不得恣意行使。但有惩戒权者行使上述裁量权作出惩戒处分，只要在社会观念上不缺乏明显的妥当性，而被认为不超越授予裁量权的目的、滥用裁量权时，在其裁量权范围内，就不应认定其违法。法院在审查上述处分是否适当时，不应与有惩戒权者站在同一个立场上，对是否应作出惩戒处分、选择何种惩戒处分进行判断，在其结果与惩戒处分之间进行比较、品论其轻重，而应在有惩戒权者行使裁量权作出处分却缺乏社会观念上明显的妥当性、被认为滥用裁量权时，才将其判断为违法。①

在效果裁量论看来，侵益性行为是羁束裁量行为，本应受到司法的审查，但是由于法律的规定可能授予了行政以裁量权，这时司法也必须承认其审查受到限制。毕竟司法司的是“法”，是对法的适用。立法有了明确的指示，自然不能随意改变。

原来的自由裁量也可以按照裁量的逾越与滥用来审查，传统的自由裁量行为在今天已经不免为司法所审查。在效果裁量说看来，授益性行为是自由裁量的行为，本不应受到司法的审查，但今天的司法已经对其进行审查。例如，在日本的群马中央巴士案中，巴士公司向运输大臣申请普通巴士运输业务执照，遭到拒绝。日本最高法院指出，“不能不承认有决定权者享有一定程度的裁量余地”，但是否准许执照，不单单给执照申请人，而且给与其有竞争关系的其他运输业者、一般利用者、地方居民等第三人带来重大影响。有鉴于此，在作出准许决定的过程中，申请人和其他利害关系人的参与对于保证决定的适当与公正具有特别的意义，据此法规定了运输审议会的公听会审理程序。根据上述目的，在

---

① 日本最高裁判所 1977 年 12 月 20 日判决，最高裁判所民事判例集 31 卷 7 号 1101 頁。

内容上，这些相关人员人可充分提出决定的基础事项的有关证据以及其他资料和意见，并应该尽可能地在审议会的决定（咨询意见）中得到实质性的反映。①

如果公益性行为涉及第三人的权利，司法也承认其可予审查。例如，在日本的日光太郎杉案中，政府为举办东京奥林匹克运动会扩充国道而决定征收土地，砍伐林木。东京高等法院首先认定，在不少一般国民的意识上，日光杉并排街道具有特别史迹、特别天然纪念物的价值。对于作为事实认定基础的征用土地规划，是否符合《土地收用法》第20条第3项规定的“有利于土地适当而合理的利用”，建设大臣的判断是否适当，法院认为，本法院不吝承认建设大臣享有一定范围内的裁量判断的余地，但其判断应在比较考量将土地用于该项目的所得利益与所失利益等诸多要素和价值的基础上进行。

> 建设大臣轻易不当地轻视了本来最应重视的诸多要素与价值，其结果当然是未尽应尽的考虑，而容许考虑了本来不应容许考虑的事项，或者过高评价本不应过高评价的事项，这些会有左右建设大臣上述判断的情形，其判断在裁量判断的方法及其过程上是有错误的，应认定其违法。②

在要件裁量说看来，法律没有规定具体的目的，而只有终极性的“公益”要求，这本应是自由裁量的行为，但是在宪法成为实定法、法的一般原则也被作为法源之一、立法日益完备的今天，自由的空间在缩小，原本的自由也可能被法院以要件补充的形式予以审查，变成羁束裁量的行为。例如，在日本的个人出租车执照案中，对于决定是否准许个人出租车业的执照申请的程序，日本《道路运输法》第122条之二③除了听证程序外，对审查、判断的程序和方法并没有明文规定。但日本最高法院认为：

---

① 日本最高裁判所1975年5月29日判决，最高裁判所民事判例集29卷5号662頁参照。

② 日本東京高等裁判所1973年7月13日判决，行政事件裁判例集24卷6·7号533頁。该案属于权衡轻重的实质性考虑因素审查。

③ 所谓第N条之M，它既不同于第N条，也不同于第N条的第×款，实际上是一个新的条文，在逻辑顺序上处于第N+1条的位置。之所以出现“之M”，是为了保持原法律文本的条文数，它是一种立法技术。

> 是否准予个人出租车执照，与个人的职业选择自由息息相关，而且考虑到该法第 6 条及第 122 条之二的规定等，在本案中，行政厅根据具体的个别相关事实，从多数人中选择特定少数者决定是否发放执照，在认定事实上必须不得存在客观上行政厅有独断之嫌的不公正程序。该法第 6 条只是规定了抽象的颁发执照基准，因而，即使是内部的，也应当设定将其旨趣具体化的审查基准，并公正而合理地予以适用。特别是在需要对该基准内容进行微妙、高度的认定时，就适用该基准上的必要事项，应当赋予申请人提出主张和证据的机会。执照的申请人对于应在这种公正程序下判断是否准许执照，享有法的利益。违反这一审查程序而驳回执照申请时，应该认为该处分侵害了上述利益，构成违法事由。①

羁束裁量与自由裁量在日益相对化。不可否认的是，羁束裁量与自由裁量的划分具有非常浓厚的古典意味，也曾作出了重要的贡献。人们至今对羁束裁量与自由裁量始终没有统一的认识，德国行政法学者现在已很少使用这一对概念。我们看到，在现代行政法中，不受司法审查的自由裁量已经近乎绝迹，区分羁束裁量与自由裁量只是对司法审查强度的选择存在意义。同样不可否认的是，这并不是我国所处的情境，我国的现实是司法对行政裁量的尊重程度非常之大，而且实务中多将行政裁量称作“自由裁量”。因此，理论上将羁束裁量从传统的“自由裁量”中独立出来，区别于狭义的自由裁量，或许能对限制行政裁量的努力提供一点支持。但由于我国实务界对“羁束”和“羁束裁量”概念的高度陌生，这种区分的努力对加强行政裁量的控制、改变行政与司法的传统观念来说显然是乏力的。

三、裁量与羁束的再认识

除了为数极少的羁束行为中不存在裁量外，其他的行为中均存在裁量。但无论是羁束裁量还是自由裁量，在裁量的同时均存在一定的界限，尽管受到限制或羁束的程度会有所不同。那么，裁量究竟还能否依然在学理上存立，还能否与羁束保持相对的独立呢？裁量与羁束的区分

---

① 日本最高裁判所 1971 年 10 月 28 日判决，最高裁判所民事判例集 25 卷 7 号 1037 頁。

在哪里呢？行政裁量能否无处不在？所有的行政行为之中都存在行政裁量吗？果若如此，行政的法律责任还能否去追究？私人的权益保障会不会由此而变为一句空话，甚至荡然无存？从法律规范上来看，绝大多数均存在或大或小的裁量空间，那么，多大范围内的自由度可以或者应该称之为羁束呢？

（一）裁量与羁束分类的历史变迁

从行政行为受法律约束的程度对行政行为进行分类，经历了一个较大的转变。古典的二分论（羁束行为一自由裁量行为）是君主立宪制下维护行政地位的产物，充满了对行政的敬畏，缩减了司法审查的空间。应该说，近代的三分论（羁束行为一羁束裁量一自由裁量）的出现是对传统二分论的极大发展，缩小了自由裁量的范围，扩大了行政受羁束的范围，其进步性毋庸置疑。然而，法律人的思维并没有在近代的三分论上止步不前。随着法治原则的日益发展和对分权原则认识的逐步深化，司法与行政裁量之间的关系也在发生变化。人们开始进一步思考司法审查与行政裁量之间的关系、思考区分羁束裁量与羁束行为的必要性，甚至提出了行政行为的现代二分论的有力设想（见图 1-1）。

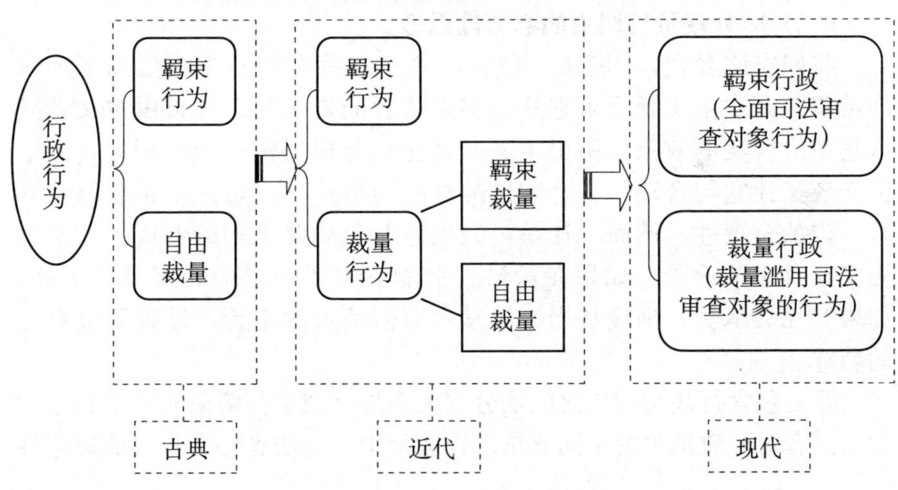

图 1-1　羁束与裁量的类型论变迁

例如，日本学者阿部泰隆认为，一方面，羁束裁量同样是司法审查的对象，实际上与羁束行为是一样的；另一方面，自由裁量行为在是否滥用上也是司法审查的对象，因此，应该重新作出区分，分为全面司法审查对象的行为和裁量滥用司法审查对象的行为，前者将传统的羁束行为和羁束裁量合并到一起。[①] 这一观点亦为盐野宏首肯，盐野宏还认为，将羁束裁量当作是法的裁量、受司法审查的裁量，在认识论上暂且不论，作为道具性概念，创立羁束裁量的概念是没有意义的。[②] 与这一观点类似的是，我国台湾地区学者李震山亦认为，自由裁量并非漫无限制，羁束裁量应无决定空间可言，因此，就今日而言，以“裁量行政”取代自由裁量，而裁量行政不能滥用、逾越，称为合义务性裁量，以“羁束行政”代替羁束裁量。[③] 由此推论，他也是将行政相应分为羁束行政与裁量行政两个部分。

应该说，行政裁量概念的产生本身就是与司法审查密切关联的。阿部泰隆等学者的现代二分论很大程度上是对传统的扬弃——传统上即是将羁束行为与羁束裁量合并起来与自由裁量相比较，但仍然保留了羁束裁量这一概念。现代二分论或许试图撕裂传统的外套，从概念范畴论的角度落实对行政裁量与司法审查关系的重新审视，其意义是值得肯定的。但问题仍然残存着：羁束与裁量之间到底有没有区别呢？这种区别是仅仅是理论上的，还是可能反映于实践中呢？

（二）区分裁量与羁束的必要性思考

我们应该看到，“羁束－裁量”这一对范畴的身上被附加了太多的希望：民主主义者要求它从落实立法者的要求出发，自由主义者要求它考虑现实的效果，历史主义者又让它与司法审查密切相关，制度主义者又让它与合法性、合理性的判断勾搭连环。每一重希望都包含着一定的合理性，然而，让单一的概念背负如此之多的希望，可能也确实让其无法承受。如果在裁量之上能够寄予一定的希望当然更好，如果其无法承受，则应从当下出发，厘清裁量的本旨，冲破历史樊篱的羁绊。

除了包含行政与司法之间的分权关系外，裁量与羁束实际上也包含着立法者对行政机关的不同要求。在裁量中，立法者明了自身的局限性

---

① ［日］阿部泰隆『行政の法システム（下）新版』（有斐閣、1997年）641頁参照。

② 参见［日］盐野宏：《行政法总论》，杨建顺译，83页脚注3，北京，北京大学出版社，2008。

③ 参见李震山：《行政法导论》，修订初版，72页，台北，三民书局，1999。

和法的局限性，不得已而编织了或疏或密的条条框框，任行政机关在这一四角天空中自由翱翔。裁量要求行政机关在具体案件中运用其专门知识、根据公益目的适当地予以选择判断，补充立法者的不足。而在羁束中，立法者有意亲自具体安排对羁束行为对象的规制，并且要求行政机关严格服从立法者的安排，而不得有所忤逆。故而，区分羁束与裁量还是有一定现实意义的，否则就没有必要讨论裁量了；而且在实施羁束行为时，行政机关如无法律规定，则不能添加附款，不能添加立法目的之外的其他考虑。

笔者倾向于：(1) 采用羁束与裁量的二元区分，而不采用三分法，即承认羁束行政与裁量行政的区分，而不必再作羁束裁量与自由裁量的细化。因为现在无论是羁束裁量还是自由裁量均受到司法的审查，只是在审查手段和强度上稍有差别而已，严格区分羁束裁量和自由裁量已经缺乏足够的必要性。当然，由于羁束行为的数量少，区分羁束与裁量的意义也不能过分地夸大。(2) 主张在羁束与裁量的区分上不再与司法审查问题挂钩，而仅仅在法律规范构造及适用过程中对行政裁量的类型作出区分。先有裁量的存在与认定，然后才谈得上对裁量问题的审查。行政裁量与行政裁量的可否司法审查是两个不同层面、不同阶段的问题。上述东京学派的效果裁量论虽然具有自由主义的色彩，也具有伟大的历史功绩，其合理成分应得到继承，但它脱离法的规范谈行为的效果，实际上是从外部看内部。因为从行政行为的效果看裁量，实际上是从第三个层次上来判断裁量的存在——(A) 法规范→(B) 法规范的适用→(C) 法规范适用对私人所产生的法律效果。京都学派的要件裁量论在区分裁量与羁束上是有积极意义的，它毕竟是从法律规范出发，符合法学的基本要求，符合民主正当性的要求。至于田中氏的法规目的说，它部分修正了效果裁量说，把视角拉回到法的规范本身，只是却又深入到了规范的背后，又带来了一定程度的不确定性。

(三) 中国区分行政裁量的标准及其相对化

反观我国现今的行政法，存在裁量与羁束的区分，但却基本上不存在羁束裁量与自由裁量的再细化。新中国第一本统编行政法教科书中，根据行政措施受法律拘束的程度如何，将其分为羁束的行政措施和自由裁量的行政措施。其区分的好处在于："前者只生违法与否的问题，不生适当与否的问题，违法与否可能受到法院的审查，而适当与否，只能由行政部门决定。”[①] 这一分类——古典的二分法——至今仍然被广泛认同，或许也是我国行政法治发展现状的一种映射吧。

我国法院对于行政裁量原则上是不予审查，只是在某些例外的情形下才有所审查，因此，法院和行政机关常常使用“自由裁量”的概念。这里的“自由裁量”有些受到审查，有些不受审查，故而它是在“行政裁量”的层次上而言的，实务部门并不习惯将“自由裁量”作为“行政裁量”的下位概念。这种“自由裁量”与合法违法问题相对立，到底是古典的二分法还是现代的二分法，在这里尚难以定论，但这也无碍于对裁量自身认定标准的考察，因为无论是古典的二分法还是现代的二分法，都将第二个层次的司法审查问题紧紧地与行政裁量纠缠在了一起。

下面不妨再来看看第一个层次的问题，法院对行政裁量的认定标准是什么。

1. 指导性规则中存在行政裁量

有的法院认为，如果行政规则是指导性的规则，则行政机关对此享有裁量权。在一起案件中，河南省周口市益民公司提出，54 号文授予亿星公司天然气独家经营权，违反了河南省计委豫计规划（2002）631 号《关于印发〈河南省西气东输利用规划〉的通知》关于“对于现有气源和管道，在不改变其所有权和隶属关系的基础上，尽量加以利用。有条件的地方，尽可能实现双气源供气”之规定。最高人民法院认为，“上诉人益民公司所援引之规定系指导性规则，而非强行性规则，现有气源和管道是否继续利用、是否实行双气源供气等问题，都属于市政府和有关行政机关自由裁量的范围，故上诉人益民公司以违反河南省计委豫计规划（2002）631 号文的有关规定为由否定 54 号文合法性之诉讼主张不能成立”[②]。这是最高人民法院判决少有地一次使用了“自由裁量”的概念。应该说，这一判断标准是不准确的。指导性规则与强行性规则相对，裁量性规则与羁束性规则相对，两者的区分标准是不同的，指导性规则是裁量性规则，强行性规则也可能因为存在不确定法律概念

---

① 王珉灿主编：《行政法概要》，113 页，北京，法律出版社，1983。

② 益民公司诉河南省周口市政府等行政行为违法案，载《最高人民法院公报》，2005（8），27～28 页。

或多重效果而成为裁量性规则。①

有的法院认为，“可以”式规定也授予了行政裁量权。例如，龙岩市中级人民法院认为，“根据国务院令第 276 号《医疗器械监督管理条例》第四十三条规定，违反本条例规定，医疗机构重复使用一次性使用的医疗器械的，或者对应当销毁未进行销毁的，由县级以上人民政府药品监督管理部门责令改正，给予警告，可以处 5 000 元以上 30 000 元以下的罚款。被上诉人原先作出的罚款由于既没有法定依据，也没有《中华人民共和国行政处罚法》第二十七条规定的应当依法从轻或者减轻的情形，被复议机关撤销后而重新作出的行政处罚决定的罚款数额，符合前述规定，属行政机关自由裁量权范围”②。

2. 不确定法律概念中存在行政裁量

例如，北京市第一中级人民法院认为，“根据《审查指南》的规定，对于重大、疑难案件，被告应当组成五人合议组进行审理，并履行相应的审批程序。由此可见，是否组成五人合议组进行审理属于被告依职权裁量的范围，其可以根据案件的情况作出判断并履行相应的内部审批程序。无效程序中，原告没有提交证据证明本案涉及重大经济利益或者在国内外有重大影响，属于被告应当组成五人合议组进行审理的情形，且被告在口头审理时当庭告知原告本案不属于扩大合议组的情形的做法并没有违反相关的法律规定”③。法院实际上是根据“重大、疑难”这一不确定概念而认定了行政裁量的存在。

3. 法定范围内的选择，属于行政裁量

这几乎是所有法院都承认的一个标准。例如，福州市中级人民法院认为，“《中华人民共和国电信条例》第七十条规定对擅自经营电信业务，没有违法所得或者违法所得不足 5 万元的，可给予 10 万元以上 100 万元以下罚款的行政处罚。本案被上诉人对上诉人的相关行为所给予的行政罚款数额为 30 万元，在行政法规授予被上诉人的行政自由裁量权

---

① 参见黄茂荣：《法学方法与现代民法》，122～125 页，北京，中国政法大学出版社，2001。

② 范永德与上杭县药品监督管理局药品监督行政处罚纠纷上诉案，福建省龙岩市中级人民法院行政判决书，(2003) 岩行终字第 56 号，2003 年 8 月 21 日。

③ 蔡水德诉国家知识产权局专利复审委员会专利无效行政纠纷案，北京市第一中级人民法院行政判决书，(2005) 一中行初字第 362 号，2005 年 12 月 26 日。

范围之内。故被上诉人被诉行政处罚行为适用法律正确”①。

4. 没有法律规定的，属于行政裁量

例如，“上诉人主张肖朝国、晏良委出具的《证明》不能作为建立劳动关系的有效证明，故佛山市劳动和社会保障局不应受理夏春苹的申请。但《工伤保险条例》第十八条和《工伤认定办法》第五条均未对证明的形式予以规定，其属于劳动保障行政部门的自由裁量范围，故上诉人的该项主张没有法律依据，应不予支持”②。再如，“关于‘在职人员’，国家经贸委办公厅427号函解释为‘尚未办理正式退休手续的人员，不含已办理正式退休手续的人员’，但184号文未明确划定移交的具体时段。南宁市人民政府根据本市的实际情况，将184号文规定的‘移交前’的具体时间划定为‘以企业提交分离申请前三个月’，属南宁市人民政府自由裁量的职权范围，并不违反国家经贸委等五部委184号文的有关规定”③。

概言之，我国实务界区分羁束与裁量，而且主要是从法律规范的表述出发，无论是法律要件还是法律效果，只要有选择的余地，就承认其有行政裁量的存在。这是法院对行政裁量的判断，至于对行政裁量如何审查则是第二个层次的问题。有了判断行政裁量的标准，实际上就有了区分羁束与裁量的标准。但羁束与裁量的区分在实务中也在发生相对化的变化，对裁量所依循的法也有了新的认识，行政法原则的适用就是明显的佐证。④ 这里不妨引用两则判决来加以说明。佛山市中级人民法院曾在其判决书中指出：

> 由于是否通知原告参加复议和是否停止被复议行为的执行并非法律羁束性规定，属于被告自由裁量的范畴，故被告在复议过程中未通知原告参加答辩和未停止被复议行为的执行并未违反法律规定，

① 福建省浦城广播电视网络传输公司与福建省通信管理局行政处罚纠纷上诉案，福建省福州市中级人民法院行政判决书，(2003) 榕行终字第126号，2003年11月30日。

② 佛山市顺德区勒流镇上涌华圣五金厂与佛山市劳动和社会保障局等劳动行政确认纠纷上诉案，广东省佛山市中级人民法院行政判决书，(2005) 佛中法行终字第98号，2005年6月27日。

③ 樊秀芝等63名退休教师不服南宁市人民政府不予接收随校归口教委管理案，载《人民法院案例选》，2003 (1)，418页，北京，人民法院出版社，2003。

④ 参见王贵松：《论行政法原则的司法适用》，载《行政法学研究》，2007 (1)，114～121页。

原告不是复议行为的当事人，被告当然无必要给其送达复议决定。[①]

按照规范构造论的观点，上述情形应该属于自由裁量。但与这一判决案情相似结论却截然相反的判决很快就登载在《最高人民法院公报》上。在后一判决中，江苏省高级人民法院指出：

> 行政复议法虽然没有明确规定行政复议机关必须通知第三人参加复议，但根据正当程序的要求，行政机关在可能作出对他人不利的行政决定时，应当专门听取利害关系人的意见……徐州市人民政府未听取利害关系人的意见即作出于其不利的行政复议决定，构成严重违反法定程序。[②]

法院在这里将原本自由裁量的情形通过正当程序原则的审查而转化为羁束裁量。如此，羁束裁量与自由裁量的界限模糊了，区分的必要性也就很难证成。其实，按照法院的认识应该就是，“自由裁量”或者学理上的“行政裁量”与羁束行为之间的界限也不再清晰，可能会在法律规范的适用过程中发生转化。在认定行政裁量的层次上，我的看法与法院的现行做法是大体一致的。

四、另辟蹊径话裁量

羁束行为少之又少、微乎其微，除此之外的行政行为中均存在行政裁量。我们亦可清楚地看到，行政裁量虽然近乎无所不在，但裁量的自由度是有差别的，羁束裁量与自由裁量的分类便是这种差别的体现。实践也证明，羁束裁量与自由裁量之间是流动的，并不存在一个绝对的界限。昨日的自由裁量可能会成为今天的羁束裁量，今天的羁束裁量可能到了明天就变成了羁束行为。当然，也有可能反向流动。前者或许可以说明法制和法治的发展，后者或许可以说明现实行政的复杂。故而，从行为类型论来看行政裁量的存在已经缺乏足够的解释力。我们没有多大的必要去延续羁束行为、羁束裁量与自由裁量的三分法，而有必要换一种思路，去具体分析行政裁量到底存在于哪一个环节，然后再对症下

---

① 佛山市顺德区英豪电业有限公司诉佛山市人民政府行政复议纠纷案，广东省佛山市中级人民法院行政判决书，(2004) 佛中法行初字第5号，2004年12月3日。

② 张成银诉徐州市人民政府房屋登记行政复议决定案，载《最高人民法院公报》，2005 (3)，43页。

药，研究控制行政裁量的新方略。

或许，我们就应回归解释法学，回归法的规范，去看待“羁束—裁量”的界分。毕竟法律规范是一个相对较为确定的事物，是可以作为争论起点的事物。从在实际案例中适用法律规范出发，分析法律规范的构成，去确定行政是应羁束还是享有裁量空间。如此之后，再进行考虑如何通过包括司法审查在内的各种方式去控制羁束或裁量的可能效果。从法律规范的表述看羁束与裁量存在的空间，其最大的好处就在于传达了立法者对行政机关所发出的声音，标示了立法与行政之间的关系。当然，仅仅从法律规范的表述也不能很好地把握行政裁量的存在，因为貌似严格的法律却往往可能在行政机关适用法律的过程中被松动了，貌似宽松的法律也可能因为现实的需要（如保护重大的法益）而严格化。因此，我们还需要在规范与现实的对应中、从行政机关适用法律的过程发现裁量。① 行政裁量就是通过对复杂现实的把握、通过技术性专业性的知识等被注入行政适用法律的过程之中。

第三节　行政裁量的内在构造

认清行政裁量的内在构造是认知并控制行政裁量的前提。从法的规范构造论和适用过程论来看，无论是法律要件之中对不确定法律概念的解释和对案件事实的评价，还是法律效果中决定的作出和措施的选择等，均存在裁量，其本质均包含对法律要件的解释判断，只是在裁量的自由度上有所差别。

一、行政裁量构造论争的发轫

行政裁量是行政法的最基本、最难以把握、也是最富有魅力的概念

---

①　日本学者高桥滋指出，“在区分承认裁量的要素之后，决定是否存在裁量，要综合考虑法律的规定、被视作问题的要素在行政决定中的定位、该要素中行政判断的性质（对司法救济要求的强弱）、是否存在为裁量提供特别理由的视点（相关领域中自律性判断的尊重、外交问题、专门技术性以及其他要素的结合等）等多种判断视角”。［日］高橋滋「行政裁量論に関する若干の検討」小早川光郎、高橋滋編『行政法と法の支配——南博方先生古稀記念』（有斐閣、1999 年）344 頁。

之一。行政裁量就像身体中的细胞一样遍布于行政的各个领域。缺少了行政裁量，行政将无以运转，行政法亦将黯然失色。行政法上的行政裁量，通常是在执行法律的意义上而言的，换言之，其前提在于有法的存在而搁置法的来源不论，否则就可能是在谈立法裁量抑或法外空间的自由行政。一般认为，行政裁量是指行政机关在适用法律作出决定和采取行动时所享有的自由判断的空间。

从发生学上说，行政裁量概念的形成是与司法审查分不开的，行政裁量确立了行政自主、司法不得干预的领域。19世纪中叶之后，“裁量不予审理”原则逐步形成①，但司法不予审理的裁量到底是什么，或者说裁量的概念、裁量的范围还是有很大争议的，学说的论争也由此展开。奥地利学者贝尔纳齐克（Bernatzik）在其1886年的著作中认为，行政的自由本质在于实现公益的国家目的，将行政裁量排除于行政法院的审查范围，是将这一实现公益的目的委诸行政机关。要重视法规对如何实现公益的规定，行政在其法律要件的认定中享有自由（即要件裁量或判断裁量）。这一立场立即受到了特茨纳（Tezner）的严厉批判，后者在其1888年的著作中指出，裁量即公益的考虑，不见得就是行政的固有领域，假如法院不审理公益问题，那么行政就会在公益的名义下享有绝对的自由，从而要求行政活动具有公益性就变得毫无意义可言。行政裁量应存在于具体的处理内容和手段的选择、也就是效果的发生和行为的选择领域（即效果裁量或行为裁量）。② 这一论争对德国、奥地利等的裁量理论影响甚大，甚至一直影响到今天的裁量理论。

本节亦将沿着这一论争发展的脉络，分析行政裁量的内在构造，并在法律适用过程中探寻行政裁量的容身之地。在一定意义上说，行政裁量的存在与行政裁量的本质是关联的，甚至是一体两面的关系。虽然说，只有明了行政裁量是什么，才能知道它存在于何处，但如果不知道

---

① 参见［日］田村悦一：《自由裁量及其界限》，李哲范译，1～2页，北京，中国政法大学出版社，2016。

② 参见［日］田村悦一：《自由裁量及其界限》，李哲范译，16～17页，北京，中国政法大学出版社，2016；［日］高橋靖「行政裁量理論の始原的形態」早稲田法学会誌31巻（1980年）193頁以下参照。

裁量存在于何处，实际上也就不能理解为什么要存在裁量。唯有认清行政裁量是什么、存在于何处，才能理解为什么行政机关要享有裁量权，才能清晰行政裁量的界限，才能谈得上如何对其进行区别对待，才能继续研究如何对其进行不同方式的控制和不同强度的审查。

二、着眼于法规范的行政裁量构造论争

最初的行政裁量论争是从法律规范的逻辑构成开始的，后来的论争也多延续了这一路径。从法律规范的逻辑构成上来看，行政裁量的法律规范大致是这样表述的：如果存在 T_1 的情形，行政机关可采取措施 R_1、R_2。前半句属于法律要件，后半句属于法律效果。简单地说，所谓要件裁量，是指行政机关在认定有待适用的法律要件时享有判断的空间。而所谓效果裁量，是指行政机关认定法律要件之后在选择行为的效果上享有裁量的自由（见图 1-2）。行政裁量到底是存在于前面的法律要件之中，还是存在于后面的法律效果之中，抑或是两者之中均存在行政裁量呢？两者之间到底有多大的差别呢？

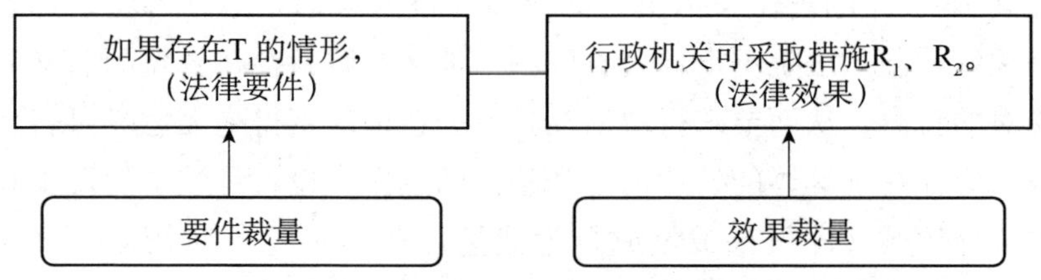

图 1-2　法律要件与效果对应的裁量

（一）关于行政裁量构造的各派学说

在德国，对贝尔纳齐克一特茨纳论争双方的观点均不乏支持者。在 20 世纪 60 年代之前学说上多承认无论是要件还是效果上均存在裁量，但自 60 年代开始一般否认法律要件可以裁量，而将行政裁量专门用来指代效果裁量。[①] 第二次世界大战之后德国行政法学者主流看法认为，

① 参见陈春生：《行政法之学理与体系》（一），137 页，台北，三民书局，1996。

无论是确定事实、解释法律还是将事实代入法律的涵摄过程，都只是人的认知，其正确答案只有一个，行政机关的作用就是要把这个唯一的正确答案找出来，就是要使自己的主观认识符合客观实际。法律效果的确定，则是行政机关的意志的作用。是否采取措施，采取何种措施，这不是一种认知，而是选择。它不是要找到一个唯一的正确答案，而是要在多种可能性之中进行选择，多个答案都是正确的。当然，他们也承认在某些情形下，对法律要件的认定具有判断余地。[①] 行政机关对于法律要件的认定和不确定法律概念的解释，要接受司法的完全审查，而法律效果的确定则仅在裁量怠惰、逾越、滥用之际方受司法的审查。

与上述只承认效果裁量为行政裁量相反，还有一种学说否认效果裁量而仅承认要件裁量。该学说认为，裁量是对构成要件的补充，仅仅在法律要件上存在裁量，法律效果并没有裁量的空间。最早将行政裁量理解为构成要件不确定问题的学者，首推施密特（W. Schmidt）。他在1969年的论文中指出，裁量的真正意义在于对尚欠缺的、不完整的构成要件的补充，它不是法律效果裁量，只是法律要件裁量。根据平等原则和比例原则，所谓效果裁量并不存在。科赫（Koch）则在1979年的论文中进一步深化修正了这一理论。他将“当B_1、B_2及B_3实现时，则R的发生是容许的”转换为“当B_1、B_2、B_3以及其他由行政机关补充的新的构成要件要素实现时，R必须发生”，裁量由此变成了羁束。裁量的行使就在于补充构成要件。在构成要件补充结束后，法律效果是否发生即取决于经补充的法律要件是否现实，在这种理解下，“可以式”规定与羁束规定的真正区别就不是在法律效果的层面，而是在法律要件的层面。在通说所谓选择裁量上，一样是在赋予行政补充构成要件的权限。他将“当B_1、B_2及B_3实现时，则必须下命R_1或R_2或R_3发生”转换为“当B_1、B_2、B_3以及B_4（行政机关补充的新的构成要件要素）实

① 有关德国行政裁量以及不确定法律概念的介绍，可以参见翁岳生：《行政法与现代法治国家》，49～53页，台北，三民书局，2015；翁岳生：《法治国家之行政法与司法》，93～98页，台北，月旦出版社，1995。

现时，则必须下命 R_1 发生”①②。

在德国，有关两者的区别问题，一直也存在质的区别说、量的区别说和无区别说三种学说竞相争艳的现象。虽然否定要件裁量、主张裁量与不确定法律概念严格二分仍属通说，但近年来在判例上则出现了两者不作严格区别的趋势。其中，量的区别说认为，裁量与不确定法律概念均属于立法者欲授权行政机关在适用法律时有自行判断的余地，只是可能在适用不确定法律概念时，行政机关所受到的法院监督，比依据授权规定进行裁量时更为严格而已。无区别说则认为，裁量与不确定法律概念都具有不确定性，不能因其位置不同而确定其属性；而且裁量既然必须合乎目的、适当，则在各种选择之中依然只有一种是正确的，符合立法的本旨，与不确定法律概念无异。③

笔者认同的是量的区别说，具体而言，否定要件裁量难以成立，要件裁量与效果裁量在本质上有相同之处，但要件裁量与效果裁量之间仍然存在量的差别。

（二）要件裁量难以否定

否认要件裁量而肯定效果裁量，其区分的关键点在于是只有一个正确答案还是有多个正确答案，是主观认识与客观实际相符合还是主观意志在多个选项中进行选择。那么，让我们来看看现实到底如何呢。

---

① 盛子龙：《行政法上不确定法律概念具体化之司法审查密度》，39～43 页，台湾大学法律研究所博士论文，1998 年 6 月。

② 在日本，裁量基准设定说认为，制定法上以不确定概念和可以式规定等承认行政机关不受具体的拘束，这种判断余地意义上的行政裁量也要予以控制。也就是说，即使承认裁量权，也并不意味着容许行政机关恣意行使裁量权作出行政行为。行政机关在作出裁量行为时，为了实现该法律根据所要求的行政目的，必须在内部设定具体的规范行政行为判断和决定的裁量基准，并根据该基准，作出各个行政行为。［日］高橋靖「行政裁量における違法性・不当性峻別論への批判」早稲田法学会誌 33 巻（1982 年）160 頁；杉村敏正『法の支配と行政法』（有斐閣・1970 年）207～208 頁参照。小早川光郎认为，“行政机关在处置案件的判断时，对于立法所欠缺的基准部分，逐案补充必要的基准，形成判断，一般被称作‘裁量’或‘裁量的行使’”。［日］小早川光郎『行政法講義下Ⅰ』（弘文堂、2002 年）21 頁。

③ 参见吴庚：《行政法之理论与实用》，81～83 页，北京，中国人民大学出版社，2005。

1. 无法保证“唯一正解”的出现

不确定法律概念的解释和适用始终只有一个正确的答案，应该说，这种观点包含了很强的道德吸引力，法律对每一个问题都暗藏着一个独一无二的正确解答，这样行政机关在适用的时候将自己的思考限定在既有的法律素材的基础上，就无害于既有的法定权益。① 但是，唯一正解也确有受到“概念法学”影响之嫌，它把行政机关也想象成“法律的代言人”、“呆板的人物”②，似乎将事实代进规范就可以自动得出结论。然而，正如后文所要指出的那样，法的适用绝不是简单的三段论逻辑演绎，而是一个要在规范与事实之间架起一座桥梁往返穿梭的复杂过程。这一过程根本无法确保唯一正解的出现。

2. 认识作用和意志作用难以区分

否定要件裁量者认为，对要件的认识只是让法适用者的主观认识符合客观的规范，只是在寻找那个唯一正解而已。故而，这种认识作用并非选择，并没有意志的作用。但是，这种观点实际上还是忽视了对不确定法律概念三分构造的准确把握。德国行政法学家耶利内克指出，确定性法律概念存在唯一的界限，因此某一个事物是否归属于该概念能有一个明确的判断。而不确定法律概念则存在两条界限，即一个明确的肯定的判断和一个否定的判断，藉此可明确它是什么、不是什么，但在两者之间还存在一个可能性的境界（盖然性判断）、一个不确定的状况。③ 对于这可能性的境界只能作出盖然性判断，而这些判断都可能是正确的，要最终确定一个作为法律适用的内涵，还需要适用者通过价值判断等意志作用加以填补确定。如此，这里所谓认识作用和意志作用在盖然性判断上并不能作出明确的区分。④ 故而，否定要件裁量的学说缺乏足够的证据。

3. 实践中多不作本质的区分

其一，要件判断和效果裁量虽然是两个阶段，但却是一个行为，很

---

① 参见林立：《法学方法论与德沃金》，165～166页，北京，中国政法大学出版社，2002。

② ［法］孟德斯鸠：《论法的精神》上册，张雁深译，163页，北京，商务印书馆，1961。

③ ［日］宮田三郎『行政裁量とその統制密度（増補版）』（信山社、2012年）51頁参照。

④ 对于不确定法律概念具体化中的价值判断自由，可参见本章第四节。

难割舍。在完成事实的法律评价的同时，很多时候也就完成了法律效果的确定。而且，正如下文所要分析的那样，所谓效果裁量也应是在补充要件的基础上确定个案中的法律效果。法律要件的判断和法律效果的确定之间并没有本质的区别。

其二，不确定法律概念、判断余地和裁量空间之间在结果上并没有质的差别，而只有量的大小，都是存在一个不确定的空间。我们所看到的也只是呈现于我们眼前的结果的外在表象，而不是所谓认识与意志的本质差别，更何况这种所谓本质的差别本来就是难以成立的。

其三，对于判断余地所存在的“判断瑕疵”，无论是德国还是日本均采用“裁量瑕疵”的方法进行审查，即判断怠惰、逾越和滥用。在审查要件裁量和效果裁量时，司法均需注意保证行政的自主性，一般不能以司法判断代替行政判断。当然，对要件裁量的审查强度常常大于对效果裁量的审查强度，这也从另一个角度说明，要件裁量与效果裁量具有量的差别。

其四，从各国的司法实践来看，否定要件裁量、严格区分不确定法律概念与行政裁量在德国之外鲜有存立，这也从侧面说明否定要件裁量的不可行。在我国，近年来的行政法适用和行政法学并未对行政法规范的逻辑构成展开分析，多数也没有对行政裁量作不确定法律概念与效果裁量的二元区分，而是笼统地将行政机关适用行政法规范的自由空间称之为行政裁量，似乎也是在支持统一的裁量理论。

（三）效果裁量与要件裁量的相对性

上述施密特和科赫的效果裁量否定论的方法和视角非常独特，切中要害，在很大程度上反映了裁量的实质结构，对否认要件裁量的学说构成了一个实质性的冲击。近年来，我国各地行政机关普遍制定了行政处罚的“裁量基准”或“统一裁量指导意见”，这些裁量基准一方面对法律要件中不确定法律概念进行类型化解释，另一方面也包括对不同法律效果的具体细化。它以行政规范性文件的形式规定了行政裁量在不同情形下的考虑因素，对原先较为宽泛的裁量幅度区分了不同档次分别予以规定。这一做法或许也能说明，行政机关是在通过补充要件来缩小裁量的空间。为什么行政机关要补充要件限缩裁量空间而不是随心所欲选择法律效果呢？这是因为行政机关负有根据宪法上的平等原则行使行政权的职责，相同的情况应该得到相同的处理，行政机关没有合理的理由即不得给予相同的私人以不同的对待。同时，行政机关也要受到比例原则的拘束，只能根据正当的目的和合适的手段处理一定案件，而不能畸轻畸重恣意武断。实践中的行政裁量基准就是要将这些不同的情况和相应的处理明文化，形成自我拘束的机制，指导行政公务人员具体裁量，使其裁量公平化、合理化。当然，应该承认一点，规则（基准）就是规则（基准），法律要件永远不可能等同于案件事实，规范上的法律效果也不等于案件中确定的法律效果。规则的有限与案件的无穷之间存在无法弥合的缝隙，法律效果上的裁量客观上是会存在的。即使行政机关通过不断的试验和经验的积累，无数次地细化裁量基准，也难以穷尽一切裁量情形，故而，效果裁量是无法消灭的。在一次裁量之后，从理论上来说，通过平等对待原则的作用，第二次在处理同样案件时的裁量实际上已经被第一次的裁量决定了，这时原来的裁量空间已经在法律规范和平等对待原则的作用下被缩减、乃至唯一确定的决定。但这也只是理论上的理想状态，现实中对这种先例的判断就带有一定的不确定性。

如此，无论是法律要件的解释适用，还是法律效果的选择确定，均可统一于法律要件的判断上，两者都要对法律要件作解释。要件裁量是直接针对法律要件，解释要件中的不确定法律概念，而效果裁量在补充法律要件之后同样面临着要件裁量的问题，同样要对法律要件中的不确定法律概念作出解释和具体化。那种认为要件裁量与效果裁量存在本质差别是站不住脚的。

当然，说无论是要件裁量还是效果裁量，其实质都包含着对法律要件的解释判断，并不等于说不需要再区分要件裁量和效果裁量。法律要件上的裁量是行政机关按照法律文本上的要件要求解释不确定法律概念，使其具体化，再类推适用法律要件。当然，法律要件中也可能存在法律漏洞和法的漏洞，这时就需要适用者再次进行类推发现法、补充法律要件。而法律效果上的裁量比要件裁量更为复杂。从宪法上的平等原则和比例原则等对行政权的拘束出发，行政机关确定法律效果的过程首先要补充法律要件①，但补充之后确定法律效果的过程并未完结，仍然需要行政机关凭借自身的经验和政策考量作出适当的选择，才能最终确定某个案的法律效果。法律效果上的裁量所受到的约束一般小于法律要件上的裁量。也正因为如此，法院审查要件裁量的强度可以高于对效果

---

① 这种补充可能是明示的（例如有明确的裁量基准或裁量理由），也可能是默示的（例如习惯形成或者根本不说明所秉承的裁量基准）。

裁量的强度。

综上，可以得出这样一个公式：效果裁量＝要件裁量＋适当选择。效果裁量就是行政机关在法律要件补充充足之后适当选择的自由。

三、着眼于法适用的行政裁量构造分析

从法释义学的角度谈行政裁量，我们需要加强对法律规范逻辑构成的认识。但从法律规范来分析行政裁量，其实并不能简单地看法律规范的表述，很大程度上还是要在具体案件中看案件事实与法律规范之间的对应关系，这是行政裁量存在的本质原因所在，也是作为法释义学的行政法学的一大魅力所在。没有现实生活中的案件，法律规范自身并不会自动地得出具体的法律效果。实际上，在上文的分析中，笔者已经自觉或不自觉地考虑了案件事实，而不是把眼光仅仅局限于法律规范。法律规范中的不确定法律概念和多种法律效果之所以会带来裁量，其原因在于将案件事实带入法律规范就会发生不同的案件事实均可适用同一法律规范的情形，然后裁量就在适用法律规范的过程中产生了。下面就着重从法律规范的适用过程①——实际上也就是行政机关在处理具体案件时的整个心理过程——来具体分析行政裁量的容身之地。

对于适用法律规范时的裁量存在于何处，学术上也存在一定的分歧。日本行政法学家盐野宏认为，行政的判断过程大致分为：A. 事实的认定；B. 要件的认定；C. 程序的选择；D. 行为的选择（选择何种处分，是否作出该处分）；E. 时间的选择。除 A 之外的四个过程均存在行政裁量。② 另一位日本学者阿部泰隆则更为具体，他认为，赋予行政权限的法规构造一般规定这样几个要素：①谁（有权的主体），②在一定的情形下（要件），③对谁（相对人），④经过一定的程序（程序），⑤为了一定的目的（目的），⑥能够或必须进行（发动决定、效果、为

---

① 这里所说的法律适用不是那种自动售货机式的适用，而是一种发现法的过程，或名之为“法的发现”。当然，这里所说的法仅指制定法。

② 参见［日］盐野宏：《行政法总论》，杨建顺译，81 页，北京，北京大学出版社，2008。我国有学者认为，只有 C、D、E 三个阶段存在行政裁量（参见余凌云：《行政自由裁量论》，3 版，35 页，北京，中国人民公安大学出版社，2013）。他进一步否定了对要件认定的裁量，其实质是秉持不确定法律概念中的判断与行政裁量是本质不同的观点，而这也是笔者在前文所批判的。

或不为的裁量)，⑦一定内容的处理（内容、处理的选择、比例原则）。除①之外，其他均可能存在行政裁量。[1]

那么，行政裁量究竟存在于何处呢？我们不妨先来看看法律规范的适用过程。一般认为，行政机关适用法律的过程大致是这样的。首先，查找证据，确定事实。其次，寻找到相应的法律，并解释法律。再次，将已经确定的事实带入法律，看其是否符合法律要件，这在法律推理中通常被称为“涵摄”[2]。法律要件的判断到此结束。最后，就是如何处理的问题。行政机关可以根据前述判断的结果，作出是否采取措施的决定。如果决定采取措施，则进一步需要确定采取何种措施，何时采取，又要通过何种程序采取这种措施。其过程大致如下图所示。

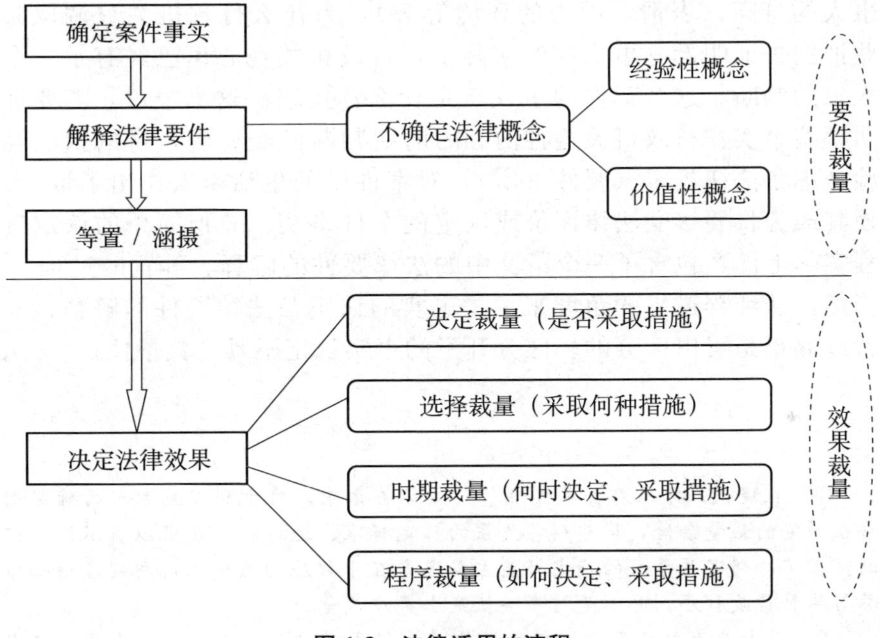

图 1-3 法律适用的流程

① ［日］阿部泰隆『行政法解釈学Ⅰ』（有斐閣、2008 年）364～365 頁参照。

② 当然，德国已故法学家考夫曼认为，该过程的实质为从事物本质出发进行类推，而不是三段论式的涵摄。类推是基于相似性，而涵摄则是相同性。参见［德］亚图·考夫曼：《类推与“事物本质”——兼论类型理论》，吴从周译，85～87 页，台北，学林文化事业有限公司，1999。

（一）案件事实的认定

案件事实的认定包括对行为主体和事实本身的认定两个方面。行政机关首先要确定，究竟是谁做了什么样的事，或者存在什么样的情况。行为主体和案件事实本身是客观确定的，但作为定案根据的事实则必须建立在证据的调查和认定的基础上。行政机关只有依据经过质证的证据才能确定事实，其结果要么是某一事实，要么不是某一事实，而不存在选择的余地。故而，并不存在行政裁量。除了法律明确规定可选择行政相对人的情形外，在具体的案件中，行政机关对行政相对人的确定常常没有选择裁量的余地。① 但我们知道，案件事实有很多（除了何人何时何地做何事之外，还有诸如当事人的身高、表情，周边的环境等等），为什么行政机关只调取某些证据去证明部分事实呢？实际上，行政机关在心里已经有了一个大致的判断，这个案件的争议点是什么？要解决这个争议，需要证明哪些事实？行政机关这种内心的前期判断已经凭着自身的执法经验考虑了法律规定（要件事实），对案件中的生活事实作出了取舍，使其成为将要接受法律评价或认定的案件事实。看似简单的认定过程实际上已经包含了一个下文中的法律要件的解释、等置的过程。②当然，从纯粹逻辑的角度来说，事实的认定与法律要件的解释、等置或涵摄是可以区分的。区分开了的事实认定不具有裁量性。③

---

① 在现代三方性乃至多极性行政法律关系中，对于利害关系人的确定则存在一定的裁量余地，毕竟利害关系的确定标准、远近程度是可以有不同认识的。当然，利害关系人的确定可能主要还是在于程序的裁量上，即到底通知谁参与某种行政程序，而不是对事实认定上存在裁量。

② 这与先有结论后去取证的做法是有很大差别的，差别主要在于，这里的“前期判断”是临时性的、假设性的，是随时准备被证据推翻的，而最终的结论必须是经过严密论证才能成立的。

③ 应当注意的是，在事实认定上的自由心证与行政裁量是不同的问题。正如巴霍夫所指出的那样：立法者先将使高权性侵害得以正当化的事实予以类型化，接着又将事实的认定委诸行政机关去裁量，并禁止利害关系人对该事实的存在与否进行主张，这是矛盾的。行政的合法律原则即使在形式上得到遵守，但在实质上也被规避掉，其本质内容就变得完全空洞化。［日］宫田三郎『行政裁量とその統制密度（增補版）』（信山社、2012 年）67 頁参照。

理论上，有承认“事实认定的裁量”者[1]，但从其表述来看，主要是认定事实方法上的选择。例如，芝池义一在说“事实认定的裁量”时举例道，道路噪音以何种方法来测定，驾照考试中出什么样的问题、怎样给分等。[2] 在这一意义上，裁量确实是存在的。

（二）法律要件的解释

法律规范的构成要件由若干法律概念所构成，而法律概念中却多为不确定法律概念，确定性的法律概念只是极少数。除了数字（例如5日、18周岁）之外的概念基本上都属于不确定的概念。对于确定的法律概念，行政机关并没有裁量的可能，也就是说，只有羁束而没有裁量，也就不是本节所要讨论的对象。

不确定法律概念虽然并不是一律不能确定下来，行政机关可以通过对相关法律条文的引证、法律解释、社会一般观念等方法将其具体化，但其不确定性或多义性却是不能否认的。对于经验性概念（例如“醉酒”、“又聋又哑”等），尚可通过引证社会经验来予以明确化，但在“醉”与“醒”、“聋”与“聪”之间并不是泾渭分明。对于那些价值性或规范性概念（例如“必要时”、“正当理由”、“为了公共利益”、“公共安全”等），则更难有一个唯一确定的内涵。究竟要作何种解释，法律本身都很难一一发出明确的指示，因而行政机关就不能不在具体化这些不确定法律概念的问题上享有一定的自由。虽然从理想状态看，我们希望对法律概念有一个唯一确定的解释，以确保立法者乃至主权者意志的准确实现，确保法定权益不会受到行政机关的侵害，但这种理想是非常不切实际的。行政机关对法律概念的解释，虽然部分是一种认识和判断，使自己的认识符合法律的要求，但也有一部分是意志和选择，需要对模糊的中间领域进行填补，它与对法律效果的选择并没有本质的不同，故而，我们可以称之为裁量。即便是对不确定法律概念进行具体化，实际上整个过程也是一个类推的过程。例如对“公共利益”的解释，就是要通过各种具体案件进行类型化（例如拆迁、征地、抢险等）

---

① 参见InWEnt德国国际继续教育与发展协会、最高人民法院行政审判庭、国家法官学院编：《中德行政法与行政诉讼法实务指南——中国行政法官实践手册》，110页，北京，中国法制出版社，2008。

② ［日］芝池義一『行政法読本』（有斐閣、2009年）68頁脚注1参照。第三版时改作“对事实认定方法的裁量”。参见第68页脚注1。

的归纳梳理之后来具体化对公共利益的认识。以往经验中的各种类型是不是符合公共利益的要求，公共利益本身并没有言明，而需要行政机关去演绎公共利益，确定可以适用的法律要件。这种在案件类型的归纳和公共利益的演绎就是行政机关在法律与裁量基准之间所进行的类推。

（三）等置－涵摄

案件事实是否为法律要件的规定情形之一，也就是将案件中的生活事实认定为法律事实，这实际上是法的一次适用。法的适用过程我们很多时候称为“涵摄”，其实准确地说应叫“等置”（等同处置）。[①] 涵摄就是我们通常所理解的简单的三段论式的演绎推理——将案件事实这一小前提代入法律要件的大前提就可以得出结论。但法的适用过程却远比此复杂得多，它是一种事实向着规范抽象化、规范向着事实具体化、包含着逻辑的归纳和演绎两个不断交互、寻找法律要件与案件事实之间相似性的过程，这就是等置。当然，等置过程结束之后，还是会出现三段论的逻辑演绎，最终确定法律效果，这一最后的过程勉强可以称为涵摄（之所以说“勉强”，是因为被“涵摄”的两者只有相似性）。涵摄并没有裁量选择的可能。

案件事实是一个实然的存在，而法律要件却是一个应然的可能，例如警察没有搜查证进入张某的诊所是不是法律上说的侵入公民的住宅，两者之间如何才能对应起来呢？我们需要“通过解释直接从制定法抽出的法律大前提与案件的判决之间，不仅有小前提，还有其他的使推论容易被作出的东西被插入”[②]。案件中张某的诊所夜间被用来居住，而法律要件中的住宅可具体化为可以居住的房子，而可以居住的房子又可以分解为白天用来居住的房子和夜间用来居住的房子，这样，“诊所”与法律要件中的“住宅”就可以通过“夜间被用来居住”等诸多中介找到相似性而等置了（见图1-4）。[③]

---

① 参见［德］考夫曼：《法律哲学》，刘幸义等译，128页，北京，法律出版社，2004。

② ［德］卡尔·恩吉施：《法律思维导论》，郑永流译，78页，北京，法律出版社，2004。

③ 由哲学观之，尚需讨论案件事实作为事实与法律要件作为规范、实然与应然之间是否要绝对的二元对立呢？如果秉持二元论，则生活中的事实永远都不能与法律上的概念等同起来，哪怕是张某生活用的“住宅”也永远无法认定为法律上的“住宅”。这种讨论有点类似于我国古典中“白马非马”的名辩。

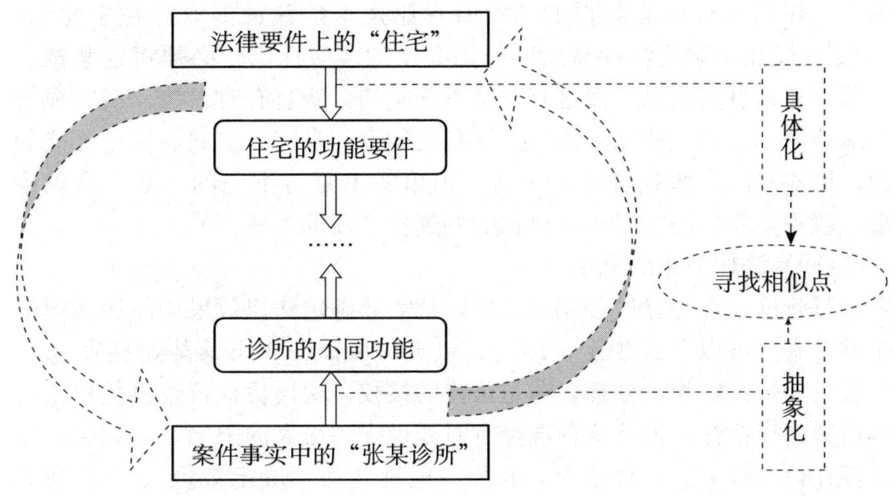

图 1-4　等置的简单过程

正如考夫曼所指出的那样，“法律发现绝非单纯只是一种逻辑的三段论法，而是一种逐步进行的，从存在的领域探索前进至当为的领域，以及从当为的领域探索前进至存在的领域，是一种在事实中对规范的再认识，以及在规范中对事实的再认识之过程”①。这一过程用恩吉施广为引用的名句来说就是“在大前提与生活事实间之眼光的往返流转”②。在具体化规范上的“住宅”时，适用者心里会想着事实中的“张某诊所”是不是法律规范上的“住宅”；在抽象化事实中的“张某诊所”时，适用者心里也会想着张某诊所是不是法律规范上的“住宅”。就这样在不停的交互诠释之中，实现了适用者认识的螺旋式发展，实现了法律规范与案件事实之间的等置。但是，这些归纳、演绎、类推的因素如何才能判断得出，从法律要件的概念中如何具体化、实证化，从案件事实中如何进行抽象化、规范化，最后在两者之间找到共同点，简言之就是究竟要对案件事实作出怎样的法律评价，这往往是需要丰富的经验和大量

① ［德］亚图·考夫曼：《类推与“事物本质”——兼论类型理论》，吴从周译，95 页，台北，学林文化事业有限公司，1999。

② Engisch，Logische Studien，S. 15.（恩吉施：《逻辑研究》，15 页。）转引自［德］卡尔·拉伦茨：《法学方法论》，陈爱娥译，162 页，北京，商务印书馆，2003。

的专门知识才有可能获得的，所谓专业技术性裁量多数存在于此间。“为了在使用不确定法律概念时作出必要的事实认定，必须将这些概念全部分解为事实概念。而这有时是不现实的。法官有时无法彻底完成其归纳的任务。由于他无法认识主导判决的全部事实，至此，他也无能为力。彻底澄清案情在理论上可行，但事实上是行不通的。基于这种情况，就不能要求法官对行政机构的判断作全面的审核。”①

（四）法律效果的确定

行政机关在等置过程完成之后，就需要确定法律效果。在法律规范中常常有“可以”式规定，即行政机关“可以”作出某某处理决定。②行政机关是否要作出处理，这是法律的授权，法律授权行政机关根据具体情形进行选择，虽然这种选择有时候也受到很大的限制，应该说，这里存在行政裁量。在理论上，我们一般称之为“决定裁量”、“行动裁量”或“决策裁量”。如果法律规范规定，存在某某情形“应当”如何处理，则不存在决定裁量。有时候，法律既没有规定“可以”，也没有规定“应当”，例如《治安管理处罚法》第23条规定“有下列行为之一的，处警告或者二百元以下罚款”，但这里一般应理解为羁束性的“应当”，没有决定裁量的空间。对于可以式规定如何裁量才符合法律要求，实际上是需要根据案件的实际情形补充法律要件来确定的。例如，法律规范虽然规定的是“可以”，但根据具体情形（主要是发生行政裁量收缩的情形），可能会将其解释为“应当”，本来的决定裁量被压缩为零，变成羁束，法律效果于是确定。用规范来表示就是：“如果存在S_1的情形，行政机关可以采取措施。”转换为：“如果存在S_1的情形，而且（1）危及的是人的生命、（2）危险迫切、（3）知道危险的存在并有措施可以制止……则行政机关必须采取措施。”

在决定作出处理之后，行政在所要采取的措施上也存在裁量。法律可能规定着这样那样的处理措施（例如前引《治安管理处罚法》第23条规定的“警告或者二百元以下罚款”），有时也会使用不确定法律概念

① ［德］迪特里希·耶施：《法学理论和宪法意义上的不确定法律概念与裁量》，载［德］埃贝哈德·施密特-阿斯曼等著，乌尔海希·巴迪斯选编：《德国行政法读本》，于安等译，343页，北京，高等教育出版社，2006。

② 例如，《治安管理处罚法》第14条规定盲人违反治安管理的可以从轻处罚，该法中类似的规定共有52个；《行政许可法》中的“可以”有32个。

加以限定（例如《警察法》第17条第2款规定的“可以采取必要手段”），有时甚至没有规定任何有所限制的措施（所谓“空白授权”），究竟采取哪种措施，立法者同样也是授权行政机关根据具体案件进行选择。在理论上，我们一般称之为“选择裁量”或“措施裁量”。这种裁量首先要进行补充法律要件的限缩，然后才能选择。例如，几百人哄抢超市，警方派出两名警察维持秩序显然是不足的。警方决定出警之外还应加入多少警力方才足以平息骚乱的考量。再如，根据《执业医师法》第37条的规定，究竟是给予警告还是责令暂停执业，是暂停6个月还是暂停1年，看上去是由卫生行政部门自由决定的，但合理的行政不应如此。从警告、暂停6个月到1年，在惩罚力度上是有差别的。到底要选取哪一种处罚，实际上还要看医师违法的事实和情节。比较理想的做法是，卫生行政部门根据以往的经验，设定出处罚的裁量基准，对法律规定加以具体化，明确何种情况应该施以何种处罚。这也是在通过补充法律要件来确定大致的法律效果。这是平等对待原则之于合理行政的要求。但此后的具体的案件中的法律效果，则还是需要行政机关的裁量，在诸如6个月至7个月一档中多一天少一天，一般不会发生滥用裁量权的问题，除非因违反先例而违反平等对待原则。

法律规范对于行政机关何时决定、何时采取措施常常没有特别明确的限定，行政机关在具体的时间上也有选择的余地。在理论上，我们可以称之为“时期裁量”。时间上的不同选择对于当事人实体上的权利是有影响的。法律的规定大致有这么几种：其一，有期限的规定，例如《行政许可法》第42条规定，“除可以当场作出行政许可决定的外，行政机关应当自受理行政许可申请之日起二十日内作出行政许可决定”。行政机关只要在20日之内作出，无论哪一天作出，一般均不能视为违法。其二，只有“及时”、“尽快”或“定期”等要求，例如《人民警察法》第21条规定，“对公民的报警案件，应当及时查处”，但究竟什么才叫“及时”，则不能一概而论，需要根据具体情形予以具体化，警察对其享有一定的裁量空间。其三，没有任何规定，例如《行政处罚法》第42条对行政机关多长期间内决定举行听证就未作任何规定，行政机关享有较大的裁量空间。时期裁量固然可以通过先例、裁量基准等进行限制，但其裁量性是不能抹杀的。

行政机关对于根据何种程序决定、根据何种程序采取措施，有时也有选择余地。在理论上，我们可以称之为“程序裁量”。程序裁量同样也能对私人的实体性权利产生重要影响，因而其在行政法上亦可占据一席之地，值得深入研究。但正如有学者所指出的那样，究竟将程序裁量定位于哪一种类型，以界定司法审查的范围，在学理上并不清除。[①] 笔者在这里将其界定为效果裁量的一部分，意为行政机关在确定事实、认定要件之后，根据何种程序作出决定，根据何种程序采取措施。实际上如何确定事实也是要讲究一定程序的，而且很大程度上就是行政调查的程序。那么，笔者将程序裁量置于效果裁量之下是否妥当呢？在效果裁量之下存在程序裁量应无疑问，事实的认定也需遵循一定的程序，但为什么要认定事实呢？实际上还存在一个对事实的初步认识，有了这个初步认识之后，才决定进一步调查，进而采取措施。这可以视为之前的另一个法律适用。这个初步认识继续往前推，实际上是不需要程序的，或者说谈程序是没有意义的。故而，从法律适用的整个过程来看，可以将程序裁量包含于效果裁量。[②]

对于法律效果的确定，是否采取措施，采取何种措施，何时根据何种程序作出决定，何时根据何种程序采取措施，只有具备无数的经验和专业知识才能作出合理的决定。立法者根本无法一一以明确的方式加以规定，而只能将其委托给行政机关根据具体的案件进行裁量。这也是为什么不可能将上文提到的行政裁量基准统统法律化的原因。当然，赋予行政机关以裁量权的同时，立法者也可能通过法律来对裁量的权限、程序、目的等作出规定，以规制裁量权的适当行使。

四、关于行政裁量的基本认知

综上，笔者认为，所谓行政裁量，是指行政机关在适用法律规范裁断个案时由于法律规范与案件事实之间的永恒张力而享有的由类推法律要件、补充法律要件进而确定法律效果的自由。规范与事实之间的照应使得行政裁量成为一种可能，而规范与事实之间的不同使行政裁量成为

---

① 参见陈春生：《行政法之学理与体系》（一），164 页，台北，三民书局，1996。

② 德国行政法学一般在效果裁量之下只谈决定裁量和选择裁量两个部分（参见［德］哈特穆特·毛雷尔：《行政法学总论》，高家伟译，124～125 页，北京，法律出版社，2000）。一般而言，时期裁量和程序裁量并不如决定裁量、选择裁量对当事人的实体权益影响大，所以，仅仅重点谈决定裁量和选择裁量亦不为过。

一种必要。正如考夫曼所指出的那样，“法律是应然与实然的对应”①，实然之中包含着应然的成分，应然之中包含着实然的成分，应然与实然在结构上纠缠在一起。② 一方面，法律规范来源于对实践经验的总结和抽象，来源于对事实的评价，众多的事实之中包含统一的规范。正是因为法律规范与案件事实之间是存在对应关系的，由行政裁量将法律规范适用于案件事实才是可能的。另一方面，由于法律规范与案件事实永远不可能相同，法律规范只能以确定的文本和不确定的法律概念回应现实对法的统治和安定性的要求，而行政机关要将这掺杂着确定性与不确定性的法律规范适用于具体的案件事实时就不得不享有裁量权，使法律规范的要求变为具体案件的处理决定，使法律规范所预定的目的变成现实的法律效果。从法律规范的适用过程可以清楚地看到，无论是法律要件之中对不确定法律概念的解释和对案件事实的评价，还是法律效果中决定的作出和措施的选择，均存在裁量。貌似严格的法律就是在行政机关适用法律的过程中被必然地松动了。行政裁量通过对复杂现实的经验把握、通过技术性知识的专业运用、政策目的的考量等而被注入行政适用法律的过程之中。③

第四节　不确定法律概念与行政裁量

法学是追求确定性的学科，而法律中却存在大量的不确定法律概念。所谓不确定法律概念的具体化就是指按照法律的意旨，通过各种方法明确不确定法律概念的要求，使其能适用于具体的案件之中。④ 不确

① ［德］考夫曼：《法律哲学》，刘幸义等译，221页，北京，法律出版社，2004。

② 参见郑永流：《法律判断形成的模式》，载《法学研究》，2004（1），145页。

③ 当然，我们也不能忘却行政裁量虽然是在适用法律、是在法的框架下运行的，但它始终是由行政机关实施的，因此，行政裁量本身可能是合理的、合法的，也可能是不当的、违法的。行政裁量的事实存在与价值评价是两个不同的问题，不可混为一谈。

④ 王利明认为，所谓“具体化”，是指“通过法律解释的过程，使不确定概念的内涵和外延得以明晰，从而使之能够作为裁判依据，适用于具体个案”。参见王利明：《法律解释学》，184页，北京，中国人民大学出版社，2011。但具体化的方式实际上不限于法律解释。

定法律概念如何具体化是本节所关注的主题。厘清这一过程，既有助于认清不确定法律概念的构造，也有助于司法选择不同的司法审查强度；既有助于认识不确定法律概念与行政裁量的关系，也有助于减少不确定法律概念具体化的随意性，确保法律价值和个案正义的实现。

一、不确定法律概念的由来与价值

法律概念是法的最基础要素。法的适用在很大程度上就是法律概念的解释和应用。法律概念是一种具有法律意义的概念，它是对与法律相关的事物、状态、行为等进行概括而形成的法律术语。法律概念按照确定性的程度，可以分为确定性法律概念和不确定法律概念两种。前者是指意思确定、具有一义性的法律概念，通常只有数字、时间等属于此类；后者则是指意思不确定、具有多义性的法律概念。

法律文本中多数是不确定法律概念，这与法律的普遍性、一般性相适应的。法律的一般性是自由与公平的保障，是权力分立的一大目标。[①] 不确定法律概念的出现，正是源自法律对于一般性属性的需要。相比多姿多彩的社会生活，法律概念必然是灰色的。以有限的语言符号去描摹无限的现实，即便将人类的理性发挥到极致，也无法实现准确的要求。使用不确定法律概念，才能规范形形色色的具体案件。从历史的角度来看，不确定法律概念是立法技术发达后的产物，是立法者面对复杂现实不得不使用、却又能保障立法目的实现的手段。

不确定法律概念是各个部门法都广泛存在的现象，但只有在行政法上，不确定法律概念才成为特别问题。立法者在行政法规范的构成要件中使用不确定法律概念时不仅牵涉立法与行政的关系，也牵涉到行政与司法的关系。它意味着行政从确定性法律概念、固定的构成要件中解放出来，能够让行政在一定程度上发挥自身的技术专长和能动性。在这一意义上来说，行政法上使用不确定概念，是立法者为了行政的便宜而作

---

① 孟德斯鸠认为，集权产生暴虐和专制，分权才是自由和安全的保障。立法权是国家的一般意志，而其他权力则是这种意志的执行。行政机关执行的、法官宣告的法律必须事前为公民知晓，才能保障公民的安全。法律决定各个公民地位，其一般性是合法性体制的条件自身，立法者不能用其个别意志去毁灭每一个公民。参见［法］孟德斯鸠：《论法的精神》上册，张雁深译，155～158 页，北京，商务印书馆，1961。

出某种程度上的让步。不确定法律概念是行政国家倾向的体现，它可能与法治国家秩序发生抵触。① 通常而言，法治国家秩序在行政领域中的具体体现就是确立依法律行政原理并建立起作为其担保机制的行政诉讼制度。② 在法治发达之后，法院可享有审查行政一切行为的概括性权限。其结果就变成，立法者通过不确定法律概念赋予行政机关以广泛的决定自由，法院再对其进行限制。不确定法律概念作为行政领域的固有问题，成为行政国家与法治国家相互交错的场所。在行政国家秩序中，不确定法律概念因不受审查而不成为问题。正如德国法学家乌勒所说，在行政诉讼制度创设之前，并不存在不确定法律概念的问题。19 世纪末，奥地利采用了行政诉讼受案范围的概括主义，并给行政裁量与不确定法律概念课予界限，不确定法律概念问题才获得了实际的意义。③ 奥地利法学家特茨纳最早开拓了有关不确定概念的学说，他将"公共利益"、"必要性"等不确定概念视为法律概念，与"自由裁量"不同，它可由法院审查。④

从法治主义的角度来看，确定性法律概念能准确地传递出法律的意旨，确保法律意旨能得到有效实现；而不确定法律概念因暗藏着种种可能性，被认为具有破坏法治国家的危险。针对法适用机关如何受法律拘束的问题，传统理论认为，必须预设法律在内容上的先决性，以确保行政决定与法院判决的内容都能从法律的规范内容以逻辑涵摄的方式被推导出来。但在凯尔森看来，法律既不可能、也不应该预先为行政机关与法院面对的所有个案正义给定一个唯一正解，法律只是为法适用划定了活动范围的框架而已。行政机关必须动用其意志判断，在法律所划定的框架范围内作出一个最合乎个案正义的选择。法适用机关自主意志的发动，并不代表完全不管法律规定了什么，反而

① ［德］乌勒（C. H. Ule）『ドイツ連邦共和国における公法の発展』田口精一監訳（慶應義塾大学法学研究会、1971 年）19 頁参照。

② 参见王贵松：《依法律行政原理的继受与嬗变》，载《法学研究》，2015 (2)，82 页。

③ ［日］園部逸夫「行政法上の不確定概念—西ドイツにおける論議について—」法学論叢 62 巻 2 号（1956 年 6 月）3～4 頁参照。

④ 参见翁岳生：《行政法与现代法治国家》，53～54 页，台北，三民书局，2015。

必须一再致力于落实法律透过授权而要求法适用机关履行的任务。法律授权与法律拘束处于一体两面的关系之中。[①] 如果行政机关能以下位规范合理地具体化法律，法院能有效地对这种具体化进行审查，则仍在法治国家的框架之内。

二、不确定法律概念的构造与类型

行政机关对不确定法律概念的具体化以及司法对具体化的审查，其前提作业均在于正确地认识不确定法律概念。为此，这里继续对不确定法律概念的构造与类别问题展开探讨。

（一）不确定法律概念的基本构造[②]

不确定法律概念究竟在哪里产生了模糊性，学术上见解分歧。大体而言，在不确定法律概念的内在构造上，有二分结构与三分结构之争。德国法学家赫克（Philipp Heck）、耶施（D. Jesch）用概念核（概念核心）和概念庭（概念外围）来描述法律概念，前者绝对清晰，后者多有疑问，后者为一切法律概念所具有，只是在不确定法律概念中范围更广而已。[③] 这种二分结构固然较为形象，但并不能区分多义词与不确定的法律概念，对于不确定法律概念的模糊性未能清楚地揭示出来。多义词是一个词依据不同的语境而表达不同的性质，在有些情况下根据上下文的联系是可以确定其含义的。这时，在该特定语境下，它就不具有不确定性。对于无法确定其准确内涵的多义词，它才属于不确定法律概念。当然，即使是在可以通过语境而获知内涵的多义词中，也存在一个认知的问题：到底它是表达一个怎样的内涵？这时，多义词与不确定概念之间的差别又不是那么明显。德国学者恩吉施即认为，“法律概念的‘不确定性’可能基于概念语词的多义性”[④]。而且，即便概念本身没有不

---

① 参见黄舒芃：《框架秩序下的国家权力》，7～9、13页，台北，自刊行，2013。另可参见［奥］凯尔森：《纯粹法学》，张书友译，99～102页，北京，中国法制出版社，2008。

② 笔者此前曾有对宪法概念的探讨。参见王贵松：《宪法概念的认知方法及其反思》，载《浙江学刊》，2006（3），23～28页。

③ 参见翁岳生：《行政法与现代法治国家》，66～67页，台北，三民书局，2015。

④ ［德］卡尔·恩吉施：《法律思维导论》，郑永流译，133页注释［8］，北京，法律出版社，2004。

同意涵，但所谓“核”也可能是模糊的。

而德国行政法学家 W. 耶利内克则认为：“确定性概念作为概念具有唯一的界限，某一事物是否归属于该概念根据该界限能有一个确定的判断。而不确定法律概念作为概念也与确定性概念一样具有界限（否则不成为概念），但它有两条界限。对不确定概念也存在确定的判断，亦即明确的肯定判断和否定判断。然而，在两者之间存在仅为可能性的边界（盖然性判断）……不确定概念中有两个界限，其界限的状况又是不确定的。”① 这就构成了不确定法概念的三分结构（肯定判断、否定判断、盖然性判断），它与肯定对象、否定对象和中立对象的分析语言哲学也是相对应的。② 例如，《国务院组织法》第 9 条规定，“各部设部长一人，副部长二至四人。各委员会设主任一人，副主任二至四人，委员五至十人”。无论是一人还是二至四人，都是确定的。副部长设二、三、四人，均可作出肯定的判断，而设五人，则显然只能得出否定的判断。但对于《道路交通安全法》第 91 条中的“醉酒”，到底醉到何种程度方为醉酒并不清楚，酩酊大醉肯定属于其中，滴酒未沾肯定排除在外。在酩酊大醉和滴酒未沾之间的微醺就是一个模糊地带。对于确定性概念而言，非此即彼；而对于不确定法律概念，则可能存在一个亦此亦彼的状态，这正是具体化乃至审查的难点所在。

（二）不确定法律概念的常见类型

不确定法律概念按照不同的标准可以有很多类型的划分，经验概念与价值概念的二分化是其常见的类型。耶利内克用法律所意图的多义性将确定概念与不确定概念区分开来。社会虽具有将不确定概念转变为确定概念的能力，但这只限于立法者意图使其具有一义性含义的情形，是通过法官得以实现的，而不及于意欲授以裁量的不确定概念。耶利内克这种重视法的意图的观点与第二次世界大战后德国不确定法律概念的经验概念与价值概念二分化是相关联的。③

---

① ［日］宫田三郎『行政裁量とその統制密度（增補版）』（信山社、2012 年）51 頁参照。

② 参见［德］阿图尔·考夫曼、温弗里德·哈斯默尔主编：《当代法哲学和法律理论导论》，郑永流译，386 页，北京，法律出版社，2002。

③ 参见［日］田村悦一：《自由裁量及其界限》，李哲范译，76 页，北京，中国政法大学出版社，2016。

经验性不确定法律概念，又被称为描述性、事实性不确定法律概念，是指纯粹以现实世界中原则上可以用感官或其他方式经验的客体作为指称的对象，例如黑暗、夜间、黄昏、噪声等。这种不确定法律概念通常被认为可以通过经验法则可以一义性解决。价值性不确定法律概念，又被称为规范性不确定法律概念，是指需要法律适用者补充评价的概念，例如，不可信赖性、公共利益、适任的能力、重要理由等。这种不确定法律概念通常被认为只有通过主观性价值的输入才能确定。第二次世界大战后德国法学家巴霍夫（O. Bachof）、乌勒等均为这种二分法的代表。[①] 当然，经验性概念与价值性概念的区分也是相对的，两者之间是相互流动的，但这并不妨碍其为不确定法律概念的精细化研究提供分析工具。

三、不确定法律概念的具体化过程

要将一般性的法律适用于具体的案件，就必须将不确定法律概念具体化。为了准确理解、适用法律，减少法律适用的随意性，保证公民受到公平的对待，也有必要对不确定法律概念加以具体化，在法律概念与案件事实之间建立起一个又一个的中间概念或媒介概念，最终在法律概念与案件事实之间找到相似性，将法律适用于个案。具体化的过程，实际上就是有权主体认识、解释法律的过程，某种程度上也是一种价值补充的过程，是法律逐步实现的过程。在不确定法律概念中，经验性概念和价值性概念看上去有很大差别，在具体化的方式上也有一定差别，但其间的共性也较多。[②] 下文即按照传统分类，来逐一剖析其具体化的方

① 参见盛子龙：《行政法上不确定法律概念具体化之司法审查密度》，14～15页，台湾大学法律学研究所博士论文，1998年。

② 有学者认为，根据不确定法律概念所属类型的不同，法律适用者应分别采用不同的具体化手段。对于经验性概念，其具体化过程应该被归于事实问题之列，对其具体化正确与否，一般需要通过引用证据加以说明，并且一般不涉及法律的引用论证。对于价值性概念，其具体化过程应该被归于法律问题之列，它是通过引用法律、考虑法规范外因素、推理论证等方式才能实现。但是，对于更多的不确定法律概念而言，简单地将其归为事实问题或法律问题，都会给人一种难以定论之感，其定性会呈现出一种可左可右的模糊状态。参见尹建国：《行政法中不确定法律概念的类型化》，载《华中科技大学学报（社会科学版）》，2010（6），46～47页。该观点似闪烁不定，也足见问题本身的复杂性。

法及过程的特点，从中我们既可以看到两者之间的相对性，也可以看到两种概念在内容上的构成。这种内容上的构成方式从另一个角度来说，也是司法在审查时可循的方法。

（一）经验性不确定法律概念的具体化

在法学方法论的各种著作中，常常只提价值性概念的具体化问题，对于经验性概念的具体化问题却避而不谈。其预设似乎是经验性不确定法律概念算不上是不确定法律概念，真正有意义的难题存在于价值性概念之中。但果真如此吗？其实，经验性概念与价值性概念一样，都有一个模糊的地带。例如，前述的“醉酒”，《行政强制法》第 43 条的“夜间”等。

通常说来，经验性概念有真伪之别，是可以通过经验证明加以确定的。它既可以通过下定义的方式加以具体化，也可以通过案例的类型化来具体化。例如，温度为 72℃的地下热水属于地热还是地下水？属于矿产资源还是水资源？法院在审理时认为，国务院的《矿产资源法实施细则》所附的细目（一）能源矿产中列有地热，细目（四）水气矿产中列有地下水，故而地热与地下水是两个不同的概念。按照国家技术监督局的国家标准规定，地热资源是指在我国当前技术经济条件下，地壳内可供开发利用的地热能、地热流体及其有用组分。该标准将地热资源按温度分为高温地热资源、中温地热资源和低温地热资源三类。其中低温地热资源里，又将小于 90℃大于或等于 25℃的地热分为热水、温热水、温水三项。故而认定该案中的地下热水是地热，而非地下水。① 如此，就将经验性概念通过下定义和类型化的方法转化成了可以用经验证明的确定性概念。

值得注意的是，经验性概念的事实类型化并不是脱离价值判断的，相反却是在一定的价值预设下进行具体化的。例如对于机动车驾驶者的“饮酒”和“醉酒”问题，根据《车辆驾驶人员血液、呼气酒精含量阈值与检验》② 的规定，饮酒后驾车是指车辆驾驶人员血液中的酒精含量大于或者等于 20mg/100ml，小于 80mg/100ml 的驾驶行为。醉酒后驾

---

① 参见福建省水电勘测设计研究院不服省地矿厅行政处罚案，载《最高人民法院公报》，1998（1），38～39 页。

② 国家标准 GB/T 19522—2010，2011 年 1 月 4 日修改发布，2011 年 7 月 1 日起实施。

车是指车辆驾驶人员血液中的酒精含量大于或者等于80mg/100ml的驾驶行为。"饮酒"或"醉酒"通过这一标准得以具体化，虽然"饮酒"或"醉酒"据此转化成一个事实问题的认定，即酒精浓度的检测，但在这一具体化过程中需要观察到的是：第一，饮酒后驾车从字面上理解，只要饮了酒，不论多少都是饮酒后驾车。但该国家标准却规定低于20mg/100ml者不属于饮酒后驾车，饮酒属于经验性法律概念，在具体化过程中却采取了一定的价值预设，即为了保护人身安全、预防和减少交通事故，不能允许威胁驾车安全的饮酒行为。如果不威胁驾车安全，微量的饮酒是允许的，不属于法律所规制的内容。第二，这种具体化没有考虑某些人病理性醉酒或者豪饮海量的特殊情况。这时却又不再考虑立法目的了，即便不影响驾驶安全，只要超过80mg/100ml，即为醉酒，即要受到惩罚。因为在通常情况下，如此的酒精都会影响到人的判断能力和反应能力。预设一定的价值也是其他经验性概念在具体化过程中常见的现象。

（二）价值性不确定法律概念的具体化

价值性概念不存在真实性的问题，只有妥当与否的问题。价值性概念的特色之一就在于"须于个案依价值判断予以具体化"。这种价值性概念又被称为"须价值补充的概念。具体化的价值判断，应参酌社会上可探知、认识的客观伦理秩序及公平正义原则，期能适应社会经济发展，及道德价值观念的变迁"①。因为法律本身极为抽象，须于具体的个案中予以价值判断，使之具体化，而后其法律功能才能充分发挥，这种透过法律适用者予以价值判断，使其规范意旨具体化的解释方法，就是价值补充。②

德国法学家科赫指出，价值性概念其实包含着两个意义成分，一个是评价性的意义成分，另一个是描述性的意义成分。例如，"好的"，其评价性意义成分是始终不变的，表达一种肯定的、表扬的或推荐的态度。但人们什么时候可以使用"好的"一词来指涉一个客体，则取决于其描述性意义成分，亦即其适用的基准。该适用基准会随着事物的不同而有所改变，例如好的消防队员、好的政府发言人等。在决定"好的"这个用语是否可适用的关键在于其描述性意义成分，其评价性意义成分反而可以置之不理。当然，科赫并不是认为不确定法律概念的适用与适

① 王泽鉴：《法律思维与民法实例》，247页，北京，中国政法大学出版社，2001。

② 参见杨仁寿：《法学方法论》，100页，北京，中国政法大学出版社，1999。

用者的补充评价完全无关，在价值性概念的描述性意义成分不能明白地决定该概念是否可适用时，亦即涉及所谓“中立对象”时，一旦无法透过语意以外的其他解释方法实现精确化，则法的适用者的补充评价自属不可避免。只不过即使在这种情况下，补充的评价也是在使描述性意义成分精确化的层次上，而与其评价性意义成分根本无关。①

为了避免具体化的随意性，价值性概念的具体化应当包含两个方面。一方面要去价值化②，也就是将其转化为经验性内容，另一方面也要在无法去价值化的地方再进行价值补充或判断。这里试举例加以说明。例如“违法”是一个价值性概念，但怎样才可以被评价为违法，往往要将其分解成行为主体、侵犯的客体、客观行为、主观状态等若干要件。行为主体、侵犯的客体、客观行为等是可以通过经验加以证明的。这样就在很大程度上将“违法”转化成了经验性概念。“违法”的具体化已经十分成熟，只要判断是否符合其构成要件即可。对于那些尚未精确化、构成要件化的价值性概念，评价则在所难免。例如，《公务员法》第11条规定公务员员应当“具有良好的品行”。在具体化时，一方面要确定良好的事实表现，另一方面要给出良好的定性评价。但究竟怎样的事实表现才能给出良好的评价，则难有定论，至少不能有不好的品行。至于何为不好的品行，按照《公务员法》第24条的规定，“曾因犯罪受过刑事处罚的”、“曾被开除公职的”不能录用为公务员。其他的行为，例如未婚先孕，是否属于不好的品行，则须行政机关作出价值判断。

四、不确定法律概念具体化的司法审查强度

不确定法律概念虽然可以通过各种方式具体化，但在具体化过程中常常发生因过度具体化而无以涵盖社会现实、或者具体化克扣法律概念价值内涵的现象。故而，对于不确定法律概念的具体化，法院要进行审查，维护基本权利的价值，确保法的实现。这也是行政法上不确定法律概念具体化的特殊之处。在其他部门法领域，具体化的工作多数是由法

---

① 参见盛子龙：《行政法上不确定法律概念具体化之司法审查密度》，17～18页，台湾大学法律学研究所博士论文，1998年。

② 也有学者称之为“除规范化”（entnormativiert）。参见［德］Ingeborg Puppe：《法学思维小学堂》，蔡圣伟译，19页，台北，元照出版公司，2010。

院完成的，而在行政法领域，因为行政机关对不确定法律概念的具体化会先行一步，法院对其具体化过程及结果的审查，就成为相当重要的问题。法院对行政机关具体化的审查，究竟如何审查、给予何种严格程度的审查，亦即司法审查强度及方法的问题，关涉着权力分立关系的维系和司法机关对人权的保障。

（一）原则上全面审查

不确定法律概念仍然是"法律"概念①，而非抛给行政机关的法外自由。不确定法律概念在给行政机关授权的同时，也对其进行一定的约束。这种约束需要法院在事后加以审查。从前文对具体化过程的分析来看，经验性概念在具体化过程中掺杂了价值性判断，而价值性概念在具体化过程中有很大一部分转化成了描述性内容。无论是经验性的不确定法律概念还是价值性的不确定法律概念，主要都是可以用经验事实去具体化的。对此，法院原则上并没有尊重的必要，而应施以全面审查。而且这也是法院在实务中的基本态度。最高人民法院公报刊登的一则判决在总体上指出：

> 本案中上诉人园区劳动局对《工伤保险条例》第十四条第（一）项规定的"工作场所"、"因工作原因"的理解，不符合《工伤保险条例》保障职工合法权益的立法目的。行政诉讼法第一条规定："为保证人民法院正确、及时审理行政案件，保护公民、法人和其他组织的合法权益，维护和监督行政机关依法行使行政职权，根据宪法制定本法。"该规定体现了国家设置行政诉讼制度的目的。行政机关对法律的理解违背立法本意，人民法院在审理相关行政诉讼案件中，应当依法作出正确的解释，这也是对行政机关行使职权的监督。原审第三人中力公司关于"在法律无明确规定的情况下，对于法律的理解适用应当尊重作为行政机关的上诉人的理解和认定"的意见，没有法律依据，故不予采纳。②

天津市高级人民法院的这段判词清楚地说明，面对行政案件，法院之所以能对行政机关的认定进行严格审查，是基于法律授予法院的权

① 参见黄舒芃：《框架秩序下的国家权力》，134页，台北，自刊行，2013。

② 孙立兴诉天津园区劳动局工伤认定行政纠纷案，载《最高人民法院公报》，2006（5），48页。

力。不确定法律概念的背后总是一套行为规范，立法者正是通过不确定法律概念对社会进行适当的型塑和规范。要确保立法者意旨的实现，由法院进行严格审查是非常必要的。

将不确定法律概念分解开来说，首先，法院对于经验性不确定法律概念通常是实施全面审查的。例如，在陈国泰诉厦门市思明区工商行政管理局工商行政处罚案中，两级法院都通过特许经营模式的特点和社会大众的一般认识结合起来对工商局的认定进行了全面审查，最终否定了工商局的认定。一审法院的审判长在判决后说明指出，

> "引人误解或虚假"属于经验性概念。对其理解判断，无需借助专门知识或科学验证。实际上，"引人误解或虚假"的立足点是普通消费者的认知，应以社会大众的一般认识能力作为评判依据。工商行政机关的判断并不能约束法院。①

对于价值性不确定法律概念，法院同样也在实施全面审查。例如，在香港美艺金属制品厂诉中国专利局专利复审委员会确认"惰钳式门"发明专利权纠纷案中，北京市高级人民法院对专利法上的两个价值性概念进行了严格审查。1992 年《专利法》第 22 条第 3 款规定，"创造性，是指同申请日以前已有的技术相比，该发明有突出的实质性特点和显著的进步，该实用新型有实质性特点和进步"。"突出的实质性特点"和"显著的进步"是典型的价值性不确定法律概念，法院首先对其进行了去价值化的分解，它指出：

> 所谓"突出的实质性特点"，就是从该技术领域技术发展的历史角度来看，该发明与已有的技术相比，具有技术实质内容的突破，使该领域技术产生突出的实质性变化。所谓"显著的进步"，是指该发明与最为接近的现有技术相比，具有长足的进步，它通常表现为克服了现有技术的不足和缺点，或者具有明显的技术效果。

然后对该案的发明专利与已有技术从技术解决方案、发明目的和效果等三个方面进行比较，对该项发明专利与该领域的普通技术人员进行

---

① 陈国泰诉厦门市思明区工商行政管理局工商行政处罚案，载《中国审判案例要览（2009 年行政审判案例卷）》，90 页，北京，中国人民大学出版社、人民法院出版社，2010。

比较，得出结论认为“具有突出的实质性特点和显著的进步”，从而推翻了专利复审委员会宣告“惰钳式门”发明专利权无效的决定。①

法院通常会根据法律的目的，对法律概念进行分解，再对法律适用者的具体化加以审查。法院审查不确定法律概念的另一个方法就是借助于社会观念的审查。法院对于社会观念首先须客观地加以认识，再依评价加以确认。② 法院就不确定的规范性概念予以价值补充时，须适用存在于社会上可以探知认识的客观伦理秩序、价值、规范及公平正义原则，而不能动用个人主观的法律感情。③ 为了减少主观性和随意性，法院在审查时必须充分说明论证。

（二）价值判断上有所尊重

已如前述，无论是经验性概念还是价值性概念，在具体化过程中，总是掺杂着价值判断。对此价值判断，法院常常是运用裁量权审查的一般方法来加以审理，表现出了一定程度的尊重。虽然不确定法律概念集中体现着立法者的意旨，但毕竟是不确定的法律概念，需要法律适用者利用自身的经验和价值观对其加以具体化。法院作为法律适用者的一种，虽然肩负着监督行政机关的任务，但一方面要尊重不确定法律概念的意旨，立法者通过设定亦此亦彼的中间状态为法律适用者提供了一定限度的自由空间，另一方面也可能囿于法院自身的能力和非政治机关的属性，不能对行政机关的具体化活动一律进行严格审查。简言之，对于具体化中的价值判断，只要处于法律授权的范围之内，司法就应当给予一定程度的尊重。

在陆煜章不服上海市工商行政管理局企业名称驳回通知案中，陆煜章申请将“上海资本家竞争力顾问有限公司”作为开办公司的名称。但上海市工商局认定“资本家”作为一个有特定政治含义的词语运用于企业字号，将有损于国家和社会公共利益，并且可能对公众造成误解，予以驳回。上海市第一中级人民法院认为：

---

① 香港美艺金属制品厂诉中国专利局专利复审委员会确认“惰钳式门”发明专利权纠纷案，载《最高人民法院公报》，1992（2），55～56页。

② 也正因为如此，有学者指出，“不确定法律概念或概括条款的具体化，较诸法律解释，更属结合认识与意志的行为”。王泽鉴：《法律思维与民法实例》，247页，北京，中国政法大学出版社，2001。

③ 参见杨仁寿：《法学方法论》，136页，北京，中国政法大学出版社，1999。

> 根据《企业名称登记管理规定》第九条第一、二项规定，企业名称不得含有有损于国家、社会公共利益、可能对公众造成欺骗或者误解的内容和文字。这是一条明确的禁止性规定，但又是一条原则性规定。在这种情况下，被上诉人市工商局作为主管行政机关当然地具有自由裁量权。行政诉讼中，司法对自由裁量行政行为的合法性审查只有一个标准，即自由裁量权是否被滥用并达到令正常人无法容忍的程度。①

接着法院分析了工商局执法目的的正当性，并通过社会上对“资本家”认知的认定，肯定了工商局的驳回决定。虽然法院使用了“无法容忍”的相对宽松基准表述，但实质上还是借助于社会观念等方式对该概念的认定进行了较为严格的审查。

具体而言，我国法院大致在以下几个领域对行政机关的价值判断给予了一定程度的尊重。第一，不确定法律概念的内容理解取决于预测性决定和具有评估性质的风险，也就是所谓预测余地，其特点在于对不明朗情况的预测和政治性的判断，这时法院会给予较大程度的尊重。前引的“陆煜章不服上海市工商行政管理局企业名称驳回通知案”即属于这一类型。

第二，如果行政决定的根据是高度人身性的专业判断，法院也会给予较大程度的尊重。其典型者如考试中的评判，法院会尊重行政部门和评阅人员的判断。例如，根据《国家司法考试违纪行为处理办法（试行)》第10条的规定，“两卷以上（含两卷）答案文字表述、主要错点一致的”，“应试人员所在的省（区、市）司法行政机关应当给予其两年内不得参加国家司法考试的处理”。《国家司法考试答案雷同认定标准》进一步确定了主观卷和客观卷的答案雷同认定标准。在孙振国不服司法部确认司法考试成绩无效决定案中，北京市高级人民法院认为：

> 关于试卷答案雷同可否视为违纪的问题，鉴于目前国家司法考试中存在的有关违规违纪情况相对复杂，以及司法考试有效监管手

---

① 陆煜章不服上海市工商行政管理局企业名称驳回通知案，上海市第一中级人民法院行政判决书（2003）沪一中行终字第194号，2003年11月25日。对于本案的详细分析可参见叶必丰：《严重不合理的正常人判断——“陆煜章案”判解》，载《行政法学研究》，2012（1），118～121页。

> 段的相对缺乏，司法部在有一定技术规范可循的情况下，根据评卷专家组的意见，适用当时有效的《国家司法考试违纪行为处理办法（试行）》第十条的规定，认定孙振国存在两门试卷与他人雷同的事实清楚，证据充分，司法部据此作出确认孙振国考试成绩无效并无不当。①

违纪是对考场纪律的违反，认定为雷同，显然是没有现场的违纪证据证明的。法院对司法部的认定给予尊重，它列举了现实的客观技术局限性原因，肯定了评卷专家组判断的优先性。对于这样一种专家理性，是法院所不具备的，法院对于司法部依据专家组的意见所作出的决定也只能予以尊重。这种尊重的背后其实还有更为深层的原因，那就是阅卷场景的不可重复和考试机会的均等问题。阅卷是有场景的，同样的人面对不同的试卷，在总体把握、综合判断后，再针对每份试卷给出相对公允的个别结论时，除了依靠基本判断基准之外，就委诸学术自由了。如果孤零零地将一份试卷置于一个完全不同的场景下，可能会作出稍有不同的判断。而给了一个人这样的机会，对于其他广大考生而言则意味着均等机会的丧失。故而，法院也不能推翻这样的认定。

在何小强诉华中科技大学履行法定职责纠纷案中，华中科技大学将通过全国大学英语四级考试作为获得学士学位的条件，亦即只有通过者才达到《学位条例》第 4 条的“成绩优良”标准。对此，法院进行了合法性审查，并给出了尊重大学判断的理由：

> 各高等院校根据自身的教学水平和实际情况在法定的基本原则范围内确定各自学士学位授予的学术标准，是学术自治原则在高等院校办学过程中的具体体现，坚持确定较高的学士学位授予学术标准抑或适当放宽学士学位授予学术标准均应由各高等院校根据各自的办学理念、教学实际情况和对学术水平的理想追求自行决定，对学士学位授予的司法审查不能干涉和影响高等院校的学术自治原则，学位授予类行政诉讼案件司法审查的深度和广度应当以合法性

---

① 孙振国不服司法部确认司法考试成绩无效决定案，载《中国审判案例要览（2007 年行政审判案例卷）》，453 页，北京，中国人民大学出版社、人民法院出版社，2008。

审查为基本原则。①

第三，各方利益集团或者社会代表组成的独立专家委员会负责对不确定法律概念作出的具有最终约束力的判断，在这当中起作用的是非国家化的观点以及基本权利有效保护方面的多元化意见形成过程。例如，对于专利认定问题，法院一般会认为这属于行政机关的裁量权，法院不予评价。例如，北京市高级人民法院认为：

> 实用新型创造性判断是将本专利与对比文件进行对比，对比文件是创造性判断的核心证据。专利权人提交的反证仅对专利复审委员会进行参考，是否对专利权人提交反证进行质证属于专利复审委员会自由裁量范围。因此，专利复审委员会认为没有必要对此进行质证是其行使自由裁量权的行为，本院不予评价。②

在我国的司法实践中，虽然没有明确提出德国法上“判断余地”的概念，但是对于某些事项是基本上不予审查的，与德国的判断余地理论有着某种共通的地方。当然，在德国法上，还有一种情形，是被作为“判断余地”加以尊重的，即根据有关个性特征、能力、机智程度等方面的个人印象作出的有关个人品格的判断，例如公务员法上的评价。这种判断取决于不能回转的情况和较长时间的合作，在诉讼程序中不可能再现。③ 由于我国的公务员权益纠纷原则上不可诉诸法院，尚无法出现这样的判决。

当然，即使是在这些行政享有一定优势的领域，法院也并不是毫不审查的，在不少案件中都对其判断过程的合理性进行审查。在这些案件

① 何小强诉华中科技大学履行法定职责纠纷案，载《最高人民法院公报》，2012（2），48页。当然，在甘露不服暨南大学开除学籍决定案中，最高人民法院并未遵循这一立场，而是诉诸立法原意对“剽窃、抄袭他人研究成果”（经验性概念）与“情节严重”（价值性概念）作出定义解释，采取极为严格的审查态度。参见甘露不服暨南大学开除学籍决定案，载《最高人民法院公报》，2012（7），35～38页。对其方法上的批评，可参见蔡琳：《不确定法律概念的法律解释——基于“甘露案”的分析》，载《华东政法大学学报》，2014（6），18页以下。

② 邱林与国家知识产权局专利复审委员会专利权无效行政纠纷上诉案，北京市高级人民法院（2006）高行终字第90号行政判决书，2006年6月13日。

③ 参见［德］汉斯·J·沃尔夫、奥托·巴霍夫、罗尔夫·施托贝尔：《行政法》，第1卷，高家伟译，352～357页，北京，商务印书馆，2002。

之外，法院是要进行严格审查的。

五、不确定法律概念的具体化与行政裁量

不确定法律概念的具体化是适用一般性法律的需要，为了公正执法也有必要具体化。无论是经验性概念还是价值性概念，在具体化时都不纯粹是事实或规范的问题，而是一个两者兼而有之的现象。那种认为不确定法律概念的适用有唯一正解的观点是值得商榷的。对于仅有盖然性判断的亦此亦彼状态、亦即中立对象，由于难以存在唯一正解，法院也只能予以尊重。若如耶利内克所言，行政裁量的本质在于“法律所意图的多义性”①，则不确定法律概念与行政裁量具有同质性。如果将司法一定程度上的尊重称作裁量，那么，很明显，在不确定法律概念的具体化中存在行政裁量。

也正是因为这种特性，不确定法律概念的具体化由于概念的空疏、法律适用者的不同、年代的变迁等等因素，可能会发生偏差，而无法兑现法的意旨，无法实现个案的正义。如何在具体化的过程中确保法律的意旨得以维续，是一个值得继续研究的课题。为了加强具体化的可预期性，同时为了加强具体化的统一性，确保法的安定性，在具体化过程中，有必要加强法适用者的说明义务，从而督促其考虑各种相关因素，尽可能准确地实现法的客观价值。对于过度具体化，可以通过扩张解释、类推适用或目的性扩张等方式②，“扩大”概念涵盖的范围，来予以补救。对于克扣法律价值的具体化，则需要加强司法审查。

---

① ［日］田村悦一：《自由裁量及其界限》，李哲范译，76页，北京，中国政法大学出版社，2016。

② 参见黄茂荣：《法学方法与现代民法》，79页，北京，中国政法大学出版社，2001。

第二章

行政裁量与行政过程论

裁量是行政的本质特征之一，裁量权的合理行使，是实现行政目标的重要保障。将行政裁量置于行政过程之中，从行政过程论的角度加以规范，有助于从源头上实现行政裁量的合理化，有助于在事后对行政裁量进行适当的审查。本章将首先从总体上简要探讨行政裁量与行政判断过程之间的关系，再研究说明理由制度和行政裁量基准制度，以期建构起适当的行政裁量过程。

第一节　行政裁量与判断过程的合理性

行政裁量的过程实际上是行政机关根据行政法规范结合案件事实而得出判断、作出决定的过程。从行政实体法来说，行政裁量决定的合理性取决于判断过程的合理性；从行政救济法来说，行政裁量的特质也决定了司法审查的限度。

一、行政过程论视角下的行政裁量

传统的行政法理论以行政行为为中心，重视的是行政行为的结果。行政裁量也是从法律规范或法律效果的角度来论述的，而对于其判断过程则关注不足。在高度专门技术性、政策性的背景下，仅仅关注裁量决定的后果，是难以对行政裁量进行审查的，也无助于从源头上规范行政裁量权的运行。

在日本，今村成和在《行政法入门》一书中首先提出行政过程的现代行政法学论。① 其后，远藤博也、盐野宏、原田尚彦等均为该理论的积极倡导者，该理论俨然已成为日本行政法学的主流理论。盐野宏认为，传统行政法学对现实行政现象把握不充分，一方面，行政不仅以行政行为，还可以其他各种手段实现目的，传统行政法学固然也注意行政立法、行政合同等，但对于行政的现实，诸如裁量基准、行政指导、行政规划等各种各样的行为形式的运用，因其不具有法律效果，所以未列入行政法学的讨论范围内，但从现实的判例来看，对这些行为若不加分析，则无从谈及现代的行政法现象。另一方面，传统行政法学着眼于各种行为形式的最终法律效果，对于产生法律效果的过程不太关心；并且将每一个行为形式隔绝，只论其法律性质，仅作出局部的考察。但在现实的行政中，常结合复数的行为形式。若不导入宏观的过程，则无法对行政法现象全体把握，对个别法律行为的效果，也产生无法正确判断的疑问。传统行政法学仅将行政法关系理解为行政机关与行政的直接相对人之间的双方关系，而忽视对现实中可能存在的其他利害关系人的权益保护。②

按照行政过程论的要求，行政裁量理论不仅要关注裁量的实体性结论，也要关注行使裁量权的过程；不仅要关注行政的直接相对人，也要关注案件中的利害关系人；不仅要关注裁量中的规范因素，还要关注裁量的政策、经济等其他考虑因素。

二、行政裁量与行政判断的形成

行政判断的合理性取决于形成判断过程的合理性，唯有遵循要件事实调查的合理性、程序的合理性和实体的合理性等要求，才能适当地行使裁量权，得出真正合乎目的的裁量决定。

（一）行政判断的考虑因素

日本行政法学者山村恒年的下面这幅图（图 2-1）大致显示了行政

① ［日］今村成和『行政法入門第 8 版補訂版』畠山武道補訂（有斐閣、2007 年）（1966 年初版），21～22、152 頁以下参照。

② 参见陈春生：《行政法之学理与体系》（二），287～288 页，台北，元照出版有限公司，2007；江利红：《行政过程论研究——行政法学理论的变革与重构》，135～138 页，北京，中国政法大学出版社，2012。

判断过程中的考虑因素，换言之，提出了合理判断的形成方法①：

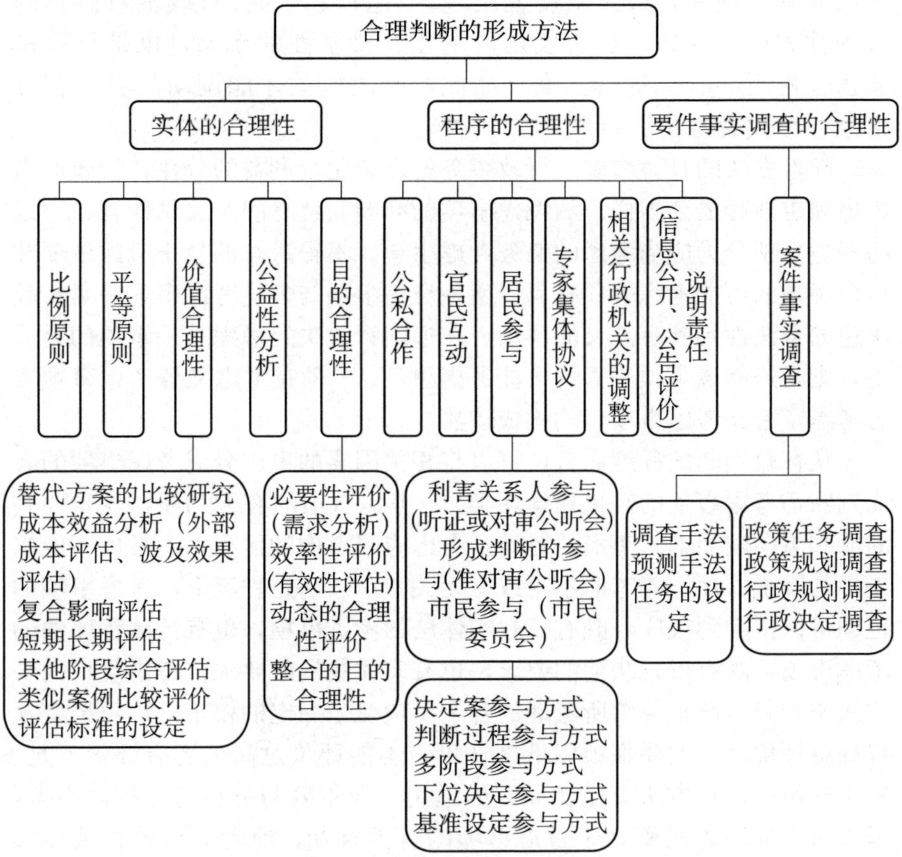

- 合理判断的形成方法
  - 实体的合理性
    - 比例原则
    - 平等原则
    - 价值合理性
    - 公益性分析
    - 目的合理性
    - 替代方案的比较研究 成本效益分析（外部成本评估、波及效果评估） 复合影响评估 短期长期评估 其他阶段综合评估 类似案例比较评价 评估标准的设定
    - 必要性评价（需求分析） 效率性评价（有效性评估） 动态的合理性评价 整合的目的合理性
  - 程序的合理性
    - 公私合作
    - 官民互动
    - 居民参与
    - 专家集体协议
    - 相关行政机关的调整
    - 说明责任（信息公开、公告评价）
    - 利害关系人参与（听证或对审公听会） 形成判断的参与（准对审公听会） 市民参与（市民委员会）
    - 决定案参与方式 判断过程参与方式 多阶段参与方式 下位决定参与方式 基准设定参与方式
  - 要件事实调查的合理性
    - 案件事实调查
      - 调查手法 预测手法 任务的设定
      - 政策任务调查 政策规划调查 行政规划调查 行政决定调查

图 2-1　合理判断的形成方法

从图 2-1 也能看出，在行政过程中，行政机关从调查开始，获取充分有效的信息，进而在程序上遵循公开、说明、理性、参与等要求，在实体上在法规范的限度内把握合理的目的、通过公益性和价值合理性的分析、按照平等对待、比例原则等要求，最终得出一个裁量决定。其中除了传统规范一事实之间的适用，也包含了现代行政的诸多特色，将新公共管理论、法政策学等的某些要求纳入其

① ［日］山村恒年『行政法と合理的行政過程論——行政裁量論の代替規範論』（慈学社、2006 年）200 頁参照。

中，一方面确保行政法规范的实现，另一方面也充分照顾到行政目标的效率和理性，最大限度地实现多种价值，提升行政裁量决定的合理性和可接受性。这不仅是民主化、科学性的需要，也是行政机关扬长避短的有效举措。唯有如此，行政机关才能调动并吸纳各方信息，形成合理的行政判断。

随着立法的日益增多、行政事务的复杂化、利益的分化，行政的考虑事项也渐趋复杂多样。从考虑事项的问题与法之间的关系而言，可以将考虑事项分为应当考虑的义务考虑事项、不得考虑的禁止考虑事项和可以考虑的可能考虑事项三类。义务考虑事项与禁止考虑事项是对行政决定的合法性判断有意义的事项，在追问行政决定考虑某一事项的是非上，则是追问该事项是否为可能考虑事项。① 没有考虑义务考虑事项或者考虑了禁止考虑事项，均构成违法。

从行政判断的程度而言，可以将相关因素的考虑分成考虑事项的有无判断与考虑事项的轻重权衡两类。② 考虑事项的有无判断，就是要判断哪些事项应当纳入考虑的范畴，考虑应当考虑的因素，不考虑不应当考虑的因素，而不能考虑不足或有无关考虑。一定程度上，考虑事项的范围可以扩大到很广，既有行政实体法的考虑事项，也有行政程序法的考虑事项，既有形式法治的要求，也有实质法治的要求。考虑事项的轻重权衡则是行政机关给所考虑的各个事项赋予一定的权重，给重要事项以高度评价，给次要事项以低度评价，不能评价过高或者有评价不足。轻重权衡的常见方法有比例原则的适用、成本效益分析等。相对而言，考虑事项的轻重权衡难于考虑事项的有无判断，前者对行政机关在知识、信息、经验、能力等方面的要求更高。

当然，行政裁量的考虑事项并非漫无边际。“行政机关行使裁量权时应考虑的事项，应以其法规根据为标准来进行判断。”应当尽可能向行为规范的控制方向纯化。“所谓行为规范的控制，是指着眼于行政机关是否遵守‘行为规范’的控制，而‘行为规范’就是关于应以何种基

---

① ［日］芝池義一「行政決定における考慮事項」法学論叢116巻1～6号(1985年3月) 572～573頁参照。

② 在对应的司法审查方法上，分别为“形式性考虑因素审查”和“实质性考虑因素审查”。［日］村上裕章「判断過程審査の現状と課題」法律時報85巻2号(2013年2月) 12頁参照。

准、顺序而进行何种‘考虑’的规则。”① 当然，在把握“行为规范”时，不能局限于各个单行法的零散规定，还应有在整个法律体系中适用某一条文的意识，带有普遍性的考虑事项可能没有规定在特定领域的法条之中。②

（二）判断过程的合理性保障

行政机关在作出裁量决定时，要想让其判断过程具有合理性，行政机关下面几个方面的义务不容忽视。

第一，最佳判断条件充足义务。所谓“最佳判断条件充足义务”，是指行政机关通常应在熟知的基础上以客观的心理状态进行认定，将自身置于最佳条件之下的义务。这一义务并非要求行政决定的内容从公益来看是最佳的。在现代行政的许多情形中，要求行政基于各种专门技术知识作出判断和政策性的考虑，其中包含着许多微妙的问题，无法要求决定内容的最佳性。正是存在这种要专门技术判断和政策性判断的问题，才要求行政机关充分考虑各种相关的公私利益，为达至最佳决定结果而努力。这种为实现公益的臻于至善的努力应为具有法拘束性的义务。如此，才能作为行政的具体行为规范，对行政活动进行实效性的控制。③

第二，调查义务。事实是案件处理的基础，行政机关要认定事实，就必须在必要的范围内展开一定的调查探讨。这不仅是公务员诚实地完成各自任务的一般义务的归结，也是行政机关在个别立法之下对案件相关主体所负的义务。也就是说，在行政案件中，对于相关主体的利益应如何处理，立法存在某种规定时，行政机关在处理案件时，要想不违反立法目的而损害相关主体的利益，就必须在必要的范围内对事实展开调查研究。这是行政机关准确执行立法的职务的一环，是行政机关在各个

---

① ［日］高木光「行政処分における考慮事項」法曹時報 62 巻 8 号（2010 年 8 月）21、23 頁。

② 有学者指出，在考虑事项限定论的根基里存在部门分割（纵割）行政观或权限分配的原则（不考虑其他行政机关权限范围内的事项）和分段式思考方法（将行政过程分解为各个行政决定并分别加以法的判断）。［日］芝池義一「行政決定における考慮事項」法学論叢 116 巻 1～6 号（1985 年 3 月）597 頁参照。

③ ［日］亘理格『公益と行政裁量』（弘文堂、2002 年）343～346 頁参照。

立法之下对相关主体所负的义务。[①] 调查义务的具体内容、证明程度等取决于各个实定法的规定。总体而言，行政机关在履行调查义务时，应当具有及时性、充分性。

第三，说明义务。行政机关要向其权限行使的对象及利害关系人充分提供信息，说明自身行使权限、作出某处理决定的事实、理由和根据，论证自身决定的合法性。说明应当具有完整性、充分性和逻辑性。履行说明义务，既是依法律行政原理的当然要求，也是透明政府、公众参与的要求。作为法律执行的机关，行政机关行使职权，始终受到一定的拘束。唯有行政机关履行了说明义务，才能使行政机关启动、行使行政权限具有实质上的正当性。行政机关在履行了说明义务之后，才能让私人真正有效地参与行政过程，促进行政裁量决定的合理化，监督行政机关依法行使职权。行政机关还可以通过说明义务的履行，说服行政相对人及利害关系人自觉履行法定义务。

三、功能主义的程序性行政裁量论

行政裁量的专业技术性、政策性、过程性日趋增强，在司法审查上也提出了新的难题。在传统行政法上，法院通常通过行政裁量有无超越授权范围、有无滥用等方式来审查裁量决定的合法性，相对而言，超越裁量权的审查难度并不大，但滥用裁量权在新形势下便有较大的审查难度。

面对如此的行政过程，即便在形式上、理念上可以说是处于法律之下、有助于实现法律目的的，从其实质来看，我们必须承认，这个过程并不是事先预定好的法律内容的实现作用，反倒是实现公共利益的政策创造过程。最近，法律之所以要求地域性或职能性的利害关系人加入到这种行政过程，正是旨在实现行政机关政治决策过程的民主化，以区域性居民自治和职能性民主制来弥补议会制民主主义的不足。在这一点上，我们可以将现代行政过程视为法律的实现和居民以及其他相关人参与下的自律性创造的混合过程。[②] 日本行政法学者藤田宙靖指出，从日

---

① ［日］小早川光郎『行政法講義下Ⅰ』（弘文堂、2002年）28～29頁参照。

② 参见［日］原田尚彦：《诉的利益》，石龙潭译，180～181页，北京，中国政法大学出版社，2014。

本的判例可以看出一种倾向，与行政裁量论的传统图式相比，正在朝着新的图式方向转变。也就是说，不再像以前那样，基于实体法的观点区分羁束行为、法规裁量行为、自由裁量行为，而完全是从什么适合行政机关判断、什么适合法院判断，从功能主义进行区分，实体性判断专属于行政机关，而程序上的控制则交给法院。法院的判断优于行政的判断，仅存在于单纯案件的情形，也就是将法适用于事实就能直接得出结论。现代行政复杂多样，多数要经过一个复杂的程序，在利害关系人参加、咨询专业机构等复合的行政过程之后才能作出个别性的行政行为。这样的行政过程与其说是法律的执行，不如说应该是一个面向实现公益的政策创造过程。这时，法院以自己的实体判断代替创造性的政策决定的行政行为，不仅在事实上不可能，有时也违反民主性行政决定的旨趣。如此，法院的应有做法就不是行政行为合法性的实体法审理，而是行政决定的程序、过程是否公正的审查。①

这种功能主义的程序性行政裁量论，其志向在于构筑行政裁量的过程性控制机制，并将过程性审查作为行政裁量的主要司法审查方法来把握。②

第二节　行政裁量理由的说明与审查

行政裁量权根据个案情形适当行使，是法律授予行政机关以裁量权的目的所在，但如何方为“适当行使”，却难以判断。行政机关负有根据授权目的作出裁量决定的义务，将说明裁量理由设定为行政机关的法定义务，可促进裁量权的适当行使，司法机关也可以藉此克服行政裁量的审查困难。本节拟以裁量理由为对象，分析何为裁量理由、为何要说明裁量理由、如何说明裁量理由，如何审查裁量理由等问题，力图在些许推进说明理由制度研究的同时，为行政裁量权的控制构建起一个重要支架。

---

① ［日］藤田宙靖『行政法総論』（青林書院、2013年）109～110頁参照。

② 在行政裁量的司法控制上，有学者认为，应以论证过程控制为一般方法来把握，可以将明显性控制理解为论证过程控制的特殊形态或变异。［日］山本隆司「日本における裁量論の変容」判例時報1933号（2006年8月）15～16頁参照。

一、行政裁量说明理由的缘由

在我国的实定法上，说明理由有时又被称作“告知理由”[①]，在行政处罚、行政许可、行政强制、信息公开等领域均已存在说明理由的义务规定，而且，相关规定还在逐渐增多，但对于其中的裁量决定的理由是否要说明，则未有明确规定。早在 2004 年，《全面推进依法行政实施纲要》第 20 点就提出要求：“行政机关行使自由裁量权的，应当在行政决定中说明理由。”[②] 但纲要并非法律规范。在司法实践中，对于是否要说明裁量理由仍存在不同理解。诸如，《治安管理处罚法》第 66 条第 1 款规定：“卖淫、嫖娼的，处十日以上十五日以下拘留，可以并处五千元以下罚款；情节较轻的，处五日以下拘留或者五百元以下罚款。”在一起治安案件中，马某某初次嫖娼，且尚无性行为，公安局以违反该款为由处以行政拘留 10 日。一审法院认为应当说明裁量的理由，而二审法院认为适用法律正确即可。这种案件亟待给出理论上的解释。[③] 学界对于行政行为说明理由制度的相关研究已有不少[④]，但对于行政裁量决定的理由说明研究则不甚了了。将一般性的说明理由原理适用于行政裁量决定之中并无问题，但行政裁量中的说明理由有无特别之处，则尚需探讨。

观诸外国法制，第二次世界大战前的德国，在实定法上规定说明理由义务时，是将说明理由作为行政行为的形式瑕疵问题来讨论的，多数学者几乎没有意识到裁量行为与说明理由之间的关系。其例外是朔伊纳(Scheuner)，他将说明理由当作裁量控制的一个手段来理解。第二次世界大战后，察哈克（Zschacke）认为，不说明理由或说明的理由不具体，裁

---

① 例如，《港口法》第 24 条、《电子签名法》第 18 条第 1 款均规定，“不予许可的，应当书面通知申请人并告知理由”。

② 《全面推进依法行政实施纲要》，载《国务院公报》，2004 (16)，28 页。

③ 参见马某某不服厦门市思明区公安分局行政处罚案，载罗豪才主编：《行政法论丛》，第 10 卷，512～519 页，北京，法律出版社，2007。该案的相关分析可参见杨利敏：《让司法审查回归“司法”——从马某某诉厦门市公安局案看法律适用与裁量兼及司法审查的定位与界限》，载前揭书，489～492 页。

④ 其代表性研究成果是章剑生：《论行政行为说明理由》，载《法学研究》，1998 (3)，121 页以下。

量决定就是行政的恣意行为，应予撤销。其根据在于，相关人对行政机关享有无瑕疵裁量请求权。① 德国联邦宪法法院认为，依照法治国家的基本原则，干涉私人权利的行为，应说明理由，私人才能保护其权利。联邦行政法院则在 1953 年、1955 年的两则判决中认为，仅在法律明文规定时，行政机关对其行政行为才有必要说明理由。后来它原则上采用联邦宪法法院的主张，但仍认为行政机关在不受拘束的裁量中可自由决定时，或当事人已知决定的理由时，行政机关对其行政行为不必说明理由。1963 年德国行政程序法草案采取了折中办法，所有书面作出或确认的行政行为，原则上应书面说明理由，但依具体情形不可能或不必说明者，可不说明理由。② 1973 年草案作出修改，要求行政机关应在理由中说明其决定所考虑的事实上或法律上主要理由，在裁量决定的理由中亦须说明其行使裁量时的着眼点。③ 该规定也为最终的 1976 年《联邦行政程序法》所接纳。该法第 39 条（行政行为的理由说明）第 1 款规定："以书面作出、或以书面确认的行政行为，应以书面说明理由。行政机关应在理由中，说明其作出决定时所考虑的事实和法律上主要理由。行政机关在裁量决定的理由中，亦须说明其行使裁量权的着眼点。"④ 德国行政程序法的这一规定就让裁量行为的说明理由义务得以一般化。

---

① ［日］上原克之「裁量決定における理由付記の意義——ドイツ法を素材として」兼子仁、磯部力編『手続法的行政法学の理論』（勁草書房、1995 年）208～209 頁参照。

② 参见翁岳生：《行政法与现代法治国家》，180 页，台北，三民书局，2015。

③ 参见翁岳生：《行政法与现代法治国家》，211 页，台北，三民书局，2015。

④ 对于裁量行为，德国行政程序法草案阶段规定可以在理由中仅仅表明"裁量的行使"的事实。经种种讨论之后，改为明确规定，要说明行政机关在行使裁量的着眼点（Gesichtpunkte）。但该规定只是当为（Soll）规定。在草案的起草审议过程中，对裁量决定说明理由的重要性并未充分理解。在受到批评之后才写成了现在的规定。由此，在理解该规定的性质上也存在一定的微妙差别。通说认为，通常应说明理由，但如果在该法第 39 条第 2 款（不必说明理由的情形）之外仍有明文规定的例外情形，也可放弃理由的说明。但乌勒、劳宾格（Ule-Laubinger）认为，行政机关在裁量决定之际是否没有在法上可非难的考虑、特别是没有与平等原则、社会国家原则相矛盾的考虑，从第 39 条第 1 款第 2 句的条文中无法读取。因而，行政机关也必须公开裁量决定所依据的考虑。这一规定在解释论上应理解为必须（Muβ）规定。［日］上原克之「裁量決定における理由付記の意義」兼子仁、磯部力編『手続法的行政法学の理論』（勁草書房、1995 年）211～212 頁参照。

说明裁量理由，在德国已成为行政机关行使裁量权时的法定义务。乌勒认为，强制说明理由首先是为当事人利益而存在的，在客观上也是为法治国家的行政而存在的。这种强制说明理由是强行要求行政机关对自己决定的事实和法律根据应当获得完全的明确性。强制说明理由应从行政的法律适合性原则中导出。① 对于说明理由，多尔泽（Dolzer）认为具有四大功能：第一，说服功能，即说服相对人，使决定易于接受；第二，权利保护功能，有助于向法院主张权利保护；第三，控制功能，容易在行政机关与其监督机关之间作出平等、安定的行为；第四，说明或证明功能，有助于使行政决定的内容、诉讼中诉讼标的特定化。这种四大功能的理解也获得多数学说的支持。② 而在裁量决定中，个别具体的基准可谓裁量权行使的核心，很有必要让其出现在决定理由中。通过说明理由，让裁量权行使的过程和结果变得清楚起来，让决定裁量权行使的个别基准也变得清楚起来。行使裁量权中的说明理由，则有公开裁量权个别基准的功能。私人、特别是行政相对人对针对自己行使裁量权的核心部分享有知情权，与此相应，行政机关也有必要说明裁量权行使的理由。③

与私人可基于自治原则自由活动不同，行政机关根据法治行政原理，至少应在侵害行政中具备理由方可行动。即使在裁量的情形下，亦须如此，以便抑制裁量的恣意。这就是所谓“无理由则无行政行为”原则。④ 相对于一般的行政活动而言，在行政裁量的情形下，则可谓“无

---

① ［德］Carl Hermann Ule『ドイツ連邦共和国における公法の発展』田口精一監訳（慶応義塾大学法学研究会、1971 年）113 頁参照。

② ［日］上原克之「裁量決定における理由付記の意義」兼子仁、磯部力編『手続法的行政法学の理論』（勁草書房、1995 年）209 頁参照。日本学者盐野宏认为，附具理由具有抑制恣意或确保慎重考虑、便宜不服申诉、说服相对人、公开决定过程等四个方面的功能。参见［日］盐野宏：《行政法总论》，杨建顺译，179 页，北京，北京大学出版社，2008。

③ ［日］常岡孝好「裁量行使に係る行政手続の意義統合過程論的考察」磯部力、小早川光郎、芝池義一編『行政法の新構想II』（有斐閣、2008 年）262 頁参照。

④ ［日］塩野宏「理由のない行政処分はない—理由付記の機能—」塩野宏、室井力編『行政法を学ぶ1』（有斐閣、1978 年）254～255 頁参照。阿部泰隆『行政法解釈学II——実効的な行政救済の法システム創造の法理論』（有斐閣、2009 年）8～9 頁参照。

理由，不裁量”。与德国不同的是，我国对于裁量理由的说明并无一般性的行政程序法规定，也尚未成为法定义务，只是暗含于各个单行领域的个别法规定，且规定得较为原则。下面拟结合德日的相关法理、判例和中国相关立法、司法判决进一步展开，建构裁量理由的完整说明机制，以期真正发挥裁量理由说明的功能。

二、行政裁量理由的说明要求

行政裁量决定应当说明理由，接下来的问题就是，什么是裁量理由？如何说明裁量理由？说明到何种程度？

（一）裁量理由的内容构成

我国《行政处罚法》第 31 条规定，“行政机关在作出行政处罚决定之前，应当告知当事人作出行政处罚决定的事实、理由及依据”。《行政强制法》第 37 条第 2 款规定，行政强制执行决定书应当载明“强制执行的理由和依据”。从这些规定来看，立法上将“理由”区别于“事实”和（法律）“依据”来理解。当然，在同时要求说明事实、理由和法律依据时，在它们之间作出区分，似乎意义不大。但是，一方面，有时候法律仅仅明确要求说明“理由”，例如，《行政许可法》第 38 条第 2 款规定，“作出不予行政许可的书面决定的，应当说明理由”。另一方面，将理由区别于事实和法律，有助于突出理由的独立价值，并且明确显示出说明理由的应有内容。仅仅陈述所存在的事实、仅仅引用所依据的法条，均不可谓理由的说明。如果是事实的问题，那就以“主要证据不足”或“事实不清”为标准来审查；如果是“法律依据”的问题，那就以“适用法律、法规错误”为标准来审查。孤零零地列举事实和法律，常常无法让人知晓为什么能得出某一案件的结论。不说明理由或不充分说明理由，虽然实践中多适用前两种标准进行审查，但理论上而言，还可采用“滥用职权”标准进行审查。

在我国地方政府规章中，《湖南省行政程序规定》第 78 条第 1 款、《山东省行政程序规定》第 86 条均将说明理由的内容作三分构成，即

（事实）证据采信理由、（法律）依据选择理由和行政裁量理由。[①] 相对于法律仅仅要求说明“理由”的规定，地方政府规章的这种规定更为精细，要求也更为严格。也有学者将理由的内容“分为合法性理由和正当性理由，前者用于说明行政行为合法性的依据，如事实材料、法律规范；后者用于说明行政机关正当行使自由裁量权的依据，如政策形势、公共利益、惯例公理等”。但其又认为，行政行为的正当性理由是“用于支撑行政行为自由裁量的事实依据和法律依据”，主要包括筛选事实和选择法律两个方面。[②] 这里实际上存在一对概念，即行政裁量决定的理由与行政决定的裁量理由。前者系相对于行政羁束决定的理由而言，侧重于作出行政裁量决定的理由；后者系相对于事实、法律方面的理由而言，侧重于作出行政裁量决定时裁量部分的理由。后者可谓涵盖于前者。

对于裁量理由的内容构成，1925 年《奥地利行政程序法》第 60 条规定，理由中应将调查程序的结果、认定证据时的主要考虑以及基于此等考虑就法律问题所作的判断，明白简要地予以综合说明。[③] 而德国《联邦行政程序法》仅仅提及“行使裁量权的着眼点”。根据联邦行政法院的判例和通说，《联邦行政程序法》第 39 条第 1 款第三句，不仅要求行政机关报告行使了裁量，而且必须让人知晓行政机关所作的利害得失衡量、即根据具体状况而应将所有公共和私人利益考虑进去，在其比较衡量中所应作的考虑。学者科普（Kopp）认为，裁量理由应当包括以

---

① 《湖南省行政程序规定》第 78 条规定：“行政执法决定文书应当充分说明决定的理由，说明理由包括证据采信理由、依据选择理由和决定裁量理由。”“行政执法决定文书不说明理由，仅简要记载当事人的行为事实和引用执法依据的，当事人有权要求行政机关予以说明。”《山东省行政程序规定》第 86 条规定：“行政执法决定应当说明证据采信理由、依据选择理由和行政裁量理由；未说明理由或者说明理由不充分的，当事人有权要求行政机关予以说明。”《宁夏回族自治区行政程序规定》第 47 条与山东省规定相同。

② 参见章剑生：《论行政行为说明理由》，载《法学研究》，1998（3），121、128～129 页。

③ 该法第 58 条第 2 款规定，不能完全采纳当事人意见或驳回利害关系人异议或声请时，才要说明理由。其他行政行为是否说明理由，则任由行政机关裁量决定。参见翁岳生：《行政法与现代法治国家》，277～278 页，台北，三民书局，2015。

下内容：（1）行政机关行使了裁量；（2）这时考虑了相关人的利益；（3）该理由是从怎样的事实中得出的？（4）该理由适用了怎样的法的判断基准？如果没有附具符合上述要求的理由，则该行政行为违法。[①]

从法律适用的过程来看，并不能简单地将具体的事实直接带入抽象的法律依据，而必须在事实和法律规范之间进行归纳演绎式的阐释和沟通。[②] 理由是将特定事实带入某一法律要件作出决定的原因说明。有学者区分了事实和对事实的评价，将基础事实又称作基因事实，是指案件的发生、事物的存在、人的行为等即使不能说评价余地为零但也极小的事实，对基因事实的评价不同于事实本身。例如，二人并未时常同居的事实为基因事实，而伪装结婚则为基因事实的评价。所谓处分理由，是指处分时对特定的基因事实作出评价并带入法条的理由。[③] 如果可以宽泛而言，在存在裁量权的案件中，除单纯的事实陈述和法条引用之外，所有指向决定结论的说明，均可称作行政裁量决定的理由。狭义的裁量理由，则是指除单纯的事实陈述和法条引用、事实的评价认定、法律要件的解释之外的作出裁量选择的理由。在不确定法律概念具体化中的价值判断[④]、对应当考虑因素的考虑、对替代方案的选择、对各种状况和利益等的综合衡量等均为裁量理由的重要内容。而由行政机关根据案件的具体情况对裁量要件的补充，则是“裁量理由”的核心所在。

（二）裁量理由的说明程度

应有的理由与说明的理由应当是重合的，但现实中由于行政机关的能力、效率以及其他可能的自身利益考虑等而有所分离。“理由提示的内容越详细，抑制恣意功能、便宜不服申诉功能就越能发挥效用，但也越增加行政机关一方的负担，降低行政活动的效率。故而问题就变成理由提示的详细度与效用之间的平衡。”[⑤] 裁量理由要说明到何种程度，在我国的实定法中并无规定，的确也难以作出一般性的具体规定。

---

① ［日］上原克之「裁量決定における理由付記の意義」兼子仁、磯部力編『手続法的行政法学の理論』（勁草書房、1995 年）214 頁参照。

② 详见本书第一章第三节三。

③ ［日］交告尚史『処分理由と取消訴訟』（勁草書房、2000 年）2 頁参照。

④ 详见本书第一章第四节四。

⑤ ［日］北島周作「理由提示の程度と処分基準」法学教室 373 号（2011 年 10 月）51 頁。

与此类似，日本在1993年之前属于个别法准据主义时代，只有个别法要求附具理由，1993年的《行政程序法》将说明理由制度一般化，但也只是规定，对驳回申请（第8条）、作出不利处分的（第14条），必须说明理由；对于理由的说明程度亦未作规定，而交由判例处理。日本的说明理由判例法理是从20世纪60年代以来税法领域形成起来的。日本最高法院1963年5月31日判决指出，“一般，法之所以规定行政处分应附具理由，其目的在于担保处分厅判断的慎重和合理性、抑制其恣意，同时告知相对人处分的理由也方便其不服申诉。因此，理由没有记载时，不免要撤销处分自身。但应记载到何种程度，则应参酌处分的性质、命令附具理由的各法律规定的旨趣目的而定”①。该判决为理由的说明程度给出了大致的参考因素。

1974年4月25日，日本最高法院判决打开了将个别法的说明理由法理扩展到整个不利处分的可能性。“处分厅应通过合理地裁量来决定。因而，作为处分的相对人如果不能从通知书中的记载知晓基于何种样态、何种程度的事实而作出本案的撤销决定，针对该处分的裁量权行使是否适当进行争讼，就失去了抓手。”该判决对于说明理由的程度在处分的根据规定之外，又加上了具体的相关事实要求，并将说明理由作为控制裁量的要求，受到关注。②

1985年1月22日，日本最高法院要求申请人从埋由的记载中就能知晓理由。在拒绝发放护照处分的判决中，指出：“从附具理由制度的旨趣来看，作为拒绝颁发一般护照通知书应附具的理由，申请人必须从记载自身就能知晓，是基于何种相关事实、适用何种法规而拒绝颁发一般护照的。仅仅表示出拒绝颁发的根据规定，除了据此也能当然知道适用该规定的相关基础事实的情形外，必须说作为《护照法》要求的附具理由是不充分的。”该案中，仅仅说明依据的是《护照法》第13条第1款第5项（除前述各项所列者外，有相当理由足以让外务大臣认为有明显且直接损害日本国利益或公安行为之虞者）这种概括而抽象的规定，

---

① 日本最高裁判所1973年5月31日判决，最高裁判所民事判例集第17卷4号617頁。

② ［日］原田大樹「処分基準と理由提示」法政研究78卷4号（2012年3月）64～65頁参照。

申请人是无法从中知晓拒绝的原因事实的。①

此后，直到2011年，日本最高法院才在说明理由的程度方面又迈进了一步。1993年，日本《行政程序法》第12条要求，“行政厅必须努力设定处分基准，并予以公开”。“在设定处分基准时，行政厅必须按照不利处分的性质尽可能予以具体化。”在建筑师执照撤销处分案中，日本最高法院判决指出：应根据《行政程序法》第14条第1款规定“提示理由到何种程度，应当参酌该款正文的上述旨趣，综合考虑该处分的法令根据规定内容、该处分是否存在处分基准、内容及有无公布、该处分的性质及内容、该处分的原因事实内容等而定”。考虑到该处分的要件只在法律上抽象地规定、该处分的选择被委诸行政厅裁量、公开的本案处分基准内容颇为复杂等，“在作出建筑师惩戒处分之际，作为应同时说明的理由，在处分的原因事实及处分的法条根据之外，如果不说明本案处分基准的相关适用，处分的相对人即使通过上述事实及法条根据的提示能知道符合处分要件，通常也难以知道是基于何种理由、适用怎样的处分基准而选择该处分”。如此，理由说明并不充分，应当撤销该处分。② 也就是说，在上述判例法理中，要说明到法规的相关适用，而2011年最高法院判决中连并非法规的处分基准的相关适用也要求予以说明。该判决的意义在于，继受了由税法发展而来的附具理由判例法理扩展至一般行政程序法制的既有姿势，在提示理由程度的判断要素上附加了处分基准是否存在、内容、有无公布等，不仅是处分根据法规的适用法条和具体的相关事实，有时如果提示理由没有包括相关处分基准的适用，也能作为提示理由的瑕疵而撤销该处分。③

概括而言，裁量理由的说明程度要参酌说明理由义务的功能和目的，综合考虑裁量权法律根据的规定内容、该裁量决定的性质及内容、

---

① 日本最高裁判所1985年1月22日判决，最高裁判所民事判例集第39卷1号1頁。后来，外务大臣再度作出拒绝颁发的处分，附具的理由是他之前与所谓日本红军的激进派集团有联系，鉴于该集团的活动等，这符合《护照法》第13条第1款第5项的情形。如此，法院认为没有理由提示不存在的违法。［日］折橋洋介「理由の提示（3）——旅券発給拒否」宇賀克也、交告尚史、山本隆司編『行政判例百選Ⅰ　第6版』(有斐閣、2012年) 261頁参照。

② 日本最高裁判所2011年6月7日判决，最高裁判所民事判例集第65卷4号2081頁。

③ ［日］原田大樹「処分基準と理由提示」法政研究78卷4号67頁参照。

该裁量决定的原因事实等而定。存在裁量基准时，应考虑其内容及有无公布，说明裁量基准在本案中的适用情况。裁量权所涉权益越重要，越应详细说明裁量理由。裁量权越广泛，越应详细说明裁量理由。要让相对人从理由的记载中就能知晓理由所在。①

（三）裁量理由的说明方式

裁量理由的说明方式，亦即裁量理由在何时说明、以何种载体说明、以何种语体说明等问题，相对于普通行政决定的说明理由并无特别之处，在我国实定法上亦无一般性规定。

1979 年 7 月 11 日，法国颁布了专门的说明理由法，即《关于行政行为说明理由及改善行政与公众关系的法律》。1987 年 9 月 28 日，法国总理下发《关于行政行为说明理由的通知》（Circulaire du 28 septembre 1987 relative à la motivation des actes administratifs），针对说明理由问题提出指导意见（说明理由的内容与形式）：第一，应当以书面形式说明理由，并且清楚、准确，禁止附具“根据各种情况”、“有理由认为……”等没有实质内容的理由，或者仅仅引用条文。第二，原则上禁止通过引证来说明理由，禁止仅仅说根据某一意见、建议、报告等来说明理由，处分权者必须将报告等所示理由作为自己的理由来说明。第三，说明理由必须简洁完整，应避免援用可疑的理由。如果存在多个确凿的理由，应陈述全部理由，如果多个理由之间存在逻辑关系，不可遗漏理由的必要因素。第四，说明理由必须符合案件的情况，原则上禁止用固定文字说明理由。第五，要求服从限制性条件的许可，如果仅仅以

① 在我国的实践中，偶有判决涉及裁量理由的说明程度。在前述马某某不服厦门市思明区公安分局行政处罚案中，一审法院认为，“国务院《全面推进依法行政实施纲要》要求：‘行政机关行使自由裁量权的，应当在行政决定中说明理由。’本案中，思明公安分局在行政处罚决定中按情节较重的情形予以处罚，但未说明理由，根据行政处罚决定书上记载的事实也无法推导出理由。在马某某起诉认为思明公安分局处罚较重时，思明公安分局仍未能就其何以认定马某某情节属较重而非较轻进行详细说明，仅以‘结合本案情节’作为答辩理由，故应认定思明公安分局行使行政裁量权无理由”。马某某不服厦门市思明区公安分局行政处罚案，福建省厦门市思明区人民法院行政判决书（2006）思行初字第 28 号，2006 年 6 月 6 日。参见罗豪才主编：《行政法论丛》，第 10 卷，515 页，北京，法律出版社，2007。马某某案涉及人身自由，且裁量权较为广泛，公安机关不详细说明理由，应当认定为违法。

这些要件就充分说明了理由，即使在形式上不附具理由也可以。但不仅仅要指出规定这些要件的条文，还要记载其文字表述。①

对于是否要以书面形式说明理由，各国做法稍有不同。日本的《行政程序法》要求，处分以书面形式作出时，必须应书面说明其理由（第14条第3款）。同样，在拒绝申请的处分时，必须说明理由，书面的拒绝处分也要以书面附具理由（第8条第1款、第2款）。在过去的法律中一直使用“理由附记”这一用语，但《行政程序法》使用了“理由提示”一词，表明可以口头方式作出说明。在现实的行政实务中，多半是以书面方式作出决定，因此以口头方式提示理由的情形极为有限。② 在我国单行法领域，早期对于是否要书面说明理由多无规定，《行政处罚法》也没有规定“行政处罚决定书”中要记载理由。2003年，《行政许可法》第55条第3款罕见地规定，“行政机关根据检验、检测、检疫结果，作出不予行政许可决定的，应当书面说明不予行政许可所依据的技术标准、技术规范”。虽然是羁束决定，但也要求书面说明理由，且与法国法要求有暗合之处。此后，不少专门领域的法律③，均要求作出拒绝决定时应当书面说明理由。2011年《行政强制法》第37条第2款要求强制执行决定应当以书面形式作出，并载明强制执行的理由。从发挥说明理由制度功能的角度而言，在应当说明理由时，应当将书面形式作出作为原则性的义务，至少在书面决定时应当书面说明。当然，如果行政裁量决定以电子数据的方式作出，那么也应当在该决定中记载裁量的理由。

---

① ［日］交告尚史『処分理由と取消訴訟』（勁草書房、2000年）27頁参照。与其第二点相似的是，我国有法院指出：“被告在作出不予许可书面决定时，仅罗列了南通市经贸委提出的实地考察审核意见，未就该实地考察审核意见内容的合法性和适当性进行审查论证，未说明其作为最终审核机关作出不予核准决定的法律依据和具体理由，亦未向申请人告知救济权利和救济途径，显属不当。”江苏华杰丝绸进出口有限公司不服江苏省经济贸易委员会经贸行政许可案，参见赵雪雁：《未充分听取行政相对人意见构成违法》，载《人民司法·案例》，2010（10），55页。

② 参见［日］室井力、芝池义一、滨川清编著：《日本行政程序法逐条注释》，朱芒译，97、101页（久保茂树执笔），上海，上海三联书店，2009。

③ 诸如《护照法》（2006年）第6条第2款，《律师法》第6条第3款、第18条（自2007年修改始），《保险法》第71条（自2009年修改始），2009年《食品安全法》第31条、第44条，2015年《食品安全法》第35条、第37条、第77条等。

通常而言，在理由与裁量决定的形式关系上，一方面应当要求说明理由与裁量决定具有同时性，亦即应在作出行政裁量决定的同时说明理由。不同时作出，则无法发挥说明理由的应有功能。① 另一方面，还应当要求行政裁量理由与裁量决定具有一体性，亦即行政裁量决定与其理由应当记载在同一文书之上。《行政许可法》第 38 条第 2 款要求，作出不予行政许可的书面决定的，应当说明理由。从理由与决定的应有关系上，这一规定似应解释为两者应当同时作出，而且应当在书面决定中同时记载相应的理由。然而，我国《行政处罚法》第 31 条规定，“行政机关在作出行政处罚决定之前，应当告知当事人作出行政处罚决定的事实、理由及依据”。据此，处罚的理由应当决定前告知。虽然也有法院判决指出，在作出处罚决定时才告知处罚理由是违法的②，但这并不意味着处罚决定和理由不能同时告知。虽然《行政处罚法》第 39 条第 1 款第 2 项仅仅规定，行政处罚决定书应当载明“违反法律、法规或者规章的事实和证据”，并不包括前述的“理由”。但这并不意味着行政处罚的理由仅需事前告知，在行政处罚决定书上不必再行说明。按照行政处罚的程序（立案→调查→作出初步裁决并告知→陈述申辩→作出最终裁决），拟作出的处罚决定与最终的处罚决定是可能不同的。法院通常认

① 日本《行政程序法》也肯定了同时性原则。该法第 8 条第 1 款规定，驳回许可认可等的申请时，必须同时对申请人说明理由。作为其例外，“法令规定了许可认可等的要件或者公开的审查基准明确规定有数量指标及其他客观指标时，而该申请从申请书的记载事项和附件等申请内容上看明显不符合的，在申请人申请时即可明示其理由”（第 8 条第 1 款但书）。该法第 14 条规定，“作出不利处分时，必须同时向其相对人说明该不利处分的理由”。作为其例外，“存在不经说明理由而应作出处分的紧急必要时”，“除不能查明相对人的所在或者其他处分后说明理由有困难外，行政厅应在处分后相当的期间内说明前款的理由”（第 14 条第 1 款但书、第 2 款）。

② 例如在新乡市公安局东街分局诉戚素君等公安行政处罚纠纷案中，法院认为：“《中华人民共和国治安管理处罚法》第九十四条规定：公安机关作出治安管理处罚决定前，应当告知违反治安管理行为人作出治安管理处罚的事实、理由及依据，并告知违反治安管理行为人依法享有的权利。本案中，新乡市公安局东街分局在对秦环云作出处罚决定前，将处罚的事实、理由、依据和处罚结果同时告知了秦环云，违反了上述规定。”新乡市公安局东街分局诉戚素君等公安行政处罚纠纷案，河南省新乡市中级人民法院行政判决书（2013）新中行终字第 51 号，2013 年 6 月 24 日。

为，处罚变更后应当告知新处罚的理由。① 对于没有变更处罚的，是否因已告知理由，而不必再行说明了呢？为了避免让陈述申辩乃至听证程序流于形式，行政机关应当在行政处罚决定书中综合说明当事人陈述申辩的采纳情况及其理由。而且，不能因在作出决定的过程中由告知、听证程序说明了理由而减轻行政决定理由的详细程度。如此，才有可能让当事人信服，自觉履行法定义务，同时也方便当事人有针对性地提出行政救济，也便于行政救济机关进行审查。也就是说，通常至少应经过事前告知理由、决定时说明理由两个阶段，方可谓程序正当。值得注意的是，我国实定法上对于理由主要采用了两个动词：其一是“告知”，例如《行政处罚法》第 31 条；其二是“说明”，例如《行政许可法》第 38 条第 2 款。“告知”多用于事前的“告知理由”，从行政效率的角度，可以口头作出，也可以书面作出，它与听取当事人意见、听证制度相连，其目的在于为当事人参与行政过程、防卫自身权益提供可能。而“说明”则用于决定时的“说明理由”，它通常应以书面形式作出，它与最终的处理决定、教示制度相连，其目的是在于公开行政决定的过程，加强行政决定的说理性，提高行政的可接受性，抑制行政机关的恣意，方便当事人的救济。决定时的“说明理由”才是严格意义上的说明理由制度，也是德、日等国行政程序法所规定的说明理由。②

---

① 例如有法院指出：“上诉人将原先在处罚告知书中告知当事人的‘限期拆除在非法占用的土地上新建的建筑物和其他设施’的处罚措施，变更为‘没收在非法占用土地上新建的建筑物和其他设施’，而‘限期拆除’和‘没收’是两种不同的处罚措施，上诉人并未就变更的行政处罚履行法定的告知义务，违反法定程序。”海口市国土资源局等诉海南世外桃源休闲农业发展有限责任公司处罚纠纷案，海南省海口市中级人民法院行政判决书（2013）海中法行终字第 176 号，2013 年 10 月 28 日。类似的，也有法院指出：“行政处罚告知笔录与行政处罚决定书内容不一致，在‘收缴烟花爆竹 310 箱’这一处罚事项上剥夺了当事人陈述和申辩的权利，程序违法，依法应予纠正。”王述彬与庆云县公安局处罚决定上诉案，山东省德州市中级人民法院行政判决书（2013）德中行终字第 61 号，2013 年 10 月 16 日。

② 我国学者对于这两种理由常不作区分。参见李春燕：《行政行为说明理由制度的构建》，载《行政法学研究》，1998（3），53 页；郑春燕：《现代行政中的裁量及其规制》，223 页，北京，法律出版社，2015。

三、行政裁量理由的追加与替换

第二次世界大战后，裁量理由才被当作行政裁量的瑕疵样态之一，成为行政裁量控制的一种方式。通常的裁量理由瑕疵包括未说明裁量理由、不完整说明裁量理由、错误说明裁量理由三种情形。这些也是行政裁量决定的撤销事由。大致存在两种治愈瑕疵的方法，其一是理由的追加，它针对没有附具充分的法定理由（完全未说明、不完整说明）的情形，这是形式或程序上的问题；其二是理由的替换，它针对附具的理由在实体法上是否正确，则是实体或内容上的问题。① 在行政救济时，能否允许在欠缺说理或者说理不充分的情况下追加理由、能否允许以其他理由替换原先决定中的理由，亦即能否允许理由追加、理由替换，便成为维系说明理由功能的重要问题。

（一）行政裁量理由的追加

在德国法上，裁量理由说明的瑕疵是可以补正的。根据其《联邦行政程序法》第 45 条规定，必须说明的理由已于事后说明者，视为补正，但应于行政法院事实审之前补正。对此规定早在起草阶段，乌勒就提出尖锐批评："联邦宪法法院和联邦行政法院判例主张，附具存在瑕疵的理由，仍在行政诉讼中可由事后追补理由而治愈，这种见解完全没有正确理解理由强制的意义。"② 伴随着 1996 年《行政许可程序加速法》的颁布，补正的时间被调整至行政复议程序终结之前，不经行政复议程序的，只能在当事人向行政法院起诉之前。其理由在于，确保该规定在程序法上的目的不至于落空，并就行政任务与法院审判作妥善的划分，防止行政机关漫无时间限制进行事后补正。③ 如此，在诉讼之前，追加裁量理由在德国是允许的。

与德国的宽松态度不同，日本最高法院对理由的追加采取了严格的

---

① ［日］高木光『技術基準と行政手続』（弘文堂、1995 年）191 頁参照。我国有学者对这两种情形不作区分，而统称为补充说明理由。参见郑春燕：《论行政行为补充说明理由》，载《行政法学研究》，2004（2），74 页。

② ［德］Carl Hermann Ule『ドイツ連邦共和国における公法の発展』田口精一監訳（慶応義塾大学法学研究会、1971 年）113～114 頁。

③ 参见赵宏：《法治国下的目的性创设——德国行政行为理论与制度实践研究》，361 页，北京，法律出版社，2012。

态度。对于法令要求行政行为附具理由的情形，过去学说上的原则立场是，完全没有附具理由的行为无效，写有理由但不完备时仅为撤销原因；行政机关则反复主张，这些附具理由的规定只不过是训示规定，至少在诸如行政复议的争议过程中，如果行政厅明确展示了理由，就治愈了当初的瑕疵。然而，最高法院从 1962 年 12 月 26 日判决开始就明言，附具理由的瑕疵是行政行为自身固有的撤销原因。这种理由强制不是训示规定，行政行为的理由必须从其记载自身来明确判断。如此，在最高法院的这些判例中，对于附具理由的意义，重视的要素是方便相对人不服申诉，同时担保行政行为自身的慎重和公正妥当。① 在 1972 年 3 月 31 日的判例中，日本最高法院认为，再更正处分的附具理由瑕疵不能通过后续行政复议再调查决定的附具理由而治愈。在 1972 年 12 月 5 日的判例中，在法人税的增额更正处分通知书中记载理由不充分，后来在行政复议的裁决书中补充了理由。日本最高法院也否定了通过在复议阶段说明理由治愈瑕疵的可能性。如果允许治愈，那么就不仅仅难以保障处分本身的慎重性和合理性，处分的相对人因复议裁决才知道具体的处分，由此也难以在此前的复议程序中充分主张不服的理由。日本判例认为，出现理由完全没有被明示的情况，该瑕疵属于处分的无效事由。即使事后阐明理由，除获得处分相对人同意的例外情形外，也不能治愈附加理由不全的瑕疵。② 1993 年，日本《行政程序法》肯定了处分与理由的同时性原则，仅在第 14 条规定，“存在不经说明理由而应作出处分的紧急必要时”，“除不能查明相对人的所在或者其他处分后说明理由有困难外，行政厅应在处分后相当的期间内说明前款的理由”（第 1 款但书、第 2 款）。由此，将事后的说明理由限定为例外情形，过去的判例法理得到维持。

相对于德日而言，我国实定法上对行政程序的要求渐趋严格。1990 年《行政复议条例》第 42 条第 2 项规定，“具体行政行为有程序上不足的”，复议机关“决定被申请人补正”。结合 1989 年《行政诉讼法》第 54 条第 2 项第 3 目“违反法定程序的”予以撤销的规定，行政机关尚可在行政复议之后、行政诉讼之前补正说明理由的瑕疵。但该做法并未

---

① ［日］藤田宙靖『行政法総論』（青林書院、2013 年）150 頁参照。

② 参见［日］室井力、芝池义一、浜川清主编：《日本行政程序法逐条注释》，朱芒译，102 页，上海，上海三联书店，2009。

为1999年《行政复议法》所接纳。该法第28条第1款第3项第3目规定，违反法定程序的，可决定撤销或确认违法。2014年《行政诉讼法》第74条第1款第2项规定，“行政行为程序轻微违法，但对原告权利不产生实际影响的”，法院判决确认违法。这一规定已近乎严苛。无论是在行政复议还是在行政诉讼中，行政行为违法性的判断基准时间，通常认为都是行政行为作出时。在这种背景下，即便行政机关事后追加了裁量理由，法院也应当确认违法。如此，也有助于发挥说明理由制度的功能。[①] 没有说明或者不充分说明，因行政机关没有按照要求说明裁量理由，法院撤销裁量决定或者确认违法，从法院与行政机关的权限分工而言也是妥当的。行政机关未曾作出判断，法院就不能作出判断，应当尊重行政机关的首次判断权。

（二）行政裁量理由的替换

行政机关作出行政行为时，按照要求附具了理由，即履行了说明理由的义务，但其理由未必能使其处理决定正当化。这时，以新的其他理由来替换当初的理由，就被称作“理由的替换”。在撤销诉讼阶段，替换理由的容许性特别成为问题。

在德国的传统上，行政法院并非依据行政行为所附具的理由对其进行审查，而是在客观上进行审查。由此，原则上承认替换理由。行政法院通过判例的积累，确立了承认替换理由的三个要件：第一，事后新主张的理由必须在行为时即已客观存在；第二，主张新的理由不得变更行政行为的本质；第三，主张新的理由不得使行政相对人的权利防御变得困难起来。这种行政诉讼中的替换理由以前仅适用于羁束性行政行为。1996年，德国第六次修改《行政法院法》，在过去的第114条附加了第二句，规定“行政机关可在行政诉讼程序阶段补充行政行为之际的裁量考虑事项”。通常认为，追加不甚重要的裁量考虑事项属于裁量补充，

---

① 我国地方政府规章存在允许事后补充说明理由的规定。《湖南省行政程序规定》第164条第1款第1项规定，“未说明理由且事后补充说明理由，当事人、利害关系人没有异议的”，“行政执法行为应当予以补正或者更正”。《江苏省行政程序规定》第75条第1款第1项、《宁夏回族自治区行政程序规定》第109条第1款第1项与此相同。《山东省行政程序规定》第129条第1项规定，行政决定“未说明理由，但是未对公民、法人和其他组织的合法权益产生不利影响的”，“应当以书面形式补正或者更正”。

完全变更理由时则为本质的变更。作为诉讼法规范，即使补充裁量，也不改变诉讼对象，因而也不必进行诉的变更。[①] 另外，事前以羁束行为作出，在事后却主张裁量性考虑事项，因为事前完全没有行使裁量权，这本身就违法。虽然从诉讼经济的角度而言应容许替换理由，但在诉讼前，确保复议机关合目的性审查的机会，让复议决定成为法院审查的基础也是重要的。[②]

与此类似，日本最高法院对理由替换采取了宽松的审查态度。在1999年11月19日的逗子市居民监查请求记录公开请求案中，逗子市以听取相关职员情况说明的记录属于“事务事业信息”为由拒绝公开，在被提起撤销诉讼后，主张其也属于“意思形成过程信息”，能否替换理由成为该案的争点。最高法院指出，附具理由的目的在于担保实施机关慎重、公正、妥当地作出判断，抑制其恣意，并方便请求人提出复议。该目的是通过具体记载并通知不公开理由（实际上是以在不公开决定通知书上附具其理由的形式而实施）来实现的，即使从《逗子市信息公开条例》的规定来看，也不能据此就认为通知理由的规定超出上述旨趣，只要一度在通知书上附具了理由，就不允许实施机关在不公开决定的撤销诉讼中主张其他理由。[③] 也就是说，附具理由规定并不包含不允许更换处分理由的目的，附具正确的合法理由，不是由附具理由规定、而是由司法审查制度来保障的。

日本容许在行政诉讼中替换裁量理由，并非没有限制。第一，替换理由如果损害行为的同一性，则不能容许，因为“在因替换处分理由而变成其他处分（失去处分的同一性）时，就变成以与该处分的撤销诉讼之诉讼标的无关的处分理由为该处分提供根据”。通常，如果行为主体、相对人、行为时日及行为内容相同，即为同一行为。理由不同并不影响

---

① ［日］交告尚史『処分理由と取消訴訟』（勁草書房、2000年）65、152頁参照。亦可参见［德］哈特穆特·毛雷尔：《行政法学总论》，高家伟译，256～257页，北京，法律出版社，2000。

② ［日］交告尚史『処分理由と取消訴訟』（勁草書房、2000年）159～160頁参照。

③ 日本最高裁判所1999年11月19日判决，最高裁判所民事判例集53卷8号1862頁参照。

行为的同一性。① 日本最高法院认为，“在撤销诉讼中，只要没有应作不同解释的特别理由，一般应允许行政厅为维持该处分效力而主张一切法律上及事实上的根据”②。也有学者主张根据该行为的制度结构来考察行为同一性的判断基准。就不利处分而言，有时要通过明确对相对人的处分理由来划定争点。例如，根据《国家公务员法》的规定，作出惩戒时应当交付记载处分理由的说明书。虽然是同一时期对同一公务员不正当行为的惩戒，如果将惩戒的理由自说明书上的违反交通替换为泄密，则是完全不同的行为。在说明书的范围之内，就并不因事实稍有不同而成为别的处分。例如以出席某集会为由作出惩戒处分，实际上出席了其他的集会，这时，又会承认具有同一性，并允许追加处分的理由。③ 基本要件事实相同，在具体的案例中，理由的追加是否超出诉讼标的的范围，未必容易判断。第二，如果不利行为经过了听证或辩明程序，则不允许在撤销诉讼中替换理由。如果允许替换理由，就意味着行政机关根据未经当事人反驳的理由作出了不利行为，这就违反了程序保障的法律目的。④

对于撤销诉讼的诉讼标的，日本的通说是行政行为的整体违法性。因而，个别的违法事由，并非诉讼标的，只不过是为诉讼标的提供根据的攻击防御方法之一而已。⑤ 在审理途中，如果一般广泛承认行政机关变更处分理由，就可能给原告方强加以极难的诉讼活动上的不利。反过来，考虑到假使该诉讼胜诉，行政机关以完全不同的其他理由重新作出同样的处分，原告可能再度进行争议，让行政机关在一次诉讼中摆出所有论点，这对原告而言是符合诉讼经济要求的。因而，其问题基本上就归结于：如何合理地调整双方的要求。具体而言则要根据案件进行种种

---

① ［日］大貫裕之「行政訴訟の審判の対象と判決の効力」磯部力ほか編『行政法の新構想Ⅲ』（有斐閣、2008 年）153 頁参照。

② 日本最高裁判所 1978 年 9 月 19 日判決，判例時報第 911 号 99 頁。

③ 参见［日］盐野宏：《行政救济法》，杨建顺译，118 页，北京，北京大学出版社，2008。

④ ［日］梶哲教「処分理由の提示」高木光、宇賀克也編『行政法の争点』（有斐閣、2014 年）81 頁参照。

⑤ ［日］南博方、高橋滋編『条解行政事件訴訟法　第 3 版』（弘文堂、2006 年）195 頁参照（人見剛執筆）。

考虑。①

反观我国，行政诉讼对待裁量理由替换的态度又是如何呢？2014年《行政诉讼法》第67条第1款规定，“被告应当在收到起诉状副本之日起十五日内向人民法院提交作出行政行为的证据和所依据的规范性文件，并提出答辩状”。行政机关提交的证据均应为作出行政行为时已经收集了证据（第36条第1款）②，并且在诉讼过程中，不得自行向原告、第三人和证人收集证据（第35条）。仅在“原告或者第三人提出了其在行政处理程序中没有提出的理由或者证据”时，经法院准许，被告行政机关才可以补充证据（第36条第2款）。③ 法院虽然有权调取证据，但是《行政诉讼法》也作出明确限定，“不得为证明行政行为的合法性调取被告作出行政行为时未收集的证据”（第40条但书）。如此，

---

① ［日］藤田宙靖『行政法総論』（青林書院、2013年）475頁参照。在学说中，兼子仁主张，区分不利处分与拒绝申请处分，对于前者，受处分时的理由拘束，而不应承认替换理由；对于后者，在原告对处分内容有主张或承认的应对时，允许被告替换理由。因为在后者中一次性解决纠纷的要求较前者更强。［日］兼子仁『行政法学』（岩波書店、1997年）188頁参照。小早川光郎亦认为，在负有附具理由义务时，因为应经慎重公正的调查审议，让处分理由具体特定再作出处分，撤销诉讼中基本上就以处分时所示处分理由是否妥当为审理判断的对象；但在拒绝申请处分时，申请人并未因此而遭受特别不利，原则上允许替换理由。［日］小早川光郎『行政法講義下Ⅱ』（弘文堂、2005年）213～215頁参照。

② 同样，复议机关在复议程序中收集和补充的证据，也不能作为人民法院认定原具体行政行为合法的依据。参见《最高人民法院关于行政诉讼证据若干问题的规定》第61条。

③ 这一做法不仅例外性地准许行政机关补充证据，体现了武器对等、攻防平衡的原则，同时似乎也在细微调整过去的司法立场。2014年《行政诉讼法》第36条第2款规定与2000年《最高人民法院关于执行〈中华人民共和国行政诉讼法〉若干问题的解释》（以下简称2000年行政诉讼法司法解释）第28条第2项规定是相同的。2002年《最高人民法院关于行政诉讼证据若干问题的规定》在第2条作出相同规定之后，又在第59条规定，“被告在行政程序中依照法定程序要求原告提供证据，原告依法应当提供而拒不提供，在诉讼程序中提供的证据，人民法院一般不予采纳”。2002年《最高人民法院关于审理反倾销行政案件应用法律若干问题的规定》第8条第3款规定，“被告在反倾销行政调查程序中依照法定程序要求原告提供证据，原告无正当理由拒不提供、不如实提供或者以其他方式严重妨碍调查，而在诉讼程序中提供的证据，人民法院不予采纳”。这些均表现出充分发挥行政决定程序功能的倾向。

除第 36 条第 2 款情形外，行政行为的合法性以行为时为判断基准时间。

值得注意的是，虽然 2000 年行政诉讼法司法解释第 30 条第 1 项规定，行政机关在作出行政行为后自行收集的证据，不能作为认定被诉行政行为合法的根据。但这并不等于说，行政机关在事后不能收集证据、追加甚至替换理由，相反，继续调查、发现真实却是行政机关的法定职责，只是新收集的证据不能用来证明原行政行为的合法性。如果作出行政行为后的调查结果发现，当初的理由不能使行政行为正当化，行政机关应当依职权撤销原行政行为，并附具适当理由再作出行政行为。[①] 如果获得原告的理解，原告可申请撤诉。如果“原告仍要求确认原行政行为违法”，法院则依据 2014 年《行政诉讼法》第 74 条第 2 款第 2 项规定，判决确认违法。如此，我国目前的做法可以作出倾向于纠纷一次性解决的解释，一方面允许在行政诉讼中追加主张、替换理由，另一方面，通过灵活运用确认违法判决，给原行政行为作出合法性的判断，而非简单地认可治愈原有瑕疵。

作为法院判决拘束力的要求，2014 年《行政诉讼法》第 71 条规定，“人民法院判决被告重新作出行政行为的，被告不得以同一的事实和理由作出与原行政行为基本相同的行政行为”。按照 2000 年行政诉讼法司法解释第 54 条第 1 款的规定，与原行政行为的结果相同，但主要事实或者主要理由有改变的，则不在此限。“主要事实或者主要理由”改变与否[②]，应该就是

---

① 2000 年行政诉讼法司法解释第 7 条规定：“复议决定有下列情形之一的，属于行政诉讼法规定的‘改变原具体行政行为’：（一）改变原具体行政行为所认定的主要事实和证据的；（二）改变原具体行政行为所适用的规范依据且对定性产生影响的；（三）撤销、部分撤销或者变更原具体行政行为处理结果的。”2015 年《最高人民法院关于适用〈中华人民共和国行政诉讼法〉若干问题的解释》（以下简称为 2015 年行政诉讼法司法解释）第 6 条则将其修改为“复议机关改变原行政行为的处理结果”。如此，改变原行政行为仅为改变其处理结果。但这一规则应仅适用于复议机关被告适格的判断，换言之，这是诉讼的程序性规则，而非判断行政行为同一性的实体性规则。

② 主要理由相当于法国法上所说的“决定性理由”。法院假定一切理由都具有决定性，在能证明某个理由不存在时，如果根据其他理由，行政决定也能成立，该理由就是剩余理由。参见王名扬：《法国行政法》，699～700 页，北京，中国政法大学出版社，1989。

最高法院认可的行政行为同一性的判断标准。[①] 从诉讼经济的角度而言，允许行政机关替换理由论证自身决定的合法性是适当的，以免再行起诉的风险。在诉讼中经过法院审查并作出判断的理由，则行政机关不得在事后再行提出，私人也不得再行争议。

四、裁量理由与行政裁量的审查

从发挥裁量理由的功能来看，应当将说明裁量理由设定为行政机关在行使裁量权时的法定义务。一般性的法律要件效果规定在个案的适用中因补充裁量理由而变得完整，个案中的裁量理由可为裁量基准的设定提供经验基础。以说明理由和裁量基准为中心构建行政裁量的控制机制，也就是从公开裁量过程的角度去规范和审查行政裁量，可以发挥法律与裁量各自功能、在普遍正义与个案正义之间实现适当的平衡。在设定了裁量基准的情形下，行政机关应当在说明理由中就是否适用该裁量基准、如何适用该裁量基准作出说明。[②]

司法也可以藉由裁量理由的说明来对行政裁量决定进行适当审查。从履行裁量理由说明义务的程序要求而言，当行政机关未作裁量理由的说明、或未充分说明时，行政机关对行政裁量的考虑因素并不明了，法院将其予以撤销、或确认违法，让其回到行政程序中重新处理为妥。行政机关履行了裁量理由说明义务的程序要求，其理由不能使其决定正当化，如果行政机关不替换理由，法院自然应撤销其决定，但行政机关有

① 在甘露不服暨南大学开除学籍决定案中，甘露的硕士课程论文两次抄袭，被暨南大学以抄袭他人研究成果为由，适用《普通高等学校学生管理规定》第 54 条第 5 项开除学籍。在该案再审中，暨南大学追加理由认为，即便抄袭论文属于考试作弊行为，根据《普通高等学校学生管理规定》第 54 条第 4 项，仍可以开除其学籍。甘露不服暨南大学开除学籍决定案，载《最高人民法院公报》，2012 (7)，35～38 页。最高法院在判决中提及第 4 项，但未回应暨南大学的主张，似不承认事后的追加理由。在确认违法判决作出后，暨南大学仍可以适用第 4 项再次作出开除学籍决定。该案的特殊性在于，虽然事实相同，而且第 54 条第 4 项与第 5 项在研究生课程论文上是并存的竞合关系，即两种评价可同时成立，但毕竟是两个不同的要件。故而，不宜认定为同一处分。

② 在日本，判断过程的合理性审查大致可分成两种类型，其一是着眼于考虑事项的审查（无关考虑、考虑不周的审查），其二是着眼于裁量基准的审查（裁量基准的内容、裁量基准的适用的审查）。［日］深澤龍一郎『裁量統制の法理と展開』（信山社、2013 年）358～361 頁参照。考虑事项均应作为裁量理由来说明。

可能重作裁量决定，私人仍可能再行起诉。如果行政机关替换理由，在主要事实或者主要理由不发生改变的情况下，法院一并审查，有助于案件的快速和最终解决。如此，既可维护司法与行政的合理权限分工，又可在程序公正与权利救济的充分性之间作出合理的平衡。

第三节 行政裁量基准的设定与适用

行政过程论要求，行政机关在作出行政决定时应当在法的限度内进行充分的考虑，考虑应当考虑的因素，不考虑不应当考虑的因素，并客观地说明、展示其考虑的过程。这才是合理的行政过程。行政裁量基准是合理的行政过程的重要表征之一。然而，行政裁量基准在现实中引起诸多争议，诸如要不要设定基准、谁来设定基准、如何适用基准、不遵守基准是否违法、适用了基准是否就没有责任、对旧的行为能否适用新基准，这些问题均应从理论上给裁量基准以适当的定位，并从裁量基准的拘束性角度给出适当的融贯的解答。

一、行政裁量基准的界定

行政裁量广泛地存在于行政活动之中，它不仅存在于法律效果的选择，也存在于法律要件的判断。将抽象的行政法规范适用于具体的个案，通常需要若干中间阶段的过渡，行政裁量基准就是其中之一。所谓行政裁量基准，是指“行政执法者在行政法律规范没有提供要件一效果规定，或者虽然提供了要件一效果规定但据此不足以获得处理具体行政案件所需之完整的判断标准时，按照立法者意图、在行政法律规范所预定的范围内、以要件一效果规定的形式设定的判断标准”①。简言之，行政裁量基准就是要将行政法规范中的裁量予以具体化，以判断选择的标准化为个案中的裁量决定提供更为明确具体的指引。

（一）我国行政裁量基准的由来

冠以“行政裁量基准”之类名称的裁量基准在国内的出现并不早。2004 年国务院在《全面推进依法行政实施纲要》（国发〔2004〕10 号）

① 王天华：《裁量标准基本理论问题刍议》，载《浙江学刊》，2006（6），125 页。

中明确提出“行政机关行使自由裁量权的，应当在行政决定中说明理由”（第20点）。在此前后，地方上开始出现了行政裁量基准，有的地方称其为“自由裁量权实施办法”、“裁量标准”、“裁量指导意见”、“自由裁量实施细则”等，它们都是要对行政裁量权作出一定的自我限制，同时也成为说明理由制度中的一项理由。

2008年《国务院关于加强市县政府依法行政的决定》（国发〔2008〕17号）则明确要求，“要抓紧组织行政执法机关对法律、法规、规章规定的有裁量幅度的行政处罚、行政许可条款进行梳理，根据当地经济社会发展实际，对行政裁量权予以细化，能够量化的予以量化，并将细化、量化的行政裁量标准予以公布、执行”（第18点）。这里首次在国务院文件中提出“行政裁量标准”的概念，并对其基本做法作出规定。2010年国务院在《国务院关于加强法治政府建设的意见》（国发〔2010〕33号）则明确要求，“建立行政裁量权基准制度，科学合理细化、量化行政裁量权，完善适用规则，严格规范裁量权行使，避免执法的随意性”（第16点）。这里使用了学界渐渐通用的“行政裁量权”和“基准”的名称，而未再使用“自由裁量权”、“标准”的概念，同时明确了行政裁量的治理重点。

上述三个文件都是在“规范行政执法行为”的层面上提出对行政裁量权的要求，特别是后两个文件则是直接以裁量基准为对象，实际上是指明了行政裁量的规范化行使的重点在于设定行政裁量基准。

（二）行政裁量基准的表现形态

实践中的上述行政裁量基准，具有一定的规则性，其载体多是其他规范性文件。但裁量基准的表现形式或者说其载体是多种多样、五花八门的，有规则、指南、指令、备忘录、函复、通知、会议纪要、执法手册等等，在这些载体之外仍可能存在裁量基准。

1. 成文基准与不成文基准

从总体上来看，行政裁量基准的表现形态大体可以分为两类：其一是成文基准，即以统一的规范性文件的形式集中展现行政裁量所遵循的基准。[①] 例如《河南省商务行政处罚裁量标准（试行）》，该标准将具有

---

① 《山东省行政程序规定》第59条第1款要求，“法律、法规、规章规定行政裁量权的，行政机关应当以规范性文件的形式，对行政裁量权的标准、条件、种类、幅度、方式、时限予以合理细化、量化”。

裁量权的商务相关行政处罚分门别类，区分裁量阶次，对应不同违法表现，再分别在处罚幅度内予以处罚。其二是不成文基准，即散落在不同的文件资料中，诸如个案行政决定中的具体理由①、行政惯例所形成的规则等。这种表现形态常常被忽视，但基于行政自我拘束或平等对待原则的要求，这种基准也要拘束执法者，它所发挥的功能与成文基准是一样的。正是因为忽视了这种形态的基准，理论上容易将行政裁量基准误认为是一种行政规则或准行政立法。这两种形态的裁量基准的关系是，成文基准一般是对不成文基准的总结而形成的，不成文基准即使在成文基准形成后仍可独立存在。

从我们现在普遍接受的观念来看，裁量基准是成文基准。如此，将裁量基准与说明理由作为两个制度也是合适的，前者以成文基准的形式出现，后者应用于个案之中，而且在个案的裁量理由说明中也应当说明裁量基准的适用情况。

2. 裁量基准与解释基准

在我国的实践中，存在“适用规则”与“裁量基准”的二分②，这种区分类似于国外的解释基准与裁量基准的区分。“所谓解释基准，是指为了防止进行某种处分时作出各不相同的对待，确保行政的统一性，上级行政机关对下级行政机关发布的法令解释的基准。”③ 一般是因为行政法规范使用了不确定法律概念，需要对其进行“解释”而发生。裁量基准则是行政法规范委任行政机关进行裁量性判断、选择时规定该裁量权行使方法的行政基准。④ 后者大致相当于对法律效果的具体化，主要是对如何选择法律效果进行界定。前者则是对法律要件的具体化，例如2005年6月天津市交管局制定的《交通肇事逃逸案件定性标准》，它主要是对法律中交通肇事这一概念进行界定。

---

① 参见王天华：《裁量标准基本理论问题刍议》，载《浙江学刊》，2006（6），126页。

② 例如，江西省农业厅就曾制定过两份文件——《江西省农业行政处罚自由裁量权适用规则》和《江西省农业行政处罚自由裁量权参照执行标准》（赣农字［2008］73号）。

③ ［日］盐野宏：《行政法总论》，杨建顺译，66页，北京，北京大学出版社，2008。

④ 参见［日］平冈久：《行政立法与行政基准》，宇芳译，213页，北京，中国政法大学出版社，2014。

裁量基准的表现形式却常常是这样的。举例而言，对于饮酒后驾驶机动车的行为，《道路交通安全法》第 91 条第 1 款第 1 句规定："饮酒后驾驶机动车的，处暂扣六个月机动车驾驶证，并处一千元以上二千元以下罚款。"《湖南省公安行政处罚裁量权基准》第 77 条区分了初次饮酒后驾驶机动车的情形分别处罚：（1）酒精浓度在 20 毫克/100 毫升以上，不足 40 毫克/100 毫升的，处暂扣 6 个月机动车驾驶证，并处1 000元罚款。（2）酒精浓度在 40 毫克/100 毫升以上，不足 60 毫克/100 毫升的，处暂扣 6 个月机动车驾驶证，并处 1 500 元罚款。（3）酒精浓度在 60 毫克/100 毫升以上，不足 80 毫克/100 毫升的，处暂扣 6 个月机动车驾驶证，并处 2 000 元罚款。该裁量基准首先将 20 毫克—80 毫克/100 毫升的酒精浓度认定为"饮酒"，再将饮酒程度区分三个等级分别处罚，进一步具体化法律中的处罚幅度。对饮酒的认定可以理解解释基准。饮酒程度的区分实际上是进一步地补充要件，按照比例原则的要求，对应不同幅度的罚款。没有对饮酒的"解释"，没有对饮酒程度的补充，就不可能有适当的处罚裁量决定。这些都包括在裁量基准之中。鉴于行政裁量构造和裁量基准的实际状态，那种将裁量基准与解释基准并列的做法是不妥当的，解释基准大致属于裁量基准的一种。①

二、行政裁量基准的设定义务

虽然国务院的文件以及个别地方政府规章要求行政机关设定裁量基准，但在国家层面上而言，设定裁量基准还没有成为行政机关明确的法定义务。这里接着分析是否有必要将其义务化，该义务的根据何在等问题。

① 鉴于解释基准和裁量基准无论在理论上还是在实务中作出区分均非易事，日本《行政程序法》为了让国民容易理解、在实务中容易设定处分基准，没有对解释基准和裁量基准加以区分，而只是规定应该设定处分基准。参见［日］室井力、芝池义一、浜川清编著：《日本行政程序法逐条注释》，朱芒译，119 页，上海，上海三联书店，2009。目前，我国实务中也出现了不再区分裁量基准与适用规则的迹象，例如，《国家税务总局关于规范税务行政裁量权工作的指导意见》（国税发［2012］65 号，2012 年 7 月 3 日）。该意见指出："制定裁量基准包括解释法律规范中的不确定法律概念、列举考量因素以及分档、细化量罚幅度等。"

（一）行政裁量基准的功能

如同说明理由制度具有抑制恣意、方便行政救济、说服相对人、公开决定过程等功能一般①，行政裁量基准具有如下四项功能：

1. 控制行政裁量的运作

面对着复杂多样的社会现实，法律赋予行政机关以裁量权，本来就是要让行政机关依据法律规定对某事根据具体情形和其自身的行政经验来作出判断和选择，让行政机关拥有一定的判断余地和裁量空间，从而实现个案的公正性和必要的灵活性。而行政机关自身却纷纷设定裁量基准，对法律赋予自己的裁量权加以限制，这与裁量权的目的是否有所冲突和矛盾呢？这种行政裁量基准的规范基础在于宪法第 33 条的规定，也就是法律面前人人平等的要求。对于保证行政的一贯性、限制行政的恣意，保证平等与公正，行政裁量基准是有其积极意义的。行政机关一般应该依据其作出处理决定，否则可能构成滥用行政裁量权，造成显失公正的情形。这可以通过行政的自我纠错或者法院的审查来予以纠正。行政裁量基准明确设定之后，它能有助于抑制行政人员的恣意，有助于防止其向政治诱惑或者压力妥协的可能性，有助于防止其考虑不相关的因素而滥用权力。

2. 提升行政裁量的品格

一般而言，行政法规范为控制行政裁量权的行使提供了大致的框架，而行政裁量基准则在这一框架下，一方面能细密地规范行政裁量权的行使，实现平均正义，另一方面还能提升行政裁量的品格，这是立法者所无法达致但却又极其希望实现的功能。裁量基准能够将行政法规范无法规定的内容纳入它的调整范围之列，裁量基准能够适合具体的规制对象而作出相适应的具体化、个性化的调整。裁量基准在整体上也有助于实现行政裁量更大的一致性。行政向来都不简单地就是法律的执行，其间必然存在政策、伦理、文化和形势等的影响。行政机关可以将各种需要考虑的因素明确地纳入裁量基准，指导行政人员具体的裁量决定。这样，一方面能提升行政裁量的品格，为裁量明确更多的要求；另一方面能有助于提高行政的说理性。

---

① 参见［日］盐野宏：《行政法总论》，杨建顺译，179 页，北京，北京大学出版社，2008。

3. 减少裁量的不确定性

行政法规范的实施需要行政裁量的补充，不确定法律概念的广泛存在和法律效果的可选择性必然导致行政裁量存在一定的自由空间。法律由于大量的不确定法律概念的使用，使得私人对行政决定的可预见性只是在一定程度上实现了而已。在行政过程中，行政机关常常独自占有大量的可影响行政相对人权益的信息，行政相对人在此情况下只能处于被动的不利地位，无从知晓行政机关会作出何种裁量。裁量基准的存在则使得这种可预见性进一步得到了提升，进一步明确了裁量应遵守的规则，限制了行政裁量的范围，减少了法的不确定性，使行政裁量能够前后一致，保持一种适当的公平。这样，私人也就能进一步通过裁量基准而预见到自己行为的结果，从而更有可能实现自治。

4. 便于司法对裁量决定的审查

行政裁量权的行政救济、特别是司法审查是有一定难度的。在行政机关负有某种程度上的设定裁量基准义务时，裁量基准的设定和运用就能展现行政机关在作出裁量决定时的判断过程，在没有设定裁量基准时，这种判断过程秘而不宣，身为局外人的法院是难以审查的。故而，裁量基准可为司法审查提供线索，减轻司法审查的论证负担，在专门技术性裁量的情形下更是如此。

（二）设定裁量基准的义务化

宪法上的平等条款是拘束行政权的宪法原则，同时也能成为私人获得平等对待权利的基础。从平等对待的要求出发，只要存在具体的裁量授权，行政机关就应有义务去设定裁量基准，尽力将裁量规范具体化，以期减少对不同行政相对人的差别对待，达致良好行政。我国地方政府规章已有将设定裁量基准义务化的规定①，有必要在未来的《行政程序法》上设置一般性要求。

德国的法理和判例上虽然重视裁量基准的价值，但其《联邦行政程序法》并未就此作出规定。日本最初是通过判例将设定裁量基准义务化的。在1971年个人出租车执照案中，对于《道路运输法》第6条抽象规定的颁发执照基准，日本最高法院指出，“行政厅根据具体的个别相关事实从多数人中选择少数的特定者，决定是否给其发放执照……即使

① 例如，《重庆市规范行政处罚裁量权办法》第8条第3款。

是内部的，也应当设定将其旨趣具体化的审查基准，并公正而合理地予以适用”[①]。这大抵是受美国法影响，基于正当程序的考虑而要求将设定审查基准义务化。此后的判例受此影响而肯定了设定裁量基准的必要性。

1993年，日本《行政程序法》将设定裁量基准的义务一般化。该法第5条第1款规定，“行政厅必须设定审查基准”[②]。这是针对行政许可、认可等依申请的行政行为所提出的要求。该法第12条第1款还规定，“行政厅必须努力设定处分基准”[③]。这是针对课予义务、限制权利等不利行政行为所提出的要求。这两条都是将设定裁量基准确定为行政厅的义务，却在设定两种基准的义务强度之间作出了区分。之所以在设定义务上有这样的分别，其理由在于：对于依申请的处分（例如饮食店的营业许可），因为已经可有颇为定型化的期待，等待私人的申请即可；对于不利处分的情形（例如饮食店发生食物中毒而命令停止营业），必须临机应变，有的领域各个案件的个性强。[④] 就不利处分而言，在对处分的内容或者程度作出决定时必须个别地评价构成处分原因的事实的反社会性质以及相对人的情况等事项，因此许多场合下难以设定出具体的基准。[⑤] 也有学者认为，这种区分的理由并不具有说服力。特别是和惩戒不同，一般的许可认可的撤销（撤回），是比例原则所涉及的，最终在很大程度上涉及先例拘束性。[⑥] 在行政经验的积累和司法审查的影响下，这种区分应会出现相对化的趋势。

---

① 日本最高裁判所1971年10月28日判决，最高裁判所民事判例集25卷7号1037頁。

② 根据日本《行政程序法》第2条第8项第2目的定义，所谓审查基准是“指根据法令规定判断是否给予申请的许可认可等的必要基准”。

③ 根据日本《行政程序法》第2条第8项第3目的定义，所谓处分标准是“指为了判断是否作出不利处分或何种不利处分是否符合法令规定所需的必要基准”。

④ ［日］交告尚史「行政法：「理由の提示」というテーマから学習方法を考える」法学教室379号（2012年4月）15頁参照。

⑤ 参见朱芒：《日本〈行政程序法〉中的裁量基准制度——作为程序正当性保障装置的内在构成》，载《华东政法学院学报》，2006（1），79页。

⑥ 参见［日］盐野宏：《行政法总论》，杨建顺译，201页，北京，北京大学出版社，2008。

三、行政裁量基准的性质与拘束力

行政裁量基准在实务中的运用越来越广泛，但对其属性、效力等问题却认识模糊。实践中众多认识上的纷扰均源于对裁量基准属性和效力的歧见。

（一）行政裁量基准的两面性

对于行政裁量基准的性质与拘束力，在理论上存在较大分歧，大致有以下三种学说。第一，行政立法说。有学者认为，裁量基准的设定，本质上就是行政立法权的行使，是行政机关对立法意图、立法目标的进一步解释和阐明。裁量基准有的属于规章，但更多是行政机关内部的解释性规则。基准一旦设定颁布，便成为执法人员执法的重要依据，具有规范效力和适用效力。这种内部适用效力，又将进一步延伸至行政相对人，因而具有了外部效力。① 其实，逻辑上而言，既然裁量基准是行政立法权的结果，那么它自然具有外部法的拘束力，不必有中间的论证。

第二，行政规则说。有学者认为，裁量基准是行政机关为行使裁量权而制定的内部规则，仅为内部使用。如此，裁量基准只有对内的拘束力。裁量基准不是裁判规范，法院不受裁量基准拘束。这也是日本判例和通说的主张。在 1978 年的麦克林案中，日本最高法院否定裁量基准的外部效果："行政厅即使对于任其裁量的事项设定裁量权行使的准则，该准则原本是为确保行政厅处分的妥当性而设定，即使违反该准则作出处分，原则上也仅产生妥当与否的问题，而并不当然违法。"②

第三，行政法规范的具体化说。有学者认为，裁量基准是行政法规范的具体化。如果是上级行政机关事先以规范性文件形式设定的裁量基准，对于下级行政机关特别是执法机关而言，也只不过是行政法规范的具体化范本或指针而已，而不是具有拘束力的规则。③ 裁量基准是行政机关对其所执行的行政法律规范的具体化，对该行政机关有拘束力的是

---

① 参见王锡锌：《自由裁量基准：技术的创新还是误用》，载《法学研究》，2008 (5)，40 页。

② 日本最高裁判所 1978 年 10 月 4 日判决，最高裁判所民事判例集第 32 卷 7 号 1223 頁。

③ 参见王天华：《裁量基准与个别情况考虑义务——从一起特殊案件反思我国的行政裁量理论和行政裁量基准制度》，载王周户、徐文星主编：《现代政府与行政裁量权》，240 页，北京，法律出版社，2010。

该行政法律规范本身；上级行政机关以规范性文件形式设定的裁量基准归根结底不过是一种行政内部规定。①

截然区分裁量基准的性质是不妥当的。也有部分学者注意到裁量基准并非毫无拘束力。有学者认为，将裁量基准当作是毫无法的拘束力的行政内部规范并不适当。② 也有学者提出，合理（合理设定且合理适用）的裁量基准虽然没有百分之百的法的拘束力，但也具有一定程度的法的拘束力，介于法规命令与解释基准之间，其法的拘束力一部分来自授予裁量的法律根据，一部分来自法院的认可。③ 但这种拘束力的性质或根据尚需辨析。我国也有学者指出，作为一类具有规范具体化和解释功能的行政规则，裁量基准效力的外部化是一个普遍的世界性现象，有关裁量基准事实拘束力和法的拘束力的辨析意义日趋弱化。④

应当说，行政裁量基准具有两面性。⑤ 第一，裁量基准具有裁量性。从裁量基准相对于其所依据的法规来看，它是裁量权的行使方式之一。之所以理论上有称之为"一般裁量"者⑥，其道理就在于此。从法律的法规创造力原则出发，裁量基准的设定并无法律的授权，故而不可承认裁量基准具有法源的地位。行政裁量基准不是对外部私人具有拘束力的法规范，它只是行政裁量决定中的理由或者考虑因素而已。故而，行政立法说是难以成立的。正因为裁量基准不是法，所以它不会具有法

① 参见王天华：《裁量标准基本理论问题刍议》，载《浙江学刊》，2006（6），127页。

② ［日］芝池義一『行政法総論講義　第4版補訂版』（有斐閣、2006年）88頁参照。

③ ［日］常岡孝好「行政裁量の手続的審査の実体——裁量基準の本来的拘束性（中）」判例時報2136号（2012年3月）153～154頁参照。

④ 参见章志远：《行政裁量基准的理论悖论及其消解》，载《法制与社会发展》，2011（2），157～159页。

⑤ ［日］山下竜一「裁量基準の裁量性と裁量規律性」法律時報85巻2号（2013年2月）25～28頁参照。

⑥ 参见［德］哈特穆特·毛雷尔：《行政法学总论》，高家伟译，128页，北京，法律出版社，2000；李建良：《个别裁量与一般裁量》，载《月旦法学杂志》，40期（1998年8月），22～23页。日本有学者将其称作"基准裁量"，区别于个案中的"处分裁量"。［日］山下竜一「裁量基準の裁量性と裁量規律性」法律時報85巻2号（2013年2月）24頁参照。

的拘束力，行政机关在个案中没有必须遵守的法定义务。[①] 第二，裁量基准具有裁量规范性。从裁量基准相对于个案裁量权的行使来看，裁量基准无疑是规范个别裁量的一种手段。裁量基准也要适用于个案之中，对外部私人的权利义务产生影响。从行政裁量基准的表现形态来看，确实多数是以行政规则的形式出现的。裁量基准的设定主体有时是上级行政机关，上级行政机关设定的裁量基准从组织法上对下级行政机关和具体的执法者是有拘束力的。从外部来说，在相同案件中适用裁量基准是当事人平等权利的要求。如此，经裁量基准的设定主体地位和平等对待原则等的转介，裁量基准在事实上要得到遵守。这种拘束力可被称作事实上的拘束力或事实上的法的拘束力。也正是因为属于事实性拘束力，而非法的拘束力，行政机关在个案中可以不遵守裁量基准，而根据案件自身情况，适用法律，作出不同于裁量基准的裁量决定，这仍然是合乎法律的决定，也是法律授予裁量权的应有之义。

（二）行政裁量基准的拘束方式

裁量基准虽然不具有法的拘束力，但并非对行政机关没有拘束性。它通常是藉由平等对待原则、信赖保护原则、行政自我拘束原则等的转换对行政机关发生拘束力。如果不适用裁量基准，则可能因违反这些原则而构成违法。当然，适用这几个原则的前提在于，裁量基准自身具有合理性、合法性和正当性。[②]

1. 平等对待原则的转换

行政机关在作出裁量决定时亦应做到平等对待，即同种情况同种对待，不同情况不同对待。这种平等对待既包括不同场合的平等对待，也包括不同时间的平等对待。不同场合的平等对待，又称为一视同仁、反对歧视规则；不同时间的平等对待，也称为前后一致、反对反复无常规则。[③] 裁量基准常常以内部规则的形式出现。行政机关按照内部规则作

---

① 《湖南省行政程序规定》第 91 条第 4 款规定，“行政机关应当遵守裁量权基准”。

② ［日］常岡孝好「裁量基準の実体的拘束度——脱・手続的アプローチ、脱・自己拘束論」高木光ほか編『行政法学の未来に向けて　阿部泰隆先生古稀記念』(有斐閣、2012 年) 715 頁参照。

③ 参见叶必丰：《行政法与行政诉讼法》，3 版，73 页，武汉，武汉大学出版社，2008。

出裁量，似乎并不会引起外部权益的变化。但实际上只要行政机关没有按照裁量基准的要求作出裁量，其外在表现形式也就发生变化。这时，私人可以据此提出引起，如果没有实质的差别，应该受到平等的对待。由此，法院就能对内部规则进行审查。[①] 这样，如果不存在实质的差别，就要保证内部规则的实施。裁量基准看似不能实施，却通过平等对待原则的转化而实现了对行政裁量的规制。

2. 信赖保护原则的转换

在高权性行政法律关系中，行政机关与行政相对人双方常常处于不对等的法律地位，行政机关可以依职权撤销或废止自己先前所作出的行为，改变原来的法律状态。为了寻求一种平衡，信赖保护原则苛以行政机关以义务，它要求行政机关作出行为、承诺或者规则等具有一定授益性和可预见性的行为之后，私人对此产生了正当合理的信赖，行政机关在变更相应的法律状态时应对这种信赖加以保护，否则即应承担相应的法律责任。存续保护是一种重要的信赖的保护方式，它是指行政机关基于信赖保护的目的，不得撤销、废止其作出的授益性行政行为，或对行政行为作出不利于相对人的变更。在具有值得保护的信赖的情况下，“如果受益人因行政行为继续存在的利益大于补偿，特别是金钱给付不能达到充分的公平”，行政机关不得撤销其作出的原行政行为。[②] 信赖客体有很多，诸如行政守则、行政惯例等裁量基准的诸多表现形式均包括在内。如果符合存续保护的条件，则裁量基准也通过信赖保护原则的转化而得到了实现。

3. 行政自我拘束原则的转换

行政自我拘束的法理根据在于信赖保护原则或平等对待原则。这里之所以再次提出，主要是实践当中有这种理论和技术的运用而已。行政自我拘束原则主要是针对行政惯例的，它要求行政机关在作出行政决定时，对于相同或具体同一性的事件，如无正当理由，应受其行政惯例的约束。一般而言，适用行政自我拘束原则有这么几个条件：第一，要有行政惯例（行政先例）的存在。一个个案的存在就构成了先例的存在。

---

① 参见于安编著：《德国行政法》，87～90页，北京，清华大学出版社，1999；黄俊杰：《纳税人权利之保护》，80页以下，北京，北京大学出版社，2004。

② 参见［德］哈特穆特·毛雷尔：《行政法学总论》，高家伟译，283～284页，北京，法律出版社，2000。

第二，行政先例本身必须合法。当法的拘束与平等处理之间存在冲突或者歧异时，应以法的拘束为优先，违法的行政先例并不能成为平等原则的基础。第三，行政机关必须就该案享有决定余地，如果属于羁束行政则只需要主张其违反法律即可。[①] 这些条件正好能适用于裁量基准对于行政裁量的规制。行政裁量决定在行政法规范的框架内按照裁量基准的具体指引而作出，形成某个个案，就应该继续按照这种指引作出下一个类似的裁量决定。否则，私人即可诉诸法院寻求法院对行政自我拘束原则的适用，让裁量基准发挥出拘束力。

（三）事实上的拘束力与裁量基准的适用

裁量基准具有事实上的拘束力，在处理具体案件时，在说明理由的部分应当引用裁量基准，增强裁量决定的说理性。但这种拘束力毕竟不同于法的拘束力，在裁量基准的适用中也有不同的表现和要求。

1. 裁量基准的机械适用与个案考虑义务

实务中的一个困扰是，在具体的个案中，裁量基准的运用容易导致执法者怠于裁量，无法充分考虑个案情形，而径直适用裁量基准了之。这是一个值得警惕的现象，之所以会出现这种情况，一方面源自对裁量基准性质和效力的误解，另一方面是因为执法者忽略了自身所负有的个案考虑义务。

所谓个案考虑义务，亦即考虑个别情况的义务，是指行政机关在处理个案时应当斟酌个案中的所有情况，适用法律规范的要求。个案考虑义务来源于法律授权行政机关进行裁量的目的。囿于法律规范与现实之间的矛盾，立法者基于分权的要求仅能作一般性规定。法律之所以授予行政机关以裁量权，其目的在于让行政机关根据个案中的具体情况，来实现个案正义。“裁量基准的存在并不免除行政机关对所有能成为考虑对象的事项的考虑义务。在这一意义上，行政机关根据每一个案件的个别情况，即使裁量基准中没有作为考虑事项揭示出来，也应考虑。”[②] 个案考虑义务要求行政机关在作出裁量决定时要充分考虑，不仅要考虑裁量基准，还要考虑现实案件的方方面面。对于裁量基准适用的典型案件，通常应适用裁量基准。对于非典型案件，基于个案的考虑，行政机

① 参见林国彬：《论行政自我拘束原则》，载城仲模主编：《行政法之一般法律原则》（一），255～259页，台北，三民书局，1999。

② ［日］小早川光郎『行政法講義下Ⅰ』（弘文堂、2002年）25頁。

关有可能背离裁量基准作出裁量决定。这是合法的行为。但若要背离裁量基准，就必须以书面形式说明不适用裁量基准的理由，以便确保裁量基准应有的拘束力。

当然，禁止机械适用裁量基准，可能会导致行政机关负担过重。故而，在一定的情形下也应当允许机械适用。① 第一，在行政决定量大的情况下，如果在个案中要求考虑例外情形，决定的内容就会出现细微的差别，但可能产生公益上并不希望的状况。② 第二，有时可能会推定立法者有意避免用立法去完全控制行政活动。例如，行政机关在听取由专家学者组成的组织意见后作出决定，如果立法者有意以立法完全规范专家的判断，则设置这样的组织就失去了意义。这时，该组织认为裁量基准合理，就应允许根据该裁量基准给出意见作出决定。

2. 行政裁量基准的溯及适用

新基准能否适用于旧行为？在一起税务案件中，原告主张，《辽宁省地方税务局税务行政处罚裁量基准（试行）》的“实行时间为 2013 年 4 月 1 日，而该行政处罚决定书中 3 项事实的发生时间为 2010 年至 2012 年间，对旧行为适用新规定处罚，这很显然于法无据”。被告则辩称，对原告所作出的行政处罚决定第 2 条所依据的法律是《税收征收管理法》第 69 条“扣缴义务人应扣未扣、应收而不收税款的，由税务机

---

① ［日］深澤龍一郎『裁量統制の法理と展開』（信山社、2013 年）152 頁参照。

② 例如，社会保障的情形，每家每户的情形千差万别，但大量的给付申请不容许有大量的时间去甄别，否则就会耽误救助保障。在德国的社会救助法领域，《社会法典》第 33 条规定：“权利或义务的内容，在其种类和程度没有个别性规定时，必须考虑其设定的受益者或义务人的人格状态、受益者的需要、义务人的支付能力以及地域的状况等。但法律另有规定者不在此限。受益者或义务人的希望合理时，必须予以反映。”这就是社会救助法领域的个别化原则。德国《联邦社会救助法》将一般救助性质的生计救助和就特别生活状态提供的特别救助法定化。生计救助存在法上的请求权，而在特别救助中则不存在法上的请求权。该法第 4 条就社会救助请求权作出一般规定，“本法中规定应予救助时，即成立法上请求权。请求权不得让渡、抵押、扣押。本法未排除裁量时，社会救助的形式和程度必须合义务性地裁量决定。”尽管法律对生计救助的形式和程度规定了个别化原则，但因为给付的大量处理，实际上出现了一定程度上的划一化的现象。［日］又坂常人「社会保障受給権と行政裁量の関係についての若干の考察（二）」自治研究 58 巻 11 号（1982 年 11 月）139～142 頁参照。

关向纳税人追缴税款，对扣缴义务人处应扣未扣、应收未收税款百分之五十以上三倍以下的罚款”的规定作出的，并非直接依据裁量基准所作出的行政处罚决定。法院对原告的主张并未作出直接回应，而只是认为，被告依据裁量基准的规定，对原告处未补扣补缴个人所得税一倍罚款，“在法定的处罚幅度内裁量适当”①。应当说，裁量基准并非执法依据，法律规定本身并无变化，故而不存在溯及适用的问题。但行政决定有可能因违反行政自我拘束等原则而违法。

四、行政裁量基准的设定要求

在行政机关设定裁量基准时，从程序、内容等方面存在一定的要求。落实这些要求，才能提升裁量基准的品质，发挥裁量基准的应有功能。行政裁量基准的设定、变更与适用等问题可以说是裁量基准性质与效力的展开。

(一) 行政裁量基准的设定主体

究竟谁有权设定行政裁量基准，设定裁量基准是否需要法律的授权？在理论和实务上都存在一定争议。有人主张，应当由具有行政立法权的行政机关来设定，其前提性认识就是裁量基准属于行政立法；有人主张，应当由上级行政机关来设定；有人主张，所有具有相应裁量权的行政机关均可设定。有人认为，裁量基准多少与私人的权利义务相关，因而属于一种法规命令。因此，其设定要有法律的授权。②

从实践来看，主要是上级行政机关为下级行政机关设定裁量基准，甚至还有地方要求，上级行政机关已经设定裁量基准时，下级行政机关不得再设定适用范围相同的裁量基准。③ 但这并不等于说

---

① 浙江中成建工集团（沈阳）建筑工程有限公司诉沈阳市地方税务局第二稽查局行政处罚案，辽宁省沈阳市和平区人民法院（2014）沈和行初字第84号行政判决书，2014年7月15日。

② ［日］芝池義一『行政法総論講義　第4版補訂版』（有斐閣、2006年）120頁参照。

③ 例如，《湖南省行政程序规定》第91条第3款等。对此的批判，可参见郑雅芳：《行政裁量基准研究》，149～151页，北京，中国政法大学出版社，2013。

只有上级行政机关才有权设定。如上所述，裁量基准是裁量权的一种行使方式，故而，只要法律赋予了某行政机关以裁量权，该机关便享有设定裁量基准的权限，而且无须法律另行授权。合法的裁量基准只是对法律的具体化，真正规范私人权利义务者是法律自身，而非裁量基准。①

若所有执法机关均享有裁量基准的设定权，或许就会产生新的疑惑，即不同地方的行政机关就相同的法律规范可能会设定不同的裁量基准，这是否违法，是否违反平等原则呢？答案是否定的。不同的裁量基准只要有其合理的考虑，都是允许存在的，这是法律授予裁量权的应有之义，并不侵犯当事人的平等权。至少在与私人的关系上，如此的裁量基准并不构成违法。② 但从同一区域大致平等的角度而言，还是应当尽可能相同，只在有特殊情况时才能给予更为宽松或更为严格的处理。从设定裁量基准的合理性角度而言，应当交由经常行使裁量权的行政机关实施。“充分考虑地方因素，应当鼓励裁量基准设定的主体尽量下移至微观的裁量权实施主体，甚至是区、县、镇一级相应的政府及职能部门。”③ 但有时，基于事项的特殊要求，例如地税或国税，对于重要事项的判断和选择可能要求全省乃至全国统一，这时，宜由更高级别的行政机关设定裁量基准。

（二）行政裁量基准的设定程序

设定裁量基准的活动不是行政立法，故而不必遵循如行政立法那般程序。④ 但裁量基准的运用也会影响到外部的私人，故而，在设定裁量基准的过程中，应尽可能地听取相对人、利害关系人、利益团体、相关

---

①　日本《行政程序法》第 5 条第 1 款规定，“行政厅应设定审查标准”；第 12 条第 1 款还规定，“行政厅必须努力……设定处理基准”。其主体均为行政厅，而未要求行政厅需具备何种规格。

②　当然，其前提在于，设定裁量基准时要有合理的考虑，不仅要合乎法定权限，还要合乎比例原则等要求。

③　朱新力、骆梅英：《论裁量基准的制约因素及建构路径》，载《法学论坛》，2009（4），19 页。

④　但《湖南省行政程序规定》第 91 条第 2 款规定，裁量权基准由享有裁量权的行政机关制定，或者由县级以上人民政府制定。裁量权基准的制定程序，按照规范性文件的制定程序办理。裁量权基准应当向社会公开。

领域专家等方面的意见。[①]

日本 2006 年修改《行政程序法》，加入了“意见公募程序”，申请审查基准和不利处分基准的设定均适用意见公募程序。根据该法第 39 条的规定，命令等制定机关在设定裁量基准时，应预先公示该裁量基准的草案及其相关资料，确定意见的受理机关以及提出意见的期间（自公示之日起 30 日以上），广泛地征求一般的意见。公示的草案应具有具体而明确的内容，应明示该裁量基准的标题和所依据的法令条款。

在裁量基准的公开问题上，除非与公益相矛盾，裁量基准应公开，应能为公众所获取。唯有公开，方能接受公众的监督。行政机关也会在公众的监督之下自觉遵行既定的裁量基准作出行政裁量决定。《国务院关于加强市县政府依法行政的决定》也要求“将细化、量化的行政裁量标准予以公布、执行”（第 18 点）。与此稍有不同的是，日本《行政程序法》第 5 条第 3 款规定，如无行政上的特别障碍，行政厅应依法令在受理申请的机关事务所备置审查基准，或以其他适当的方法公开审查基准；第 12 条第 1 款规定，行政厅必须努力公布不利处理的基准。公布与公开稍有差别，公布的方式、载体等通常更为正式，而公开则不拘一格，在现今的互联网时代，在行政机关的官方网站上公开不失为一种便捷的方式。[②]

鉴于不知道拘束裁量的行政规则，就无法预测行政机关将会如何作出决定，至少在特定程序中，私人应当可请求提供对决定及其法的评价十分重要的裁量基准，亦即裁量基准可以成为信息公开的请求对象。[③]

（三）行政裁量基准的具体内容

裁量基准通常是要就行政法规范中的要件和效果在裁量权范围内作出具体的设定。法律之所以没有详细地规定法律要件和效果，就是为了

---

① 有学者认为，“基于对裁量基准行政自制属性、公众参与成本等方面的考虑，我们仍然应该将是否启动公众参与程序的决定权交由行政机关自己定夺”，更应重视的是裁量基准的质量要求和可接受性要求。参见周佑勇：《行政裁量基准研究》，155 页，北京，中国人民大学出版社，2015。

② 即使已设定了基准，但有时也会出现不适合公布的情形，例如将不受制裁的违法行为明确后可能助长违法行为。参见朱芒：《日本〈行政程序法〉中的裁量基准制度——作为程序正当性保障装置的内在构成》，载《华东政法学院学报》，2006（1），79 页。

③ ［日］高木光『技術基準と行政手続』（弘文堂、1995 年）196 頁参照。

适应现实需要而授权行政机关去裁量。裁量的主要工作就在于补充法律适用时所需的要件或基准，故而，为了提高明确性和可预见性，裁量基准应当具体明确。

裁量基准的具体性也是日本《行政程序法》对设定裁量基准的要求。该法第5条第2款规定，在设定申请的审查基准时，行政厅必须按照许可认可等的性质尽可能地具体化；第12条第2款规定，在设定不利处分基准时，行政厅必须按照不利处分的性质尽可能地具体化。但是，“尽可能地具体化”在解释上存在两种可能性。其一，必须在逻辑技术上尽可能具体，不得有意识地保留裁量的判断余地；其二，未必要完全具体，可根据行为性质而有意识地保留裁量的判断余地。第一种解释意在强化基准对行政机关的拘束，其背后可以看到机械处理的思想。审查基准越具体，对申请人而言越好；但为了让行政机关确保公益、考虑第三人利益，也要有一定的弹性。具体化程度因行为性质而异。对于大量或反复实施的行为，人们期待的是近乎百分之百的具体性。在行政机关负有防止危险、确保安全的领域里，因为行政机关仅仅通过适用事前设定的基准并不能充分履行自身的责任，所以，保障预见可能性的要求在确保安全的要求面前就要退缩，人们期待的不是基准的整齐划一地适用，而是根据最新的知识慎重处理。①

与“尽可能地具体化”类似，我国地方政府规章提出的要求是“应当对行政裁量权的标准、条件、种类、幅度、方式、时限予以合理细化、量化”②。对于设定裁量基准所应考虑的事项，各地规章作出了近乎相同的规定，即（1）所依据的法律、法规和规章规定的立法目的、法律原则；（2）经济、社会、文化等客观情况的地域差异性；（3）行政管理事项的事实、性质、情节以及社会影响；（4）其他可能影响裁量权合理性的因素。③ 作为总体的要求，这些考虑事项是合适的。接下来就

① ［日］芝池義一『行政法総論講義　第4版補訂版』（有斐閣、2006年）294～295頁参照。

② 《山东省行政程序规定》第59条第1款，《宁夏回族自治区行政程序规定》第32条第1款。

③ 例如，《湖南省行政程序规定》第92条，《山东省行政程序规定》第59条第2款，《宁夏回族自治区行政程序规定》第32条第2款。

需要结合具体的领域，总结过往的经验，经比例原则的考量，最终设定裁量基准。

(四) 行政裁量基准的变更

裁量基准是在行政法规范的裁量授权范围内设定的，它应当符合授权法的目的、范围和内容，应当符合行政的实际。裁量基准的变更是允许的，而且它应该根据行政经验的总结，适时作出调整变更。尤其是面对那些与时俱进的对象（诸如科技等），裁量基准应当反映最新的研究成果。

这种变更，是否会发生与信赖保护原则相抵触的问题呢？虽然确定当事人权利义务的是行政法规范，行政法规范未曾变更，而只是其裁量基准发生变更，似不侵犯当事人的权益。但是，因裁量基准也是相对确定的基础，如果该基准涉及授益性行为，在变更该基准时，要受到信赖保护原则的拘束，应为正当合理之信赖者提供适当的救济。

五、裁量基准与裁量决定的合法性判断

在存在裁量基准时，法院在审查裁量决定的合法性时便有了线索，但也因为裁量基准的存在，让裁量决定的合法性判断变得相对复杂一些。通常，法院在审查存在或应当存在裁量基准的案件时，要进行“两阶段审查”：第一，审查裁量基准自身有无合法性；第二，审查在适用裁量基准上有无合法性。

(一) 裁量基准自身的合法性审查

法院在审查行政裁量权的案件时，首先要看有无裁量基准。如果法律明确了行政机关负有设定裁量基准的义务，而行政机关没有设定，则可认定裁量决定属于滥用裁量权（消极滥用），属于违法行为。简言之，无裁量基准＝裁量决定违法。当然，目前在法律层面上尚不存在这样的设定义务，在地方层面上已有设定裁量基准的要求。

现实中已有不少地方在行政处罚等领域设定了裁量基准。如果裁量基准本身违反法律规定，或者形式上合乎法律的规定，但却违背法定目的、违反法的一般原则、未考虑特殊情形等，裁量基准构成违法，遵守裁量基准的裁量决定也同样违法。简言之，裁量基准违法＝裁量决定违法。在审查裁量基准自身，基于裁量基准也是一种裁量权的行使，法院

通常应进行低密度的审查。①

（二）裁量基准适用的合法性审查

在裁量基准自身合法时，司法审查便进入第二阶段，即审查裁量决定合乎裁量基准是否合法、违反裁量基准是否违法的问题。

1. 遵守裁量基准的裁量决定

遵守裁量基准，而裁量基准又处于法律规定的范围内，这时的裁量决定通常是合法的。② 但是，如果机械地适用合法的裁量基准作出行政决定，而怠于履行个案考虑义务，无视或轻视个案中应该考虑的特殊情

① 在司法实践中已有案件就裁量基准的合理性提出质疑。《道路交通安全法》第 90 条规定："机动车驾驶人违反道路交通安全法律、法规关于道路通行规定的，处警告或者二十元以上二百元以下罚款。本法另有规定的，依照规定处罚。"《重庆市规范行政处罚裁量权办法》第 8 条第 3 项规定："法律、法规和规章规定可以选择处罚幅度的，应当合理划分裁量阶次，明确规定适用不同阶次的具体情形。"重庆市交通委员会据此制定了《交通行政处罚裁量基准》。在一起交通违章的案件中，某路段限速 120km/h，原告当时的车速是 133km/h，超速 10.8%，被处以 200 元罚款。原告主张，《交通行政处罚裁量基准》中将"超速 10%以上 50%以下"的违法行为的行政处罚在《道路交通安全法》第 90 条规定的"二十元以上二百元以下罚款"的处罚幅度内，不划分裁量阶次，统一规定为 200 元，违反了《办法》第 8 条的规定，也违背了设定处罚基准的初衷。法院认为，"本案中，原告在限速行驶的高速公路路段超速行驶是一种违法行为，被告在法律规定的幅度内对其予以处罚合法。至于原告称对超速应设置裁量阶梯，而不应对超速 50%以下的行为一律按 200 元予以处罚，系处罚中的合理性，不属行政诉讼审查范畴"。王某某诉重庆市交通行政执法总队高速公路第一支队十一大队交通行政处罚纠纷案，重庆市江津区人民法院行政判决书（2013）津法行初字第 00022 号，2013 年 5 月 15 日。

② 例如，《治安管理处罚法》第 23 条第 1 项规定："扰乱机关、团体、企业、事业单位秩序，致使工作、生产、营业、医疗、教学、科研不能正常进行，尚未造成严重损失的""处警告或者二百元以下罚款；情节较重的，处五日以上十日以下拘留，可以并处五百元以下罚款"。在一起治安案件中，袁开静因不满赔偿，阻挡工程施工长达一小时有余。经民警劝阻无效，被处以行政拘留 7 日的处罚。法院认为，城口县公安局对上述规定中"情节较重"的裁量亦符合《重庆市公安机关治安管理行政处罚裁量基准》第 9 条规定："《治安管理处罚法》第二十三条的'情节较重'按以下标准掌握：……10. 不听民警劝阻，继续实施违法行为的"，遂认定行政拘留决定合法。袁开静与重庆市城口县公安局行政处罚上诉案，重庆市第二中级人民法院行政判决书（2015）渝二中法行终字第 00064 号，2015 年 6 月 24 日。

况，可能会导致裁量权行使欠缺合理性，进而被认定违法。① 简言之，合乎裁量基准≈合法。

2. 违反裁量基准的裁量决定

与上述情形类似，违反合法的裁量基准，其裁量决定未必违法，即违反裁量基准≠违法。这里需要进一步区分为两种情形：其一，无视裁量基准的存在。存在裁量基准，却径直适用法律规范，可认定为滥用裁量权进而违法。其二，背离裁量基准。明知裁量基准的存在，但考虑到个案中的特殊情形，不应予以适用。不适用裁量基准，如果不作出合理说明，可与无视裁量基准的存在等同处置；如果作出合理说明，则不可径直认定为违法，而应进一步考察该案的特殊情形的考虑是否符合法律的规定。违反法律规定者，仍然作违法的认定。②

综上，裁量基准的存在与否有助于对裁量决定合法性的判断，但并不能简单地得出裁量决定合法或违法的结论。法院首先要审查裁量基准的合法性，如果裁量基准合法，尚需在裁量基准之外，着重考虑法律本身的规定和个案中的特殊情形，综合判断裁量决定的合法性。

---

① 参见［日］平冈久：《行政立法与行政基准》，宇芳译，256～257 页，北京，中国政法大学出版社，2015。

② 在周文明诉文山县公安交警大队行政处罚案中，云南省公安厅制定的《云南省道路交通安全违法行为罚款处罚标准暂行规定》第 9 条第 31 项规定，“机动车驾驶人驾驶机动车超过规定时速未到 50%的，处 50 元以上 100 元以下罚款”。周文明在限速 70 公里的路段以时速 90 公里超速行驶，被处以罚款 200 元、扣 3 分的行政处罚。文山交警适用的是《道路交通安全法》第 90 条的规定（对机动车驾驶人违反道路交通安全法律、法规关于道路通行规定的，处警告或者 20 元以上 200 元以下罚款）。其未适用处罚标准的理由在于，文山县 2006 年因交通事故死亡 57 人，其中涉案省道就因超速行驶而死亡 25 人。鉴于这种严峻的道路交通安全形势，文山交警一直对超速行驶实施上限处罚。如果对同样的违法处罚偏差过大，则显失公平。这一主张也得到了二审法院的认可。参见王天华：《裁量基准与个别情况考虑义务》，载王周户、徐文星主编：《现代政府与行政裁量权》，231～234 页，北京，法律出版社，2010。

第三章

行政裁量的瑕疵与司法审查

行政裁量的界限与瑕疵论，是20世纪初渐趋成形的行政裁量理论。违反裁量权的界限要求，便构成违法，这不仅破除了裁量问题与法律问题的二元对立，也让行政裁量与私人权利的对应性得以产生。行政裁量接受司法审查，已成为法治国家、特别是实质法治的基本要求之一。但这在中国仍为未竟的课题，尚需实务的持续推进。即便在行政裁量接受司法审查，也就是裁量问题能进入法院的大门之后，司法又应通过何种方法进行何种强度的审查，仍需探讨。

第一节　行政裁量的界限与瑕疵

行政裁量的界限与瑕疵，可以说是一体两面的关系。这里所谓行政裁量的瑕疵，是指超越了行政裁量的界限而构成违法的情形。这一概念不仅意味着对“自由裁量”的否定，也在实体法和诉讼法上具有重要意义，反映出的不仅是裁量行为违反法的界限的样态，也是法院审查裁量行为的标准。

一、法律的授权与合义务性裁量

虽然从历史的层面上而言，行政裁量的出现曾意味着行政与司法的分权，意味着不受司法审查的空间，但从行政与立法的关系上来说，行政裁量属于法适用层面上的问题，行政裁量源自法律的授权。法律之所以授权行政机关以裁量权，是因为以行政机关之长济立法之穷，以便在普遍正义的限度内选择适合个案的正义决定。行政裁量权自始便带有这种目的性。

早在我国引入行政裁量理论的初期，学者们就已对行政裁量的自由问题有十分精准的认识。例如，钟赓言指出："惟自由裁量云者，非任意处分之谓，而为因时制宜之意。盖凡行政处分，不外国家因欲达其目的而行之作用，国家之目的当以公益为前提，故行政处分不徒依法规而行事，并须求其适合于公益。官署之自由裁量，亦官署有斟酌于实际何者适合于公益之权限与责任之意，所谓于法规之范围内为自由之活动者此也。"① 赵琛也指出："自由裁量者，非依官署私意，得随便处分之谓也。处分常为国家之目的而行，必不可不适合此目的。申言之，行政处分，不仅须基于法规，又以适合公益为必要。所谓自由裁量，不过自有认定何者为最适合公益之权耳。"② 简言之，行政裁量即是在法规的范围内寻求符合公益的决定。

到了现代行政法，德国行政法学者毛雷尔也指出："裁量并没有给予行政机关自由或任意，'自由裁量'（尽管这种误导性的措辞至今仍然不时出现）是不存在的，只有'合义务的裁量'或者更好一些：'受法律约束的裁量'。"③ 这已成为学界的共识，也渐渐为中国实务界所接纳。

二、行政裁量界限论的提出与形成

自由裁量行为不是司法审查的对象，这是早期行政法所确立的一项原则。在这种理论框架中，为了实质性地扩充依法律行政原则，传统行政法理论也作出了种种努力。法规裁量或羁束裁量概念的确立就是其例证之一，与此并行的是所谓自由裁量界限论。将羁束裁量从自由裁量中分离出去之后，剩下的就是狭义的自由裁量行为。但即便是纯粹的自由裁量行为，如果超越裁量权的界限而行使（超越裁量权），或者滥用裁量权而作出某种行为（滥用裁量权），该行为即违法，属于司法审查的对象。这成为新的原则，在德国、日本等国的学说、判例、实定法上也

---

① 钟赓言：《钟赓言行政法讲义》，85页，北京，法律出版社，2015。

② 赵琛：《行政法总论》，221～222页，上海，法学编译社，1933。

③ ［德］哈特穆特·毛雷尔：《行政法学总论》，高家伟译，129页，北京，法律出版社，2000。

确定下来。[①] 随着裁量界限论的全面展开，裁量不予审理、裁量问题与法律问题的二分彻底崩溃。

（一）行政裁量界限论的提出

行政裁量论的鼻祖 F. F. 迈耶在其研究中已经构筑了行政裁量的界限。他认为，在一定框架内承认行政裁量的理由在于事情的不确定性和多样性，法律承认在容许的框架内基于公益判断进行裁量。尽管法本来不应委诸行政机关裁量，但基于上述理由而在一定框架内予以认可，一旦超越这一框架，便当然产生违法的问题。其标准为：第一，是否遵守法律上规定的权利保障方式（如公示公告等）；第二，是否严格遵守宪法上行使高权的一般规定以及现行实体法规；第三，是否在裁量的界限之内。超出裁量界限即为裁量逾越：其一，对于必然决定发生影响的明显或已证明了的事实，完全未予评价；其二，决定是基于与案情无关的动机所促成；其三，决定将导致明显的不均衡，亦即在个案中课予公共义务，已经明显超越现实的必要，或者根本无法达到任何目的。[②]

奥地利学者劳恩在行政诉讼制度成立以后，第一次系统整理了行政机关行使裁量所可能导致的法律瑕疵。他首先将裁量瑕疵分为违反裁量内部界限的瑕疵和违反外部界限的瑕疵。所谓外部界限是指表征行政机关是否应追求某行政目的的法律规范。只有违反内部界限，才构成超越裁量。超越裁量又可分为违反主观界限和违反客观界限两种，前者为滥用裁量，当行政机关蓄意违反公益行事时即构成滥用裁量；后者则又可分为考虑不周（即追求非法目的却自认为可以促进公益）和裁量错误（即以行政行为的客观适合性去实现一个法律禁止的结果）。他将裁量瑕疵限缩在违反内部界限的情形，区分了裁量瑕疵与一般违法。[③] 该学说的三分法本身未必严密，后述耶利内克的裁量论正是建立在对其批判的基础之上的。该学说以公益原则为裁量的根据，以否定行政权受立法权

---

① ［日］藤田宙靖『行政法総論』（青林書院、2013 年）101 頁参照。

② 参见［日］鍋澤幸雄「ドイツにおける行政裁量概念の成立序説」早稲田法学会誌 12 号（1962 年 2 月）210 頁；叶俊荣：《论裁量瑕疵及其诉讼上的问题》，载《宪政时代》，13（2）（1987 年 10 月），47 页。

③ 参见［日］田村悦一：《自由裁量及其界限》，李哲范译，37～38 页，北京，中国政法大学出版社，2016；叶俊荣：《论裁量瑕疵及其诉讼上的问题》，载《宪政时代》，13（2）（1987 年 10 月），47～48 页。

拘束为前提，否定法治主义，因而遭受非难。本来以不受审理为裁量的本质，劳恩却提出了内部界限的问题，这也遭到了特茨纳和朔伊纳的批判。追求被禁止的目的、实现被禁止的结果等本身就已违反根据法律，无须特别划分与违反法律不同的裁量瑕疵类型。同时，裁量中体现的界限必须是从外部认定，因此裁量的逾越和滥用也必须是客观的瑕疵，主观界限概念的构成本身也存在缺陷。①

（二）耶利内克的裁量界限论

在行政裁量学说史上，今天的裁量界限论基本框架可以说是经由奥地利学者贝尔纳齐克与特茨纳的裁量本质论争，由 W. 耶利内克总结而成。耶利内克是在其教授资格论文《法律、法律适用与合目的性考虑》（1912 年）中展开裁量论的。

首先要交代的是，耶利内克认为行政裁量是不受司法审查的，但其在裁量学说史上的重要地位并未因此而降低。耶利内克将行政裁量分为行政在活动之际“是否行动”、“如何行动”的启动自由与对申请作出决定的自由来论述。自由裁量来源于“法律意图的多义性”，亦即立法者赋予的法律上的不确定性。法律的要件规定和效果规定均存在这种不确定性。② 耶利内克认为，行政裁量的本质是行政机关就合目的性所作出的自由考虑，这一考虑受法的保障。因此，不存在脱离法的自由裁量，同时，裁量与私人权利的侵害之间没有直接的关系。对有关权利自由的事项，也承认行政机关的自由裁量。③

耶利内克在其《行政法》体系书中对自由裁量作出如下定义：自由裁量是指根据法律作为基准所表明的、无瑕疵成立的、在两个最外部的界限内不确定概念的个别界限、特别是关于现实化的内在价值和无价值的个别解释。他的裁量概念很明显是要件裁量与效果裁量的折中。在他的理论中，裁量的界限来自裁量定义的内在界限，包括以下三个方面：

第一个界限是来自不确定概念自身的界限。耶利内克认为，一部分

---

① 参见［日］田村悦一：《自由裁量及其界限》，李哲范译，39 页，北京，中国政法大学出版社，2016。

② ［日］人見剛『近代法治国家の行政法学——ヴァルター・イェリネック行政法学の研究』（成文堂、1993 年）92 頁参照。

③ 参见［日］田村悦一：《自由裁量及其界限》，李哲范译，76 页，北京，中国政法大学出版社，2016。

不确定概念是为裁量提供基础，其他的不确定概念则构成裁量的界限。耶利内克承认作为传来法源的社会观念。他在方法论上基本采法实证主义立场，但受到其父 G. 耶利内克“事实的规范力”理论影响，积极地承认实定法以外的习惯法等。如果社会观念使不确定概念具有确定的内容，这种不确定概念就不是裁量的基础。这样，耶利内克的不确定概念论基于经验和价值的二元论，将不确定概念分为经验性不确定概念和价值性不确定概念，前者是司法审查的对象，后者则不受司法的审查，为自由裁量提供基础。这种理解与耶利内克对法官造法的立场是有关的。耶利内克对法官积极造法的自由持批判的立场，因为否定法官造法，法官在审查不确定概念时就不得进行创造价值的活动，而仅限于事实的认识。① 这也是当时的普遍认识。但他将不确定概念二分化，使经验性不确定概念接受司法审查，已是相当大的进步。

第二个界限是外部的界限，相当于超越裁量的问题。耶利内克将行政行为的违法原因分为五大类，即形式瑕疵、程序瑕疵、内容违法、内容与事实不一致和裁量瑕疵。内容违法包括与上位法规范相矛盾、超越权限两种情形。超越权限具体分为：（1）手段的不容许性，（2）超越警察权的双重界限，（3）对象错误，（4）超越警察自身设定的限制。其中与行政裁量控制相关的是内容违法中的超越权限与裁量瑕疵。首先来看超越权限。所谓超越警察权的双重界限，其一是过度的界限，即警察不得介入的不作为义务，其二是危险性的界限，即警察必须介入以便防止事态恶化的作为义务。过度的界限在传统上是作为警察权界限论来论述的，耶利内克列举了五种超越界限的事由，即不存在普遍利益、缺乏应予保护的利益、并非消极性（违反警察消极目的原则）、保护的利益并非公益（违反警察公共原则）、不存在充分的利益（违反狭义的比例原则）。危险性界限相当于现代受到关注的行政介入义务（防止危险或危险管理责任）问题的理论先驱，构成了警察便宜主义的界限。即便在这两个界限内部，也会产生使用与实现目的无关或不必要手段的“不适当性”瑕疵、手段对于实现目的不充分的“不充分性”瑕疵。所谓超越警察自身设定的限制，又分为因已选择特定目的而构成的自我限制和因裁

① ［日］上原克之「裁量限界論に関する一考察——ヴァルター・イェリネックとビューラーを素材として——」東京都立大学法学会雑誌35巻1号（1994年7月）320～322頁参照。

量的平等处理而构成的自我限制，用今天的话说就相当于裁量基准的公正适用和平等原则对裁量的控制。①

第三个界限是因裁量瑕疵而生的界限，相当于滥用裁量的问题。耶利内克认为：裁量问题与法律问题、事实问题不同，它不受法院的控制。裁量瑕疵论认为，警察裁量处分在内容上不能控制，但在决定其内容之前要对行政机关的内部考虑进行控制。因而，在这一点上与超越权限不同，后者是对超越行为内容自身裁量界限的控制。在实践中，因为裁量瑕疵并非行政决定内容的瑕疵，而是之先的内部考虑的瑕疵，所以在证明上比超越裁量权困难得多。警察行为的理由和事前的听证就成为重要的手段。对于说明理由义务和听证义务，耶利内克分别作为形式和程序瑕疵问题予以论述。在理论上，超越权限是实体法上的违法，很容易就可以说成私人的权利损毁。而带有裁量瑕疵的行为，在实体内容上仍处于裁量的框架内，不可以说成是违法，因为不存在实体上的权利损毁，但耶利内克认为对此存在无瑕疵裁量请求权的程序性权利。②

在裁量瑕疵之下，耶利内克在整理判例学说后列出九种瑕疵类型：第一，误以为受法律、法律要件或职务命令的羁束；第二，错误地判断不受法律、法律要件或职务命令的制约，是自由的；第三，认为可随意选择；第四，没有考虑对臣民有利的事情；第五，不当地考虑了对臣民不利的事情；第六，考虑了不适当的观点（特别是追求不适当的目的）；第七，对行为理由及其相反理由的衡量缺乏绵密性；第八，缺乏原则性或者有狭义的恣意；第九，缺乏一贯性。③

三、行政裁量界限的定型化与实定化

在耶利内克之后，行政裁量的界限与瑕疵问题朝着进一步类型化的方向迈进，在理论上提出了种种学说，到第二次世界大战之后渐渐地为实定法所落实。

---

① ［日］人見剛『近代法治国家の行政法学』（成文堂、1993 年）94～97 頁参照。

② ［日］人見剛『近代法治国家の行政法学』（成文堂、1993 年）98～99 頁参照。对于无瑕疵裁量请求权在德国的发展脉络，可参见本章第二节的介绍。

③ ［日］人見剛『近代法治国家の行政法学』（成文堂、1993 年）100 頁；宮田三郎『行政裁量とその統制密度（増補版）』（信山社、2012 年）78～79 頁参照。

(一) 行政裁量的双重界限论

在行政裁量的界限上，学说上多持双重界限论，只是在双重界限上各有不同，有主观与客观、内在与外在等多种学说。

1. 主观与客观的双重界限论

有学者将行政裁量的界限分为主观与客观的界限。与耶利内克同一时期并且有激烈论战的比勒（O. Bühler）在其1914年的教授资格论文《主观性公权及其德国行政判例中的保护》中展开了行政裁量论。比勒认为，要成立公权，法规需具备三个要件：法规的强行性、私益保护性和请求权的赋予性。其第一个要件法规的强行性是要排除法规中行政机关的自由裁量，围绕这一要件的裁量问题是在公权论中论述的。比勒认为，虽说是自由裁量，但并非允许行政恣意行使，而是必须合乎法的旨趣、公益和公共福祉。裁量的行使必须服务于国家目的的实现。实现国家目的就成为行政自由裁量的内在规制。也就是说，自由裁量中的“自由”并非像文字上的自由，其核心在于其措施是否在整体上对国家目的有效，立法将根据这种判断作出决定委诸行政。所谓自由裁量，就是指“根据某决定是否具有促进国家目的实现的充分价值，由法律赋予行政机关在行政措施中作出决定的可能性”。他认为，含有不确定概念的法律并非赋予行政以裁量，而毋宁如同民法的一般条款，赋予法官通过解释来造法的余地。因而，即使是含有不确定概念的法规，也能是强行性法规。这种对不确定概念的理解，在由贝尔纳齐克与特茨纳所代表的要件裁量论和效果裁量论的激烈论争中，站在了极为彻底的效果裁量论一方。自拉班德以来的传统认为，行政裁量的根据在于行政官员与法官在判断作用上的质的不同，法官是进行法的逻辑解释，行政官员则在于自由地形成。比勒认为，在某种意义上，积极地承认法官，而非行政官员具有自由造法的余地。裁量的控制与法的控制是相对的概念，因为裁量不予审理的原则，德国的行政法院基本上限定于法的控制，而不允许控制裁量。对这种传统的理解，比勒分析德国各邦行政法院的判例后认为，事实上普鲁士在进行着裁量的控制。首先，他将违反给行政自由裁量设定界限的法规范的情形称为“不真正的裁量控制”。这在传统判例中就是行政法院审查裁量是否超越最外部界限的情形。在不存在违反给行政自由裁量设定界限的法规范的形式性规定时，就成为“真正的裁量控制”问题。真正的裁量控制中，将行政法院追究行政在决定之际的动机的情形称为“主观性真正的裁量控制”，将审查行政主观状态以外的情形称为“客观性真正的裁量控制”。比勒期待在裁量控制、特别是真正的裁量控制中“正当行使裁量的请求权”发挥很大的效用。但这里的“正当”还只是在程序意义上理解的正当性。第二次世界大战后巴霍夫展开的“无瑕疵裁量请求权”理论才不仅在程序上，也在实体上侵蚀裁量。①

在比勒与耶利内克的裁量界限论理论框架差异的背后，是对裁量不予审理原则的实践性思考。行政法上的自由裁量理论与行政法院的实务之间存在矛盾，应当在理论上如何把握？耶利内克通过内在地限定自由裁量概念，维持了裁量不予审理原则；比勒则是通过外在的裁量控制论在结果上为裁量不予审理原则的崩溃指明了方向。朔伊纳（Scheuner）则在两者对立的理论基础上，率先自觉地宣告了裁量不予审理原则的无效性。第二次世界大战之后，德国基本法为这一理论重放光彩提供了实定法基础。②

2. 内在与外在的双重界限论

第二次世界大战后，行政裁量的外在界限与内在界限的双重界限论成为主导性学说。首先从规定行政裁量的法条分析，认为这种法律具有双重功能，一方面授予行政机关以自由，另一方面又要加以法律上的限制。这在过去的学说看来是无法解决的矛盾命题，因为裁量行为只能在受法律拘束的范畴内或在不受法律拘束的范畴内，两者必居其一，传统学说多将其归类于后者。第二次世界大战后，行政裁量应受法律拘束已无疑问，只是范围的问题。根据德国基本法第 20 条第 3 款的规定，行政应受法与法律的拘束。行政裁量受法律拘束的范围较第二次世界大战前更广泛，大致包括诚信原则、人性尊严等最高的法律原则，宪法、特别是基本权利，规定行政行为成立的法律，具体对个别行政行为有效的特别法，包括法律上的指导原则及其目的，以及行政习惯法等。相对于外部界限是“范围”、活动“面”的问题，由成文法或不成文法抽象规范，内在界限则是裁量行为的“本体”、行为内部具体“质”的问题。德国裁量行为的内在界限问题，主要是以法国的“权力滥用”制度为蓝本演变而

① ［日］上原克之「裁量限界論に関する一考察」東京都立大学法学会雑誌 35 巻 1 号（1994 年 7 月）330～335 頁参照。

② ［日］上原克之「裁量限界論に関する一考察」東京都立大学法学会雑誌 35 巻 1 号（1994 年 7 月）338 頁参照。

来的。但德国裁量学说从一开始吸收法国的权力滥用理论时就走向了客观的途径，即违反客观法定目的。在其内在界限中，就包括了主观因素和客观因素两个方面。内在的客观瑕疵包括违反平等原则、违反法治国家宪法的固有原则、不附具理由的裁量行为、怠于裁量等，内在的主观瑕疵则主要是探究行政人员的主观因素有无恣意、恶意、情绪、偏见等。①

（二）行政裁量的瑕疵类型

关于行政裁量的瑕疵类型，一种是二分法。弗莱纳（F. Fleiner）与劳恩、耶利内克不同，他将超越裁量的外部界限也视为裁量瑕疵，将裁量瑕疵分为超越裁量与滥用裁量两种。前者是指行政机关超越自由裁量的空间，例如将裁量权扩张到另外一个法律已有规定的领域去；后者是指行政机关违背裁量的内部界限，恣意胡为或不恪守法律限制的职责，例如警察不维护公共安全而追求财政目的。②

另一种是三分法。彼得斯（Hans Peters）将裁量瑕疵分为三大类：（1）怠于裁量，即行政机关依法有裁量余地，却不予行使；（2）超越裁量，即行政机关未恪守行政活动的法律界限；（3）滥用裁量，即行政机关在裁量的自由界限内作法律禁止的目的衡量。他突出了怠于裁量，将其与超越、滥用裁量鼎足而立，为尔后多数学者所仿效。③

正如毛雷尔所言，“学理和司法提出不同的分类和描述，但其内容大同小异”。毛雷尔在超越裁量、怠于裁量（不行使法定裁量权）、滥用裁量三种裁量瑕疵之外，将违反基本权利及一般行政法原则，特别是必要性和比例性也作为裁量瑕疵的类型，称其为对裁量的客观限制。其中，基本法上的平等原则禁止行政机关同等情况不同等对待，从而导致行政的自我约束性。其他基本权利及将其表达出来的宪法价值判决对裁量的审查也具有意义。④

---

① 参见翁岳生：《行政法与现代法治国家》，44～48页，台北，三民书局，2015。

② 参见叶俊荣：《论裁量瑕疵及其诉讼上的问题》，载《宪政时代》，13（2），49页。

③ 参见叶俊荣：《论裁量瑕疵及其诉讼上的问题》，载《宪政时代》，13（2），49页。

④ 参见［德］哈特穆特·毛雷尔：《行政法学总论》，高家伟译，130～131页，北京，法律出版社，2000。我国有学者将德国的裁量瑕疵总结为裁量逾越、裁量误用与裁量不足三种类型，其中裁量误用包括权衡缺漏、权衡失当、裁量滥用、违反一般行政法原则或侵犯基本权利等情形。参见李洪雷：《行政法释义学：行政法学理的更新》，317～318页，北京，中国人民大学出版社，2014。

1960年德国《联邦行政法院法》第114条规定：行政机关经授权，依其裁量而行为时，法院可审查其行政处分与拒绝及不作为的行政处分，是否因裁量行为超越法定范围或以不符合授权目的的方法行使裁量权而违法。1976年德国《联邦行政程序法》第40条规定：行政机关根据授权行使裁量权作出决定时，其裁量权的行使应当符合授权的目的，并应遵守法律规定的裁量范围。裁量的瑕疵类型在法律上被类型化为裁量的超越和滥用两种，但法律并未规定具体的事由，而是交由理论和实务去解决。

与此类似，日本《行政案件诉讼法》第30条规定，"有关行政机关的裁量处分，在超越裁量权范围或滥用裁量权时，法院可以撤销该处分"。但日本最高法院又发展出"裁量权消极滥用论"，这与德国法上怠于裁量的瑕疵具有类似性。

四、行政裁量双重界限的相对性

在新中国行政法学上，早期也有学者持行政裁量的双重界限论。例如，姜明安指出，行政裁量权不是一种绝对自由的权力，它有外部和内部的限制。就外部而言，它应受合法性的限制。裁量是在法律法规规定的一定范围内的裁量，不是完全没有范围、没有边际的裁量。就内部而言，它应受合理性的限制。裁量是法律法规赋予行政机关为了执行公务、实现社会公益而进行合理判断、斟酌、选择行为方式的自由，而不是任意所为、更不是根据私益选择行为方式的自由。① 相应的，其裁量瑕疵就是超越与滥用两种类型。

行政裁量的外在界限与内在界限，与对于形式法治与实质法治的认识也是相契合的，也有助于加深对裁量界限论的理解。问题在于，在现实中，裁量权的超越与滥用的区分是极为困难的。例如，违反平等原则的事例有人归入超越之列，有人归入滥用之列。之所以承认裁量，就是因为它在根据法赋予的意义上行使。因而，裁量的逾越与滥用，只不过是行政行为违法的一个类型而已。两者虽然在概念不同，但在现实中都

① 参见姜明安：《论行政自由裁量权及其法律控制》，载《法学研究》，1993(1)，44页。

是在抽象地表达裁量界限的违法基准，大致同义，缺乏区分的实益。[①]从理论上来说，两者在逻辑上加以区分本来就是不可能的。因为“某权限必须根据法律赋予的本来目的行使”原则，在理论上不外乎是法律给行政机关行使权限设定的界限之一。从法解释论上的实际好处来看，超越也罢、滥用也罢，对两者的法律效果完全不产生差异。如此，在具体事例中也毫无必要去对号入座。[②]

我国《行政诉讼法》第70条同时使用了“超越职权”和“滥用职权”，这似乎为超越与滥用裁量权的类型提供了实定法的根据，但从实务上来看，我国法院运用“滥用职权”标准的判决则相对较少。[③]我国学者在理解《行政诉讼法》第70条中的“滥用职权”时，常常探究行政机关行使裁量权的主观目的性。与我国法律条文将“滥用职权”与“超越职权”相并列类似的是，在德国和日本，其法律条文中也是将“滥用裁量权”和“超越裁量权范围”同时列举，但在解释时并没有完全深究“滥用”的主观目的，有时还将滥用裁量权分为主观的滥用和客观的滥用。[④]法院审查裁量权的超越与滥用虽然在发生史上相对分立[⑤]，但在之后发展的过程中，两者却经常难以分辨，乃至于水乳交融地一体适用。[⑥]或许，这种理解可以为激活我国司法对“滥用职权”的运用提供一点启发。事实上，我国已经有法院在一些判决中如此理解“滥用职权”，例如，武汉市中级人民法院曾指出，“被告既没有对涉案黄金进行鉴定且无法律依据，又没有证据证实原告自行留用黄金已获取非法利益的情况下，对原告罚款80万元，与《行政处罚法》的基本原

---

① ［日］田村悦一『行政訴訟における国民の権利保護』（有斐閣、1975年）47～48頁参照。

② ［日］藤田宙靖『行政法総論』（青林書院、2013年）104頁参照。

③ 参见沈岿：《公法变迁与合法性》，249～253页，北京，法律出版社，2010。

④ 参见［德］汉斯·J·沃尔夫、奥托·巴霍夫、罗尔夫·施托贝尔：《行政法》（第一卷），高家伟译，369页，北京，商务印书馆，2002。

⑤ 参见王名扬：《法国行政法》，672～673页，北京，中国政法大学出版社，1989；［法］古斯塔夫·佩泽尔：《法国行政法》，廖坤明、周洁译，290页，北京，国家行政学院出版社，2002。

⑥ ［日］室井力編『行政救済法』（日本評論社、1986年）308頁参照（田村悦一執筆）。

则相悖，属滥用职权，本院不予支持”①。这相当于德国法上的“客观上滥用职权”。有的法院还将“超越职权”和“滥用职权”联合使用。例如，法院认为，被告的违法要求履行义务的行政行为属于1989年《行政诉讼法》第54条第2项第2、4、5目规定的适用法规错误，超越职权和滥用职权。② 法院虽然运用了滥用职权，但并不审查主观目的的问题。再如，有的法院认为，“县政府无权用这种于法无据的独特关系去影响他人，去为他人设定新的权利义务，去妨碍他人的合法权益。县政府在靖政发（1999）172号文件中实施的这些具体行政行为，不仅超越职权，更是滥用职权”③。

裁量界限论和瑕疵类型化是实践、认知深化的一个表征，为规范和控制裁量提供了一个思维框架，但仍不应忽视不同界限或类型的相对性以及背后的共通性。

第二节　无瑕疵裁量请求权

裁量界限论打破了裁量问题与法律问题的二元对立，确认了裁量问题中也有法律问题，裁量中也存在合法性的瑕疵。所谓无瑕疵裁量请求权，是指私人请求行政机关无瑕疵地行使裁量权作出行政决定的权利。这是一个德国法上的概念，在我国还鲜有介绍研究，但这并不意味着中国不需要这一概念，不需要藉此拓展对行政裁量权的司法审查。这里将对其理论和实践加以介绍，希望能对我国的立法和法院审判有所启发。

---

① 山西省襄汾县陶寺乡半三里三号铁矿诉武汉市工商行政管理局江岸分局行政处罚决定纠纷案，湖北省武汉市中级人民法院（2000）武行初字第8号行政判决书，2000年7月13日。

② 参见谢培新诉永和乡人民政府违法要求履行义务案，载《最高人民法院公报》，1993（1），33页。

③ 路世伟诉靖远县政府行政决定案，载《最高人民法院公报》，2002（3），108页。

一、无瑕疵裁量请求权在德国的形成与展开

无瑕疵裁量请求权在德国已有近百年的历史，这里首先需要介绍其在德国的形成与展开。明乎此，方能准确地把握这一权利的性质、功能及效力。

（一）德国相关学说的提出与发展

在德国，传统上认为行政诉讼制度的目的在于保护私人的权利，权利损害是提起行政诉讼的要件之一。然而，在德国传统理论上，行政裁量与私人的权利是相互排斥的，为或不为某行为被委诸行政机关裁量时，私人对其行为就没有请求的权利。因而，也就不能就行政的裁量行为提起行政诉讼。① 然而，W. 耶利内克对现实的审判进行总结时却发现，法院在对裁量权的滥用和超越进行审查。如何解释学说与实践之间的出入，便成为理论上需要加以解释的问题。耶利内克于1913年的著作中提出了裁量瑕疵论，他指出，行政机关被赋予裁量权，可以在发放或拒绝许可之间自由地选择，但这种自由选择不能带有瑕疵。例如，申请人有权请求行政机关不要基于错误的见解拒绝申请。在自由裁量的情形下，也不是完全欠缺请求权，在一定条件下也可以存在。② 这便构成了日后被称为“无瑕疵裁量请求权”的理论先驱。耶利内克明确地在与裁量瑕疵的关系上论述无瑕疵裁量请求权。他认为，虽然自由裁量行为不存在一义性的拘束，申请人对此也就缺乏权利，但这并不意味着自由裁量无论如何行使均否认权利的存在。禁止恣意、慎重考虑的义务、禁止受到法律错误考虑的影响等，立于一切自由裁量行为之上。对这种裁量瑕疵进行审查时，也产生私人的权利。此后，O. 比勒在其1914年的著作中提出了“要求自由裁量正当行使的请求权”（Anspruch auf die richtige Ausubung des freien Ermessens）的概念。他将公权分为实体性和程序性公权两种，“要求自由裁量正当行使的请求权”便是后者的一例。③

---

① ［日］交告尚史「無瑕疵裁量行使請求権」成田頼明編『行政法の争点（新版）』（有斐閣、1990年）52頁参照。

② ［日］人見剛『近代法治国家の行政法学』（成文堂、1993年）99頁参照。

③ ［日］手島孝「無瑕疵裁量行使請求権の法理について（1）」法律時報39巻1号（1967年）47頁参照。

第二次世界大战之后，德国行政法将充分保护权利作为自己的目标，积极引进新的制度，拓展司法对行政行为的审查范围，行政诉讼采纳了概括主义，公法中个人权利的保护逐步强化起来。这时，耶利内克的弟子巴霍夫将无瑕疵裁量请求权理论构成构筑得更为精致。他提倡将之前“正当行使裁量”的表述改为“无瑕疵行使裁量”（Anspruch auf fehlerfreie Ermessensentscheidung），正如耶利内克强调的那样，“正当”一词在这里只是指不存在违法的考虑，而不是一般的行政机关合目的性的裁量。此后，无瑕疵裁量请求权的概念得到普遍认可。例如，作为第二次世界大战后行政法标准书的福斯特霍夫（Ernst Forsthoff）的教科书对此权利亦加以肯定。他认为，这一权利在两种情况下成立，其一是规定裁量界限的规范是为了受到损害者的利益或者兼有维护其利益的目的而创设时，其二是裁量瑕疵影响程序相关人时。这一肯定说的背后是福斯特霍夫对“无缝隙的权利保护”和“社会法治国家”所展现出的积极姿态。①

值得注意的是，在德国，对无瑕疵裁量请求权也并非没有任何批判。例如，胡贝尔（Ernst Rudolf Huber）认为，为了实现对裁量瑕疵的充分的司法审查，无瑕疵裁量请求权这种程序性公权的理论构成是不必要的。对裁量瑕疵提供诉讼上保护的前提经常是，因有瑕疵的裁量行为侵害了要求法律保护者的独立的公权。裁量瑕疵自身只不过是抵触了客观法而已。仅仅侵害了客观法，还不能说是主观权利的侵害。这与行政机关在受法羁束的活动领域抵触客观法是不同的。正如个人不存在法律执行请求权一样，在公法上也不存在要求裁量有秩序行使的独立请求权。科尔曼（Günter Kohlmann）从社会国家观出发对主观权利的膨胀持批判立场。他指出，为了避免混乱和误解，这一权利应当区分两种意义，其一是个人排除国家侵害请求权意义上的一般性公法上不作为请求权的特别情形，其二是要求相关机关作出某行为的独立请求权。要成立权利，便要诉诸实定法上的根据。与前者相关的是德国基本法第 2 条第 1 款人格自由发展的保障、与后者相关的是第 3 条第 1 款平等原则，但这两个条款并不是基本权利的规定，只是对立法、行政和司法科以义务，故而无法产生法律上的请求权，因此无瑕疵裁量请求权在现行法上

① ［日］手島孝「無瑕疵裁量行使請求権の法理について（1）」法律時報 39 巻 1 号（1967 年）48、50 頁参照。

缺乏根据。① 但多数学者认为，平等原则等可以推导出主观权利，可以据此要求国家为或不为一定的行为。说裁量瑕疵只是抵触了客观法，这种看法仍然固执于个别地创设权利规定，消极地承认主观权利，与裁量瑕疵论的传统学说的发展过程是背道而驰的，也无视对行政裁量进行过程性控制的趋势。②

（二）德国相关判例的接受与展开

无瑕疵裁量请求权的理论在巴霍夫学说的直接影响下，从 20 世纪 50 年代开始为德国各地行政法院所采纳，德国联邦行政法院在 1955 年的判例中亦予以肯定。在 50 年代初期尚有个别州的行政法院对无瑕疵裁量请求权持否定态度，但在联邦行政法院几则判例的影响下改变了立场，接纳了无瑕疵裁量请求权理论，拓展对行政裁量权的司法审查。这里简单介绍一下联邦行政法院的判例。

在德国行政诉讼法制中，为了不引入民众诉讼，要求对某决定拥有事实上利益的主体不得以该决定或不作为存在裁量瑕疵进行争讼，原告资格以法所保护的利益受到侵害为要件。能否拥有这一利益便成为行政诉讼的关键之一。一位州立学校的女性教师因 1945 年 4 月战祸封校离开学校避难，11 月学校重开，她在返回学校的途中因灾害而遭受重伤。她申请工伤认定，却遭到驳回。她提起确认之诉，一审、二审均胜诉，联邦行政法院在 1955 年 10 月 28 日作出终审判决；指出：德国官员法的相关规定明显是为了公务灾害受害人的利益而创设的裁量规范；既然是为个人的利益而创设的裁量规范，在这种规范与个人利益发生关系时，从其本质看，个人对行政机关享有公法上的请求权，有权请求对其裁量权的行使进行探究。③

在 1960 年 8 月 18 日联邦行政法院判决的案例中，原告不堪邻近的石炭运输业灰尘与噪声之苦，请求当局予以禁止，遭到驳回，遂提起行政诉讼。一审法院课予被告以停止营业的义务，二审法院则仅限于撤销

① ［日］手島孝「無瑕疵裁量行使請求権の法理について（1）」法律時報 39 巻 1 号（1967 年）51 頁参照。

② ［日］奥平康弘「コールマン「瑕疵なき裁量行使を求める公権」」法政論集 33 号（1965 年）132～133 頁参照。

③ ［日］手島孝「無瑕疵裁量行使請求権の法理について（1）」法律時報 39 巻 1 号（1967 年）54 頁参照。

被告的驳回决定，但原告请求作出一定内容的行政行为，也遭到驳回。联邦行政法院以该判决尚未成熟，发回重审。联邦行政法院在其判决中首先指出，即使在违反保护相邻人的建筑公法规定之际，相邻人仅有要求作出无瑕疵决定的请求权，而没有要求一定的建筑规制行为的权利。在这一点上对二审法院的判断予以认可。对于一审法院课予一定内容的行政行为的判决，联邦行政法院指出在裁量行为的情形下也允许提起课予义务诉讼。一般而言，因欠缺要求行政机关作出一定的行政行为的请求权，由此也就不能作出命令行政机关作出一定内容行政行为的判决。但是，因无瑕疵裁量请求权之故，可判决要求重新作出决定。个别情况下，法所赋予的裁量自由实际上没有余地。除了这种特殊情况外，对裁量性职务行为提起课予义务诉讼，仅能要求行政机关撤销拒绝的决定，在作出拒绝决定时避免裁量瑕疵重新作出决定。无论如何，不能允许行政法院自行行使行政机关的裁量权，只能课予行政机关再度自行行使裁量的义务。① 此后，这一权利在德国行政诉讼中扎根下来，为行政裁量的审查奠定了统一的权利基础。

二、无瑕疵裁量请求权的性质与依据

从上文对德国法的介绍中，我们也能归纳出无瑕疵裁量请求权的性质及依据，这里不妨进一步加以分析。这是无瑕疵裁量请求权发挥适当功能的前提。

（一）无瑕疵裁量请求权的性质

在理论上，一般将公权（或称私人的公权或公权利）按照保护范围的标准分为实体性公权利与程序性公权利。实体性公权利是指个人的利益在法律上能得到完全保护的权利，例如，建筑许可的申请人只要遵守法律上的要件、根据完备的规划，便对该许可享有请求权，一旦被拒，则其权利便遭到这一违法结果的侵害，与拒绝的程序和理由无关。该申请人的相邻人如果认为建筑许可违法，他并不当然享有撤销该许可的请求权，他如果没有获得参与许可程序、参加听证陈述意见的权利，则其许可程序所保护的利益就因未经听证的许可决定而遭受损害。它所保护

---

① ［日］手島孝「無瑕疵裁量行使請求権の法理について（2・完）」法律時報 39 巻 2 号（1967 年）62～63 頁参照。

的不是关于实体性内容，而是参与行政机关公正程序的利益，这便是程序性公权利。当然，程序性公权利与实体性公权利之间并无质的差别，只是在保护范围上存在阶段性的不同，程序性公权利也会侵蚀到实体问题。[①] 无瑕疵裁量请求权便属于程序性公权利，它只是要求行政机关能适当地行使裁量权，作出公正的无违法瑕疵的决定。但行政机关究竟要作出何种裁量决定，无法依据无瑕疵裁量请求权提出请求。换句话说，无瑕疵裁量请求权还是一种消极的公权利，它并不追求积极的结果，只是要求行政机关适当地裁量，尊重行政的固有领域。无瑕疵裁量请求权是一种抽象的权利，一般无法获得具体的裁量决定，它提供的是一种不完全的保护。当然，这一权利也并非与实体无关，行政机关在作出某决定时，其结果的形成过程或者说裁量过程，也属于程序的内容。限制了行政机关的考虑因素，也就间接地限制了行政机关的裁量结果。

（二）无瑕疵裁量请求权的依据

对于无瑕疵裁量请求权在实定法上的依据，德国理论界主要有以下三种看法：第一，给裁量权行使设定界限的法规具有保护特定人利益的性质时，产生要求遵守这一裁量界限的权利，即无瑕疵裁量请求权。第二，不问何种类型的违法，凡因违法行政行为而遭受损害的自由，均应作为宪法上的权利对私人提供保障。在此前提下，无瑕疵裁量请求权的根据可求诸这种一般的概括性自由权。第三，可从平等原则中寻求无瑕疵裁量请求权的根据。行政机关在处理某事时裁量没有瑕疵，但在处理同种类的其他事情时却错误地行使裁量权，可通过平等原则来禁止两种处理之间的差别，从而为概括性的无瑕疵裁量请求权的构成提供一种可能。[②]

相对而言，第一种观点只能在特定的法有相应的规定时，针对特定类型的裁量瑕疵，为无瑕疵裁量请求权提供根据，而第二种、第三种观点则将无瑕疵裁量请求权作为概括性权利来处理，针对的也不是特定类型的裁量瑕疵。但在德国，第一种观点处于通说地位，获得了广泛认可。当然，这或许与德国立法的完备是相关的，即便仅仅依据特定的法

---

① 参见［日］田村悦一：《自由裁量及其界限》，李哲范译，164～167页，北京，中国政法大学出版社，2016。

② 参见［日］小早川光郎：《行政诉讼的构造分析》，王天华译，275页，北京，中国政法大学出版社，2014。

也能为其提供充分的保护。而且，在德国基本法下，基本权利对国家具有直接的拘束力，个人可以引用某一基本权利（包括平等权），来支撑自己的请求权。[①] 针对中国的现实，笔者倾向于采纳第二种和第三种观点。一方面，中国的宪法不仅明确确认了平等权（第 33 条第 3 款），也可从人权条款（第 33 条第 2 款）和权利界限条款（第 51 条）中解释出一般自由权的内容。仅仅承认依据特定的法而享有无瑕疵裁量请求权，实际上是否定了基本权利在公法关系中的直接效力。另一方面，我国立法的现状不容乐观，重权力轻权利的惯性仍很难一时消除。与其让私人利益的保障状况因案件的不同而不同，放任这一不平等现象的发生，我们不如兑现宪法之于人民的承诺，从总体上肯定无瑕疵裁量请求权，为排除裁量权违法行使提供一般性的根据。

三、无瑕疵裁量请求权的要件与效力

既然将无瑕疵裁量请求权定位于公权利，那么需要判断如何才能是否构成这一权利，一旦构成，对法院的判决又具有何种效力。

（一）无瑕疵裁量请求权的构成要件

在无瑕疵裁量请求权的构成要件上，通说是基于个别裁量性规定而产生无瑕疵裁量请求权。也就是说，“并非每个裁量规范都存在对应的主观权利。界分的关键在于裁量规范的解释，及其目的是公共利益还是个人利益”[②]。“只有在设定裁量的法律规范既服务于公共利益又服务于有关公民的个人利益时，该公民才有请求权，不存在对无缺陷裁量决定的一般请求权。”[③] 即要构成无瑕疵裁量请求权，需具备两大要件，其一，设定裁量的法律规范；其二，该规范具有保护私人利益的目的，至少在保护公共利益的同时兼有保护私人利益的目的。

---

① 或许正是因为特定法的规定和基本权利这两个路径都是畅通的，引用这些实体性的条款便可以获得救济，德国有学者甚至认为，无瑕疵裁量请求权是可有可无的。参见［德］弗里德赫尔穆·胡芬：《行政诉讼法》，莫光华译，291 页，北京，法律出版社，2003。当然，我们也要看到中德两国处于不同的法制发展阶段。

② ［德］汉斯·J·沃尔夫、奥托·巴霍夫、罗尔夫·施托贝尔：《行政法》（第一卷），高家伟译，364 页，北京，商务印书馆，2002。

③ ［德］哈特穆特·毛雷尔：《行政法学总论》，高家伟译，161 页，北京，法律出版社，2000。

这一通说实际上对应着无瑕疵裁量请求权根据的第一种学说。如果以一般自由权和平等原则为无瑕疵裁量请求权的依据，则其构成要件将更为简单，只需要具备以下两个要素，便可构成这一权利：第一，受到损害的是请求人的自由或平等权；第二，这一损害与行政机关的裁量权之间具有合理的关联性。

（二）无瑕疵裁量请求权的法律效力

对于有瑕疵的裁量行为，私人可以根据无瑕疵裁量请求权请求法院作出两种判决，第一是撤销判决，第二是履行判决，无瑕疵裁量请求权便是主观的诉的利益、原告资格的基础。在传统理论上，行政机关负有禁止滥用裁量权的义务，因此而产生的利益只不过是反射性利益。提出无瑕疵裁量请求权的目的便在于提高因禁止滥用裁量权所产生利益的法律地位。①

1. 撤销诉讼

行政行为违反了一义性、羁束性的规定时，该行为的违法性无须过多解释。这时，可以通过一般的针对违法侵害的排除请求权，撤销该违法行为，便可实现权利的救济。但面对着裁量条款，裁量决定一般认为只有合理性的问题，其违法性的判断需要更多的考虑，只有在滥用或者超越裁量权时才能构成。在司法认定行政裁量违法的前提上，首先要承认私人对于裁量行为的无瑕疵裁量请求权。目前，德国、日本等均在行政诉讼法中规定，滥用或者超越裁量权时，可请求法院撤销该裁量行为。② 这也就是在实定法上承认了私人的无瑕疵裁量请求权。

在撤销诉讼中，无瑕疵裁量请求权可以为原告资格的扩大提供一种总括性的方向。在现有的制度下，以下几种情况已有解决的路径：第一，对侵益性行为，即使假定其存在裁量余地，仅凭作为行为的相对人就已产生出原告资格；第二，行政机关的裁量判断应考虑特定第三人利益时，该第三人表示出这一利害的内容便可作为原告资格的根据；第三，行政机关作出行政行为给第三人造成不利，在被认定为违反不成文的规定时，第三人的原告资格可以直接从要求执行保护自己利益的法规

① 参见［日］田村悦一：《自由裁量及其界限》，李哲范译，168页，北京，中国政法大学出版社，2016。

② 参见杨建顺：《日本行政法通论》，204～205页，北京，中国法制出版社，1998。

推导得出，而不论有无裁量余地。[①] 无瑕疵裁量请求权的意义就在于，一方面可以涵盖这几种情形，为其针对行政裁量的请求权提供统一的更为精确的基础，另一方面还能为程序性权利的保障提供基础。

目前，根据《行政诉讼法》的规定，我国的法院会以违反法定程序为由撤销行政行为，而且在撤销判决的理由中占据了33%的比重，作为唯一的理由也达到了12%。[②] 这里的法定程序不仅仅是法律明文规定的程序，还包括那些正当的但尚未成文化的程序，即正当法律程序。它所保护的直接对象并不是实体性权利，而是程序性权利。无瑕疵裁量请求权可以作为要求程序公正的根据，进而成为要求撤销裁量行为的根据。但这一权利也只是要求，在撤销判决作出之后，禁止行政机关以同一程序和理由作出同一行为。无瑕疵裁量请求权作为程序性公权利，原则上不能积极地请求特定的裁量行为，但至少也否定了案件中行政行为的结果，特别是在适用比例原则进行审查时更是较为明显地体现出这一效力。这样，判决的效力也就在此限度内及于具体的实体问题。[③]

2. 课予义务诉讼

在德国的行政诉讼制度中，容许对授益性行政行为提起课予义务诉讼，其要件是权利因拒绝的行政行为而受到损害。对于裁量性行政行为，多数说认为可以提起课予义务诉讼。无瑕疵裁量请求权便担负着满足权利损害要件的功能。

法律授予行政机关依裁量而行动的权限时，行政机关不仅因此而具有裁量权，同时具有法律上的义务，其一是应以无瑕疵裁量作出决定，其二是在裁量收缩时，应作出所剩余的无瑕疵决定。无瑕疵裁量请求权原则上并无要求行政机关作出特定行为的效力，而只能要求其无瑕疵地、即不违法地作出裁量决定。只有在行政机关的裁量权收缩至零时，才能请求作出特定的决定。除了裁量收缩至零的情形外，就裁量行为提起课予义务诉讼，仅能诉请判决撤销原决定，并命令行政机关另行作出

---

① 参见［日］小早川光郎：《行政诉讼的构造分析》，王天华译，276～277页，北京，中国政法大学出版社，2014。

② 参见何海波：《实质法治：寻求行政判决的合法性》，193页，北京，法律出版社，2009。

③ 参见［日］田村悦一：《自由裁量及其界限》，李哲范译，182～183页，北京，中国政法大学出版社，2016。

没有原裁量瑕疵的决定。①

我国法院对这一理论也是有所运用的。陈伏发法官在评析“霞浦县祥龙汽车出租有限公司诉霞浦县运输管理所不履行法定职责案”时指出：

> 履行判决分为履行法定职责与履行具体内容的法定职责两个类型。行政机关如何履行职责，应结合法律授权目的及个案情形进行材料，属于行政权范畴，法院在行政诉讼中一般不予审查，当然也不能判决履行具体内容的法定职责。但是，经审查认定个案情形已明确符合履行职责的条件，行政机关对履行具体职责已没有裁量空间时，行政裁量缩减为零，法院即可判决履行具体内容的法定职责。在霞浦县祥龙汽车出租有限公司诉霞浦县运输管理所不履行法定职责案中，祥龙公司请求法院责令被告履行法定职责，依法办理车辆更新手续。法院认为，“被告是否更新调整营运车辆，还应权衡考虑当地班线客运安全秩序以及案外人利益等具体内容，因而，原告要求被告履行具体的车辆变更登记职责的主张不予支持”②。

应当说，法院的判决和陈法官的评析均是妥当的。实践中，法院要求行政机关履行法定职责的判决并不少见，但要求履行具体内容的法定职责的判决则并不多见。

四、中国引入无瑕疵裁量请求权的意义

在我国，对于行政裁量问题，虽然《行政诉讼法》、《行政复议法》等法律含有相关内容，但并未予以正视，在 2007 年《行政复议法实施条例》第 40 条、第 50 条和 2014 年《行政诉讼法》第 60 条的调解部分才对“自由裁量权”有所规定。裁量权的概念未能得到正面直接规定，这或许与行政诉讼受案范围的列举主义是相关的。在列举式规定下，探讨何为行政裁量没有多少实际的意义。法院虽然不用“裁量”一词，却通过还原为法律问题与事实问题，在实质上对行政裁量进行控制。一旦

① 参见陈敏：《行政法总论》，6 版，195～196 页，台北，自刊行，2009。

② 霞浦县祥龙汽车出租有限公司诉霞浦县运输管理所不履行法定职责案，载《中国审判案例要览（2008 年行政审判案例卷）》，523～524 页，北京，中国人民大学出版社、人民法院出版社，2009。

《行政诉讼法》采纳了概括主义，行政裁量的问题将会凸显，法院在审理带有裁量的行政行为时，就有必要去探讨何为裁量、什么情形是导致裁量违法的逾越滥用。日本由《行政裁判法》转变到《行政案件诉讼法》的司法实践也证明了这一点。①

虽然我国《行政诉讼法》没有明确规定法院不受理裁量问题的案件，但该法第6条规定法院“对行政行为是否合法进行审查”②。实践中，法院对于存在合理性问题的案件一般不予审查。例如，海南省高级人民法院在一起案件中指出，“由于上诉人与原审第三人均无证据证明文昌县政府在土改及‘四固定’时将争议地确定为农民集体所有，文昌市政府根据《中华人民共和国土地管理法》、《确定土地所有权与使用权的若干规定》以及《海南省确定土地权属若干规定》，将争议之地认定为国有土地于法有据，依争议双方农业人口和农村习惯等实际情况划分争议地国有土地使用权是其依法行使行政裁量权，其裁量是否合适，依法不属人民法院行政审判范围”③。再如，四川省金堂县人民法院在判决中亦指出，“虽然被告在收费点位置选择上不合理，并直接影响到原告僧众的生存，且有依靠原告知名度收费之嫌，但行政诉讼只对行政行为合法性进行审查，而不对是否合理进行审查，对被告设置的收费点的合理性，不予审理”④。行政裁量问题一般认为只有妥当与否的问题，而不存在合法与否的问题，但实质上不应作出如此严格的区分。若法院固执于形式化区分的成见，对此不予审查，即便是对具有违法之嫌的裁量决定也不予审查，则过于放纵了对行政机关的要求，不利于对私人合法权益的充分保护。引入无瑕疵裁量请求权的理论，或许能为解决这一

① ［日］田村悦一『行政訴訟における国民の権利保護』（有斐閣、1975年）47頁参照。

② 2000年行政诉讼法司法解释第56条第1项亦规定，“被诉具体行政行为合法但存在合理性问题的”，“法院应当判决驳回原告的诉讼请求”。

③ 文昌市翁田镇六堆经济合作社与文昌市人民政府土地确权争议纠纷上诉案，海南省高级人民法院（2006）琼行终字第96号行政判决书，2006年8月31日。

④ 云顶山慈云寺诉金堂县云顶石城风景管理处违法收费案，四川省金堂县人民法院（2001）金堂行初字第11号，2002年12月2日。参见国家法官学院、中国人民大学法学院编：《中国审判案例要览（2003年行政审判案例卷）》，265页，北京，中国人民大学出版社、人民法院出版社，2004。

问题提供支撑。

一方面，我们公认每一种裁量都应当与义务相符合，把实事求是的、没有瑕疵的考虑作为基础；另一方面，裁量有时还要受到更高位阶的成文或不成文的规则的限制，如平等原则、比例原则等。行政机关要按照这种约束行事，这是一种强制性义务。① 基于权利与义务相对应的原理，便应当承认私人对行政机关作出无瑕疵的裁量决定享有请求权。这一权利并没有无限地限制行政的权力，只是要求行政机关能够公正地行使裁量权，至于何种裁量决定原则上在所不论。承认这一权利，或许给法院增加一定的工作压力，不仅在审查案件的数量上有所增加，在审查的技术上也将提出更高的要求。在目前行政案件数量十分有限、行政审判已有二十多年经验的情况下，这应当不会给法院造成不适当的负担，相反会给法院推进审判水准提供良好的机缘，从而也会促进对私人合法权益的全方位保护，并推动良好行政的实现。

第三节　行政裁量与司法的关系变迁

2000年行政诉讼法司法解释第56条中指出："被诉具体行政行为合法但存在合理性问题的"，"人民法院应当判决驳回原告的诉讼请求"。最高人民法院的一位法官认为，"具体行政行为的合理性问题，属于行政机关自由裁量权的范围，法院不予干涉为宜"②。这里的逻辑似乎是行政裁量＝合理性问题＝排除司法审查。那么是否意味着，凡属于行政裁量的问题，法院就不予审理呢？凡起诉裁量问题，就定遭驳回诉讼请求之判决呢？本节拟从裁量与司法之间的关系史入手，分析合理性与合法性（不当与违法）、羁束裁量与自由裁量（法律问题与裁量问题）的区分所存在的问题，为打开司法审查行政裁量的大门厘清道路。

---

① 参见［德］奥托·巴霍夫：《公法中的反射作用及主观权利》，载［德］埃贝哈德·施密特-阿斯曼等著，乌尔海希·巴迪斯选编：《德国行政法读本》，于安等译，304页，北京，高等教育出版社，2006。

② 甘雯：《行政诉讼法司法解释之评论——理由、观点与问题》，157页，北京，中国法制出版社，2000。

一、裁量不予审理的形成及其修正

从行政裁量的概念一产生，它就是一个代表行政与司法之间关系的极其重要的名词。行政裁量为什么能受到不同于羁束问题的待遇，不受司法审查，这里不妨再作简要的梳理。

(一)“裁量不予审理”的由来

“行政裁量”的概念诞生并不久远。已如前述，在 19 世纪前半叶欧洲绝对王权松动之后，行政与司法的分离逐渐明显，为了避免行政措施遭遇法院的干预，裁量的概念于是产生，普通法院或行政裁判机关在审查裁量时应受到限制。① 这样，由于要强化行政权、确保行政的自主性、防止司法干预行政的“固有领域”，“裁量不予审理”的原则由此形成。

行政裁量，意味着司法不能予以控制。之所以司法不审查裁量，存在两个方面的理由：第一个理由是权力分立的理论上的需要。行政不仅仅服从法律，还要在其制约下为实现公益而行动；司法则仅仅是适用法规范而已，它与基于公益考虑而拥有固有的活动领域具有质的差别，而对公益的考虑正是行政裁量的本质所在。既然裁量是“行政的固有领域”，司法权即不得染指，因此，裁量不必服从司法的控制。第二个理由是巩固行政权的现实上的需要。在德意志和奥地利，行政权在传统上系由君主概括性授权而来，由于这两个国家的近代化比英国、法国的要晚，它们还没有让强固的行政权实现近代化。从而，要设定法院介入行政的界限，为了实现拥护行政权这种现实的功能，也有必要让司法不审查行政的裁量。“裁量不予审理”的原则于 1875 年奥地利行政法院法被首次成文化，“行政机关自由裁量行使所赋予的权限……不属于行政法院的审查权范围”② （第 3 条）。在之后的德国等国的行政法院法或行政诉讼法中，也能见到相同旨趣的条文，“裁量不予审理原则”变得一般

① 参见吴庚：《行政法之理论与实用》，74 页，北京，中国人民大学出版社，2005。

② ［日］田村悦一：《自由裁量及其界限》，李哲范译，2 页，北京，中国政法大学出版社，2016。

化了。即使到今天，这一原则仍有其一定的存在空间（见图 3-1）。①

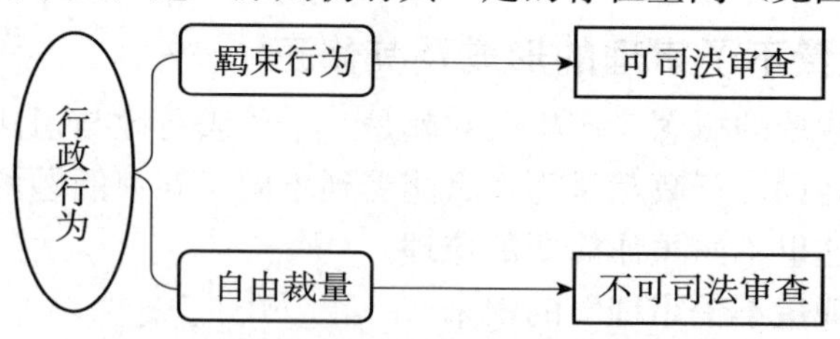

图 3-1　司法与行政裁量的古典关系

（二）“裁量不予审理”的修正

然而，对于司法究竟是否应审查行政裁量、应在多大范围内审查行政裁量，在行政裁量理论产生之初就有很大的争论。② 随着实践和理论的发展，人们逐渐形成了一种共识，那就是司法要对行政裁量进行审查。

1. 羁束裁量可审查

1910 年，奥地利学者劳恩（Laun）将从前所说的“自由裁量”区分为“羁束裁量”和“狭义的自由裁量”。羁束裁量中的行政判断服从司法审查。在狭义上的自由裁量中，行政与立法者居于同等的地位，司法对此不得审查。③ 此后的学说和司法实践多将羁束裁量与羁束行为合并理解，并与自由裁量相对应。所谓羁束与裁量就是讲“羁束行为＋羁束裁量”与“自由裁量”。前者统一接受司法的审查，后者仍然不受司法审查。德国 1960 年的《联邦行政法院法》第 114 条规定，“对于行政机关依其裁量权作出的行为，行政法院有权……审查行政机关是否逾越法定裁量界限，是否以不符合裁量授权目的的方式使用裁量”。日本 1962

---

① 例如，美国《联邦行政程序法》第 701 条第 1 款第 2 项规定，法律赋予行政机关裁量的行为不受司法审查。

② 即便在行政法院尚未脱离行政部门而独立的时期，行政裁量亦受其监督，如法国的咨政院（Conseil d'Etat），以往对裁量权的行使，视为“羁束裁量”而审查。德意志各邦亦复如此，普鲁士行政法院隶属于行政体系，其审查范围包括“自由裁量”，而西南各邦独立的行政法院设立较早，对裁量的审查权亦受到法律较为严格的限制。参见吴庚：《行政法之理论与实用》，80 页脚注 71，北京，中国人民大学出版社，2005。

③ 参见［日］田村悦一：《自由裁量及其界限》，李哲范译，17～18 页，北京，中国政法大学出版社，2016。

年的《行政案件诉讼法》第30条规定，“有关行政机关的裁量处分，限于超越裁量权范围或滥用裁量权时，法院可予撤销”。这些均可视为这一动向的表征（见图3-2）。

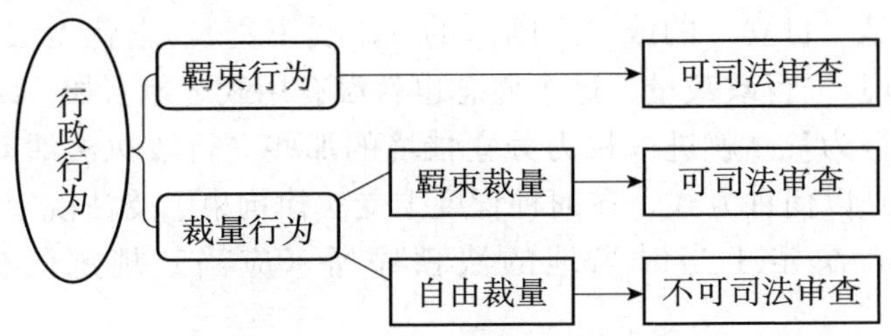

图3-2 司法与行政裁量的近代关系

2. 自由裁量亦可审查

随着对分权原则理解的深化和司法审查技术的发展，司法对所谓“自由裁量”亦逐渐予以审查，羁束裁量与自由裁量的差别相对化了（见图3-3）。之所以如此，其根本原因还是在于羁束裁量与自由裁量之间并没有质的区别，而只有量的差别。羁束裁量与自由裁量之间本是流动的，可以转换的，生硬地将其一刀两断也是不可能的。羁束裁量与自由裁量的界限模糊，区分的必要性也就很难证成。

如此，整个行政裁量均成为司法审查的对象。当然，理论上，一般仍将行政裁量列为行政诉讼的界限之一。“行政裁量行为虽然属于司法审查的对象，但只有在超越裁量权的范围或存在滥用的情形时，裁量的行使方为违法。除此之外，行政裁量并非撤销的对象。”①

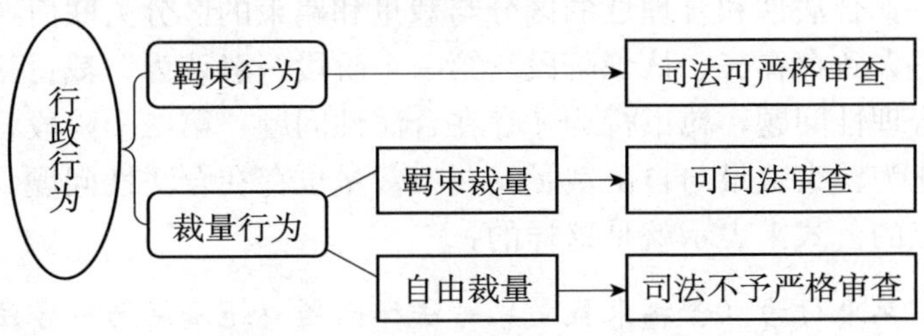

图3-3 司法与行政裁量的现代关系

---

① ［日］南博方、高橋滋編『条解行政事件訴訟法 第3版』（弘文堂、2006年）15頁（南博方執筆）。

行政裁量的历史可以说是行政裁量日益窄化的历史，也可以说是法治发展的一个缩影。司法权借助于立法的助推，逐渐从形式和实质上加强对行政裁量的审查。“行政裁量问题发生于权力分立情境。如果某种行政活动是‘自立’的或‘专断’的（不受审查），它就无法进入权力分立的情境，‘行政裁量’这个概念也就没有用武之地（如‘统治行为’或‘国家行为’）。就进入权力分立情境的那些‘行政执法活动’而言，其（应当）以何种方式、在何种程度上受法律拘束、受法院审查，在终极意义上，决定于当时当地的法秩序所（应当）规定的权力分立样态。”①

二、行政裁量之不当与违法的吊诡

上述司法与行政裁量的关系变迁，只是从历史的角度予以概览。在传统行政法学的习惯性思维中，有一组公式困扰着司法对行政裁量的审查，那就是：

1. 羁束行为＝合法性问题＝违法性问题＝接受司法审查
2. 行政裁量＝合理性问题＝不当性问题＝排除司法审查
3. 行政复议＝合法性审查＋合理性审查
4. 行政诉讼＝合法性审查

不在一定程度上突破这一组公式的束缚，司法对行政裁量的审查无以开展。我们不妨分解为以下几个问题，对其进行批判。

（一）裁量问题与法律问题

第一，合法性和合理性的区分与裁量和羁束的区分关联何在？

这里大致存在三个认识阶段。第一个阶段一般认为，裁量行为一般只存在合理性问题，羁束行为才存在合法性问题。第二个阶段将裁量行为二分化为羁束裁量与自由裁量，羁束裁量也存在合法性问题。用稍微详细一点的公式来表示就是这样的：

> 羁束行为（含羁束裁量）＝法律问题＝违法问题＝合法性的问题＝适用法的问题＝成为以解释适用法为任务之法院的审查对象
>
> 自由裁量行为＝裁量问题＝不当问题＝合目的性问题＝并非适

① 王天华：《作为教义学的行政裁量概念》，载《政治与法律》，2011（10），25页。

用法的问题＝并非法院的审查对象①

在第三个阶段中，即便是自由裁量行为，超越或滥用均构成违法。但是，这个“裁量滥用”法理作为裁量的内在性限界有一个逻辑上的前提——行政机关的裁量行使处于法律规定的范围内（如果超越了法律规定的范围，就构成“裁量逾越”，就不叫“裁量滥用”了）。如果承认“裁量滥用”法理，就等于承认在自由裁量领域内也存在合法与违法的问题。② 正如日本学者渡边洋三所指出的：“一方面为了给司法审查的界限设定解释基准，在概念上区分法规裁量与自由裁量；另一方面又认为自由裁量的所谓自由是法框架内的自由，框架外的自由服从司法审查，因而，说是自由裁量，也并不意味着法院没有裁判权。这等于是用自己的手抹杀了自己建立起来的区分意义，这在逻辑上无异于自相矛盾。”“在现代，‘法的＝逻辑的价值判断’与‘政治的＝公益性价值判断’日益密切结合在一起。何为法的判断，何为合乎公益的判断往往无法切割。在古老的三权分立论中，二者在形式上分离，法院的任务仅为法的判断，公益判断应委诸行政机关。这种观点在今天应当说正在失去其客观的基础。”③ 如此，传统的裁量问题与法律问题、合理性与合法性的二分法在逻辑上和现实中都是不自洽的。“‘裁量问题＝不当问题’只能作为‘法律问题＝违法问题’的内部的问题来理解。”④

第二，如何理解裁量与裁量界限之间的关系？

这实际上就是如何看待裁量与法之间的关系。在历史上存在裁量的一元论与二元论的论争，前者认为，裁量问题不过是法律问题中的那些不重要的问题，所有的行政裁量都是法律授权的结果，不存在不受法律拘束的自由裁量；后者则认为，裁量问题与法律问题是不同的，法律范围内的裁量只有合理性的问题，属于自由裁量，一旦超出裁量的界限，就出现违法，属于裁量滥用，而不再属于裁量的问题。应该说，后者自

---

① ［日］高橋靖「行政裁量における違法性・不当性峻別論への批判」早稲田法学会誌33巻（1982年）152頁参照。

② 参见王天华：《从裁量二元论到裁量一元论》，载《行政法学研究》，2006(1)，27页。

③ ［日］渡辺洋三『現代国家と行政権』（東京大学出版会、1972年）96頁。

④ 杨建顺：《论给付行政裁量的规制完善》，载《哈尔滨工业大学学报（社会科学版）》，2014(5)，8页。

身是存在矛盾的，既然“裁量滥用”构成违法，那就说明所谓自由裁量领域内也存在法。这在逻辑上是一目了然的。既然所谓自由裁量领域内也存在法，那就不应该再坚持裁量问题与法律问题是二元的、或者说自由裁量领域不存在法的拘束的提法。①

（二）合法性与合理性审查

第三，行政复议是在实施合法性与合理性两种审查吗?

理论和立法上一般均认为，行政复议可以不必忌惮于分权，而可实施合法性与合理性两种审查。我国 1990 年的《行政复议条例》第 1 条即明示其宗旨：“为了维护和监督行政机关依法行使职权，防止和纠正违法或者不当的具体行政行为，保护公民、法人和其他组织的合法权益，根据宪法和有关法律，制定本条例。”1999 年的《行政复议法》第 1 条虽然对三者之间的顺序有所修改，但其违法和不当的两种审查仍然原封不动。那么，行政复议的审查标准是什么呢?《行政复议法》第 28 条第 1 款第 3 项规定了五种审查标准：“主要事实不清、证据不足的”、“适用依据错误的”、“违反法定程序的”、“超越职权或者滥用职权的”、“具体行政行为明显不当的”。后两种与前三者相并列，并无不同；而且，复议机关既可决定撤销，也可决定变更。行政复议中明显不当的变更与行政诉讼中显失公正（明显不当）的变更有何差别呢?很显然，在审查标准上是没有差别的，差别的只是范围而已，《行政复议法》扩展至所有可以复议的行政行为，《行政诉讼法》则仅限于行政处罚及数额确定、认定确有错误的其他行政行为。行政复议的法律规定可谓“首鼠两端”，一方面欲双重审查，一方面又退缩到单一的合法性标准。此一过错可能还是源自违法与不当的两元对立论。违法与不当、合法与合理之间在理论上并没有截然的区分，任何决然的对立都是办不到的。

实务中，行政复议的审查主要集中于合法性审查，行政决定因不当而被撤销或变更是少见的。这与行政复议受理的案件数量大、机构人员的有限等客观条件是相关的。② 而且，复议机关也会担心仅因一点不当的问题而撤销或变更下级机关的决定，会打击下级机关的积极性。即使从回避诉讼的角度来说，如果仅仅有合理性问题，复议机关也不大可能

① 参见王天华：《从裁量二元论到裁量一元论》，载《行政法学研究》，2006 (1)，29 页。

② ［日］阿部泰隆『行政裁量と行政救済』（三省堂、1987 年）61 頁参照。

进行合理性审查，而很可能予以维持。[①]

第四，行政诉讼仅仅在实施合法性审查吗?

我国《行政诉讼法》虽然没有正面规定对行政裁量的审查，但包含着对裁量问题的审查。学界通常认为，“滥用职权”和“明显不当”（在1989年《行政诉讼法》中为“行政处罚显失公正”）的审查标准是与行政裁量相关的。与行政复议法相似，2014年《行政诉讼法》将“显失公正”修改为“明显不当”，并将“明显不当”也列为撤销判决的标准之一。明显不当与主要证据不足、适用法律错误、违反法定程序、超越职权等审查标准并列成为构成行政行为违法的判断标准。违法与不当的差别不复存在，明显不当即为违法。其实，“适用法律、法规错误”、“不履行或者拖延履行法定职责”也是可以适用于审查行政裁量问题的，甚至“违反法定程序”也是与行政裁量问题相关的，其关键在于如何认识包含着不确定概念的“法律、法规”和“法定”，如何对法律规范进行深入的构造分析。行政诉讼也并非只是在进行合法性审查，合理性审查同样存在。“妥当与合法的区别不是逻辑性的，而是历史形成的，是可变的。因而，一般，国外法院对行政控制的历史也能表明，违法的领域在扩大，不当的领域在缩小。”[②]

三、司法之于裁量问题的应有立场

历史至此所形成的格局是，司法一方面要对行政裁量予以审查，另一方面也要对行政裁量保持一定程度的尊重。那么，为什么会形成这种格局，这种格局是否具有合理性呢?

---

① 1989年《行政诉讼法》第25条第2款规定：“经复议的案件，复议机关决定维持原具体行政行为的，作出原具体行政行为的行政机关是被告；复议机关改变原具体行政行为的，复议机关是被告。”在当时，复议机关可能会为了不当被告而作出维持决定。而2014年《行政诉讼法》第26条第2款规定：“经复议的案件，复议机关决定维持原行政行为的，作出原行政行为的行政机关和复议机关是共同被告；复议机关改变原行政行为的，复议机关是被告。”2015年行政诉讼法司法解释第9条第2款进一步规定，“作出原行政行为的行政机关和复议机关对原行政行为合法性共同承担举证责任，可以由其中一个机关实施举证行为”。这时，复议机关也是很可能会倾向于维持原行政行为，因为在共同被告的情形下，作出原行政行为的行政机关才是真正的应诉主体，这总比改变原行政行为后自己一方去当被告强。

② ［日］阿部泰隆『行政裁量と行政救済』（三省堂、1987年）60～61頁。

（一）司法何以要尊重行政裁量

我国虽然并没有循规蹈矩，但在制定《行政诉讼法》的时候也是表现出了对行政裁量较大的尊重。法治发展到今天，司法不审查行政裁量的做法早已被抛弃，但这并不意味着司法可以无限度地审查行政裁量。

第一，从行政裁量的过程来看，法院往往要尊重行政机关的裁量权。根据良好行政的要求，行政裁量的过程要符合调查、公开、说明、对话、咨询等程序要求，符合法律、平等、比例、理性、效率等诸多实体要求。行政机关与法院之间存在组织、认识、活动方式等诸多结构性差异，行政机关行使权限的良好过程，非行政机关便难以重现。法院在审查裁量决定时，固然可以审查其裁量决定以及作出决定的判断过程，但在其具有合理性时，原则上不能以自己的判断代替行政的判断。

第二，从行政首次判断权的角度来看，法院也要尊重行政机关的裁量权。所谓行政的首次判断权（primary jurisdiction），又被称为“首先管辖权”①，或“第一次判断权”，是“指法院和行政机关对于某一案件都有原始管辖权时，由行政机关首先行使管辖权，法院只在行政机关作出决定后才进行审查”。它“还有另外一种意义，是指本来属于法院管辖的案件，其中某个问题由于和行政决定有关，属于行政机关的专业知识或自由裁量权的范围。法院对于这个问题暂时不进行裁判，由行政机关首先决定。法院等待行政机关作出决定以后，才就全案进行判决”②。在行政机关作出首次的判断之前，司法权抑制行政机关作出判断或者司法权自己代替行政机关作出首次性判断，原则上都是不允许的。只有在严格条件下才有例外承认之余地。③ 行政的首次判断权是一个站在行政与司法的关系上讨论的概念。行政之所以享有首次判断权，实际上就是考虑到了分权的原理，考虑到了保障行政政策的一致性，考虑到了利用行政的专业性知识。专门知识和行政机关的裁量权是适用首次判断权的一个理由，当这个理由不存在时，就不适用这一原则。④

---

① 对此的翻译又有“初审管辖权”、“初审权”之说。参见［美］伯纳德·施瓦茨：《行政法》，徐炳译，445页，北京，群众出版社，1986。

② 王名扬：《美国行政法》下，659页，北京，中国法制出版社，1995。

③ ［日］田中二郎『司法権の限界』（有斐閣、1976年）40～41頁参照。

④ 参见王名扬：《美国行政法》下，660～663页，北京，中国法制出版社，1995。

（二）司法何以要审理行政裁量

在适用法律解决行政争讼时，虽然法院应该严格审查行政机关对不确定法律概念的解释，但是事实上无法做到全面的审核。法院只有将不确定法律概念全部分解事实概念，才能判断事实认定与法律解释之间是否涵摄得当。但法院有时无法完成其归纳的任务，无法认识主导判决的全部事实，彻底澄清案情在事实上是行不通的。① 法律效果的决定亦存在同样情形，是否采取措施，如何采取措施，只有具备无数的经验和专业知识才能作出合理的决定。承认并尊重行政裁量，很大程度上是囿于法院的能力，这是具有合理性的。但机械适用“裁量不予审理”则是有欠缺的。

裁量的价值与裁量的危险是并存的。我们必须明白，“每当有讴歌裁量的事实，就会伴有裁量危险的事实：只有当正确运用的时候，裁量方才是工具，就像一把斧子，裁量也可能成为伤害或谋杀的凶器。在兼有人治与法治的政府当中，人治那一部分就像致命的癌症一样，往往会扼杀法治那一部分”②。在强调行政裁量价值的同时，也必须留意其危险性。在传统上，对裁量行为不审理是法院所遵循的一个基本原则。然而，如果谨遵行政便宜主义而不予以一定的限制，则是存在问题的。行政权不受约束，任意自由裁量，这必然会产生行政的恣意和行政权的滥用。随着法治原则的确立、司法审查技术的发展以及人们对人权保障与权力分立关系认识的变化，控制行政裁量的滥用，规范行政裁量的合理运行，就成为一种需求和趋势。在行政法上，无论是实践还是学说都发展出了一些控制和规范行政裁量的制度、方法和手段。

第一，司法审查行政裁量是法治国家的要求。行政裁量系立法授权行政而行使，超越授权范围行使裁量权自然不能容许，当然为违法行为。然而，什么是裁量？裁量的范围在哪里？对于这些问题的判断并不明确，如果只要是裁量行为就一律排除于司法审查之外，将无法阻止行政权的滥用。因此，将什么是裁量、裁量的范围在哪里等问题的判断权

---

① 参见［德］埃贝哈德·施密特-阿斯曼等著，乌尔海希·巴迪斯选编：《德国行政法读本》，于安等译，343页，北京，高等教育出版社，2006（迪特里希·耶施执笔）。

② ［美］肯尼斯·卡尔普·戴维斯：《裁量正义》，毕洪海译，27页，北京，商务印书馆，2007。

置于司法审查之下，意义重大。[①] 行政机关存在自由裁量、行政裁量不可司法审查的说法，实质上有反法治主义之嫌。

第二，行政裁量广泛存在，多数的行政活动中均存在行政裁量的因素。在法的框架内到底作出何种决定，取决于行政机关对不同因素的考量。可以说，裁量权的行使是行政决定的最重要的环节。而且，由于立法技术等原因，立法往往给行政机关以较大的裁量空间。如果不能对行政裁量的环节进行审查，则所谓司法审查与权利救济很大程度上是在画饼充饥。

概言之，“裁量不予审理”已逐渐成为历史，而“审理但应尊重裁量”、“尊重裁量但裁量应当合理”已成为司法审查的一杆标尺。行政裁量的问题属于法律问题的一部分，应作一元化的理解。如此，裁量问题就属于法院的审理范围。起诉裁量问题，法院不可以裁定驳回诉讼请求，而只能在其诉讼理由不能成立的时候判决驳回起诉。问题不再是裁量是否可以审理，而是裁量权的界限在哪里。

第四节 行政裁量的司法审查强度

鉴于行政裁量的无处不在和界限模糊，司法对行政裁量进行审查，已成为法治国家的基本共识。但司法究竟应该对不同的行政裁量运用何种方法加以审查，进行何种强度的审查，却不甚了了，研究匮乏。司法审查强度问题虽小，但却八面玲珑，它可折射出司法、行政与立法三者之间的关系，牵连着对当事人法益的不同保护。本节将在借鉴国内外理论与司法经验的基础上，梳理我国法院审查行政裁量的实践，力图区分审查的不同强度，并将各式各样的审查方法对应于不同的审查强度，给司法审查权提供必要的体系化指引。

一、类型化司法审查行政裁量强度的意义

在法治发达的国家，随着法治和司法审查的深入发展，不受司法审

---

① ［日］室井力編『行政救済法』（日本評論社、1986 年）308 頁参照（田村悦一執筆）。

查的裁量行为已近绝迹。从行为类型论的角度看，行政行为可分为羁束行为和裁量行为。两者均要受到司法的审查，但前者要受到法院的严格审查，而后者要享受一定程度的司法尊重。至于究竟要给予多大程度的尊重和审查才合理，并无定论。实践中，行政裁量种类繁多，仅就名词而言，就有要件裁量、效果裁量（决定裁量、选择裁量、时期裁量、程序裁量）、技术性裁量、政策性裁量、预测性裁量、预定裁量、规划裁量、行政立法裁量等，不一而足。法院应如何审查，对于不同的行政裁量是否要运用不同的审查方法给予不同强度的审查呢？其间的共性与差异又存在于何处呢？

在我国，法院对行政裁量的审查强度在实践中有所区分，但在判决书中却常常只字不提，对于为何区分也常常处于不知不觉之中。2010年，最高人民法院行政审判庭编写的《中国行政审判指导案例》第1卷中“裁量问题的审查标准”项下共有三则判决，法官们在事后所作的三则判决评析不约而同地论及行政裁量的司法审查强度。① 对此，行政法学应予以回应。②

对于司法审查强度，学者们常常津津乐道，试图将其体系化，法院偶尔也会在自己的判决中明示采取了何种审查强度。为什么要将司法审查强度类型化呢？换言之，司法审查强度类型化具有何种功能呢？笔者以为，大致存在以下四点：其一，维护权利的基本价值。不同的行政裁量对私人法益的影响不同，而且私人法益之间也存在重要性的差异，因此，如果法院能根据私人法益受影响的程度和法益本身的重要性程度对行政裁量决定进行不同程度的审查，就能为充分保障私人法益提供有效的司法支持。其二，给司法审查权

① 当然，法官采用的术语是“司法审查的深度”。参见最高人民法院行政审判庭编：《中国行政审判指导案例》，第1卷，92、98、103～104页，北京，中国法制出版社，2010。

② 应当说，行政法学界对行政裁量的司法审查强度也已尝试着手研究。例如，杨伟东：《行政行为司法审查强度研究》，170～185页，北京，中国人民大学出版社，2003。但将超越裁量与滥用裁量作为审查的两个层次，前者原则上不应尊重行政机关的意见，有待商榷。再如，周佑勇：《行政裁量治理研究》，224页以下，北京，法律出版社，2008。该书主张司法审查标准的抽象化路径是从规则到原则，姑且不论抽象化的必要性，从方法论上而言，每一条规则之后其实也暗含着一个原则。

提供必要的指引。对不同的行政裁量可以运用不同的方法施以不同强度的审查，类型化之后，法院在审查行政裁量权时就可以有一个大致的指引，虽然仍不至于对号入座，但亦可大大节约思维的成本。其三，限制司法审查权的恣意。司法审查权本身实际也存在一定的裁量空间，到底要作出何种强度的审查，法院可能有不同的选择。审查强度的类型化也是司法自我拘束的一种方式，法院不能随意超越某一类型的强度对行政裁量进行审查。如果要超出或低于通常的审查强度，就要说明理由，给出更强有力的论证。其四，维护权力分立，寻求最适当的社会调控。不同的行政裁量包含着不同的法律根据，使行政机关的裁量权具有正当性。立法者主动或者不得已而授予行政机关以裁量权，实际上包含着希望行政机关根据立法进行社会调控的要求。对社会的调控，唯有立法者才最具有民主正当性。法院只是根据自身的能力在一定限度内对行政裁量进行审查，维护或阐明立法的意旨，防止行政裁量权的超越与滥用。不同的司法审查强度体现着立法对行政的不同要求，体现着法院对行政机关不同程度的尊重。

考察大陆法系行政法的理论和实务可以发现，它们均在有意无意地将司法审查强度类型化、体系化，让各种不同的裁量接受不同强度的审查，不同的审查方法对应着不同的审查强度。例如，在法国，1914 年的戈梅尔（Gomel）判例建立了初步的两级强度的审查体系，其标准是看法官是否审查行政机关的事实定性，若审查则为通常的审查，反之则为最低限度的审查。1975 年的帕尔多夫（Pardov）判例除了审查最低限度审查的所有要素之外，还审查行政机关在评价事实时有无明显错误，从而确立了新的有限审查的方式。① 现今，法国对行政裁量进行实体上的合法性审查，行政法院大致区分了三种类型的审查强度：（1）最小限度的控制或限定的控制，适用于行使行政权限的要件中使用了不确

---

① 参见陈咏熙：《法国法上的行政裁量及其司法控制》，载朱新力主编：《法治社会与行政裁量的基本准则研究》，138 页，北京，法律出版社，2007。该文作者认为，现在存在四种强度，即最低审查、有限审查、一般审查和比例审查。法国行政法学家沙皮（Chapus）认为，只存在有限审查和一般审查两种强度。参见前揭文。

定法律概念或者缺少法律要件规定的情形，其审查方法主要有法的错误、滥用权力和对要件事实实质正确性的控制。（2）通常的控制，适用于可从法律明确规定直接推导出一定的要件或者援用事情的性质或立法者的意思推导出一定要件的情形，其审查方法主要是对要件事实的法的性质认定进行判断。（3）最大限度的控制，适用于侵害重要的公民自由和财产权的情形，其审查方法主要是对要件事实与行政决定之间的均衡比例性进行审查。① 在日本，同样存在将司法审查强度类型化的做法，有学者总结司法实践后也是将审查强度分为三种类型，分别是：（1）最小限度的审查，主要是通过行政机关的判断是否完全缺乏事实根据、在社会观念上是否明显不当等方法进行审查；（2）中等程度的审查，主要是对行政判断过程进行合理性审查；（3）最大限度的审查，主要是对法律要件代为实体性判断（“判断代置”）。②

法国、日本学者均归纳出行政裁量的三种司法审查强度，笔者以为对我国的审判实践也是有借鉴意义的。相对而言，日本《行政案件诉讼法》第 30 条关于行政裁量审查标准的规定与中国《行政诉讼法》第 70 条的规定是相近的，有这样的实定法基础，比较借鉴的可能性更大。梳理中国的审判实践也可以发现，这三个等级，即最小审查、中等审查和严格审查也是大致存在的，也对应着不同的审查方法。但中国的审判实践出现了两头热的情形，即过于注重最小审查和严格审查，而中等审查却相对稀少，其审查方法相对单一。而且，在严格审查上，又忽视了权力分立的基本要求，也需要作出变革。下文即以三种司法审查强度为参照系，对中国的审判实践进行梳理，同时结合大陆法系的经验对中国的现实做法提出一点改革的建议。

二、司法对行政裁量的最小审查

司法对行政裁量的最小审查，适用于裁量空间大或不甚重要的权益情形，主要针对效果裁量的实体性内容以及所有行政裁量的程序性内容，其审查的方法主要是运用裁量权超越滥用论和正当程序论进行审查。

---

① ［日］亘理格『公益と行政裁量』（弘文堂、2002 年）70～72 頁参照。

② ［日］小早川光郎『行政法講義下Ⅱ』（弘文堂、2005 年）194～197 頁参照。

(一) 裁量权不得超越与滥用

合法性审查是我国《行政诉讼法》所确定的基本原则之一。王汉斌在行政诉讼法草案说明中指出:“行政机关在法律、法规规定范围内作出的具体行政行为是否适当,原则上应由行政复议处理,人民法院不能代替行政机关作出决定。”[①] 但我国《行政诉讼法》第 70 条亦规定,对超越或滥用职权(包括滥用裁量权)的情形可以判决撤销,第 72 条规定对不履行法定职责(包括裁量权消极滥用)的情形可以责令其履行。这种审查方法在一定程度上是尊重行政裁量的,但同时也表明,行政裁量权不是没有界限的,在其超越、滥用时可予以审查。

正如有的法官所指出的那样,行政机关裁量行为仅存在不当的瑕疵,则司法审查不应介入;如行政机关裁量行为超过必要的限度构成违法,则应当接受司法审查。[②] 另有法官认为,“只有在行政行为严重不合理,构成根本违法的情况下,法院才能进行干预”[③]。概言之,行政裁量如果明显不当,就构成违法,就要接受司法审查。相反,如果只有一定的合理性问题,则常常不予审查。[④] 这就是法院对行政裁量所施加的最低限度的审查。从法院的判决来看,这种最低限度的审查主要是针对效果裁量的实体内容进行的。效果裁量的自由度较大,这种自由度要么来源于客观现实的需要,要么来源于立法的授权。因此,法院的审查干涉程度就不能太大,否则就有违该种裁量正当化事由的要求,有违司

---

① 王汉斌:《关于〈中华人民共和国行政诉讼法(草案)〉的说明——1989 年 3 月 28 日在第七届全国人民代表大会第二次会议上》,载《最高人民法院公报》,1989 (2),13 页。

② 参见石坚强、俞朝凤:《正当程序原则在司法审查中的运用——彭淑华诉浙江省宁波市北仑区人民政府工伤行政复议案评析》,载《中国行政审判指导案例》第 1 卷,103~104 页,北京,中国法制出版社,2010。

③ 王伟:《执法机关严重违反比例原则暂扣车辆给当事人造成损失的应当承担赔偿责任——王丽萍诉河南省中牟县交通局交通行政赔偿案评析》,载《中国行政审判指导案例》,第 1 卷,92 页,北京,中国法制出版社,2010。

④ 例如,厦门市集美区人民法院认为,“被告集美大学做出的‘受过留校察看以上行政处分而不授予学士学位’的规定属于合理性问题,根据我国行政诉讼法的规定,对具体行政行为的合理性不作审查”。廖志强诉集美大学不授予学士学位案,福建省厦门市集美区人民法院(2004)集行初字第 1 号行政判决书,2004 年 10 月 25 日。该案载《人民法院案例选》,2005 (2),422 页,北京,人民法院出版社,2006。

法不得侵犯立法的要求。

裁量权的超越与滥用理论是最传统的审查行政裁量的方法。德国《联邦行政法院法》第 114 条规定，“对行政机关有权依其裁量作出的行为，行政法院也有权对行政行为、拒绝作出行政行为或对行政行为的不作为是否违法进行审查，审查行政机关是否超越法定裁量界限，是否以不符合裁量授权目的方式使用裁量。行政机关在行政诉讼阶段，也可依其裁量判断对被审理的行政行为作出补充”。日本《行政案件诉讼法》第 30 条规定，“有关行政机关的裁量处分，限于超越裁量权范围或滥用裁量权时，法院可以撤销”①。

（二）裁量权超越滥用论的审查方法

司法运用裁量权超越滥用论审查行政裁量，其具体的判断方法大致有以下几种：

1. 误认事实型审查

准确地认定事实，是行政裁量权适当行使的前提。不存在符合法律要件的事实就作出行政决定，其裁量就是违法的。应该说，误认事实本不属于行政裁量的界限问题，但对事实的认定却常常伴随着对事实的评价，从而在这一点上与裁量问题密切相关。事实问题由于是行政裁量决定合法性的前提，所以成为裁量合法性的构成要件之一。大陆法系的法官正是借助于这种对合法性的扩大理解，加强了对行政裁量合理性的控制。我国的法院一般不区分法律问题和事实问题，在判决中很少表现出对行政机关认定事实的尊重，只要事实认定错误，就会撤销行政裁量决定。这种做法与大陆法系的逻辑或许有所不同，但其实际效果是类似的。

---

① 这一审查方法也构成了之后其他审查方法的基础。日本 2004 年修改行政诉讼法增加了课予义务诉讼和禁止之诉两种诉讼类型，均强调法院认为行政机关未作出该处分是超越裁量权范围或滥用裁量权的，法院方可判令其作出与履行之诉有关的处分或裁决，或者判令行政机关不得作出该处分或裁决（第 37 条之 2，第 37 条之 4）。日本法院在运用行政裁量收缩论进行审查的时候甚至亦以裁量权消极滥用之名作为审查的基础，可见其影响之大。日本最高裁判所 1989 年 11 月 24 日判决（京都府宅建业法案），最高裁判所民事判例集 43 卷 10 号 1169 頁；日本最高裁判所 1995 年 6 月 23 日判决（氯喹诉讼），最高裁判所民事判例集 49 卷 10 号 1600 頁；日本最高裁判所 2004 年 10 月 15 日判决（关于关西水俣病国家赔偿诉讼），最高裁判所民事判例集 58 卷 7 号 1802 頁参照。

2. 违反目的型审查

原则上，不允许法院评判行政决定的动机，决定的动机体现了应保留在积极行政管理中自治的一面，但在权力滥用的案件中，必须有限制地评判动机。[①] 行政机关行使裁量权不同于私人的行为，它必须受到法律目的的限制，即使其处于裁量权范围之内，如果不符合法律授权的目的，则该裁量决定仍然是违法的。如果法律规定了行政行为的具体目的，则行政机关不得违反；如果没有规范具体目的，那么公共利益作为一般目的也要对行政机关加以限制。法院审查行政裁量决定的目的，并不是以自己臆想的目的取代行政的目的，而是要确保行政的目的与法律目的之间的一致性。当然，要查明行政的目的是存在很大困难的，仅仅通过书面审理案卷材料还很难查明行政机关的主观目的。也正是因为这个原因，司法对行政目的的审查正处于衰退之中，权力滥用只在没有其他客观理由时才补充适用。[②]

3. 社会观念审查

社会观念审查是一种对行政裁量进行有限的实体性审查的方法，它首先承认行政裁量权的广泛性，但如果参照社会观念来看，裁量明显欠缺妥当性，即认定其违法。[③] 1913 年，德国行政法学家 W. 耶利内克率先将社会观念导入控制裁量的理论，他“希望通过诉诸法律目的和社会观念来排除多义性不确定概念中的裁量性，从而使不确定概念确定化”[④]。之后，这一审查方法就在不少司法判决中被提及，并经常被表述为“社会观念上明显缺乏妥当性”[⑤]，从而判定超越行政裁量权的范围而违法。我国《行政诉讼法》第 70 条规定的“滥用职权”、“明显不

---

① 参见［法］莫里斯·奥里乌：《行政法与公法精要》上册，龚觅等译，542 页，沈阳，辽海出版社、春风文艺出版社，1999。

② 参见王名扬：《法国行政法》，695 页，北京，中国政法大学出版社，1989。

③ ［日］榊原秀訓「学生に対する措置と裁量審査」宇賀克也ほか編『行政判例百選Ⅰ第 6 版』（有斐閣、2012 年）170 頁参照。

④ ［日］宫田三郎『行政裁量とその統制密度（增補版）』（信山社、2012 年）37 頁。

⑤ 例如，日本最高裁判所 1977 年 12 月 20 日判決，最高裁判所民事判例集 31 巻 7 号 1101 頁（神户海关案，关于公务员的惩戒处分，可参见本书第一章第二节四）；日本最高裁判所 1978 年 10 月 4 日判决，最高裁判所民事判例集 32 卷 7 号 1223 頁（关于外国人延展居留期间的不许可决定）。

当”（1989 年《行政诉讼法》为“显失公正”），实际上就可以通过导入社会观念来判定。例如中牟县人民法院曾判决认为，“具体行政行为的合法性……还包括行政机关在自由裁量领域合理使用行政自由裁量权，明显不合理的具体行政行为构成滥用职权”[①]。什么是“明显不合理”，就可以诉诸社会观念的标准。上海市第一中级人民法院在一则判决中指出：

> 根据《企业名称登记管理规定》第九条第一、二项规定，企业名称不得含有有损于国家、社会公共利益、可能对公众造成欺骗或者误解的内容和文字。这是一条明确的禁止性规定，但又是一条原则性规定。在这种情况下，被上诉人市工商局作为主管行政机关当然地具有自由裁量权。行政诉讼中，司法对自由裁量行政行为的合法性审查只有一个标准，即自由裁量权是否被滥用并达到令正常人无法容忍的程度。[②]

社会观念，亦被称为社会通念、社会的一般观念，其实在民法（相当于习惯）、刑法（相当于常识或经验法则）的判决中时常使用，在行政法亦是如此。在现实中，人们的观念－日常的行动－法的纷争－法律制度是相互关联相互作用的。人们的观念对上述关系会有所反应，法律制度也会对人们的观念有所反馈，从长远来看，人们的观念和行动有时对法官造法也是有意义的，反过来，对立法机关的立法也有直接或间接的贡献。[③] 国家的实定法一方面有其封闭性，另一方面也具有开放性，对于某些规定可以有弹性的解释。而社会观念在这其中就可以发挥其积极的作用。社会观念大致可相当于没有被成文化的法，可以对实定法进行解释和补充。当然，在社会观念审查中，社会观念的内容并不一定明确，故而用支配现状的社会观念来导入违法性存在明显的限定。

4. 法律原则型审查

在缺乏法律规则加以审查时，法院可以通过适用法律原则来审查行

---

① 王丽萍诉中牟县交通局行政赔偿纠纷案，载《最高人民法院公报》，2003 (3)，36 页。

② 陆煜章不服上海市工商行政管理局企业名称驳回通知案，上海市第一中级人民法院（2003）沪一中行终字第 194 号行政判决书，2003 年 11 月 25 日。

③ ［日］矢崎光圀『日常世界の法構造』（みすず書房、1987 年）263 頁参照。

政裁量的合法性。裁量权的行使，不得违反宪法原则和其他法律原则。由于行政的广泛性与复杂性，法律原则作为法源的一种，对确保裁量权的正当行使就具有不可忽视的作用。也正是因为法律原则的存在和运用，才真正填补了实定法的漏洞，将行政裁量圈定在法治的四角天空之中。

在行政诉讼中，司法常用的法律原则有比例原则、平等原则和信赖保护原则等。在具体的案件中，行政机关行使裁量权，法律后果的选择不符合法律目的（这一点与前面的“违反目的的审查”相同），或者所选择的措施缺乏必要性、给相对人和其他利害关系人造成的损益不均衡，这时就违反了比例原则。当然，比例原则的审查方法本身在审查强度上也有高低之分，一般可分为明显不均衡（最低强度）、相当不均衡（中间强度）和不具有严密的均衡性（最高强度）三种[①]，在司法审查中多适用前两种审查强度。明显不均衡属于这里所说的最小限度的审查。

法院有时也适用平等原则来规范裁量权的行使。2002 年北京市高级人民法院就曾在判决中指出：行政机关运用裁量程序进行行政管理时，应确保其所选择适用的程序能够平等地对待各方行政相对人，符合法律的基本原则和目的，体现公平、公正、正当的精神，不得因此侵犯其他相对人的合法权益。[②] 平等原则包括两个部分的内容，其一，禁止恣意，如果行政机关区别对待，就不能没有一个合理的理由。其二，遵循行政规则和惯例，实行行政自我拘束。对于相同的案件，行政机关没有正当理由就不得有不同的处理，以避免构成对当事人的不平等对待。在海南华信旅游公司案中，海口市中级人民法院指出：

> 被告应当在处罚原告的决定中用事实区别原告与海南省民族旅行社二者之间违法行为的不同，应当用事实证明原告的违法行为属于《海南省旅游管理条例》第 42 条第 2 款规定的“情节严重的”行为，以确保其实施吊销原告业务许可证的行政处罚与原告违法行为的事实、性质、情节及社会危害程度相当。否则，被告就应当对

---

① ［日］亘理格『公益と行政裁量』（弘文堂、2002 年）240 頁参照。

② 参见仓山白湖印刷厂诉国家商标局复审行为违法案，载《人民法院案例选》（2004 年行政·国家赔偿专辑），165 页，北京，人民法院出版社，2005。

犯有同样性质违法行为的行政管理相对人给予同种类的行政处罚，以确保执法公正及平等保护行政管理相对人的合法权益。①

行政机关从公益出发，可以对撤销、废止行政行为享有较大的裁量权。但是，其自由度是有限的，在涉及授益性行政行为时，就必须考虑行政相对人和利害关系人正当合理的信赖，就必须受到信赖保护原则的限制，作出正确的裁量决定。② 违反信赖保护原则，即构成行政的裁量权的超越和滥用。该原则 2004 年被《行政许可法》部分法定化之后，在我国司法中有所应用，对于控制裁量权的滥用发挥了一定作用。

（三）正当程序论的程序性审查

程序性审查，即审查行政裁量是否遵守了法定程序。除了紧急情况有特殊需要外，遵守行政程序，对行政机关来说是最低的要求，也是最容易满足的要求，所以，司法对行政裁量权行使的程序进行审查，能够适用于行政裁量的各种类型，司法对行政的干涉程度也是最小的。对于行政裁量违反程序性要求的，法院判决撤销的实定法根据是《行政诉讼法》第 70 条第 3 项“违反法定程序”可判决撤销。

程序性审查是新近发展出来的一种司法审查方法，它一方面是行政程序理念深入发展的结果，另一方面也是行政高度专门化、行政过程日益复杂化而司法审查能力有限的要求。③ 法院可以仅仅审查行政裁量的程序是否合法、是否正当，例如在张成银诉徐州市人民政府房屋登记行政复议决定案中，江苏省高级人民法院着重审查了徐州市人民政府没有以适当的方式通知利害关系人参加复议并听取意见是否具有合法性。江苏省高级人民法院指出：

> 行政复议法虽然没有明确规定行政复议机关必须通知第三人参

① 海南华信（集团）旅游公司诉海南省旅游局旅游纠纷案，海南省海口市中级人民法院（2001）海中法行初字第 2 号行政判决书，2001 年 6 月 27 日。需要说明的是，对于行政机关违法的行政决定是不能要求平等对待的，参见涂娅与云阳县双江镇人民政府等移民安置补偿纠纷上诉案，重庆市第二中级人民法院（2006）渝二中行终字第 64 号行政判决书，2006 年 9 月 15 日。

② 关于为何要受信赖保护原则的限制，详细分析可参见王贵松：《行政信赖保护论》，95 页以下，济南，山东人民出版社，2007。

③ 参见［日］原田尚彦：《诉的利益》，石龙潭译，184 页，北京，中国政法大学出版社，2014。

> 加复议，但根据正当程序的要求，行政机关在可能作出对他人不利的行政决定时，应当专门听取利害关系人的意见……徐州市人民政府未听取利害关系人的意见即作出于其不利的行政复议决定，构成严重违反法定程序。①

法院也可以在审查行政裁量的实体性问题的同时进行程序性审查，例如，在田永诉北京科技大学案中，北京市海淀区人民法院一方面认定北京科技大学退学决定的依据无效，另一方面认为，北京科技大学作出处分决定没有听取田永的申辩，不具有合法性。它指出：

> 按退学处理，涉及到被处理者的受教育权利，从充分保障当事人权益的原则出发，作出处理决定的单位应当将该处理决定直接向被处理者本人宣布、送达，允许被处理者本人提出申辩意见。②

裁量的程序有法律的明文规定时，法院只需要准确地认定事实、解释法律，对号入座进行判断即可。但若缺乏这样的法律规范，法院则需要从法律中推导出一定的依据，论证行政裁量应遵循什么样的程序才是正当的程序。法院在判决时往往把违反未法定的正当程序也作为违反法定程序来对待。③

程序性审查对于那些以往认为不大适合司法审查的政策性裁量、具有预测未来性的裁量是非常适合的。④ 法院并不具备把握政策的适当能力，也没有预测未来的必需资料和能力。但这并不意味着司

---

① 张成银诉徐州市人民政府房屋登记行政复议决定案，载《最高人民法院公报》，2005（3），43页。这一判决也影响了前引彭淑华案判决，参见《中国行政审判指导案例》，第1卷，103页，北京，中国法制出版社，2010。

② 田永诉北京科技大学拒绝颁发毕业证、学位证案，载《最高人民法院公报》，1999（4），142页。

③ 当然，在存在多种程序的选择时，即存在程序裁量时，司法审查同样应受到一定的限制。我国《行政诉讼法》规定虽然行政行为（含行政裁量）违反法定程序的可以判决撤销，但并不可以认为，违反了法定程序就一定要予以撤销，程序裁量的价值同样应予尊重。

④ 例如，环境诉讼中，围绕着是开发还是环境的纠纷上，法院对于开发的必要性、环境保全的必要性是不大适合作实体上审查的，但又不能毫无审查，运用程序性审查的方法常能受到较好的效果。参见［日］原田尚彦：《环境法》，于敏译，190～191页，北京，法律出版社，1999。

法不可以对这种裁量进行审查，法院仍然需要维持立法对社会的适当控制。法院不必直接判断行政裁量实体上的适当性，而只需审查行政机关是否遵守了法定程序，看其是否履行了必要的手续、遵循了必要的步骤。程序性审查，“可以间接地保证行政判断的公正性，促进行政意思形成过程的公正化、透明化和民主的法律秩序的形成”①。在《行政程序法》尚付阙如的情况下，我国法院已经创造性地、卓有成效地运用正当程序原则对行政裁量进行了审查，日后需要加强的便是提高适用的说理性，说明这些尚未成文化的原则是从何而来、又是如何适用的。

应该说，上述对行政裁量的最小审查，是我国法院运用较为娴熟的一种审查，基本上各种审查方法也都曾有所运用。但是，法院不能仅仅满足于对行政裁量的最小审查，而放弃了中等程度甚至是严格的审查，后者往往是涉及重大法益的案件，也是亟待法院加强审查的领域。

三、司法对行政裁量的中等审查

司法对行政裁量的中等审查，主要是针对要件裁量，但对专业性、政策性比较强的行政裁量和规划裁量等有时也可以适用。一般认为，法院可以对要件裁量进行较为严格的审查。但如果要件中包含着可以有判断余地的不确定法律概念时，法院的审查又要有所放松。对于技术性裁量、政策性裁量和规划裁量，法院囿于自身的能力而难以审查，但往往因为其中所涉问题包含着重大的利益，又需要进行审查。所以，若有一定的方法加以审查，其干涉的程度就已相对较大，故而亦属于中等程度的审查。中等程度的审查主要审查行政裁量的过程本身的合理性。这一强度的审查方法主要包括以下三种：

（一）根据判断余地说的司法审查

所谓根据判断余地说的司法审查，是指司法原则上要对整个行政裁量进行审查，但行政机关对不确定法律概念存在判断余地时可抑制自身的审查。判断余地理论系由德国法学家巴霍夫于 1955 年提出，他“将行政机关在使用不确定的法律概念过程中享有的不受法院的审查的涵摄

---

① ［日］原田尚彦『行政法要論　全訂第六版』（学陽書房、2005 年）153 頁。

自由称为'判断余地'"①。之所以强调要原则上对不确定法律概念进行严格审查，是因为"尽最大可能确定行政行为的合法前提"是法治国家的基本原则②，如果不将判断余地控制在一个狭小的范围之内，则立法者的意旨无以传达，法治国家的目标也无以实现。之所以要强调给行政机关保留一定的判断余地，是因为有时候不存在补充事实认定的可能性，或者补充了会给其他法益带来不适当的侵害。

德国联邦宪法法院和联邦行政法院在一系列案件中承认了判断余地的存在，主要包括以下四种情形：（1）不确定法律概念的内容理解取决于预测性决定和具有评估性质的风险，也就是所谓预测余地，其特点在于对不明朗情况的预测和政治性的判断。（2）根据有关个性特征、能力、机智程度等方面的个人印象作出的有关个人品格的判断，例如公务员法上的评价。这种判断取决于不能回转的情况和较长时间的合作，在诉讼程序中不可能再现。（3）行政决定的根据是高度人身性的专业判断，例如各种考试，其不受审查的理由在于机会均等的可比性判断，如果原告获得了新的考试机会，那么其考试结果是无法与其他没有起诉的人相比的，这就侵犯了其他人的机会均等的权利。（4）各方利益集团或者社会代表组成的独立专家委员会负责对不确定法律概念作出的具有最终约束力的判断，在这当中起作用的是非国家化的观点以及基本权利有效保护方面的多元化意见形成过程。③ 虽然判断余地原则上不受司法审查，但近些年来，法院对其还是施加了一定程度的审查，例如，对于考试评阅中的判断余地，法院也会考虑应考者的答题余地或作答自由。

在我国的司法实践中，虽然没有明确提出"判断余地"的概念，但是对于某些事项是基本上不予审查的，与德国的判断余地理论有着某种共通的地方。例如，对于专利问题，法院一般会认为这属于行政机关的自由裁量权，法院不予评价。对于学术问题，法院也会让专家去做判

① ［德］汉斯·J·沃尔夫、奥托·巴霍夫、罗尔夫·施托贝尔：《行政法》，第1卷，高家伟译，351页，北京，商务印书馆，2002。

② 参见［德］埃贝哈德·施密特-阿斯曼等著，乌尔海希·巴迪斯选编：《德国行政法读本》，于安等译，347页，北京，高等教育出版社，2006（迪特里希·耶施执笔）。

③ 参见［德］汉斯·J·沃尔夫、奥托·巴霍夫、罗尔夫·施托贝尔：《行政法》，第1卷，高家伟译，352～357页，北京，商务印书馆，2002。

断，而不是自行作出决定。对于考试中的评判，法院也是尊重行政部门和评阅人员的判断。[①] 而在这些类型案件之外，法院是要进行严格审查的。

(二) 补充要件的司法审查

所谓补充要件，是一种对法律要件空白和效果裁量（决定裁量和选择裁量）中的裁量权进行限定解释的审查方法。有时，法条看上去形式上全面委托行政机关以裁量权，而法院补充法条文字上所没有产生的要件，为裁量权设定一定的框架，但又不至于以法官的判断代替行政机关的判断，而仍然保留行政机关的裁量权。[②]

其实，这种补充法律要件的行为正是法院找法、续法的一个过程。这本身并不是法院造法，而是在寻找立法者零零散散规定在这里那里的意旨。法律要件有时会出现空白或者不完整，但是根据法的目的应该予以限制，这时可根据法的目的对其进行一定的限制，这在法理上称为“目的论的限缩”[③]。目的论的限缩始终坚持法律目的所划定的界限，始终寻找对法的恰当理解，它仍然是忠实于法律，而非法官造法。举例来说，在日本，无论是国家公务员法还是地方公务员法中均未规定对试用期内的职员适用身份保障的规定，这样对这种职员的身份处分就是行政机关的自由裁量。判例于是就探究附条件录用制度的目的，认为这一制度当然是旨在排除不适格的人，因而任命权者的解职处分等就应限制在合理的范围之内。要将试用期内的职员免职，只应是有合理的理由证明续聘其职加以任用是不适当的。因此其判断就属于羁束裁量。[④]

在我国，法院偶尔也会运用这种方法进行限缩解释。例如，原《流通环节食品安全监督管理办法》（2015 年失效）第 53 条规定，违反本办法第 9 条第 1 款第 13 项、第 23 条第 2 款的规定的，没收违法所得、违法经营的食品和用于违法经营的工具、设备、原料等物品。在一起案件中，杭州市萧山区法院认为，“该条规定的处罚内容是需要结合违法行为的性质和情节等实际情况予以选择适用，而并不是一律全部适用。

① 详见本书第一章第四节四。

② ［日］阿部泰隆『行政裁量と行政救済』（三省堂、1987 年）165 頁参照。

③ ［德］卡尔·拉伦茨：《法学方法论》，陈爱娥译，267 页，北京，商务印书馆，2003。

④ ［日］阿部泰隆『行政裁量と行政救済』（三省堂、1987 年）173 頁参照。

本案中，第三人在经营中涉及违法销售涉案沙琪玛只占其经营业务的极小部分，原告以此要求没收第三人的货架和收银机等设备于法无据。同时，《管理办法》规定的'没收违法所得'仅仅是指被处罚人因违法行为所获得的利益，即赚取的利润，故原告要求没收第三人全部涉案款项亦缺乏法律依据"①。法院也是运用补充要件的方法限缩了法律效果的适用。

（三）判断过程的司法审查

所谓判断过程的司法审查，是指司法居于中立的第三者立场对行政的判断过程进行合理性审查。② 这种审查与程序性审查可能有部分重合之处，但不可完全等同视之。两者关注的侧重点有所不同，程序性审查着重于行政裁量所要遵循的手续、时限等，而判断过程的审查则主要着眼于行政判断是否没有考虑应该考虑的因素、是否考虑了不应该考虑的因素、是否过分夸大或缩小某些因素的效果、是否听取了反对者的意见、是否研讨了替代的方案。程序性审查只是针对程序进行审查，而判断过程的审查实际上是从过程着手对实体进行审查，换言之，它是程序性的实体审查。③ 如果审查行政的判断过程发现其具有瑕疵，法院可以撤销行政决定，让行政机关适当地履行公正判断的义务，作出适当的裁量决定。法院审查的根据就在于，行政机关本来对其基于怎样的信息、立于何种观点作出判断负有说明的责任。④

对于具有广泛裁量性的规划裁量，法院可以适用这种方法进行审查。在日本的日光太郎杉案中，东京高等法院判决认为，建设大臣轻易不当地轻视了本来最应重视的诸多要素与价值，其结果当然是未尽应尽的考虑，而容许考虑了本来不应容许考虑的事项，或者过高评价本不应

① 方苗坤诉杭州市工商行政管理局萧山分局行政处罚案，浙江省杭州市萧山区人民法院（2014）杭萧行初第593号行政判决书，2014年12月19日。

② 需要说明的是，在司法实践中，对于判断过程合理性的审查，除了应用于这种中等程度审查之中，但有时也适用于上述裁量滥用论的审查（参见［日］小早川光郎：《行政诉讼与裁量统制》，王天华译，《行政法学研究》，2006（3），130页）。与此类似，比例原则的审查可以用于最小审查，也可以用于严格审查。这或许也说明，审查方法或审查标准本身具有相对中立性，可以在不同的审查强度下使用。

③ 参见王天华：《行政裁量与判断过程审查方式》，载《清华法学》，2009（3），100页。

④ 参见［日］盐野宏：《行政法总论》，杨建顺译，90页，北京，北京大学出版社，2008。

过高评价的事项，这些会有左右建设大臣上述判断的情形，其判断在裁量判断的方法及过程上是有错误的，应认定其违法。[①] 对于专业技术性裁量、预测未来的决定等，司法可以适用这种方式进行审查。在著名的伊方核能发电厂案件中，日本最高法院并没有对核反应堆设施的安全性进行实体性审查，而是对行政厅的判断过程进行合理性审查。法院指出，对于核反应堆设施是否符合具体的审查标准，核能委员会和核反应堆安全专门审查会的调查审议以及判断的过程具有难以宽恕的过错和欠缺，而被告行政厅据此作出判断，并许可设置核反应堆，应当以其判断不合理为由认定许可是违法的。[②] 在之后的审定教科书案中，日本最高法院认为教科书审定属于学术、教育上的专业技术性判断，被委任给了行政机关合理裁量，但文部省审定教科书的过程并不存在难以宽恕的过错[③]，再次适用了判断过程型审查。

在我国的丰浩江等人诉广东省东莞市规划局房屋拆迁行政裁决纠纷案中，广东省高级人民法院认为，由于作出《评估报告》的两位评估人员中有一位不具备法定评估资格，且评估人员既未对委托方房地产开发公司提供的资料进行审核，亦未能依法取证证明其所采纳的租金标准，在程序上存在严重违法。[④] 法院在这里对评估的结果本身没有进行审查，而是对评估过程中的主体资格、考虑因素等进行审查，实际上也是适用了判断过程的审查方法。

四、司法对行政裁量的严格审查

司法对行政裁量的严格审查，主要是针对要件裁量和涉及重大法益

---

① 東京高等裁判所 1973 年 7 月 13 日判決，行政事件裁判例集 24 巻 6・7 号 533 頁参照。

② 日本最高裁判所 1992 年 10 月 29 日判決，最高裁判所民事判例集 46 巻 7 号 1174 頁参照。

③ 日本最高裁判所 1993 年 3 月 16 日判決，最高裁判所民事判例集 47 巻 5 号 3483 頁；最高裁判所 1997 年 8 月 29 日判決，最高裁判所民事判例集 51 巻 7 号 2921 頁参照。

④ 丰浩江等人诉广东省东莞市规划局房屋拆迁行政裁决纠纷案，载《最高人民法院公报》，2004 (7)，38 页。类似的案件有：肇庆外贸公司诉肇庆海关海关估价行政纠纷案，载《最高人民法院公报》，2006 (5)，43 页；陆廷佐诉上海市闸北区房屋土地管理局房屋拆迁行政裁决纠纷案，载《最高人民法院公报》，2007 (8)，48 页。

保护的裁量。在这里，司法主要针对行政判断的实体内容展开，对行政裁量的审查表现出了积极的姿态，对行政的干涉程度也是最强的。其审查的方法主要包括以下三种：

（一）代为实体性判断的司法审查

所谓代为实体性判断的司法审查，是指司法从实体法方面看行政行为是否符合法律的规定，对其进行全面审查，其结果与行政的判断一致则予以肯定，如果不一致则可以自己的判断代替之，撤销行政决定。行政机关所享有的裁量权属于羁束裁量、而又不属于判断余地的领域时，法院可以用这种方法进行审查，而无越权之嫌。

在日本，1956 年的一个判决被认为是采用判断代置方式的典型案例。该案中，法院认为，旧《农地调整法》规定农地租借权的设定和转移需经行政机关承认，却没有规定承认的客观标准。但这并不意味着立法者将其委任给行政机关自由裁量，行政机关只有在实现法律目的的必要限度内才可拒绝承认，否则构成违法。换言之，承认与否并不属于农地委员会的自由裁量。① 这一案件与前述的要件补充实际上有很大的相似之处，法院将其转化为羁束裁量然后加以审查。稍有不同的是，法院补充的要件如果属于行政机关享有判断余地的要件，则法院不应进行最严格的代为实体性判断的审查，而应进行中等程度的审查。

法院代为实体性判断，是否有悖于分权原则呢？这也是这一审查方法最易引起争议的问题。我国学者多数认为，法院不能代替行政机关作出实体性判断。但我们应看到，法院代为实体性判断并不是要适用于所有的行政裁量，而只是适用于要件裁量中很小一部分的行政裁量。法律要件的规定虽然使用了不确定法律概念，但其适用领域如果并不属于“判断余地”，则司法对其进行实体性判断，是符合立法目的的。因为解释、适用法律是法院的专门领域，如果法律要件的内涵以常人的经验就可以得出一致性的解释，那么，法院对这一要件的解释优先于行政机关的判断。但是在我国司法实践中，法院一般不进行这种代为判断的审查，而表现出了较大程度上的尊重，唯恐冒犯了行政的威严，侵入了行政的自主领域，殊不知这也是对立法所赋予之法

① 日本最高裁判所 1956 年 4 月 13 日判决，最高裁判所民事判例集 10 卷 4 号 397 頁参照。

定权限的懈怠。

(二) 明显不当型的司法审查

前文所说代为实体性判断，并非代替行使行政职权。1989 年行政诉讼法第 54 条第 4 项规定，“行政处罚显失公正的，可以判决变更”。这实际上是对行政裁量最大限度的审查，但这一立法例却是值得商榷的。当初对权力分立也是有所考虑的①，但考虑到避免当事人的讼累，让法院直接行使了行政机关的职权，是违反分权原则的。遗憾的是，在 2014 年修法时，“根据审判实际需要”，还进一步“扩大变更判决范围”。2014 年行政诉讼法第 77 条第 1 款规定，“行政处罚明显不当，或者其他行政行为涉及对款额的确定、认定确有错误的，人民法院可以判决变更”②。对于显失公正（明显不当），法院常用的判断方法有以下几种：

1. 比例原则

在著名的黑龙江省哈尔滨市规划局与黑龙江汇丰实业发展有限公司行政处罚纠纷上诉案中，涉及企业的重大财产利益，最高人民法院采用了严格审查，利用比例原则对案件作出了实体性判断，它指出：

> 规划局所作的处罚决定应针对影响的程度，责令汇丰公司采取相应的改正措施，既要保证行政管理目标的实现，又要兼顾保护相对人的权益，应以达到行政执法目的和目标为限，尽可能使相对人的权益遭受最小的侵害。而上诉人所作的处罚决定中，拆除的面积明显大于遮挡的面积，不必要地增加了被上诉人的损失，给被上诉人造成了过度的不利影响。原审判决认定该处罚决定显失公正是正

① 行政诉讼法草案说明指出：“人民法院……不要对行政机关在法律、法规规定范围内的行政行为进行干预，不要代替行政机关行使行政权力，以保障行政机关依法有效地进行行政管理”；“至于行政机关在法律、法规规定范围内作出的行政处罚轻一些或者重一些的问题，人民法院不能判决改变。”王汉斌：《关于〈中华人民共和国行政诉讼法（草案）〉的说明》，载《最高人民法院公报》，1989 (2)，12、14 页。

② 2014 年行政诉讼法将“明显不当”分别作为撤销判决（第 70 条）和变更判决（第 77 条）的理由。从变更判决的“可以”式表述来看，在明显不当的情形中，变更判决是撤销判决的补充，易言之，变更判决具有补充性。

确的。①

2. 平等对待

在一起治安案件中，涉及采取限制人身自由的行政措施，法院采用了严格审查，并用平等对待原则去判断是否显失公正。法院认为：

> 上诉人林烜玮与上诉人罗生玉因拖拉机弃土一事发生纠纷，双方互相谩骂并扭打，尔后双方亲友多人参与互殴，造成双方当事人中多人轻微伤……双方当事人对事件的发生均有过错，且均有违法行为。上诉人南平市公安局延平分局应充分考虑各行为人在该事件中所起的作用予以适当处罚，上诉人南平市公安局延平分局对上诉人林烜玮处以治安拘留15天的最重治安处罚，这一处罚与同一事件中对方违法行为人只受到罚款的处罚相比，处罚太重。原审法院将这一处罚变更为治安拘留7天。并无不当。②

3. 考虑不周

在一起交通肇事案件中，涉及人身自由的限制，法院采用了考虑因素的审查方法来判断是否显失公正。洛阳市西工区人民法院指出，已经通过摩托车驾驶考试后在等待发证期间驾驶摩托车并发生交通事故的，应当在法定幅度内给予较轻的治安管理处罚。行政机关对这一因素未加考虑的，属于行政处罚显失公正。③ 这也是对公安局判断过程的审查，但它还进一步作出了实体性决定，其强度超出一般的判断过程型审查。在姜玉英诉涡阳县公安局治安管理处罚显失公正案，安徽省涡阳县人民法院同样也使用了考虑因素的审查方法：

> 涡阳县公安局作出的第2610号治安处罚裁决书虽然认定事实

① 黑龙江省哈尔滨市规划局与黑龙江汇丰实业发展有限公司行政处罚纠纷上诉案，最高人民法院（1999）行终字第20号行政判决书，2000年4月28日，最高人民法院法公布（2000）第5号。这一判决也影响了前引王丽萍案判决，参见《中国行政审判指导案例》，第1卷，92页，北京，中国法制出版社，2010。

② 林烜玮与南平市公安局延平分局治安管理处罚裁决纠纷上诉案，福建省南平市中级人民法院（2003）南行终字第54号行政判决书，2003年8月28日。

③ 郭佳诉洛阳市公安局西工分局治安管理处罚案，河南省洛阳市西工区人民法院（2003）西行初字第1号行政判决书，2003年2月9日。该案载《人民法院案例选》，2005（1），461～467页。

清楚，程序合法，适用法律正确，但其作出处罚时没有考虑到第三人也有一定的过错责任，况且原告砍树危害程度较轻，但公安机关仍对原告作出行政拘留 15 日的处罚，明显过重，应依法予以变更。①

这种明显不当（显失公正）的变更判决是存在正当性疑问的。在汇丰公司案中，或许法院在决定拆除几层时还有一个现实的参照物（汇丰公司遮挡住的外文书店）；在林烜玮案中，究竟是行政拘留 15 天合适还是拘留 7 天合适，为什么是 7 天合适而不是 6 天呢？法院又能给出什么样的客观理由呢？应该说，这是行政机关的裁量权范畴。笔者支持对这种涉及人身自由、重大财产利益的案件等进行严格审查，但对于变更判决的做法则持否定的态度。法院只有在能得出唯一结论时，作出变更判决或许才可能具有合理性。合适的做法应当是，法院命令行政机关作出一定内容的行政行为，或者命令行政机关依判决的法律见解作出行政行为，而不是法院直接变更行政处罚。

（三）行政裁量收缩论的司法审查

行政裁量收缩论可能是对行政裁量进行限制最严格的一种方法。行政机关原则上享有裁量权限，但在一定的情况下，其裁量的范围缩小，行政机关必须作出裁量决定，甚至只能作出某一种决定。简言之，裁量权限规定可能会义务规定化、羁束化。这在理论上一般称为“行政裁量收缩论”或“行政裁量收缩至零理论”。行政裁量收缩论首先承认行政裁量的价值，但又将行政便宜主义限制在合理的范围之内。在私人的生命、健康和财产等濒临危险时，虽然这种危险不是由行政机关的行为造成的，但国家负有排除危险、保护国民安全的职责，国家保护义务和行政介入请求权应该得到承认。正是以国家保护义务和行政介入请求权为支撑，才将行政裁量的空间向零压缩。这种情况虽然是对行政裁量的极大压缩，看似严重侵犯了行政机关的自主性，却加强了司法对重大法益的保护。一般而言，如果个人的生命、健康和财产等重大法益面临着一定的危险，行政机关可以预见这种危险的存在，也有相应的方法去防止

① 姜玉英诉涡阳县公安局治安管理处罚显失公正案，安徽省涡阳县人民法院（2003）涡行初字第 90 号行政判决书，2003 年 7 月 20 日。该案载《中国审判案例要览》（2004 年行政审判案例卷），43 页，北京，中国人民大学出版社、人民法院出版社，2005。

这种危险的发生。如果行政机关不行使其职权，私人也没有办法很好地消除这种危险。这时，行政裁量权就必须收缩。被害法益及其重大性是行政裁量收缩的规范基础，换言之，重大的被害法益是将行政裁量向零压缩的法规范上的压力。存在迫切的具体的危险，就是将裁量权向零压缩的现实基础。①

在日本斯蒙系列药害诉讼中，所有判决都认为，行政上的监督权原则上委诸行政裁量，但鉴于有关药品的安全性能，行政机关不存在裁量余地，或者裁量余地极小。以不行使行政上的监督权为理由，来追究行政机关的损害赔偿责任，只限于特殊的例外场合。要构成对第三人关系上的违法或者不行使权限的不作为违法，尚需符合下列几个要件：被侵害的法益是生命、身体、健康等这些重大的对象；该侵害的危险迫近，是可能预见到的；通过行使规制权限，可以较为容易地防止损害结果的发生；对于防止发生危害来说，行使行政权限是最为有效、适当且合理的手段，且私人方面没有回避危险的手段等，信赖并期待规制权限的行使。这些均被认为是理所当然的。在这种情况下，行政厅行使规制权限的裁量权，于是便收缩、后退，行政厅有义务为防止损害结果的发生而行使其规制权限。其权限的不行使违反了作为义务，因而是违法的。② 在我国，虽然在司法实践中没有明确适用行政裁量收缩论的案例③，但这并不表明，在我们的司法实践中并没有应用行政裁量收缩论，而只是说尚未有意识地明确加以适用。“丁卫义诉临海市公安局不作为行政赔偿案”就是一例。浙江省台州市中级人民法院认为，临海市公安局在接到报警后，立即出动警力赶往现场，其行为是积极主动的。但是其出动的警力有十四五人之多，且警察到场时，双方并没有开始打架，警方应有足够的警力采取预防

① 相关分析可参见本书第四章的内容。

② 参见杨建顺：《日本行政法通论》，452～456、206 页，北京，中国法制出版社，1998。

③ 2009 年 12 月公布的最高人民法院《关于审理行政许可案件若干问题的规定》第 11 条规定，“人民法院审理不予行政许可决定案件，认为原告请求准予许可的理由成立，且被告没有裁量余地的，可以在判决理由写明，并判决撤销不予许可决定，责令被告重新作出决定”。这是我国首次承认行政裁量收缩论。

和制止措施，却没有积极预防和制止打架事件，导致打架事件发生，造成多人受伤，其中一人被打断3根肋骨的严重后果。并不是说公安机关一点也没有履行职责，只是不积极履行，仍然属于不履行职责的范围。[①] 这实际上是考虑了生命健康权的重要性而运用行政裁量收缩论，将行政机关的选择裁量压缩为零。只有在行政裁量被压缩至零时，法院才可以责令行政机关履行某特定内容的职责。这时，也是以司法机关的判断替代了行政机关的判断。

五、司法审查强度选择的考虑因素

随着行政任务的扩张和技术性专业性的增长，行政裁量日益膨胀。但有道是，“道高一尺，魔高一丈”，司法对行政裁量从不予审查发展到尽可能审查，审查也越来越精致化，审查方法越来越多样化，越来越符合法院自身的宪法地位。行政裁量案件进入了法院，法院并没有无限制地侵入行政的腹地，而是根据具体情况选择不同程度的尊重，施以不同强度的审查。司法不能一味地高举积极主义之大纛，也不能只知墨守消极主义之成规，而是要在具体的案件中对诸多因素进行权衡，相机行事，适时而动。梳理分析司法从最小到中等程度和严格审查之后可以发现，政策性、技术性越强，司法越应谦抑；法律性、侵权性越明显，司法越应扩张。

考虑到法律规范本身的构造、现实状况的复杂、对私人法益影响的程度等因素，司法对不同的行政裁量进行审查，其强度是可以有所不同的，而且各种强度之间并没有泾渭分明的界线。它好似一束光照进了三棱镜，折射出色彩斑斓的光谱，各种颜色之间是连续的，甚至是可以流动的。虽然各种审查方法或标准对应着不同的审查强度，但同一种审查方法也可能自身就有不同强度的区分，因而也可能同时应用于不同的审查强度中。下面这幅表格（表3-1）是对司法审查强度三色光谱的总结。

---

① 丁卫义诉临海市公安局不作为行政赔偿案，浙江省台州市中级人民法院（2002）台行终字第242号行政赔偿判决书，2002年10月31日。

表 3-1　　**行政裁量的司法审查强度**

司法审查强度	司法审查的主要对象	司法审查的主要方法
最小审查	效果裁量的实体内容 各种行政裁量的程序内容	裁量超越滥用论审查 正当程序论审查
中等审查	要件裁量 技术性裁量 政策性裁量 规划裁量	判断余地说审查 要件补充型审查 判断过程型审查
严格审查	要件裁量 涉及重大法益保护的裁量	代为实体性判断 明显不当型审查 行政裁量收缩论审查

面对行政裁量的三种司法审查强度，法院需要在考量诸多因素之后作出不同的选择。司法审查行政裁量之所以能照出三色光谱，这一神奇的“三棱镜”究竟是由哪些因素构成的呢？考量因素从大的方面来看，主要是以下四种：

1. 法律文本的规定

作为司“法”的机关，司法审查行政裁量，首先要考虑的因素是立法者的指示，应该重视法律文本的规定。法律对行政裁量及其行使方式的明文规定，不仅是立法与行政之间关系的基础，也是司法与行政之间关系的基础。执行法律的规定，是法院民主正当性的来源。如果立法明确授权行政机关进行裁量，司法审查的强度则应放松；如果立法对行政裁量的要求低，司法审查的强度亦应缓和；如果立法对行政裁量的要件和效果规定得非常详细明确，则司法也应严格审查行政裁量是否遵守法律的明文规定。司法如此审查，方能维护法律的权威，方才与法院的宪法地位相吻合。

2. 权利救济的必要性

审判权尊重行政权是必要的，这对于充分发挥行政机关的功能、对于维护宪法关于审判权与行政权的权力格局是有意义的。但这种尊重不能演化为司法消极主义，不能一味地强调尊重，否则就可能忽略宪法的另一个重要的也是至为根本的目的，那就是保障人权。私人的法益受到了什么样的损害，什么程度的损害，法院就应该运用法律规则、法律原则，对行政裁量行为进行审查，给予原告相应程度的保护。宪法的基本精神和行政诉讼法的二元目的都要求行政诉讼将保障公民的合法权益摆在首要位置。任何形式的机械的分权或分工都应服务于保障人权这一终极目的。审判权对行政权的尊重程度应以私人法益的重要性程度为标尺，法益越重要，就越有必要加强对它的保护。在此基础上，再来考虑审判权对行政权的尊重、考虑审判权的界限问题才是适当的。在具体的案件中，法院应该根据行政决定对行政相对人以及其他利害关系人的影响的程度、样态等来确定司法审查的强度。“对于生命、身体、健康、人身自由、宗教信仰自由等被认为具有高度人权价值的、其保障范围也较为明确的法益，行政活动对其构成侵害时，即使权限行使具有自由裁量的余地，也要进行较为严格的合法性审查。”①

3. 行政机关的自主性

行政裁量是行政自主性的最重要也是最主要的领域。如果行政不能行使裁量权，则无以面对复杂的社会现实，无以回应给付行政的积极需求，无以推进公益事业的发展，无以实现个案的公正。如此，司法将行政的自主空间压缩为零，势必违反宪法的规定，违反分权的基本精神。行政的自主空间到底在哪里？主要的判断标准就是功能最适原理。行政中多技术性、专门性和紧急性的内容，需要行政机关根据现实情况作出适当决定。我们应考虑行政机关对事实的认定和评价是否以及在多大程度上依赖于特别组成的机构的专业知识和经验，行政所考虑的事实状况是否以及在多大程度上可以在事后由法院进行重建和理解。② 当然，行政经验并不能成为行政裁量免遭严格审查的正当理由，行政经验固然有利于作出正确的行政决定，但其中往往也掺杂着官僚的价值观和行政利益。司法并不总是要选择最严格的审查方式来控制行政裁量权的行使，也不能始终将行政视为自己的敌对，毕竟行政在现代行政、特别是给付行政中具有难以替代的作用，毕竟行政机关对其所实施的行为是要承担政治和法律责任的。能够直接推进公益、人权发展的并不是法院，而是行政，司法只是一个制动器。

---

① ［日］亘理格「行政裁量の法的統制」高木光、宇賀克也編『行政法の争点』(有斐閣、2014 年) 120 頁。

② 这两点考量系德国学者科普 (Kopp) 所提出，具有较好的参考价值。参见盛子龙：《行政法上不确定法律概念具体化之司法审查密度》，180 页，台湾大学法律研究所博士论文，1998 年 6 月。

4. 法院的功能定位与能力范围

法院的审查不是神灵裁判，司法者不可能全能全知，由此，法院的审查也应注意自身的角色定位和知识能力的局限。对于政策问题，法院不负政治责任，就不能侵害议会民主主义的核心，不能无限侵入执行民意决定的政策领域。对于科技问题，法院不可能拥有行政机关的智囊，也就不能把握。即使它也可以延请专家，但所得的结果很可能一致，何苦劳民伤财呢。对于专业性问题，法院没有行政管理者的日常管理经验，就不大可能考虑到行政所能考虑的方方面面。对于这些领域，司法对行政裁量的审查不能过分侵入裁量决定的实体内容，否则就有扮演神的嫌疑。

法院审查行政裁量的强度等级不一，正是司法、行政、立法以及私人公权之间复杂关系的印证。我国法院已经在运用裁量权超越滥用论进行最小审查的基础上打开了通往各种审查强度的大门。那种只能对行政裁量进行最小审查的主张似乎给予了行政裁量过多的尊重，没有区分行政裁量的不同类型，也没有很好地梳理国内外司法实践所积累的经验，过多地偏重于司法权与行政裁量权两者之间的权衡，没有在司法权与立法权、行政裁量权以及私人公权这四者之间考量司法审查的强度。应该说，我国法院在二十多年的实践中已经积累了不少审查行政裁量的经验，已经在不同的强度上运用了不同的方法对行政裁量进行审查，只是还没有来得及细细地梳理，没有分析出个中的脉络，没有自觉地系统地适用于判决之中，其判决书也没有很好地展开说理，未能将其所秉持的审查强度、所运用的审查方法一一加以说明。法院的判决唯有充分说理，才能使双方当事人信服；唯有将判决的理由公之于众，才能接受社会对法院裁量权的监督。如此，法院选择不同审查强度的自觉性就会逐渐提高，运用不同审查方法的技术也将逐渐娴熟，进而，行政裁量权与立法权、司法权以及公民权之间的关系也将更加和谐。

第四章

防止危险与行政裁量收缩论

一定意义上说，现代社会是一个具有高危险的社会，这种危险既包括传统社会中的私人之间的侵犯，也包括现代社会工业化所带来的各种科技危险。行政机关负有法定职责预防和制止因其他主体行为所造成的一定危险，这就是我们所说的行政的危险防止责任。私人的生命、健康和财产等濒临危险，国家负有排除危险、保护私人安全的职责和义务，国家保护义务和行政介入请求权应该得到承认，行政裁量权就要收缩，以便作出适当的甚至是唯一的裁量决定。但行政裁量的价值也应予承认和尊重，那么行政既处于行政裁量的范围之中，为什么会产生裁量权收缩的要求？裁量的权力为什么会转变为裁量的义务？换言之，行政裁量权力义务化、羁束化，原因何在？行政裁量在何种情况下会出现这种收缩的要求？行政裁量没有按照要求收缩，私人能寻求怎样的救济？这就是本章所要探讨的问题。

第一节　行政裁量收缩论的源与流

“行政裁量收缩论”是一个在德国十分成熟、在日本也颇为接受的理论，但在国内则还是一个相对陌生的理论。陌生不等于不重要，不等于不必要。为了践行国家的保护义务，保障公民的基本权利，我们同样需要熟悉这一理论，同样需要应用这一理论。有鉴于此，这里需要对行政裁量的收缩是什么、怎么来的、有什么用，以及在行政法当中处于什么样的地位等问题做一个大致的介绍。

一、行政裁量收缩的概念

现在该是给行政裁量收缩下定义的时候了。定义本应是研究的结论，同时又是研究的前提和起始。

（一）概念的界定

在定义之先，首先需要说明，所谓行政裁量收缩，究竟是仅仅包括行政决定等具体的行政行为，还是包括行政立法在内的所有的行政作用呢？考察德国和日本的判例和学说可以发现，其所谓行政裁量收缩论均是在行政决定等具体的行政行为意义上而言的。行政立法同样存在裁量的空间，在一定的条件下，行政立法裁量权也会发生收缩的要求，一般称之为立法不作为，其成立的基础和构成要件与第二节和第三节内容有相似之处，但还是存在差异。例如，要判断行政立法不作为违法，其构成要件一般认为有三点：立法者负有宪法课予的立法义务，立法者在相当长时间内不进行立法，立法者的消极懈怠造成了特定的损害。需要考虑的因素要复杂于行政裁量的收缩，如需要考虑财政的制约、立法的民主性与司法审查、基本权利的要求等。[①] 承认立法不作为的可能性要远远小于行政裁量，承认仅有一种立法为无瑕疵的立法更是近乎不可能。

其次，除行政立法之外的所有的行政裁量都可能发生行政裁量的收缩吗？德国法上的行政裁量一般是不包括规划裁量的，因为行政裁量具有严格的法律从属性，只限于对法律事先规定的法律效果的选择，而规划裁量则是以比较衡量为特征，在规划决定范围内，行政自主判断、自由评价。两者的构造是不同的。[②] 本章所指称的行政裁量主要是以行政决定中的裁量为内容。对于规划裁量，很难运用行政裁量收缩论来令其

---

① 这方面的判例资料有：韩大元、莫纪宏主编：《外国宪法判例》，413～418页，北京，中国人民大学出版社，2005；日本最高法院有关立法不作为的判决有：1985年11月21日判決，最高裁判所民事判例集39巻7号1512頁（有关在家投票制度废止的违宪性问题）；2005年9月14日判決，最高裁判所民事判例集59巻7号2087頁（在外日本人选举权剥夺违法确认等请求案），等等。

② 参见陈春生：《行政法之学理与体系》（一），137～138页，台北，三民书局，1996。

收缩至零。[①]

再次，所谓行政裁量收缩，究竟在何处收缩呢？是要件裁量部分，还是在效果裁量部分呢？在法律要件部分，更多的还是如何去发现证据、认定法律事实，如何将生活事实带入法律概念之中。在这里“裁量”的空间是很小的。[②] 故而，一般不将法律要件部分作为行政裁量收缩论的适用对象，而仅将裁量空间较大的法律效果部分作为其适用对象。

概言之，行政裁量的收缩就是行政决定等具体的行政行为在法律效果上的收缩，可能是在决定裁量方面收缩，也可能是在选择裁量方面收缩。

下面再来看看如何对其作出定义。杨建顺认为：“裁量收缩理论是指在某种情况下，规定惟一的决定没有瑕疵，而其他的决定皆带有瑕疵，使得本来属于行政裁量范畴的行为所具有的裁量性减弱，以引进司法审查的理论。具体说来，从某种行为本来的属性来看，其存在着复数的选择可能性，但是，当行政部门不采取特定的措施便将构成对人的生命及健康高度危险时，为防止这种危险，行政部门所能够采取的手段只有采取该特定措施这一种情况。在这种情况下，裁量的范围便缩小了，根据情况的发展，甚至缩小为零（裁量权的零收缩论）。”[③] 这一定义十分全面，将该理论用较为浅显的语言表述了出来，并指出了对裁量收缩有所误认即为裁量瑕疵。我国台湾学者多将其称为裁量萎缩或缩减，如吴庚认为，“行政机关于作成裁量处分时，本有多数不同之选择，若因为特殊之事实关系，致使行政机关除采取某种措施之外，别无其他选择，称为裁量萎缩（Ermessensschrumpfung）或称裁量缩减至零

---

① 德国学者认为，从规划裁量的实质特点来看，权衡压缩为零几乎是不可能的。参见［德］汉斯·J·沃尔夫、奥托·巴霍夫、罗尔夫·施托贝尔：《行政法》，第1卷，高家伟译，373页，北京，商务印书馆，2002。

② 当然，德国也存在相应的“判断压缩为零”的概念，即“在特定情况下只有一种判断是正确的”。［德］汉斯·J·沃尔夫、奥托·巴霍夫、罗尔夫·施托贝尔：《行政法》，第1卷，359页，高家伟译，北京，商务印书馆，2002。

③ 杨建顺：《论行政裁量与司法审查——兼及行政自我拘束原则的理论根据》，载《法商研究》，2003（1），67～68页。

(Ermessensreduzierung auf Null)"①。日本学者泽井裕还有一句更为简明的话进行概括，他认为，"裁量权收缩的理论就是要将权限规定义务规定化的理论"②。然而，这一简洁的界定也有其弊端，那就是省去了行政裁量收缩论的部分内容，即将裁量权完全压缩为零的情形。所谓义务化，还只是说行政机关有义务作出其裁量决定，相当于决定裁量部分被压缩。对于选择裁量部分，则没有在该概念中显示。③

这里，我试图给"行政裁量收缩论"下一个不太复杂的定义。所谓行政裁量的收缩，就是指行政机关原则上享有裁量权限，但是在一定的情况下，其裁量的范围缩小，行政机关必须作出裁量决定，甚至只能作出某一种决定。简言之，就是裁量权限规定义务规定化、羁束化。在理论上一般称之为"行政裁量收缩论"或"行政裁量收缩至零理论"。

根据对行政裁量之决定裁量与选择裁量的大致区分，可以将行政裁量收缩论分为两个部分：其一是决定裁量的收缩，乃至收缩至零，即决定是否采取行动的裁量权发生收缩，甚至没有裁量的余地，或必须采取行动，或必须不得采取行动。其二是选择裁量的收缩，乃至收缩至零，即决定采取行动之后，在诸多措施、程序、时间、人员等问题上的裁量发生收缩，甚至只有一个答案是唯一没有瑕疵的选择，这时就是选择裁量收缩至零。通常所说的"行政裁量收缩至零"实际上就是指在决定裁量收缩至零（即决定采取行动）之后，选择裁量又收缩至零，只有唯一的选择决定是没有瑕疵的决定。这种情形是罕见的，但确实是可以存在的。因为对现实越了解就越能发现仍有可能存在裁量的空间，所以没有任何选择的可能性是很少的；但又因为事实上基于人们的认识能力和行为能力的局限，可能只有某一个决定被认为是适当的，所以仍然可能收缩至零。

（二）与相关概念的区分

为了便于更加清晰地理解本章的论题，这里需要将行政裁量收缩与行政不作为、与行政裁量的限制以及无瑕疵裁量请求权之间的差别作一

---

① 吴庚：《行政法之理论与实用》，79页，北京，中国人民大学出版社，2005。

② ［日］沢井裕「行政の複合的集積的過失と国家賠償法上の責任——カネミ油症事件」法律時報55巻6号（1983年）152頁。

③ 当然，泽井裕或许也没有打算给出一个十分正式的定义来，故而亦不可妄加批判；而且其界定与日本的现实运作也是相一致的。

个简单的区分。

1. 与行政不作为的关系

对于行政不作为的理解，国内学者意见不一。大致有以下两种理解。第一，实体说。内容为否定性的，即拒绝相对人要求的行为，就是行政不作为。这种说法现在已近绝迹。第二，程序说。有学者认为，“行政不作为是指行政主体依行政相对人的合法申请，应当履行也有可能履行相应的法定职责，但却不履行或者拖延履行的行为形式”①。也有学者认为，行政不作为“是指行政主体及其工作人员负有某种作为的法定义务，并且具有作为的可能性而在程序上逾期有所不为的行为”，其实质是行政主体消极放弃行政权力的一种违法行政行为。②

其实，如何界定行政不作为，关键要看到为什么要将本不存在的行为拟制为一种行为。实际上，在不作为的背后存在一种作为的期待。笔者认为，行政不作为应接受否定性评价。③ 简单地说，行政不作为就是

① 罗豪才主编：《中国司法审查制度》，168页，北京，北京大学出版社，1993。

② 参见周佑勇：《论行政不作为》，载罗豪才主编：《行政法论丛》，第2卷，251、254～255页，北京，法律出版社，1999。

③ 有学者认为，行政不作为有不合法的，也有合法的。后者如有义务不作，因而行政机关不作（参见方世荣：《论具体行政行为》，142～143页，武汉，武汉大学出版社，1996）。他是将对不作为义务的履行也看作是行政不作为，实际上是忽略了行政不作为被拟制为行为的价值倾向。笔者以为，这种“行政不作为”不产生法律上的问题。我们需要分清行政不作为与不作为义务之间的差别，需要在义务之作为与不作为二分基础上来厘清行政作为与不作为。当然，笔者还以为，与行政作为一样，行政不作为自身也存在不合法与不合理的差别。（见图4-1）

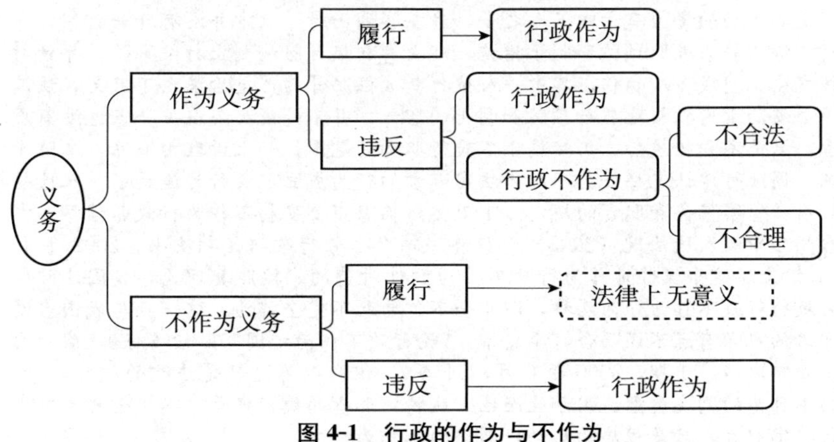

图4-1 行政的作为与不作为

指行政机关不履行其作为义务的状态。至于是否具有作为的可能性，只是其免责的一个要素。

在行政裁量收缩与行政不作为的关系上，说行政裁量不当收缩是行政不作为违法的判断标准大致是可以成立的。因为违反了行政裁量收缩的要求，可能表现为没有作出裁量决定，这时就是行政不作为。[①] 但是，这一说法只是在一定程度上是成立的，有时候，根据行政裁量收缩的要求，行政机关可能只能作出某一种选择，而行政机关却选择了其他的裁量决定，这时也是违反行政裁量收缩要求的，却不是行政不作为的问题，而是行政作为的违法问题。[②] 也就是说，在决定裁量上，行政裁量不当收缩是行政不作为违法的判断标准；在选择裁量上，行政裁量收缩则是行政作为违法的判断标准（见图 4-2）。

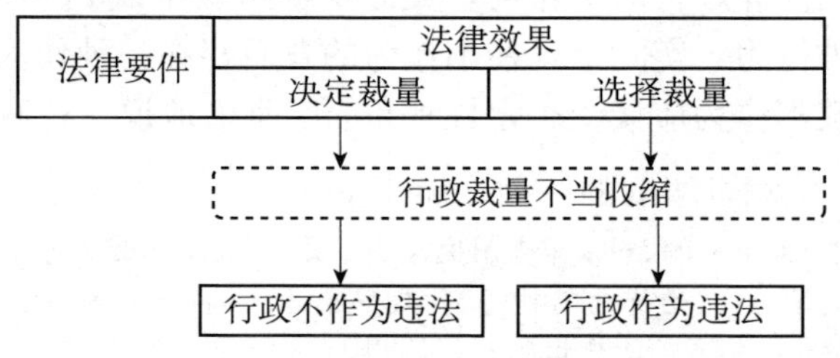

图 4-2 行政裁量收缩的领域

① 例如，有学者就是运用这一理论来分析不作为违法的判断标准。参见胡建淼、杜仪方：《依职权行政不作为赔偿的违法判断标准——基于日本判例的钩沉》，载《中国法学》，2010（1），39 页以下。

② 例如在前述丁卫义诉临海市公安局不作为行政赔偿案中，浙江省台州市中院认为，临海市公安局在接到报警后，立即出动警力赶往现场，其行为是积极主动的。但是其出动的警力有十四五人之多，且警察到场时，双方并没有开始打架，警方应有足够的警力采取预防和制止措施，却没有积极预防和制止打架事件，导致打架事件发生，造成多人受伤，其中一人被打断 3 根肋骨的严重后果。丁卫义在法庭上认为公安局没有积极地履行预防和制止的职责，并不是说公安机关一点也没有履行职责，只是不积极履行，仍然属于不履行职责的范围，其上诉理由成立，本院予以采纳。因此可以认定公安局不履行法定职责的行为成立，其行为违反了《人民警察法》有关警察任务和职责的规定。丁卫义诉临海市公安局不作为行政赔偿案，浙江省台州市中级人民法院（2002）台行终字第 242 号行政赔偿判决书，2002 年 10 月 31 日。上述这个案件是作为行政不作为案件对待的。按照其理论，我国法院实际上大致将行政不作为分为两种，即完全不作为和不完全作为。这一点与我国台湾地区学者的观点有点不谋而合（李惠宗：《论行政不作为之国家赔偿责任》，载《台湾本土法学》，第 11 期，2000 年 6 月，54 页）。但我以为这只是法院的权宜之计，将行政不作为的判决类型适用于此而已。从特定职责的履行来看，不完全作为若没有履行特定职责，只是程序的启动，则仍为不作为。

2. 与行政裁量的限制的关系

本章所要研究的"行政裁量的收缩"≠行政裁量的限制或界限。行政裁量的限制可能有很多，有立法（立法规制）、司法（司法审查和判例），乃至行政自身（行政自我拘束）的限制，有法规范、原则、标准、甚至行政伦理的限制等。行政裁量的界限也有很多，不能违反形式意义上的法，也不得违反实质意义上的法。具体而言，在内部界限上，要遵守合目的性、合理性、经济性及合公益性等要求；在外部界限上，不得不行使裁量、裁量逾越、违反客观性要求，尊重基本权利，符合比例原则等。① 行政裁量的逾越、滥用和怠惰都会构成违法。行政裁量收缩与其他对行政裁量的限制一样，都是对行政裁量的限制，这里所说的行政裁量的收缩，仅仅是行政裁量所受到的一种限制，即在某种情况下特别是重大法益受到侵害时，行政的裁量范围缩小，而必须作出一定的行为，甚至只能作出某一种决定。违反行政裁量收缩的要求，亦构成裁量的瑕疵，但只是裁量瑕疵的一种，而非全部。也就是说行政裁量的限制与收缩之间是一种包含与被包含的关系。当然，并不是说不可以将行政裁量的收缩与一般的行政裁量的限制相等同，这只是一个界定与习惯的问题。本章之所以这样来区分，主要目的在于将行政裁量收缩的理论大致固定一个范围，使其发挥与其他限制不同的功能。

3. 与无瑕疵裁量请求权的关系

无瑕疵裁量请求权，简单地说就是指私人请求行政裁量无瑕疵地行使的公权利。行政裁量本是有一定幅度存在，按照公权理论，私人对行政裁量的请求没有法上的意思力，也就不构成公权。无瑕疵裁量请求权的提出，旨在为瑕疵构成违法的行政裁量提供一个法上的支撑。② 无瑕疵裁量请求权是为行政裁量的正当而无瑕疵地行使提供请求权的基础，行政裁量收缩论则是判断行政裁量瑕疵或督促行政裁量正当行使的理论。行政裁量收缩中的行政介入请求权则可以视为无瑕疵裁量请求权的下位概念，因为只有适当地介入，行政裁量决定方能为无瑕疵的决定。

---

① 参见［德］亨利·苏勒、边赫·许乐：《德国警察与秩序法》，2版，李震山译，347～349页，台北，登文书局，1995。

② 详见本书第三章第二节。

二、行政裁量收缩理论的产生与发展

行政裁量收缩的理念最先由德国学者 W. 耶利内克在 20 世纪初提出，耶利内克指出警察权存在双重界限问题。所谓“双重界限”是指“过度的界限”和“危险性的界限”，前者是指警察不应介入而有不作为的义务，后者是指为防止事态的恶化警察应该介入而产生的作为义务。① 此后，在后一界限学说的指引下，德国的实务和理论发展出行政裁量收缩论，后来又传至日本。

（一）德国行政裁量收缩论的发展

德国行政裁量收缩论的发展大致可以分为两个阶段，并对应着两个不同的领域。

1. 第二次世界大战之前在国家赔偿领域的产生

在第二次世界大战之前，民事审判就承认，在危险存在时警察不行使权力，受害者有权请求国家赔偿。其嚆矢者即为著名的德国最高法院 1921 年 11 月 15 日“雪橇案判决”。在该案中，某冬天，一路上行人碰到了雪橇跌倒，导致头盖骨骨折而死亡。其妻认为，危险的雪橇在路上滑行，警察视而不见，违反其职务义务，于是对州提起损害赔偿诉讼。州则以业已禁止雪橇滑行，州无过失为由进行抗辩。法院认为，雪橇对步行者的生命和身体具有重大危险，警察懈怠于努力消除这种危险，违反其职务上的义务，不免除州的责任。在 1925 年 10 月 22 日的另一个判决中，一暴徒抢夺某人的别墅，警察以缺乏必要的人员为口实而放任自流。最高法院判决认为，警察的不作为是不法行为，州对别墅所有者应支付损害赔偿。之后，在 1927 年的一个判决中，交通繁忙的十字路口发生了汽车相撞事故，法院认为，为避免公众和个人遭受重大危险需紧急采取措施时，警察负有设置信号灯等职务上的义务。警察的不作为违法，州承担赔偿责任。② 在普鲁士等地方也有类似的判决。

2. 第二次世界大战之后在课予义务诉讼领域的发展

第二次世界大战结束不久，联邦行政法院还大致秉承以前的判决，

---

① ［日］人見剛『近代法治国家の行政法学』（成文堂、1993 年）96 頁参照。

② ［日］原田尚彦『行政責任と国民の権利』（弘文堂、1979 年）60～62 頁参照。

在国家赔偿领域继续适用这一理论。但到 1960 年 8 月 18 日联邦行政法院的“带锯判决”则发生了改变。在该案中，石炭运输业者在原告居民区邻接地内营业，原告苦于其煤尘和噪音，向行政机关请求禁止其营业。行政机关认为营业在建筑法上并无违法之处，拒绝介入。于是原告提起行政诉讼，一审胜诉，二审部分败诉。联邦行政法院最后作出判决：“便宜主义原则也好，裁量自由也好，均非恣意的自由，而是要在一定的框架内忠实地裁量。行政机关必须根据法律的旨趣作出自己的裁量。否则，与超出裁量余地的框架之外（裁量的逾越、裁量权的不行使）一样，其决定违法。”“本案中，应该以维持公共安全和秩序这一警察的主要使命为根据，来行使对介入违反建筑法之状态的裁量。在行政机关所违反的建筑法法条也同时保护相邻人时，是否介入也应考虑相邻人的保护。然而，在无瑕疵地行使裁量权中，与其他事情一样，妨害、危险的程度和大小具有决定性意义。存在非常强的妨害、危险时，行政机关决定不介入，就是误用其裁量。这时，法所赋予的裁量自由缩小，不误用裁量的决定只能是介入，最多也就是将介入的方法委诸行政机关裁量。在这种特别的要件下，要求行政机关无瑕疵裁量的请求权，实质上与承认请求一定行政行为的严格请求权结果相同。”“基本法第 19 条第 4 款保障开辟权利受到公权力侵害的起诉之路。基本法的这一条款虽然包含着私人对不履行职务行为的请求权，但基本法并没有触及权利、请求权的实体内容和范围。从基本法第 19 条第 4 款和柏林建筑法并不能推导出建筑警察不享有裁量自由，而被严格地课予介入义务。”① 这一判决在第二次世界大战后德国行政判例中具有划时代的意义，它展示了警察介入请求权和行政裁量收缩的法理，也得到了其后的学说和判例的支持。

（二）日本行政裁量收缩论的发展

第二次世界大战之前的日本在很大程度上继受了德国法，但当时尚未接受行政裁量收缩的理论。战后的日本，虽然在体制上与美国接轨，但在具体制度和学术上仍然受到德国法的巨大影响。行政裁量收缩论以其独特的魅力吸引了日本行政法学者的注意。

---

① ［日］保木本一郎「ドイツにおける営業警察の展開（三・完）」社會科学研究 20 巻 2 期（1968 年）123～125 頁参照。

1. 20 世纪 60 年代后行政裁量收缩论的引入与展开

1968 年，日本学者国学院大学的保木本一郎撰文介绍德国法上的营业警察，最早将德国法上的行政裁量收缩论引进日本。① 之后东京大学的原田尚彦②、神户大学的阿部泰隆③以及北海道大学的远藤博也④等人相继撰文介绍这一学说，并结合斯蒙系列诉讼、千叶县野犬取缔条例案、米糠油症诉讼、水俣病诉讼等展开阐述论证。

日本的地方法院和高等法院乃至最高法院有很多的判决都采纳了行政裁量收缩论，并承认由此导致的国家赔偿责任。这里仅选取几则判例予以简单的介绍。

斯蒙判决是其中的典型。斯蒙是英文字母 SMON 的拟音，是 Subacute Myebo Optico Neuropathy 的简称，其病因在于药剂奎诺仿。因服用该药产生副作用而提起的损害赔偿诉讼被称为斯蒙诉讼。20 世纪 70 年代末，该药的副作用导致许许多多的人生命和健康受到损害。然而，当时的《药事法》并不完备，仅有许可制造和进口、承认的审查基准、方法、程序规定，没有撤销许可、命令中止使用、销售和制造药品、回收药品以及确保药品安全性能所必要的行政措施等规定。但所有斯蒙判决都肯定了国家的责任，而与药品制造者等的责任相并列。所有判决都认为，行政上的监督权原则上委诸行政裁量，但鉴于有关药品的安全性

① ［日］保木本一郎「ドイツにおける営業警察の展開（三・完）」社會科学研究 20 巻 2 期（1968 年）122 頁以下参照。

② ［日］原田尚彦『行政責任と国民の権利』（弘文堂、1979 年）。该书着重探讨的就是“行政介入请求权”问题。这也是影响最大且最为深远的理论。山本隆司认为，该书将裁量收缩论将狭义的课予义务诉讼领域扩张至国家赔偿法的领域以后，日本却产生了与德国不同的情况，或许也与原田教授的意图相反，实践中变得承认国家赔偿法上不行使权限的违法性仅限于裁量收缩了的情形。山本隆司『行政上の主観法と法関係』（有斐閣、2000 年）353 頁参照。

③ ［日］阿部泰隆「行政の危険防止責任——カネミ全国統一訴訟判決を契機として」（上）（下）判例時報 883 号 127 頁（判例評論 232 号 13 頁）以下、判例時報 886 号 125 頁（判例評論 233 号 11 頁）以下（1978 年）；「行政の危険防止責任その後（一）（二）（三・完）」判例時報 1001 号 140 頁（判例評論 269 号 2 頁）以下、判例時報 1004 号 148 頁（判例評論 270 号 2 頁）以下，判例時報 1007 号 148 頁（判例評論 271 号 2 頁）以下（1981 年）。

④ ［日］遠藤博也『国家補償法（上巻）』（青林書院新社、1981 年）377 頁以下。该书对有关行政裁量收缩的相关判例作出了较好的梳理和评介。

能，行政机关则不存在裁量余地，或者其裁量余地极小。以不行使行政上的监督权为理由，来追究行政机关的损害赔偿责任，只限于特殊的例外场合。要构成对第三人关系上的违法或者不行使权限的不作为违法，尚需符合下列几个要件：被侵害的法益是生命、身体、健康等这些重大的对象；该侵害的危险迫近，是可能预见到的；通过行使规制权限，可以较为容易地防止损害结果的发生；对于防止发生危害来说，行使行政权限是最为有效、适当且合理的手段，且私人方面没有回避危险的手段等，信赖并期待规制权限的行使。这些均被认为是理所当然的。在这种情况下，行政厅①行使规制权限的裁量权，于是便收缩、后退，行政厅有义务为防止损害结果的发生而行使其规制权限，其权限的不行使则违反了作为义务，因而是违法的。②

1982 年，日本最高法院也作出了一个有关裁量权收缩的判决，即警察懈怠取缔、保管刀械案判决。A 是一个 23 次前科中 19 次犯伤害、暴行、胁迫、强奸未遂等粗暴犯罪的人。1960 年 11 月 12 日，刚出狱后不久的 A 晚间在饭店喝了瓶威士忌酒，然后又喝了七八瓶啤酒，10 点之后进入了一家“快餐歌舞伎”（B 经营）。A 手持利刃（刀长 7.5 厘米，开刃）在店中走动，吓得客人们纷纷退出。A 在去隔壁的“快餐新坂急”途中还拿出刀威胁 C 要杀死他。隔壁店的老板 D 和 C 报告了附近的淡路警察署。警察署的警察讯问了 A 的户籍、住所和姓名，并对其身体进行检查。尽管 A 两眉以及左脸到胸附近都有文身，而文身的人不少都是粗暴犯的惯犯，但警察没有查询其有无前科。警察虽然觉得饮酒者深夜腰间暗藏利刃外出有异常之处，但尚不构成犯罪，没必要采取逮捕、留置、保管刀械等措施，而放任其携带刀械回家。最高法院认为，A 携带本案中的刀械明明就是持有铳炮刀剑类取缔法第 22 条规定所禁止的行为。因为其行为造成了胁迫罪的危险，作为淡路警察署的警察没有理解 A 酩酊大醉的辩解，也没有对 D 进行质问。警察如果采取了上述措施，便容易知道事情的经过和 A 异常的举动。很明显，警察

① 在日本，行政厅是指“有权决定行政主体的意志并向外部表示的机关”。例如，各省大臣、都道府县知事、市町村长等都是行政厅。参见杨建顺：《日本行政法通论》，237 页，北京，中国法制出版社，1998。

② 参见杨建顺：《日本行政法通论》，452～456、206 页，北京，中国法制出版社，1998。

允许其携带本案刀械回家，在回家途中该刀械会给他人的生命和身体造成危险。警察允许其回家的同时，也应根据该法第24条之二第2款规定，有义务采取暂时保管本案刀械的措施。警察未采取任何措施，违反了其职务上的义务，自然是违法的。警察的违法行为与D的受伤之间存在相当因果关系，应承担损害赔偿责任。①

2. 行政裁量收缩论与裁量权消极滥用论之间的融合

虽然存在行政裁量收缩论的适用情形，但法院有时并不一定适用行政裁量收缩论，而代之以裁量权消极滥用论。下面几则判决就是采用裁量权消极滥用论的例子。

日本最高法院在1989年京都府宅建业法案的判决中指出，停止业务乃至取消许可，是对宅基地建筑物业者的不利益处分，导致其不能继续营业，给其既有的交易关系人带来很大的利害影响，因此确定了听证、公告的程序。停止业务、取消许可都是知事等的法定权限，对其要件的认定亦存在裁量的余地。选择何种处分、何时行使权限等，均应委诸知事等基于专门的判断而作出合理的裁量。从而，在具体的情况下，该企业的不正当行为给各个交易关系人带来损害时，参照赋予知事等的监督处分权限的旨趣和目的，知事等不行使权限并非明显不合理，则不应适用国家赔偿法第1条第1款的规定而受到违法的评价。②

日本最高法院在1995年氯喹③诉讼的判决中认为，考虑到厚生大臣行使药事法上的权限具有专门性和技术性，在药品副作用发生损害时，厚生大臣没有行使权限来防止该药品副作用损害的发生，并不直接根据《国家赔偿法》第1条第1款的规定而给以违法评价。该药品发生副作用的时点已经有医学的、药学的见识，参照《药事法》的目的以及赋予厚生大臣的权限的性质，厚生大臣不行使上述权限超出了其容许的限度而明显不合理时，与因副作用受害的人的关系上，其权限不行使适

① 日本最高裁判所1982年1月19日判决，最高裁判所民事判例集36卷1号19頁。

② 日本最高裁判所1989年11月24日判决，最高裁判所民事判例集43卷10号1169頁。

③ 氯喹（chloroguine）网膜症是一种疾病，系因长期服用氯喹而侵害网膜色素上皮细胞和眼细胞，开始是夜盲症，中心暗点扩大给视力造成障碍。

用同款的规定而认定其违法。①

日本最高法院在2004年的关西水俣病诉讼的判决中认为，国家或公共团体的公务员不行使其规制权限，参照法令确定其权限的旨趣、目的以及其权限的性质，在具体的情况下，其不行使权限超出容许限度而明显不合理，在与因其不行使而受害者的关系上，适用《国家赔偿法》第1条第1款的规定而认定其违法。②

日本最高法院的判决对下级法院以及学术有很大影响，以至于有的学者认为，从最高法院采用的裁量权消极滥用论来看，这一思考方法可以说是现时的通说。裁量权消极滥用论实际上是回到《行政案件诉讼法》第30条（“滥用裁量权”的撤销判决）寻找实定法的根据。而如何判断裁量权消极滥用也是需要标准的，虽然可以用“明显不合理”简单地加以概括，但在判决中绝非可以用这一个词语就能轻松解决问题的。考察上述三则判例可以发现，判断裁量权消极滥用或者明显不合理的标准与行政裁量收缩的要件一般无二，同样包含着被害法益的重要性、预见可能性、结果回避可能性和期待可能性等要件。

从这里可以看出，日本的行政裁量收缩论与裁量权消极滥用论融合在一起，或者说，法院打着裁量权消极滥用论的招牌，却实际上做着行政裁量收缩论的买卖，而不是行政裁量收缩论业已沉沦而为另一种理论所取代。这倒也为我们提供了一条新的思路。我国《行政诉讼法》第70条第5项中规定了“滥用职权”的情形，我们通常的理解主要都是行政机关积极“行使”职权的滥用，而不包括消极不行使职权、不适当行使职权的滥用问题。我们是否可以将其扩大理解呢？当然，笔者并不是认为对不行使职权或不适当行使职权的滥用均可以适用撤销判决。这一点笔者将在第四节中加以阐述。

还应该指出的是，日本以裁量权消极滥用论之名行行政裁量收缩论之实，只是行政裁量收缩论的一个部分，也就是在决定裁量部分的收缩，而不是选择裁量部分的收缩。日本行政裁量收缩论的整个发展基本上都是在决定裁量部分（也就是行政规制权限的不行使

① 日本最高裁判所1995年6月23日判决，最高裁判所民事判例集49卷10号1600頁。

② 日本最高裁判所2004年10月15日判决，最高裁判所民事判例集58卷7号1802頁。

方面或言行政不作为方面）的发展，而没有在控制选择裁量（也就是积极滥用、胡乱作为方面）的发展。在这一点上，德国甚至我国的法院都胜出一筹。

3. 2004 年修改行政诉讼法之后的情形

比照德国行政裁量收缩论的发展情况，我们很容易发现，日本的发展还欠缺了一块，那就是在课予义务诉讼中的运用，这种状况到最近有了转机。2004 年 6 月，日本修改了其制定达 42 年之久而从未修改的行政诉讼法，并于 2005 年 4 月开始施行。课予义务诉讼在修改前的行政诉讼法中都是以无名诉讼出现的，新的行政诉讼法则将其法定化和有名化。这也在一定程度上抛弃了基于传统的权力分立论而不容许课予义务诉讼的观点①，确立了“法的支配”原则。新的行政诉讼法将课予义务诉讼新设一款，作为第 3 条第 6 款：“本法所称的‘课予义务诉讼’，是指在下列情况下旨在请求法院命令行政厅作出其行政处分或裁决的诉讼：（1）行政厅应该作出一定的行政处分而没有作出时（除第（2）项情况外）；（2）基于法令的宗旨申请行政厅作出一定的行政处分或裁决或审查请求的场合下，该行政厅应该作出行政处分或裁决而没有作出时。”课予义务诉讼的法定化为行政裁量收缩论在要求行政机关作出一定行为方面提供了有力的支撑。

（三）中国行政裁量收缩论的存在与前景

中国是一个一国两制三法系四法域的国家，这四法域分别是大陆、台湾、香港和澳门。在这四法域中，台湾较为明确地存在行政裁量收缩的理论。其“司法院”大法官会议在 1998 年作出如下释字 469 号解释。这一解释也被认为是采纳了“裁量萎缩至零”的概念。②

> 惟法律之种类繁多，其规范之目的亦各有不同，有仅属赋予主管机关推行公共事务之权限者，亦有赋予主管机关作为或不作为之裁量权限者，对于上述各类法律之规定，该管机关之公务员纵有怠于执行职务之行为，或尚难认为人民之权利因而遭受直接之损害，或性质上仍属适当与否之行政裁量问题，既未达违法之程度，亦无

① 参见［日］室井力主编：《日本现代行政法》，吴微译，262 页，北京，中国政法大学出版社，1995。

② 参见陈新民：《行政法学总论》，8 版，333～334 页，台北，三民书局，2005。

> 在个别事件中因各种情况之考虑，例如：斟酌人民权益所受侵害之危险迫切程度、公务员对于损害之发生是否可得预见、侵害之防止是否须仰赖公权力之行使始可达成目的而非个人之努力可能避免等因素，已致无可裁量之情事者，自无成立国家赔偿之余地。倘法律规范之目的系为保障人民生命、身体及财产等法益，且对主管机关应执行职务行使公权力之事项规定明确，该管机关公务员依此规定对可得特定之人负有作为义务已无不作为之裁量空间，犹因故意或过失怠于执行职务或拒不为职务上应为之行为，致特定人之自由或权利遭受损害，被害人自得向国家请求损害赔偿。①

在我国大陆，一方面鲜有行政裁量收缩论的研究，另一方面在法制实践中也没有明确适用行政裁量收缩论的案例。但是，这并不表明，在我们的司法实践中并没有应用行政裁量收缩论，而只是说没有有意识地明确加以适用。应该说，我们同样也存在诸多非常优秀的判决，其中的法理暗合着行政裁量收缩的理论，甚至在某些方面还超出了日本的发展。日本有关行政裁量收缩的判例主要集中在决定裁量收缩至零的情形，而我国不仅在决定裁量收缩至零的情形应用，个别判决还将行政裁量收缩论的应用延伸到了选择裁量收缩至零的情形，前引之“丁卫义诉临海市公安局不作为行政赔偿案”就是一例。而且在我国行政法制中已经搭建了适用行政裁量收缩论的基本平台，例如法院审查行政职权滥用的制度、行政诉讼中的履行判决制度、对行政不作为的国家赔偿制度等。故而，我们亦不必妄自菲薄，而应加强相关的研究，拓展行政裁量收缩的适用空间，让法院能有意识地加以适用，明白地阐述其中的法理。随着现代化的发展，私人生活中的危险日益增多，其自我保护、自我防御的能力却相对低下，政府的危险防止、安全照顾的行政责任也相应地加重。在社会主义市场经济体制深入发展的今天，个人随着权利意识的觉醒，越来越希望政府提供更多的服务和监管，越来越希望政府能准确无误地作出决定，甚至诉诸法律途径寻求落实，2006 年北京市食用蜀国演义出售的福寿螺的患者起诉北京市卫生局就是一个典型的例证。如何周到地保护自己的法益，如何追究行政的法律责任，就必然要寻求制度和理论的支撑。

---

① 台湾“司法院”大法官解释释字 469 号，1998 年 11 月 20 日。

三、行政裁量收缩论的适用领域

从上面的说明中似乎可以看出，行政裁量收缩论可以适用于危险防止领域。但是否仅限于此呢？换言之，到底何种领域可以适用行政裁量收缩论呢？这是存在分歧的。

（一）危险防止行政领域

危险防止领域是行政裁量收缩论适用的传统领域。我国台湾地区学者陈清秀认为，裁量收缩，尤其可能根据宪法保障私人的基本权利及其他宪法上原则的作用而产生。另外有关警察的干预，原则上是适用“便宜原则”，亦即警察应依裁量决定之。但这种裁量，在有危害重大的法益，例如生命及健康的情形，原则上即限缩到零，亦即关系人即有请求警察予以保护而作出行为的请求权。[①] 日本学者宫田三郎认为，在警察法与防止危险的相关法领域以外，其他法领域、特别是给付行政领域，实际上并不产生裁量收缩，而毋宁多半是根据裁量自我拘束的原理而产生。[②]

不可否认的是，行政裁量收缩论的产生和发展主要是在危险防止领域。故而本章亦主要以这一领域为对象进行展开。而且危险防止领域中的行政裁量收缩与其他领域中的行政裁量收缩在原理上是有差别的。为了便于论述和深入探讨，也有必要对其予以区别。

（二）给付行政和其他领域

德国有学者认为，“裁量之萎缩亦可经由行政自我拘束而生”[③]。我国台湾地区学者李建良也认为，行政裁量收缩也可以从由平等原则而来的行政自我拘束中产生，这种自我拘束针对行政机关自身前后、左右的所有合法行为。这样，在危险防止领域之外，几乎所有其他领域均可适用行政裁量收缩论。李建良还认为，信赖保护原则也可以导致行政裁量

---

① 参见陈清秀：《依法行政与法律的适用》，载翁岳生编：《行政法》上册，251～252页，北京，中国法制出版社，2002。

② ［日］宫田三郎『行政裁量とその統制密度（増補版）』（信山社、2012年）22頁参照。

③ ［德］亨利·苏勒、边赫·许乐：《德国警察与秩序法》，李震山译，2版，352页，台北，登文书局，1995。

的收缩。① 也就是说，授益性行政的撤销或废止等情形，也可能会因信赖保护原则而产生行政裁量的收缩。

在德国，下列这些案例也被认为是适用了行政裁量收缩论。

联邦行政法院于1967年2月8日的判决。在该案中，被告行政机关在1956年承认给原告战时俘虏补偿，而其后的三年强制劳动期间则不予补偿。1961年业已移居美国的原告重新请求强制劳动期间的补偿，但被告以维护从前裁决的法的持续性而拒绝进行内容审查。法院认为，行政机关没有义务对已经不可撤销的行政行为再次审查，不过，法或者事实状态变更时是例外。再次审查属于行政机关的裁量，但受基本法第3条平等原则的拘束。行政机关对同样的案件进行了程序的再审查，由此行政实务形成行政的自我拘束，在作出补充性决定时，只有在具体的情形下有正当的考虑，才能违反这一实务。

联邦行政法院于1974年12月13日的判决。在该案中，德国共产党申请在地方选举中设置标语牌，遭到主管机关拒绝。法院认为，民主国家选举的意义以及选举对于政党的意义，在德国基本法第21条和《政党法》第1条已经表明。在决定是否许可政党为选举设置标语牌时，这对行政机关的裁量产生明显的限制。特别是在选举的情况下，政党要求许可的请求权是成立的。

联邦行政法院于1981年5月19日的判决。原告用旅行签证来到德国，后承认是逃亡者。在办理逃亡庇护手续期间，请求赋予滞留许可。法院认为，这属于行政机关的裁量。但根据德国基本法第16条之一有关庇护权的规定以及外国人法的相关规定，通常行政机关在办理逃亡庇护手续期间，裁量收缩，有义务赋予滞留许可。②

从上面引述的几则案例来看，在警察法和危险防止法之外大致也还是存在行政裁量收缩的应用，第一个案例是基于平等对待或行政自我拘束原则来限缩行政裁量，而第二、三个案例是基于宪法和基本权利而产

---

① 参见李建良：《论行政裁量之缩减》，载翁岳生教授祝寿论文编辑委员会编：《当代公法新论》中，130～133页，台北，元照出版公司，2002。作者其实是将“行政裁量的缩减”与“行政裁量的限制”大致等同，着力构筑行政裁量的整体限制框架。

② ［日］宮田三郎『行政裁量とその統制密度（増補版）』（信山社、2012年）291～293頁参照。

生对裁量权的限缩。笔者认为，由行政自我拘束确实可以产生行政裁量收缩，甚至可以达到零的程度。而行政自我拘束所能发挥作用的领域则不仅仅在危险防止领域，也及于给付行政等领域。信赖保护原则也可以在给付行政领域限制裁量权，甚至使行政裁量权收缩至零。[①] 但是需要注意的是，在给付行政领域，要将行政裁量压缩至零是比较困难的，因为在给付行政中，不仅仅是有关给付的行政法规范，更有基于福利国家的理念、旨在保护经济上弱者的社会经济政策。根据这一积极目的而运用的裁量，其自由度远远大于基于维护社会秩序、消除危险因素的消极目的而运用的裁量。要将给付行政中的行政裁量压缩至零需要考虑更多的因素，需要寻求更充分的理由。

行政裁量收缩论所涉及的领域较多，为了使问题集中，同时也是选择难以解决的问题来阐述，本章主要探讨危险防止领域的行政裁量收缩问题。危险防止领域的行政裁量收缩是行政裁量收缩论产生的最初动因，也是行政裁量收缩论的核心部分，它是由保护个人生命、健康和财产等重要法益、防止其遭受危险和不测而压缩行政裁量权的。换言之，它是基于行政法具体化宪法之重要使命而产生的。当然，行政裁量收缩的原因并不限于此，例如基于平等对待、行政自我拘束等原因也可能将行政裁量权限缩为一种选择。但其限缩行政裁量的法理与危险防止领域的行政裁量收缩是有很大差别的，故而将其拆分开来进行讨论是必要的，以便能更深入精准地分析。

四、行政裁量收缩论的特点与地位

在德国和日本，行政裁量收缩的理论业已成熟，并且作为行政裁量瑕疵论的重要组成部分发挥着重要作用。在将其引入我国的同时，对其作用和地位也需要作出恰如其分的认识，而不可过分夸大。

（一）有关行政裁量收缩论的争论

我们不妨先来看一看国外有关行政裁量收缩论的争论，通过这些争论，我们或许可以更清晰地认识行政裁量收缩论的特点、优点和不足。应该说，对于行政裁量收缩论并不是没有批判，只是近来逐渐消退了，

① 有关信赖保护原则对行政裁量的限制，可参见王贵松：《行政信赖保护论》，93～94 页，济南，山东人民出版社，2007。

可能是人们逐渐认同了这一理论，对其细枝末节的问题有些不同的看法已经不影响这一理论的成立。这里，笔者主要介绍一下日本曾经在总体上对行政裁量收缩论进行批判的观点。①

1. 对行政裁量收缩论的批判

在日本，由于其特殊的时代背景，行政裁量收缩论常常结合药害等公害案判决来讨论。与此相对应，有不少学者认为应用**"健康权论"**而不是行政裁量收缩论来解释处理现实中的问题，其代表者为下山瑛二。他认为，"在国家要规制影响国民生命健康的物质的情形下，从保障国民的生命健康权这种基本权利的角度来看，《国家赔偿法》第1条的'违法'要件应就行使公权力有无怠于履行注意义务、防止损害发生义务来判断，而不应掺入规制企业权限的违法性判断（即裁量权的逾越滥用）。如果在这一点有所暧昧，那么在进行违法性判断时，确保国民生命健康安全这一现行宪法体系下第一位的价值将被割舍，国民的损害赔偿请求权，也只能在行使行政裁量权'明显不合理'的场合下特殊例外地得到承认"②。他还认为，案例中说存在对生命、身体、健康法益侵害的预见可能性，行使规制权限也能回避结果发生，就要对被害者承担赔偿责任，合乎基本逻辑，看上去是极为妥当的。"但是，在这一脉络之下，我无法理解为什么是行使'规制权'的裁量权'收缩、后退'的问题。也就是说，对相对人行使规制权限的'质'，与确保相关第三人安全而行使权限的'质'处于不同的维度上，不能立于同一范畴之内发生量的收缩或扩大关系。安全性的问题基本上仅作为'安全性的问题'构成独立的领域，假设安全性为药品的效用性而牺牲，对其危险性的应对明确应当作为条件予以指示，而不是仅与效用的'权衡'问题。"③

另外一种批判是**"作为义务论"**。这种理论认为，不必以承认行政机关是否发动规制权限的裁量为前提、然后将其收缩至零这种迂回之

---

① 至于在该理论之下对其构成要件的批判，则放在本章第三节进行介绍，实际上那已经属于这一理论内部的争论了。

② ［日］下山瑛二『健康権と国の法的責任——薬品・食品行政を中心とする考察』（岩波書店、1979年）242頁。

③ ［日］下山瑛二『健康権と国の法的責任』（岩波書店、1979年）265頁。

路，而应直接追究行政的义务懈怠。① 这种理论与上述健康权论基本相同，它只关注行政的作为义务是否得到履行，没有履行，即为违法，即要承担相应的法律责任。

最后一种可以称为**"行政裁量收缩论之否定论"**。日本民法学者淡路刚久虽然没有提出新的主张，但却反对行政裁量收缩论。他认为：第一，行政裁量收缩论在观念上是以行政的自由、无责为前提的，仅在例外的滥用情况下才承认行政的责任。但国家赔偿法是民法的侵权行为法的特例，这种观点是不妥当的。第二，国家赔偿法上的责任要件是损害赔偿责任的问题，可以从国家赔偿法条文上的构成要件直接导出，而不必通过裁量行为、负有裁量义务的框架。而且课予义务诉讼适合于解决平面的纷争，在行政·被规制者·被害者之间的三方关系无法适用。在法技术上应该是需要研究的。这样，行政裁量收缩论的两大适用领域都被其封堵。第三，行政裁量收缩论声称在判断违法性，但实质上是在将过失包含在内进行损害赔偿责任的判断，这比从侵权行为原则来考察违法性要件、过失要件要更为严格而狭窄。② 这三点是从整体上来否定行政裁量收缩论，如果不能反驳，则该理论存在的价值将是一个巨大的问号。

2. 行政裁量收缩论的反批判

对于健康权论，行政裁量收缩论者主要有以卜儿点反驳。第一，健康权论认为，厚生福祉行政是以保护国民的健康权为目的的积极行政，而本来的警察行政是以维持公共秩序为目的的消极行政，两者具有质的不同。因而，应以保护国民健康权为最高目的，积极实施药事行政等，如有懈怠而导致国民的健康被害，不必论及行政裁量的收缩，原则上承认行政责任即可。然而，冷静思考会发现，行政机关在这里仍然有其裁量余地。药事行政等虽然以守卫国民的健康和安全为其本旨，但也要就药品的有效性、安全性及发展性等进行比较衡量。一有副作用就立即无条件全面禁止，尚属少数。可否规制及规制程度，一定范围内还是得委

---

① ［日］阿部泰隆「行政の危険防止責任その後（一）」判例時報 1001 号(1981 年) 142～143 頁参照。

② ［日］淡路剛久「公害・環境問題と法理論（その三）」ジュリスト835 号(1985 年 5 月) 128～129 頁；淡路剛久「水俣病第三次訴訟判決について」ジュリスト889 期（1987 年 7 月）17 頁参照。

诸行政裁量。[①] 在食品方面，当然没有容许制造、销售有害食品的裁量，但要规制所有的食品制造、销售过程也是不可能的。规制权限的行使，要兼顾营业自由和预测被害的程度、发生的概率等，不仅在与企业的关系上，就是在与国民的关系上，行政机关也有一定程度的裁量余地。因此从保护国民生命健康的观点出发，也有必要适用行政裁量收缩理论。[②] 第二，健康权论者将厚生福祉行政与警察行政作积极行政与消极行政的类型区分，原则上应该承认。但要说厚生福祉行政的国家责任根据只能求诸健康权，则多少尚存疑问。积极行政与消极行政之间只有相对的差别，即使是在纯粹警察行政领域，警察明显怠于保护义务的履行时，也可以援用裁量权收缩论承认其行政不作为的责任，最高法院的判例也是认可的。[③] 在健康权论者与裁量权收缩论者反复交锋之后，行政裁量收缩的构成要件逐渐缓和，这时，在被害人救济方面，行政裁量收缩论和健康权论的结果大致相同。[④] 两者之间关于救济实效的争论也渐渐归于平息。应该说，健康权论与裁量权收缩论并非相互排斥的理论。裁量权收缩论是对行政便宜主义的修正，提示判断行政不作为违法的一般框架或思考顺序，可谓总论的、手法上的逻辑；而健康权论实则以这种判断框架为前提，提示利益考量中的一个重要考虑因素，是各论、实体的逻辑。打个比方说，裁量权收缩论是一杆表示法律推理顺序的天平，健康权就是这天平上最重要的一个砝码。[⑤]

至于作为义务论，由于其否定行政裁量的价值，否定行政裁量责任的特殊性，这是很难得到承认的。本书上文对行政裁量价值的肯定，在一定程度上就可以反驳这种作为义务论。对于淡路刚久的否定意见，行政裁量收缩论者的回应难得一见。第一，应该说，行政裁量收缩论的立场是非常清楚的，那就是要承认行政裁量的价值，但是绝不是要放任行

① ［日］原田尚彦「裁量権収縮論」法学教室54号（1985年3月）73頁参照。

② ［日］沢井裕「損害賠償責任の構造——カネミ油症事件再論（中）」法律時報53巻9号（1981年）122頁参照。

③ ［日］原田尚彦「裁量権収縮論」法学教室54号73～74頁参照。

④ ［日］室井力「カネミ控訴審判決について——国の損害賠償責任」ジュリスト816号（1984年6月）14～15頁参照。

⑤ ［日］原田尚彦「裁量権収縮論」法学教室54号75頁参照。

政机关为所欲为。其主张并不是以行政的自由、无责为前提，而只是要承认行政在其四角天空之中可以根据自己的经验进行自主的判断，一旦逾越滥用，自然要承担相应的法律责任。不承认行政裁量，行政的自主性就无以立足；不承认滥用裁量的法律责任，行政的民主性亦无处安身。正如阿部泰隆所评论的那样，“裁量收缩论是一种克服本来的行政便宜论而导入行政责任的积极进取的理论”①。第二，不行使公权力的国家赔偿责任是否可以从国家赔偿法的条文中直接导出呢？仅以日本为例，其《国家赔偿法》第1条第1款规定，“行使国家或公共团体公权力的公务员执行职务，由于故意或过失而违法地给他人造成损害，国家或公共团体承担赔偿责任”。其构成要件确实较为清晰，而且在判例中法院承认公权力的不行使也要承担国家赔偿责任。但问题是，这里的“违法”如何判断？还是要回归行政法理论自身，要将行政裁量及其法律责任的判断带入其中。第三，以包含过失的违法性判断标准来判断行政裁量行为的违法性，确实看起来比较严格。这一点看上去只是对行政裁量收缩的构成要件进行批判，实质上却构成了对理论本身的批判，因为如果整个的构成要件过于严格，所谓课予行政机关作为义务，实际上是放纵行政机关不作为；所谓追究行政机关的法律责任，实际上是给行政机关免责寻找托词。行政裁量收缩的构成要件并不是一成不变的，在学说和判例之中呈现出构成要件逐渐缓和的趋势，尤其是在引入抽象过失让过失客观化之后更是如此。当然，这与反对者、批判者的批判也是分不开的。没有深刻的批判，理论就很难有实质的发展。

（二）行政裁量收缩论的特点

从价值或者立场上说，行政裁量收缩论首先承认行政裁量的价值，但又将行政便宜主义限制在合理的范围之内。它绝不是行政无责任的挡箭牌、遮羞布，而是要在特定情况下压缩行政裁量的空间，督促行政机关作出最为适当的行政决定，以排除危险，保护国民。正如原田尚彦所指出的那样，它“将行政便宜主义原则限制在妥当的领域，制约着行政厅垄断发动监管权的决定权限”，“并在一定范围内将发动监管权的动议权保留在国民手中”②。行政裁量收缩论的立场非常清楚，那就是应该赋予行政机关的裁量权一点不少，不应该赋予行政机关的裁量权一点不

① ［日］阿部泰隆『国家補償法』（有斐閣、1988年）190頁。

② ［日］原田尚彦「裁量権収縮論」法学教室54号71頁参照。

多。如果行政机关不自觉履行其保护职责，私人有权通过司法判令行政机关行使其规制权限。一旦符合行政裁量收缩论的要求，则所谓行政裁量乃至行政便宜主义就不能成立，行政权限的行使就变成了义务、变成了羁束。换言之，行政裁量收缩论的理论前提是承认行政裁量的价值，但其自身却是要将行政裁量义务化、羁束化。

从方法论角度来说，行政裁量收缩论是价值、规范与现实的三元互动论的部分体现。法的价值指导着法规范的制定和法的运作。法规范应该是按照法的价值的指引制定的，法规范制定之后，法的运作也应该是按照法价值的要求予以实现的。但是，法的价值、法的规范与法的现实运作之间并不总是一致的。法的规范和法的运作现实都可能偏离法价值的轨道，没有实现预期的公平正义秩序的理念。法实现的现状，也反过来对法的价值提出新的认识，甚至是要求法的价值作出一定的调整。故而，立法者、执法者、研究者都应时刻检视这三者之间的差异，努力检讨现实中出现的问题，以实现法的价值、规范与现实的良性互动，协调发展。裁量权收缩的法理，“将法规范与具体的事实关联起来，而非仅仅求诸法规范的文字表述来进行法的解释”①。它讲究法规范与现实之间的关联，强调现实的需要对法规范的作用。行政裁量收缩论在方法论上沟通规范和现实。没有法规范的规定，就脱离了执法层面；没有现实的需求，行政裁量的空间可能更多地听任于行政机关的决定。

行政裁量收缩论是一个精致的理论。一个“优美的理论”需要同时符合以下三个标准：简明性，预测的准确性和重要性。② 行政裁量收缩论恐怕还达不到这种优美的标准，但应该还是可以算得上是精致的。“裁量权收缩理论的功劳之一是：像这样用容易理解的方式展现出作为义务的判断要素。所以，也是裁判实务中容易使用的理论。”③ 在简明性方面，它是有所不足的。它既要以承认行政裁量的价值为前提，为行政保留下一点其自主的空间，却又要在符合若干要件的情况下课予行政以作为的义务，将其裁量权羁束化。但这正是行政法自身特色的体现，

---

① ［日］原田尚彦「裁量権収縮論」法学教室54号71頁参照。

② 参见［美］W·菲利普斯·夏夫利：《政治科学研究方法》，新知译，18～20页，上海，上海人民出版社，2006。

③ ［日］宇贺克也：《国家补偿法》，肖军译，146页，北京，中国政法大学出版社，2014。

是行政与法自身经验的要求。它要考虑立法与执法的区分（如有任务无职权的立法裁量），考虑行政的职能与能力的大小（既肯定介入的必要，又不能“有求必应”式的介入），考虑私人自治能力的大小（行政介入的补充性问题），较为符合现代行政的特征。在预测的准确性方面，它也无法达到自然科学的程度。毕竟行政裁量收缩至零相对于行政裁量来说是一个常态下的例外。它要告诉行政机关应该在什么时候必须作为，而且甚至是只有一种选择是合法的，而其他选择则均是有瑕疵的。这是何其之难！在重要性方面，行政裁量收缩论无疑是非常重要的。这一理论是对行政裁量论的限制，克服了行政便宜主义的弊端，为行政介入请求权提供了制度性的保障。在现今的中国具有重要的现实意义，但又不是应一时之需的理论，它是行政裁量论的必要组成部分，只要有行政裁量的存在，只要有保护某种重要法益的需要，行政裁量收缩论就要出现并发挥其应有的作用。

（三）行政裁量收缩论的地位

行政裁量收缩的理论属于行政法总论中的基础法理之一，兼跨行政行为法与行政诉讼法、国家赔偿法三个领域。行政裁量收缩论要求在一定情况下，必须作出某种裁量决定，甚至只有一种作为措施，而别无选择。行政机关也须按照其要求积极作为，发动其裁量权限，作出适当的裁量选择。行政机关一旦违反行政裁量收缩的要求，即构成行政裁量的重大瑕疵。私人可以诉诸法院请求课予行政机关以作为的义务。如果已经给私人造成了损害，则国家需要承担相应的赔偿责任。

行政裁量收缩的理论与宪法紧密相连，也是宪政关怀下的行政法学的一个重要体现。行政法是宪法的重要实施法，行政法的研究也需要注意其宪政的背景。行政裁量收缩的重要原因或者说压缩行政裁量的重大压力就在于基本权利的保护需求。基本权利的存在，体现着社会的基本价值，它需要全面而周到的保护，国家对此负有保护的义务。当私人的生命权、健康权等基本权利受到威胁和侵害时，行政机关本享有的行政裁量空间就要被压缩，就要作出适当的行政决定，以保护私人生命、身体和健康等基本权利的安全，避免其受到损害，或者采取积极措施减少其所受的损害。行政裁量收缩论承载着维护基本权利价值、敦促行政履行职责的重要使命。

（四）行政裁量收缩论的界限

行政裁量收缩固然有其重要的作用和地位，但是这也并不表明其具有随意扩张适用的可能。我们不能以此理论为支点构筑整个法定的裁量范围，否则裁量难存，法律的真实意涵可能要被篡改。毕竟行政的自主性是需要尊重的，宪法和法律之所以赋予行政机关以行政权，而不是由立法机关或者司法机关代行其职，就是要扬行政机关之长，避立法机关、司法机关之短，让行政能够根据具体情况作出最为妥适的决定。如果动辄引用行政裁量收缩理论来压缩行政裁量的空间，甚至以其支点要课予行政广泛的义务，则行政的自主性和行政裁量的价值将难以维续。毕竟法律的意旨也是要尊重的，那是行政权民主正当性的最重要源泉。法律如果明确载明在某种情况下行政可自由裁量，则司法也不得依据行政裁量收缩理论强加行政以责任，否则即有越法之嫌。德国学者平特纳就指出，尽管裁量缩减“可作为一种非典型的例外而存在，但对一般情况而言，却不允许法定的裁量范围以此为其结构的支撑点。譬如，在明文允许警察采取‘合义务的裁量的措施’时，就不能通过（也同样规定在警察法中的）比例原则使之得出相反的结论。相反，对禁止必须采取不合比例的措施，但在这一界限下，必须存在选择的余地”①。而且动辄引用行政裁量收缩论来压缩行政裁量的空间，还会导致私人受到更多的规制。因为行政裁量收缩的结果必然是动用行政裁量权介入到社会生活生产之中，对其进行这样那样的规制以预防危险的发生。

第二节　行政裁量收缩的理论基础

行政裁量，意味着行政机关对于一定职权是否行使或者如何行使享有选择的余地。然而，在现代风险社会中，有时却要求积极行使裁量权消除危险，甚至只有一种裁量决定是正确的。这便发生了行政裁量收缩的情形。问题是：是什么力量压缩了行政的裁量权，甚至达到唯一选择的地步？本节第一部分将以一则案例来说明裁量空间的存在，使得不能从行政机关的职权、职责直接推导出相对于私人权利的行政作为义务。职权职责规定要转化成义务，需要有转换的根据，其根据就在于行政介入请求权和国家保护义务的存在。然而，法律上常常没有设定这种私人

① ［德］平特纳：《德国普通行政法》，朱林译，61～62页，北京，中国政法大学出版社，1999。

的权利和国家的义务，后面四个部分则重点分析行政介入请求权（第二部分与第三部分）与国家保护义务（第四部分与第五部分）何以能够从国家的职权职责规定中推导出来。如果行政介入请求权和国家保护义务能够成立，职责职权的规定就可以转换成义务性的规定，行政裁量的空间就能被压缩。本节旨在证明两者的存在及要求，为整个危险防止领域行政裁量权收缩提供一体的法理基础。①

一、行政职权职责、义务的区分与转换

让我们先看一则判决中各方主体对《人民警察法》第 21 条的理解。案件事实很简单：2000 年年初某日凌晨 4 点多，警察接警后立即到达现场，发现张朱明因醉酒而倒在地上，查明其身份后通知了他的家属，但家属迟迟未到，于是在 7 点多通知了“120”急救中心和法医。法医到达现场时，张朱明已经死亡。

上海市普陀区人民法院审理认为，根据《人民警察法》第 21 条的规定，“人民警察遇到公民人身、财产安全受到侵犯或者处于其他危难情形，应当立即救助”，本案中被告采取了一系列救助行为，不存在不作为行为，更不构成违法行为。

原告不服，认为被上诉人在张朱明生命危险的情形下只通知亲属而没有及时通知医院，没有履行《人民警察法》第 21 条所规定的救助义务。义务即职责，被上诉人的行为构成了行政不作为，请求撤销原审判决，支持上诉人的诉讼请求。

被上诉人辩称，《人民警察法》第 21 条规定的是警察的义务，法定职责与义务是有区别的，《国家赔偿法》规定的是违法行使职权而非义务，且被上诉人已经尽了应尽的义务，不存在不作为行为。

二审法院认为，《人民警察法》第 21 条规定了人民警察遇到公民人身、财产安全受到侵犯或者处于其他危难情形，有应当立即救助的义务。但从被上诉人的一系列行为来看，其已经实施了救助行为，而不存在不履行法定义务的行为，无违法事实。

一审法院的法官在评析该案时还指出，人民警察只对一般公众承担

① 对于裁量收缩的理论根据分析，另可参见王天华：《裁量收缩理论的构造与边界》，载《中国法学》，2014（1），129～136 页。

一般保障义务，而不是对每个特定的个人承担特殊的保护义务。人民警察履行救助义务应当建筑在特定的行政法律关系之上，人民警察并不承担对特定人的人身财产负全部责任的因果关系。[①]

虽然这一案件比较寻常，但诉讼中各方主体对法律的认识是那么的不同，其中的诸多问题充满玄机，其中浸透的法理也极为深刻。

首先，法院认定，虽然《人民警察法》第 21 条规定了救助义务，但是对于醉酒倒地者如何救助，法律没有明文规定。法院没有说其中存在行政裁量的空间，实际上警察对于如何救助（包括救助的时间、救助的措施、救助的程序等）是享有裁量权的。这里需要注意"应当立即救助"的表述，警察只是对如何救助享有裁量权，对于"应当"救助却没有选择；而且是"立即"救助，不能无故延缓。但是"立即"一词又是一个不确定的法律概念，如何解释呢？对于不确定法律概念，虽然行政机关可以自行解释，但在行政诉讼中，最终要由法院来对其解释进行审查。如果张朱明满脸是血，警察仅仅通知其家属而在三个小时之后才通知"120"急救中心，警察的裁量是否适当？如果警察真的见到张朱明满脸是血，面对如此现实而迫切的危险，本享有裁量权的警察还能否在通知张朱明家属和立即送往医院之间进行选择？他还是否继续享有裁量的权力？他的哪一种裁量决定才是没有瑕疵的决定？答案显然是警察的裁量权限缩为零，应当立即出动警车，护送张朱明去医院救治。

其次，原告和被告、法院之间对《人民警察法》第 21 条的认识出现了偏差。原告认为，根据该条的规定，警察负有保护人民生命财产安全的职责；被告认为，该条规定的是警察的义务，法定职责与义务是有区别的，《国家赔偿法》规定的是违法行使职权而非义务才承担国家赔偿责任；法院认为，该条规定了警察的救助义务；具体负责审判的法官还进一步认为，警察只是对一般公众承担保障义务而对非每个特定的个体承担保护义务。这样，就存在两个问题：（1）如何认识《人民警察法》第 21 条的规定：是义务，还是职责？不同的理解是否以及为什么会产生不同的结果？我们到底是在什么意义上来讨论这样的问题？这些常用的法律概念却有如此繁杂的理解，这与我们的分析工具本身的精确

---

① 张志发申请上海市公安局普陀分局行政赔偿案，载最高人民法院中国应用法学研究所编：《人民法院案例选》（2004 年行政·国家赔偿专辑），475～482 页，北京，人民法院出版社，2005。

化和单义性是有关的，对此我将在下文稍作分析。(2) 警察的安全保护职责是针对一般公众的还是针对特定个体的？个人能否对于警察的职责享有请求权？如果存在，其请求权的基础又在哪里？

从分析法学的角度看，义务、职责、职权等法律概念是不同的。美国法学家 W. N. 霍菲尔德（W. N. Hohfeld）认为，权利和义务、特权和无权利、权力和责任、豁免权和无资格就像是法律的最小公分母，对这些基本概念分析得越深入，对法律的根本的统一与和谐的认识就会越强烈。① 如果笼统地将这些法律概念化约为权利和义务则不可避免地会产生一些分歧和混乱。权利和义务难以承载法律关系和法律利益的复杂性，故而有必要予以细化，使法律概念尽量能够做到精确化并具有单义性。在霍菲尔德的体系中，权利（right），准确地说应为请求权(claim)，是与义务（duty）相对应的，它需要对方的协力才能实现其内容。举例来说，甲有权要求乙不得进入前者的土地，则乙对甲负有不进入该地方的义务。特权（privilege）是与无权利相对应的，它是对义务的否定，实际上就是自由，而且是积极的自由。如果甲有进入的特权或自由，则乙无权要求甲不进入。甲进入并不需要得到乙的许可和同意。权力（power）大致相当于“形成权”，它才是与责任（liability）相对应的。而豁免（immunity）与无资格相对应，大致可以被描述为消极的自由，它是对责任的否定，是指在特定的法律关系中，一个人免受他人的法律权力或控制力的约束的自由。②

由此可以发现，在公法中，职责和义务可能确实有其不同之处。职责是就国家与行政机关或者行政机关与具体执行某项任务的公务人员之间的行政法律关系而言的。行政机关负有某项职责，这是针对国家而言的。国家赋予行政机关以权力，这种“赋予”本身就是一种“权力”，行政机关对国家承担责任或职责。义务则是就行政机关与行政相对人或

---

① See Wesley Newcomb Hohfeld, *Fundamental Legal Conceptions as Applied in Judicial Reasoning*, Aldershot: Ashgate/Dartmouth, 2001, pp. 30－31. 其中第一篇论文的中文翻译可以参见［美］W. N. 赫菲尔德：《司法推理中应用的基本法律概念》，陈端洪译，《环球法律评论》，2007 (3)，114 页以下；2007 (4)，114 页以下。

② See Wesley Newcomb Hohfeld, *Fundamental Legal Conceptions as Applied in Judicial Reasoning*, Aldershot: Ashgate/Dartmouth, 2001, pp. 12－29.

其他私人之间的行政法律关系中来说的。行政机关负有某一义务，则私人对此是享有请求权的。私人要求行政机关为一定行为或不为一定行为，行政机关应按照其要求作出。那么，在职责和义务之间是否可以沟通和转换呢？这里并不能给出一句话式的结论。在职责的内容与私人权益无关的时候，行政机关对国家承担的职责与对私人承担的义务是不可以置换的；在职责的内容具有外部性，与私人权益之间存在关联性时，行政机关对国家承担的职责与对私人承担的义务是可以沟通的，私人可以借助于一定的制度来激活职责的履行。

让我们再回过头来看看《人民警察法》第 21 条的规定："人民警察遇到公民人身、财产安全受到侵犯或者处于其他危难情形，应当立即救助；对公民提出解决纠纷的要求，应当给予帮助；对公民的报警案件，应当及时查处。人民警察应当积极参加抢险救灾和社会公益工作。"从法律的表述来看，这整个一条是有所区别的。第一个分号之前的话应是职责的规定，属于依职权的行为；第二个分号之前的话则是义务的规定，属于依申请的行为；之后的话则又是职责的规定。[①] 既然将"人民警察……应当立即救助"理解为职责的规定，对此，私人是否可以请求呢？换言之，这是否为警察对私人所承担的义务呢？职责与义务是否可以沟通转换呢？显然，这里的职责内容是与私人权益相关的，职责的履行与否直接关系到私人人身、财产的安全状况。这就具有了沟通转换的前提，那么它是否具有转换的轴承呢？其一，从法律解释来看，《人民警察法》第 21 条的规定具有保护私人法益的意旨，故而可以将其解释为立法者在赋予警察以职责的同时，亦希望将其作为行政机关对私人所负有的义务。其二，从其他法律来看，在 1989 年《行政诉讼法》第 11 条第 5 项中规定，"申请行政机关履行保护人身权、财产权的法定职责，行政机关拒绝履行或者不予答复的"可以提起行政诉讼。警察自然属于这里的行政机关，《人民警察法》第 21 条规定的警察的法定职责在私人请求履行时，应该履行，否则将被提起行政诉讼，由法院予以纠正。这就说明，立法者在规定《人民警察法》第 21 条警察的法定职责的同时，

① 如果从该条所在的章节来看，则又存在一定的混乱：该条所在的第三章是"义务和纪律"，那么该章之下的所有的条文要么是义务，要么是纪律。当然，纪律可以理解为团体对其成员的内部要求，与职责有某种相通之处。立法语言不一定会按照学术语言来表述，这是可以理解的。

确实也具有赋予私人请求权的意旨。这种请求权相应的就是行政机关的义务。如此，行政机关的职责同时成为行政机关的义务。“请求权—义务”，“权力—职责”的分析工具就能顺利解释得通。

我们说“行政裁量”是在法的适用的背景下来讨论的，也就是说行政裁量是行政机关在法的适用过程中所进行的具有一定自主性的判断和选择，故而应先找到法律规定。从法律规定的内容来看，大致存在三种类型，其一为私人权利的规定，其二是行政机关职权的规定，其三是行政机关任务的规定。私人的权利自然对应着行政机关的义务，职权对应的是职责，而任务只是立法者对行政机关的一种期望，也可能没有赋予行政机关相应的职权。到底以何种类型来规定，这属于立法者的裁量范围。如果只有行政机关的任务的规定，而没有职权（即没有实现任务的手段）的规定，这时行政机关的裁量空间将是最大的，很难要求限缩其裁量权，甚至将裁量的决定限缩为一种选择。当然，这并不是没有可能，只是在解释上有一定的困难，需要外界现实的压力足够大，才可能产生行政裁量收缩的情形。至于只存在行政机关职权的规定，则应该有某种轴承性的制度存在，以便让职权和义务之间能实现沟通转换。当然，即便是存在私人权利的规定，也不见得行政机关就必须以某种方式去履行其行政介入义务，因为行政机关仍然享有裁量的空间。其理由在于：法律规范一般由法律要件和法律效果两部分构成，法律要件在大多数情况下都会使用不确定的法律概念，法律效果也常常包含了选择的可能，有时候不确定法律概念和效果选择还混杂在一起。这样，行政机关在判断法律事实是否符合不确定法律概念时，就需要对不确定法律概念进行解释，相应地行政机关就可以在解释和判断中享有一定的判断余地。法律效果的多样性同样也赋予了行政机关根据现实情况进行适当选择的裁量权力。概言之，行政机关在适用法律规定时，除了那种单义性或一义性的法律规定之外，就都存在裁量的空间。行政机关在这样或那样的裁量决定中可以享有一定的自主权，是否作出裁量决定如何作出裁量决定以及作出何种裁量决定，是无法仅仅从法律规定上推断的（参见图 4-3）。行政裁量收缩论就是要结合法律规定和现实情况来探讨行政裁量收缩的条件，在符合行政裁量收缩的要件时，就要将行政裁量逼入“死角”，要求行政裁量必须作出，甚至作出某个特定的行政裁量决定，将行政裁量的权力义务化，甚至羁束化，适当地介入到需要保护的事务之中。

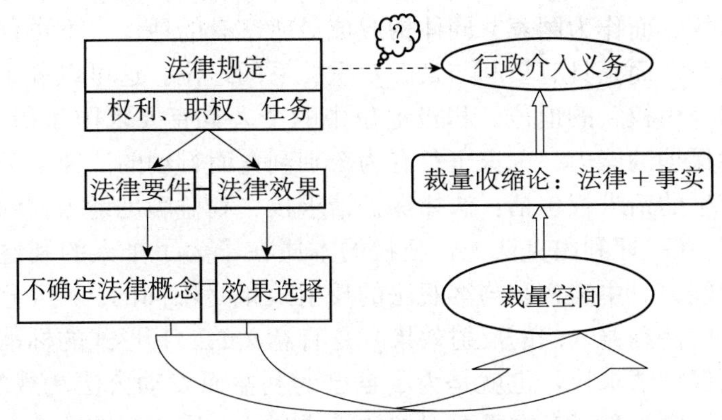

图 4-3 法条与行政介入义务的导出

二、私人地位的变迁与行政介入请求权

如果仅从法律规定来看，私人怎样才算是享有预防危险的请求权呢？这需要放到私人与行政机关之间的关系中来考察。私人在行政过程中的地位则是分析这一问题的重要道具。

（一）主观公权利的判断标准

应该说，只有到了近代国家之后，才可以提得出国民在国家中地位的问题。有关行政乃至国家与国民之间的关系的理论，始作俑者乃德国实证主义法学家格贝尔（C. F. Gerber），其于 1852 年即撰有《公权论》一书。但真正称得上“公权理论之父”的则是德国国法学大师 G. 耶利内克，其于 1892 年撰写的《主观公权体系》（System der subjektiven öffentlichen Rechte）一书奠定了他在公法学上的崇高地位，其公权、基本权利理论对后世具有决定性的影响。

G. 耶利内克从国民与国家之间关系的角度来分析国民的身份或地位（Status）问题。他将国民地位分为四种：

（1）被动地位——个人的义务；

（2）消极地位——个人的自由；

（3）积极地位——积极的请求权；

（4）能动地位——参政权。①

其中，积极的地位与本节的主旨是相关的。积极地位是保障针对国家的请求权、而作为国家共同体构成成员所享有的地位，不再仅为纯粹的义务关系，而是具有权利与义务双重关系的地位。这可以称为“国籍权”或“公民权”的地位。积极地位中的个人具有要求国家积极给付、提供法律保护的能力。国家也负有为个别利益而行动的法律义务。这一地位所产生的请求权包括：法律保护请求权、利益满足请求权和利益照顾请求权。G. 耶利内克认为，公权的本质在于为了个人的利益而发动法规范的能力。主观权利与客观法的反射效果是不同的。② 区分真正的公权与反射性利益（法的反射效果）是有意义的。其形式的标准为是否存在权利保护请求权，也就是为了自己的利益而发动公法法规的能力；其实质的标准为是否存在需要保护的必要利益。形式标准在实定法上是明了的，如何根据这一标准来承认权利，属于立法者裁量的余地。至于什么是需要保护的必要的利益，这一点在实定法上并不明了，但在立法论上可以发挥作用。要根据实质标准来划定权利，则存在一定的困难。③ 在耶利内克的理论中，虽然肯定了公权的存在，具有自由主义的进步色彩，但在难以区分真正的公权与反射性利益时，他认为应将其推定为反射性利益。这也是当时德国处于君权国家时期、而立宪主义尚未成熟的一点折射。

---

① 参见［德］格奥格·耶利内克：《主观公法权利体系》，曾韬、赵天书译，74页以下，北京，中国政法大学出版社，2012。虽然对于这种四分法有一定的指责（诸如地位之间的关系并不总是清晰的等），但分析性的地位理论是相当重要的，不可求全责备。作为理解复杂事物的一个尝试，它具有智识上的正当性。See Robert Alexy，*A Theory of Constitutional Rights*，trans. by Julian Rivers，Oxford University Press，2002，pp. 173-177。

② 反射性利益概念的原型的铸造者就是G. 耶利内克。自其之后始有主观权利（真正的公权）与反射性利益的差别的观念。［日］和田英夫「反射的利益論1」法律時報41巻1号（1969年）54頁参照。

③ ［日］中川義郎『ドイツ公権理論の展開と課題』（法律文化社、1993年）111～118頁；山本隆司『行政上の主観法と法関係』（有斐閣、2000年）122～126頁参照。引用一个耶利内克的例子来说，国家提高进口税对国内企业是有利的，但是这只是其获得的事实上的利益，是国家实施客观法反射的效果，企业并没有权利请求国家提高进口税。

在第二次世界大战之前，继承并发展 G. 耶利内克的公权理论，将其导入行政诉讼体系，居功至伟者当推 O. 比勒。他分析了公权的三要素：第一，法规的强行性。作为公权基础的法规要具有强行的性质，换言之，排除行政机关的“自由裁量”。因此，行政裁量就不具备这一要素，私人对此也就无从享有公权。第二，个人利益的保护性。该法规是为了特定的人或者一定范围内的人，也就是说不但是为了一般利益而且也是为了个人的利益而制定。第三，具有针对国家的请求权或对国家请求权能的赋予性，即赋予特定的人依据法规的规定而请求行政机关为一定行为的效力。① 符合这三个要素的，方能构成公权。这一公权三要素理论在第二次世界大战之前一直居于德国的通说地位，并奠定了第二次世界大战之后的“保护规范说”的基础。这一理论也为判断主观公权利与反射性利益提供了较为清晰的标准。

(二) 宪法原理的转换与行政介入请求权的引入

德国在经历了第二次世界大战的浩劫之后，随着宪法原理由自由法治国向社会法治国的转换，随着宪法法院的建立、行政法院制度的恢复和发展，公权理论也发生了变化。这里主要关注公权理论中主观权利与反射性利益之间关联性的变化。

屠雷格（Kurt E. v. Turegg）在德国基本法之下较早地重建了公权理论在行政法教科书中的位置，并将国家的公权首次剔除于公权概念之外。② 但第二次世界大战之后，真正继承耶利内克等人的公权理论并将其发扬光大的，应属巴霍夫。他创立了“保护规范说”，补充并修正了比勒的公权三要素：第一，对于法规强行性的补充。唯独法规才能创造客观法，行政规则虽然也可能具有强行性的效力，但原则上只对内部关系发生拘束力。一旦法规赋予裁量权，该法规就不具有强制的羁束性，但也仅限于裁量权所及范围而已，并非行政作用全然不受拘束。任何裁量的行使，必须合乎义务，必须

① ［日］中川義郎『ドイツ公権理論の展開と課題』（法律文化社、1993 年）186～191 頁参照；另可参见王和雄：《论行政不作为之权利保护》，36～38 页，台北，三民书局，1994。

② 在之前的理论中，所谓公权实际上包括国家的公权与私人的公权两个部分。［日］中川義郎『ドイツ公権理論の展開と課題』（法律文化社、1993 年）235～236 頁参照。

进行适当无误的衡量，而且它还要受到某些较高秩序的成文或不成文的法规的限制，例如平等原则、比例原则等。遵行这些限制的义务，即属于强行法规，也可以发生主观权利（请求权）。除了裁量规定外，不确定法律概念的规定也降低了行政受法的拘束，不确定法律概念赋予了行政机关对要件的“判断余地”。在行政机关享有判断余地的范围内，该法规不具有强行性，故而不产生主观权利。第二，对于法规目的之私益保护性要素的补充。确定值得法规保护的利益的范围要看是不是事实上受益，若依一般见解认为值得保护，则推定为值得保护。法规究竟是保护个人利益还是保护公共利益，应在各个事项与整体法规的关联之中探究其利益评价。这种利益评价就是所谓法规保护目的的解释。保护目的的解释并非探究立法者主观的意思，而是要探究现在的客观的利益评价。第三，对赋予请求国家为一定行为的意思力或法律上之力要素的补充。若法规仅以义务规定的方式来保护利益，而没有以授权规定的方式让利害关系人获得实现其请求的能力时，该利害关系人即使在事实上受益，也只是客观法的反射而已。以往实务上常以起诉可能性为依据判断是否为主观权利，但在适用新的行政法院法的概括条款（非宪法性质的公法争议均可提起行政诉讼）和德国基本法第 19 条第 4 款（任何人在权利受到官署侵害时，均可提起诉讼）之后，起诉可能性已不再能成为主观权利的判断标准。①

虽然德国公法学界对“保护规范说”也多有批判，但该学说基本上仍立于通说地位。此后，施密特·阿斯曼（Schmidt－Aβmann）的“新保护规范说”认为，规范的保护目的如果不是仅应从立法者可能证明的意志引出，那也不应将其作为优先的根据引出这种意志，应当从历史解释的惯用方式中脱离出来。某规范的保护日的常常不是仅仅从该规范中导出，而是要从该规范的周边存在的一群规范构造中探求得知。在探求保护目的之际，基本权利以其保护规范框架内的效果（基本权利对解释

① 参见［德］奥托·巴霍夫：《公法中的反射作用以及主观权利》，载［德］埃贝哈德·施密特-阿斯曼等著，乌尔海希·巴迪斯选编：《德国行政法读本》，于安等译，303～310 页，北京，高等教育出版社，2006；王和雄：《论行政不作为之权利保护》，39～42 页，台北，三民书局，1994。

普通法律的影响)，能阐明价值、扮演体系化的功能。① 将规范的基础由普通法律延伸至宪法，将探寻规范目的由客观判断延展到探究立法者主观观念与规范构造的体系相结合进行判断，它进一步完善了“保护规范说”，是一个值得关注的发展。

在日本，公权理论在第二次世界大战前后也有微妙的变化。随着日本国宪法的制定和实施，国民主权主义、尊重基本人权主义、司法国家主义等原理确立下来并发挥着重要的影响。第二次世界大战后初期的通说是以法的宗旨或目的为依据，来区分法律保护的利益和反射性利益，并以此作为判断私人是否有排除违法行政请求权的根据，判例基本上采取了这种观点。② 随着行政诉讼的发展，法院扩大解释个人受法律保护的利益的倾向也较为明显。在学术上，学界渐渐将行政介入请求权当作是个人的公权，并将反射性利益逼向墙脚。在日本，原田尚彦是行政介入请求权的始作俑者和积极倡导者，其于 1979 年出版的《行政责任与国民的权利》即是论述行政介入请求权的名著。原田尚彦认为，在法治行政中，私人在实体法上的地位大致可以分为三种：其一，排除侵害请求权，这是近代法治国的产物。行政权应依据法律的规定行使，若违法侵害国民的自由和财产，国民就享有排除行政权违法侵害的法的权能。其二，给付请求权，这是 20 世纪的现代国家由自由国家转向福利国家的产物。行政在满足法定给付要件的情况下而怠于实施给付和保护，国民就有请求实施给付和保护的权能。以前这被认为是一种反射性利益，随着社会权被实定法化，也被承认为具体的现实的权利。其三，行政介入请求权。国民在行政规制中所享受的利益，只是行政的公益活动的结果所产生的反射的利益，而不易承认其为个人的权利。然而，随着福利国家思想的深入人心和社会风险的增大，国民对行政的依存性提高，再加上权利意识的普及，国民因行政上的规制、取缔行为而享有的利益渐渐地也被推定为权利或法律上的利益，承认国民请求实施适当监管为权

---

① ［日］神橋一彦『行政訴訟と権利論（新装版）』（信山社、2008 年）157～158 頁参照。另见鲁鹏宇：《德国公权理论评介》，载《法制与社会发展》，2010 (5)，42～44 页。

② 参见杨建顺：《日本行政法通论》，199 页，北京，中国法制出版社，1998；［日］和田英夫「反射的利益論 2」法律時報 41 巻 2 号（1969 年）87 頁以下参照。

利的倾向较为强烈。① 原田尚彦在其实体三权之中明确承认行政介入请求权，这是较为突出和进步的理论。②

诚然，法的利益或主观权利与反射性利益之间的形式性严格区分论（峻别论）应该克服，但主张主观权利与反射性利益之间一律无差别的理论也是不易成立的。从上文对于公权理论的简单梳理来看，公权的发展实际上与宪法的践行、行政诉讼制度对权利的保护程度是密切关联的。在法治尚不发达的国家，主观权利与反射性利益之间的差别还是较为明显地存在着。在我国，无论是行政机关还是法院，都经常说私人对某某事项没有请求权，国家职权仅为一般公益而行使。虽然它们没有用“反射性利益”理论来“武装”自己的头脑，但该理论实际上在发挥着作用。既然我们的法制还无法消除主观权利与反射性利益区分论的影响，那么，我们就需要努力减少它的负面影响。我们需要结合具体的个案，把握个案性质和内容（例如公用事业、社会保障行政、建筑行政、公共营造物行政等）的法的实体特色，分别进行“个别的、具体的、实

① ［日］原田尚彦『行政法要論　全訂第六版』（学陽書房、2005 年）95～98 頁参照。高木光研究认为，原田尚彦的“排除侵害请求权”或排除违法请求权，相当于日本版的德国“结果除去请求权”。而“行政介入请求权”则是日本版的德国“警察介入请求权”。在国家赔偿诉讼中，行政介入请求权更多的只是理念性的概念，而非法技术性的概念，行政介入请求权的意义更多的在于撤销诉讼或课予义务诉讼之中。［日］高木光「行政介入請求権」磯部力ほか編『法治国家と行政訴訟——原田尚彦先生古稀記念』（有斐閣、2004 年）120 頁以下参照。

② 与此类似的是，盐野宏之四种地位说也将请求介入列入其中。他认为私人在与行政机关的关系上处于如下四种地位。第一是防御性地位，这虽然是传统的法治国的产物，但仍占有重要地位。第二是受益性地位，即积极地要求国家、公共团体给付，虽非一律能产生具体的请求权，但在个别的法律中私人对行政机关享有给付请求权的情况还是广泛存在的。第三是请求行政介入的地位。这大多是以私人间的纠纷为契机的，一方要求行政对另一方实施侵害行为。这符合法治的理念吗？行政机关应追求的公益和私人的利益并没有显著的区别，只有通过维持、增进每个人的生命、健康，才能保全公益。个人请求行使公权力，并不等于单纯为了个人利益而利用公权力。虽然说存在处理私人间纠纷的司法方法，但行政的介入更能期待符合实际案件的解决。故而，请求行政介入的地位在理论上是可能的。第四是参与的地位，也就是对从程序性法治国和民主主义的观点出发参加一定的行政程序。参见［日］盐野宏：《行政法总论》，杨建顺译，242～245 页，北京，北京大学出版社，1999。

证的分析研究”，而不能从形式上就否定私人的权利。[①] 正如前文所述的那样，《人民警察法》虽然没有规定私人的请求权，但规定了警察的职责，从该法的目的以及《行政诉讼法》的相关规定来看，具有保护私人的目的，同时具有赋予私人请求权的意旨，因而，承认私人的行政介入请求权是可以成立的。

三、行政法律关系的三方性与行政介入请求权

上述张朱明案中的危险来自其自身的贪杯，但在风险社会中，私人所遭遇的危险更多地来自第三人，而非自身，更非行政机关。例如，生产者得到许可从事生产，却污染了环境；经营者销售有毒有害食品，侵害私人的权益。受害者与行政机关之间并没有直接的法律关系存在。处于非行政行为直接相对人的第三人，何以能够请求行政机关介入到防止危险的活动之中呢？这里还可以从行政法律关系的角度加以论证。

（一）从两方关系到三方关系

行政的功能随着社会需求的变化和发展也在发生变化。近代的行政基本上属于消极意义上的行政，行政的功能主要在于维护社会秩序，巩固国防。行政与私人之间的关系也较为简单。所谓行政法律关系主要就是行政机关与行政行为直接指向的对象之间的法律关系。随着经济的发展和思想的多元，利益日益分化，多元的利益主体日趋明显，各种各样的社会问题也层出不穷，国家不再恪守古典自由主义的教条，而积极应对福利国家的种种需要。行政也由消极行政向积极行政、由干预行政向服务行政转化。现代的行政法律关系就与近代自由法治国时期的行政法律关系也有所差别。以前的行政法律关系主要是行政机关与其直接的行政相对人之间的关系，而“最近越来越多出现的是多边或者多角的行政法律关系。它与双边法律关系的区别在于：它不是由国家作为一方、一个公民或者多个具有相同利益方向的公民或几个利益方向公民为另一方形成的关系，而是由国家为一方，不同方面的、利益冲突的公民为另一方形成的关系，其中各种不同的和相互冲突的利益复杂地交织在一起，

---

① ［日］和田英夫「反射的利益論 3」法律時報 41 卷 3 号（1969 年）58 頁参照。和田英夫在该文中还指出，只要被侵害的利益是事实上的利益，由此带来的不利是具体的、特定的、个人的、直接的、重大的、明白的，就不应以反射性利益论来否定其诉的利益。

必须予以积极的平衡，行政程序法律关系尤其如此”①。行政法律关系也由两方模式转为三方模式（见图 4-4）。

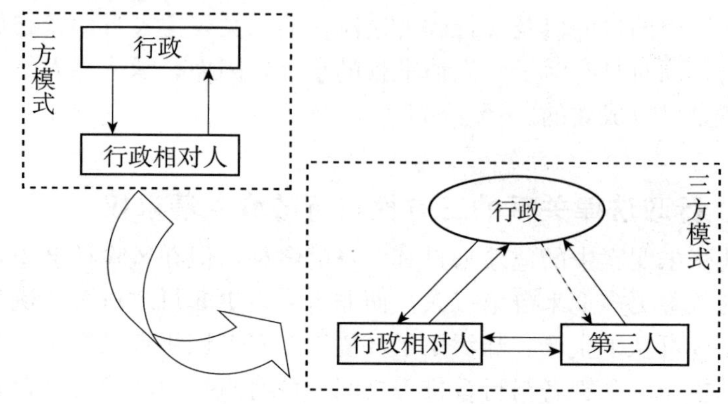

图 4-4 行政法律关系的模式转换

在传统的两方关系模式下，行政机关与行政行为直接指向的对象或者说直接受领行政行为的人之间的行政法律关系受到重视，而受到行政行为影响的第三人被排除于行政法律关系的视野之外。诸多制度和原理都是奠基于这种两方关系模式之上，其关注点在于如何控制行政权，如何防止行政权不干涉私人的自由空间，例如警察比例的原则、警察权界限的法理等等都是为限制行政权力的过度行使而设计。在现代社会中，福利国家、服务行政盛行，这种两方关系模式就显得有些力不从心，特别是对授益性行政这种没有受害的行政相对人（行政行为的受领人）的情形就更加缺乏解释力。现代社会利益关系较为复杂，行政行为虽然可能只是直接指向某一个主体，但是其影响往往并不限于该主体。例如，炼油厂的生产是得到环境保护局的认可的，但是获得许可的生产却产生了污染周边农田的结果。再比如，行政许可授予了某一主体，而没有获得的其他申请者实际上也受到了这一许可行为的影响；行政机关批准在某一地段建造超市，周边居民的生活安宁和安全因此也可能受到影响。行政法律关系中就存在三方主体：一者是行政机关，它自然必不可少；二者为直接受领行政行为的主体，笔者倾向于以“行政相对人”来指称，好让行政相对人这一词语含义更加明确单一；三者就是权益受到行

① ［德］哈特穆特·毛雷尔：《行政法学总论》，高家伟译，165 页，北京，法律出版社，2000。

政行为影响的主体，即第三人。由人的行为所产生的危险或妨害，其三方主体是加害人、受害人、行政机关。自然公害中也可以存在三方主体，即公害原因制造者、受害人、行政机关。有时候，私人间的利益纠葛较为复杂，可能不是两方主体之间的争端，而是多方主体之间的矛盾。这时候，行政机关介入其中进行利益调整，其所涉及的法关系则不仅是三方的，而是多极性的。行政法律关系的三方性乃至多极性是现代行政法的重要特征，也是理解现代行政法构造变化的重要工具。为简洁起见，下面主要就三方模式中的第三人来分析。

（二）三方行政法律关系中的第三人公权

现代行政法律关系的三方性①，提醒行政机关在作出行政行为时要有更多的考量因素，不能将眼光局限于与自己直接打交道的行政相对人，而要将那些可能受到自己规制行为影响的第三人利益纳入考量范畴之内。一个合法而公正的行政行为必定是在作出的过程中将各种考量因素悉数考虑的行政行为，而受规制影响的第三人就是这样一种必需考量的因素。在传统的两方关系中，第三人的利益被包含、消解于公益之中，而不承认其独立性。然而，第三人的利益并不可以简单地被舍弃、轻视，或者为一般公益所吸收。以前一直将行政视为公共利益的代表，但是行政机关的见解并不见得与第三人的见解相一致。这时不从程序上听取第三人的意见，而直接以行政机关的意见代替，显然有悖于现代行政法的民主理念。而且“第三人利益在内容上是多样的，而未必整齐划一，第三人利益之间也可能相互对立。在个案中，第三人利益体现为多数的个人和团体所有时，那就是具有公益性的问题，其间公益与第三人利益结合在一起”②。从三方关系看待行政法，或许如日本学者大桥洋一所言，我们对行政和行政法可以重新理解，可以由作为一般公益代表的行政观转为作为利益调整主体的行政观，行政法由此也就变成了利害

① 在学理上，讲“行政法律关系的三方性”实际上与行政行为的双重效果或者说复效的行政行为有类似之处，只是行政行为这一概念常常在不同意义上使用而较为混乱，而且，行政行为理论重在行政行为的结果，而不重视作出行政行为的过程，故而提“行政法律关系的三方性”也有其可取之处。

② ［日］芝池義一「行政法における公益・第三者利益」芝池義一、小早川光郎、宇賀克也編『行政法の争点　第3版』（有斐閣、2004年）13頁。

调整法。[①] 换言之，行政法就存在一个"由权利防御型模式到复效行政活动的三方性利害调整型模式"的转变。[②] 传统的行政法学以行政机关与行政相对人两方关系为出发点，以两者的对立为前提，从而形成了以承认私人的权利而防御行政权侵害为中心的模式。国民选举代表组成国会，由其制定法律，要求行政严格遵守，而不得违法，以确保国民自由和财产的安全。今日之行政法，不再恪守行政性恶论、不再教条式地秉承自由主义，而要求行政积极作为，努力实现公益目的，保护每一个国民的合法权益。行政在作出为或者不为一定行为的决定时，应该考量其决定可能给不同利益主体带来的各种影响。在授予权益时，应考虑竞争者等相关人员的利益；在进行规制时，要考虑到受规制影响的其他一些人的利益。它需要在这不同的利益之间权衡，从而作出适当的调整和决定。

三方乃至多极的行政法关系论与传统的两方关系论有其不同之处，其特殊性主要表现在，多极的行政法关系（纷争）的中心，不在于从前的行政机关与私人（行政相对人＋第三人）之间垂直关系，而在于私人相互间（行政相对人←→第三人）的水平关系，而行政的作用就在于对这些市民性、社会性纠纷的调整。在这种情况下，"调整"就成为行政的中枢性功能之一。为了扩大保护建筑法上的邻人、公共设施的附近居民、交通设施的利用者、广播电视的视听者、行政许可的竞争者等所谓"第三人"的权利，就需要通过法解释的方法实现保护目的。[③] 多极的行政法关系论首要的着眼点不是聚集于行政对私人，而是聚集于复杂、多样的利害关系的当事人间的纷争。在多极的行政法关系中，多数的、利害相反的私的当事人之间的纷争是第一重要的，行政与行政相对人以外的第三人之间的关系则相对地后退了。在多极的行政法关系中，行政

---

① ［日］大橋洋一「行政法総論から見た行政訴訟改革」磯部力ほか編『法治国家と行政訴訟——原田尚彦先生古稀記念』（有斐閣、2004年）18頁参照。

② ［日］阿部泰隆『行政法解釈学Ⅰ』（有斐閣、2008年）32頁。

③ 这里实际上就是保护规范理论的扩大。第三人保护是否以关系人的范围可以明确界定为前提，德国联邦行政法院认为，"关键在于特定人群的个人要件特征是否可以明确，从而得以将其与大众区别开来"。参见［德］汉斯·J·沃尔夫、奥托·巴霍夫、罗尔夫·施托贝尔：《行政法》，第1卷，高家伟译，506～507页，北京，商务印书馆，2002。

机关必须作为诸多利益及纷争的调整机关而存在。在多极的行政法关系中，必须尊重包括第三人在内的多数当事人的参加权、影响力的公平考虑的原则以及武器对等原则。在现代行政法中，承认第三人的公权地位，特别是行政介入请求权是有其积极意义的。不承认第三人的公权地位，就不足以保护其与行政相对人相对的利益，就不足以彻底而迅速地消除矛盾。毕竟私人间的利益纷争是可以在公共利益内部得以化解平息的。将私人水平间的纷争予以公共化，由受公益支配的行政来加以调整，也是符合行政之公益性、公共性和公定力要求的。

实际上，第三人的公权地位得以承认，也是基本权利在水平地位上辐射效力的体现。如果行政机关不行使其规制权限或者不适当行使其规制权限，则对被规制者或应该被规制者是有影响的，对受规制结果影响的第三人也是有影响的，而且后者所受的影响是一种合法权益的损害。虽然本来是被规制者与受规制结果影响的第三人之间的关系，但是，如果第三人因其合法权益受到侵害而要求行政机关作出适当规制，而负有监管职责的行政机关却没有行使其规制权限、作出相应的适当的规制，则第三人的主观公权利就会受到侵犯，因为原本是被规制者与第三人之间水平上的关系，在这时就转变成为第三人与行政机关之间垂直上的关系，主观公权利就要发挥其作用。第三人的主观公权利在水平关系中发生辐射效力，实际上也可以从客观法上推导出来，它也是客观法或者客观价值秩序的内容之一。客观存在的法规范，要求行政机关作出适当的规制，而行政机关却违反了这一要求。行政机关不执行客观法的规定，不适当地行使其规制权限，水平关系上所出现的问题就没有办法得到妥当的解决，则第三人有权请求行政机关作出适当的规制。

四、基本权利的双重属性与国家保护义务

一般而言，权利可以直接请求国家为或不为一定行为，而反射性利益则没有法上的权能。传统上，权利主要是具有防御权或者消极的功能，如何从积极地位或者法规范中推导出国家保护义务呢？基本权利双重属性理论是一个可以推导论证的解释论。

（一）基本权利属性的演变

在德国法的传统上，基本权利一般被视为仅仅具有防御权的功能，即防止国家非法侵入私人自治领域，而不承认基本权利还有积

极请求给付的功能。国家的给付只是为了国家的目的而实施，并不是个人的权利。但在德国法学中存在一种（主观）权利与（客观）法的基本权利双重属性理论。[①] 也就是说，基本权利一方面具有主观权利的属性，权利主体可以要求国家为或不为一定行为，另一方面也具有客观法的属性，国家有义务去执行和维护。所谓客观法，“或法律规则即指施加于社会中个人的一种行为规则。在某一确定时期，社会认为对这种规则的遵守能保证公正及大众利益。而违背该规则的行为会引起社会的公愤”[②]。基本权利针对个人来说是主观权利，它可以成为要求国家的请求权的基础，它更多地体现为防御国家非法侵害的功能；对国家来说则是客观法，即使个人对执行法律不享有请求权，国家也应遵守这种客观法的规定，基本权利的规定在这里更多地体现为国家保护义务的功能。虽然说，主观权利与客观法是基本权利的双重属性，但从规范的表述来看，有的条文更侧重于主观权利[③]，有的条文则侧重于客观法。[④] 所谓客观法，在国家看来，就是客观实际存在的法律条文，它主要是为公共利益而制定的。人们通常不能依据客观法去要求国家去为或不为一定行为，国家执行客观法，人们因此而获得的利益就是反射性利益。

直到 1957 年吕特案的判决中[⑤]，联邦宪法法院首次在实务中接受了基本权利的双重属性理论，该判词写道，“毫无疑问，基本权利首先确立个人不受公权力干预的自由范畴，这就是国民对抗国家的防御权”，“基本法在基本权的章节里也建立一项客观的价值秩序，并借此在原则

---

① 有关这一理论的基本脉络，可以参见张翔：《基本权利的双重性质》，载《法学研究》，2005 (3)，21 页以下。

② ［法］莱昂·狄骥：《宪法学教程》，王文利等译，1 页，沈阳，辽海出版社、春风文艺出版社，1999。附带说明一句的是，狄骥的客观法与主观权利的概念系借鉴于德国。

③ 例如，我国宪法第 42 条第 1 款规定，“中华人民共和国公民有劳动的权利和义务”。

④ 例如，我国宪法第 42 条第 4 款规定，“国家对就业前的公民进行必要的劳动就业训练”。

⑤ 关于吕特案及其判决，可以参见陈新民：《德国公法学基础理论》上册，312～315 页，济南，山东人民出版社，2001；张红：《吕特案》，载张翔主编：《德国宪法案例选释》(第 1 辑　基本权利总论)，20～47 页，北京，法律出版社，2012。

上强化基本权的适用效力”①。“这些价值不仅是个人具体化的权利，也是普遍法律秩序的一个部分；它不仅有利于与国家具有某种关系的个人，而且与所有的法律关系都有关联。”② 国家有义务将这些价值转化为整个法律秩序的一个组成部分。立法者需要制定出必要的实体性法律规则、适当的组织结构和程序，而解释、执行法律的则应该尊重这些宪法保障，将其落实在低位阶的整个法律体系之中。③ 吕特判决将基本权利定性为“客观的价值秩序”（“客观法”的别称），这对于推导出基本权利的客观法内容乃至国家的保护义务具有决定性的影响。

（二）客观法与国家保护义务

所谓国家保护义务，又可以称为基本权利的保护义务④，它是指国家负有保护其国民的法益以及宪法上所承诺的制度的义务，特别是指国家负有保护国民的生命、健康、自由以及财产等的义务。⑤ 这种国家的保护义务主要用来防止国民的生命、自由和财产免受第三人的侵犯，这种义务来源于宪法的直接规定，来源于基本权利的客观法功能。立法者要积极通过制定法律来提供保护的具体依据，执法者要在其执法中执行这些法律，并限缩其裁量权以及时提供所需要的保护。

这里不妨以德国 1975 年第一次堕胎判决为例，来看看它是如何从客观法中推导出国家的保护义务的。它首先重申，客观价值秩序是所有法的领域基本的宪法决定，为立法、行政以及司法实践提供行为准则和推动力。人的生命表征着宪法秩序中至高无上的价值，它是人性尊严的重要基础，也是所有其他基本权利的必要前提。宪法法院从基本法第 2

① 吴庚：《基本权利的三重性质》，载《“释宪”五十周年纪念论文集》，16 页注 17，台北，司法周刊杂志社，2001。

② Peter E. Quint, “Free Speech and Private Law in German Constitutional Theory”, 48 *Maryland Law Review* 247, at 261 (1989).

③ See Helmut Goerlich, “Fundamental Constitutional Rights: Content, Meaning and General Doctrines”, in Ulrich Karpen ed., *The Constitution of the Federal Republic of Germany*, Nomos Verlagsgesellschaft, 1988, pp. 58 - 59.

④ 德国学者阿列克西则称之为“保护权”(Protective Rights)，意指国家保护权利人不受第三人干涉的权利。See Robert Alexy, *A Theory of Constitutional Rights*, trans. by Julian Rivers, Oxford University Press, 2002, p. 300.

⑤ 参见［德］Christian Starck：《基本权利之保护义务》，李建良译，载《政大法学评论》，58 期（1997 年 12 月），34 页。

条生命权的规定当中直接得出国家有义务保护所有人的生命。这也是基本法第 1 条保护人性尊严的要求。而发展中的生命也享有人性尊严，故而国家有义务使用社会政治手段以及公共援助来保护发展中的生命。① 这种国家保护义务是综合性的，它不仅禁止国家对发展中的生命的直接干预，更是要求国家保护和促进这一发展中的生命，防止第三方的非法侵犯。虽然国家保护胎儿生命的义务与母亲相关，因为母亲与胎儿之间存在自然的联系，毋庸置疑，她们之间存在一种特殊的关联。然而，母亲的人格自由发展权却不能包含无正当理由干预另一受保护的权利的内容。在保护胎儿的生命与孕妇堕胎的自由之间不可能达到一种平衡，因为堕胎即意味着杀死尚未出世的生命。② 1992 年第二次堕胎判决同样声称基本法要求国家保护生命，尚未出世的生命也是人的生命，有权得到国家保护，并进一步阐明这种保护义务的一系列最低要求。③

国家保护义务又是如何被主观化而成为个人的请求权呢？德国联邦宪法法院的“大学判决”就是一个很好的例子，它也是与本章的裁量权收缩论直接相关的。在该判决中，德国联邦宪法法院首先确认了“学术自由”是客观价值决定，进而指出：“基于此项价值决定，基本法第 5 条第 3 项之基本人权的权利主体有权要求，该项基本人权所确保之自由空间亦受这种不可或缺之国家措施的保护。惟借助该措施，其自由学术才得以实现。若非如此，在作为客观价值决定的基本法之保护效能将广泛地被剥夺。”④ 如果一项措施对于实现基本权利是必不可少的，则个

① See Donald P. Kommers, *The Constitutional Jurisprudence of the Federal Republic of Germany*, Duke University Press, 1997, 2nd edt., pp. 338 - 339.

② See Sabine Michalowski and Lorna Woods, *German Constitutional Law: The Protection of Civil Liberties*, Ashgate Publishing Company and Dartmouth Publishing Company, 1999, pp. 138 - 139.

③ 详细分析可参见王贵松：《价值体系中的堕胎规制》，载《法制与社会发展》，2007 (1)，146～148 页。陈征：《第一次堕胎判决》、《第二次堕胎判决》，载张翔主编：《德国宪法案例选释》（第 1 辑 基本权利总论），144 页以下，北京，法律出版社，2012。

④ 蔡震荣译：《关于大学组织之判决》，载《德国联邦宪法法院裁判选辑》，第 3 辑，132 页，台北，司法周刊印行社，1993。亦可参见张翔：《大学判决》，载张翔主编：《德国宪法案例选释》（第 1 辑 基本权利总论），119 页，北京，法律出版社，2012。

人对此即享有主观的请求权。由此客观价值秩序就转化为一项主观权利。当然，是否意味着采取这项措施的裁量权限缩为零，还需要结合具体的案件加以判断。①

我国1982年宪法有关基本权利的规定能否包含着国家的保护义务呢？从宪法有关基本权利的规定来看，我国的基本权利在规范上有的表现为消极的防御权，例如宗教信仰自由、人身自由等；有的则表现为积极的请求权，例如物质帮助权、国家赔偿请求权等；而有一些规范的表述中则直接使用"国家保护……"②。宪法第33条修正案第24条规定，"国家尊重和保障人权"。这一条文更多地表现为客观法，而不是主观权利，它很大程度上不是赋予个体的权利，而是将全体或者某一类人作为对象课予国家保护的义务。它很难通过请求行政予以保障，很难通过司法加以实施。它需要通过立法的具体化而在执法领域得到落实。

既然"国家尊重和保障人权"已经明确规定在我国宪法文本之中，国家就应该尊重基本权利的价值体系，就应恪尽职守采取一切可能的措施给基本权利以最为周到的保护。当然，国家的保护只是在私人力所不及之时方才介入，因为我国宪法系以成熟公民为前提预设，自治精神贯穿于宪法之中，国家允许其自由发展而不予干涉。我国宪法将国家定位于社会主义，提倡集体主义。如此，社会正义又必须在整个权利体系之

---

① 上述论证推理有点循环的味道：基本权利→客观法（客观价值秩序）→再主观化→主观权利。阿列克西认为，"在破坏德国基本法第2条第1款〔即人格自由发展权——引者注〕宪法秩序的背景下，去理解违反基本法第2条第2款的保护生命与健康的义务，如果有人要想避免这种高度矫揉造作的、教条的、可疑的建构，唯一的选择就是去第2条第2款中推导出与这一义务相关的保护性权利"。See Robert Alexy, *A Theory of Constitutional Rights*, trans. by Julian Rivers, Oxford University Press, 2002, p. 300. 阿列克西希望走的路实际上就是一条捷径，也就是直接承认其为主观权利，这也符合霍菲尔德的"请求权—义务"的范畴。诚然，宁简勿繁。但从忠实于宪法文本的角度来看，德国联邦宪法法院乃至主流学说的观点还是有其可取之处的。因为毕竟主观权利与客观法在文本中的表述还是有一定差别的。这一点在我国宪法文本乃至法制环境中也是较为明显的。

② 例如，宪法第36条第3款规定，"国家保护正常的宗教活动"；第48条第2款规定，"国家保护妇女的权利和利益"；第49条第1款规定，"婚姻、家庭、母亲和儿童受国家的保护"；第50条规定，"中华人民共和国保护华侨的正当的权利和利益，保护归侨和侨眷的合法的权利和利益"。

中得以彰显，这样才能保证这一定位的实现。在私人无以自治或不能完美自治之时，国家自然应提供保护，排除其实现自治权利的妨碍，维持其基本的尊严和价值。生命权等基本权利在受到来自他人的威胁之时，私人又无力自保，国家即应施以援手，履行其保护的义务和基本的职能。

五、行政职能的变迁与国家保护义务

国家保护义务还可以从行政职能的变迁来进行推导。从国家角度来看，随着国家体制的变化，行政职能也随之变迁，行政负有危险管理或者危险预防的责任，国家的保护义务由此亦可产生。

(一) 从夜警国家到福利国家

所谓夜警国家，又可称为自由国家。在那里，人们享受着法律下的自由，国家均不得非法干预他人。公民自己照顾自己，自己的事情自己负责。有人甚至夸张地说，“直到 1914 年 8 月，除了邮局和警察外，一名具有守法意识的英国人可以度过他的一生却几乎没有意识到政府的存在”①。国家只承担维持社会治安、保卫国防、保障社会安宁的职能，国家的角色定位就是一个“守夜人”。

到了近现代，人口迅速增长，自然、人为灾害频频发生，大批工人失业，人口老龄化日趋严重，个人、团体往往都难以给公民提供充足而有效的帮助。政党和国家渐渐承担起给个人生存照顾的政治责任。至此，福利国家逐渐形成。把进一步发展经济、社会和文化，增进国民福利作为国家的重要任务来考虑，是现代国家的特色之一。福利国家又可称为社会国家，给付行政与之相伴而生。社会国家与自由国家相对，国家不再拘泥于维持治安、不干预公民的私人生活，而要积极作为，保障国民生活，促进社会福利的发展。福利国家负有积极义务的基础，很大程度上就在于社会连带关系的存在。“由于社会连带性的首要因素是个人活动，因而国家不仅有义务不损害个人的物质、智力、精神活动的自

---

① A. J. P. Taylor, *English History*, 1914—1945, 1. 转引自［英］威廉·韦德：《行政法》，徐炳等译，1 页，北京，中国大百科全书出版社，1997。在中国古代也曾出现过这样一种情形，一个国民只要没有田地，不参加科举考试，不触犯政府法令，他甚至可以终身不和国家发生丝毫的直接关系。参见钱穆：《中国历代政治得失》，2 版，84 页，北京，生活·读书·新知三联书店，2005。

由发展，而且还有义务为保证所有个人充分发展其物质、智力和精神活动而制定必要的法律、组织必要的公用事业。”① 从公民个人的角度来看，他有权利获得像人一样的生活，在其特别困难之时，可以获得社会、国家的救济。从国家和社会的角度来看，人与人之间相互联系，过多的贫困会出现恐慌，从而导致社会的不安定，破坏社会秩序。国家和社会有必要施以给付。另外，保护劳动力也有利于提高生产效率。社会国家以实现社会福利为目标。“社会国家原则的伦理学基础和基本组成部分，是社会稳定原则，因为这个从友爱（博爱，我为人人、人人为我）为先的思想引导出来的原则，是以社会均衡、以再分配为目标的。”② “法律的终极原因是社会的福利。未达到其目标的规则不可能永久性地证明其存在是合理的。”③

公民的社会经济权利作为宪法的一项基本内容率先在 1919 年的魏玛宪法中落实下来。国家有义务通过对整个经济社会的积极介入来保障所有人的社会和经济生活。但是，这一点多被解释为“单纯的面向将来生活的立法基准，是以立法者为对象的纲领性规定，它不拘束法律执行机关，是必须靠具体法律才得以具体化的法规”④。也就是说，这些规定只是政策方针式规定，是宣言性的。魏玛宪法基本的理念却为 1949 年的《德意志联邦共和国基本法》所继承并发扬光大。基本法规定，德意志联邦共和国是一个民主的社会合作的联邦国家（第 20 条）。1946 年的《日本国宪法》也采用了社会国家的理念，规定国民均享有最低限度的健康的与文明的生活的权利。新中国历部宪法也都规定了社会经济权利⑤，也体现出社会国家的特色。1982 年宪法更为完备、具体地予以

① ［法］莱昂·狄骥：《宪法学教程》，王文利等译，242～243 页，沈阳，辽海出版社、春风文艺出版社，1999。

② ［德］罗尔夫·斯特博：《德国经济行政法》，苏颖霞、陈少康译，63 页，北京，中国政法大学出版社，1999。

③ ［美］本杰明·卡多佐：《司法过程的性质》，苏力译，39 页，北京，商务印书馆，1998。

④ ［日］影山日出弥：《〈魏玛宪法〉中的“社会权”》，载东京大学社会科学研究所编：《基本人权Ⅲ》，196 页，东京，东京大学出版会，1968。转引自［日］大须贺明：《生存权论》，林浩译，82 页，北京，法律出版社，2001。

⑤ 1949 年《中国人民政治协商会议共同纲领》第 25 条，1954 年宪法第 93 条，1975 年宪法第 27 条，1978 年宪法第 48、50 条。

规定。1989 年《行政诉讼法》和 1999 年《行政复议法》将很多宪法上的纲领性规定转化为公民可以请求的权利。可以说，社会国家的理念是 20 世纪宪法的一大特色。

随着由自由国家向福利国家的转变，行政的职能也在发生变化。行政也由消极行政、机械地执行法律、不侵犯私人的自由和财产，转为积极行政、能动地依照法律采取积极措施、实现公共目的。依照德国通说，社会国家包含五项内涵：创造可忍受的生活条件、引进社会安全体系、强调社会公平、确保社会自由、建立必要的公法补偿体系。[①] 国家不再是夜警，而是提供各项给付的主体，是提供公共服务的主体。虽然我国经由计划经济转变为社会主义市场经济，政府由无所不为转变为"有所为有所不为"，但政府在贯彻社会国家理念、提供给付方面没有发生变化。

（二）防止危险与国家的保护义务

在传统的行政法理论中，有一个"不介入私人纠纷原则"，其目的在于防止行政权过度扩张，维护私人自治，确保私域自由。然而，这一理论在现代社会中却不能一味不加区别地予以适用。因为社会不再是自由的平等的市民社会，行政担负的使命也不再仅仅是消极的警察色彩的行政，现代行政法自然也不能不面对这一现实的转换而重新审视适用这一原则的界限。不介入私人纠纷的前提预设是，在私人之间，力量是平等的，武器是对等的。然而，在这一前提预设不成立的情况下，这一原则就不能适用。在今天的工业化社会之中，企业，特别是大企业、垄断企业和私人之间，信息是不对称的，力量是悬殊的，相应地保护自身的能力也常常有霄壤之别。国家不给私人援之以手，则身处企业包围之中的私人无异于置身于第二种国家权力之下。

现代社会工业化虽然十分发达，却也伴随着各种各样的社会风险频繁发生。一定意义上说，现代社会是一个具有高风险的社会，大气污染、噪声公害、食品药品的安全性等等都时刻威胁着人们的生命、健康和安全。行政除了提供福利之外，还负有职责保护私人的安全、健康、舒适的生活，整顿生活环境，管控社会风险。如果行政不援之以手，则私人的生存和安全将无以维系。行政的这种责任简单地说就是危险防止

① 参见黄锦堂：《行政法的概念、起源与体系》，载翁岳生编：《行政法》上册，59 页，北京，中国法制出版社，2002。

责任或危险管理责任。行政必须运用自己手中的权力，采取有力措施监管危险设施、惩罚危险设施的设置者，以维护私人安全健康的生活环境。这也就是学者所称的“规制行政的福利行政化”现象。①

我们可以根据民事法对不法行为、不履行债务等请求损害赔偿，可以根据刑事法请求处罚、制裁。然而，这些手段都是事后的，虽然人们可以乐观地认为实行这些制度可以收到一般预防的效果，但只是收到间接地防止危险的效果。行政“有必要在事前，危险和发生损害处于抽象可能性的阶段时，即行介入，防止损害与纷争于未然”，“以‘预防行政’收‘先下手为强’之功效”②。这就是行政的优势所在。事实上，行政所掌握的信息远远多于普通民众，它对危险的认识能力和控制能力也远远强于普通民众。行政在能够预见到危险的存在时，就应积极介入，或采取积极措施消除危险，或要求危险制造者迅速应对，或取缔危险企业消灭危险源。“与过去的保护秩序的预防工作不同，这种新的预防不再是针对阻止一个具体的、正在面临的违法现象，而是要及早地看到有可能造成破坏的根源和威胁的根源。”③ 现代国家多数在警察法、环境保护法、药品管理法、食品安全法等法律中规定了行政的这种职责。防止危险，这是行政的现代职能之一，也是其法定职责，也是其行政权民主正当性、获得民众认可的一个支撑。

现代国家多为民主的福利国家，国家以照顾国民的安全为第一使命，这也带来了国家构造的价值观的变化。这种法的价值意识的变化，在国民一方就产生了请求国家安全照顾的权利意识，否定了原来的警察规制的本质观以及与之相伴随的反射性利益论。由于社会因素而产生国民健康等被损害的情形时，严格追究行政监督权限怠慢行使的责任，已成为一大趋势。④ 德国联邦行政法院曾指出，

---

① ［日］原田尚彦『行政法要論　全訂第六版』(学陽書房、2005年）82～83頁。

② ［日］阿部泰隆『行政法解釈学Ⅰ』(有斐閣、2008年）5頁。

③ ［德］迪特·格林：《国家的任务》，载埃贝哈德·施密特-阿斯曼等著，乌尔海希·巴迪斯选编：《德国行政法读本》，于安等译，54页，北京，高等教育出版社，2006。

④ ［日］原田尚彦「薬害と国家賠償責任——行政権限不行使の加害性について」ジュリスト663号（1978年5月）26頁参照。

随时注意观察社会的发展，尽可能迅速且确切地判断出错误的发展或其他产生的问题，设想阻止或至少将其排除的可能，并且着手采取必要的措施，不问该措施是否仍须立法者的决议，以上事项绝对属于德国基本法所假定的联邦政府的任务。当危险性发生、发展、危及到重要的公共物品时，且已造成民众极大的不安时，此时尤其要求政府对国家整体的责任。在这种情形下，特别是包括在基本权利保障内的国家保护私人，使其基本法上所保障的财产和自由不受第三人侵害的义务，可以强迫政府采取行动。①

在法律规范上找到行政介入请求权和国家保护义务之后，私人的权利就可以成立。再结合现实案件中的具体情形，通过私人权利的法规范力量和事实的迫切需求，就有可能压缩行政的裁量权，甚至压缩至零。最后，以一幅简图来描述一下本节的论证思路和过程（见图 4-5）。

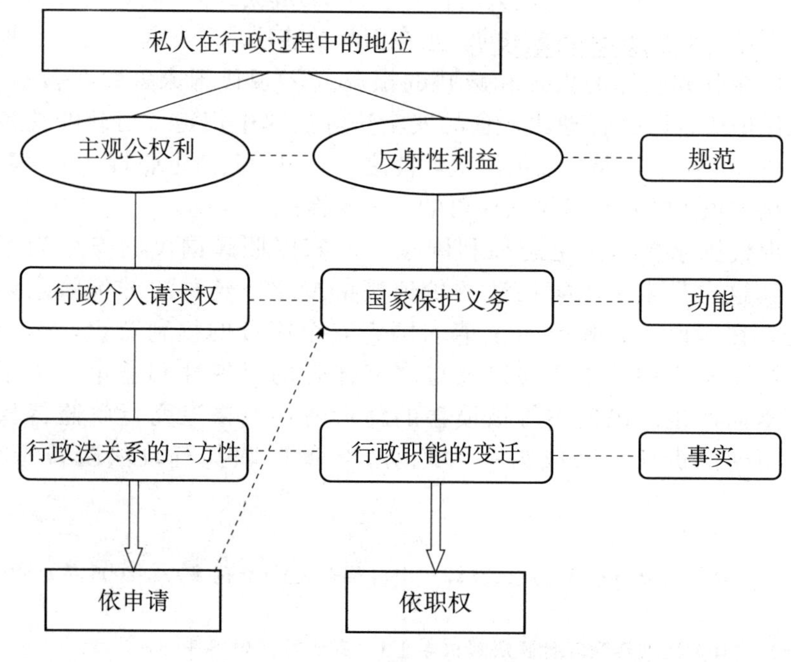

图 4-5 行政裁量收缩的理论基础

① 德国联邦行政法院判决 1990 年 10 月 18 日判决，3C 3.88（OVG Munster)，载《德日英美行政事件裁判要旨选辑》，第 2 辑，10～11 页，台北，司法周刊杂志社，1994。

第三节　行政裁量收缩的构成要件

行政裁量"在一定情况下"要收缩，到底是怎样的情况才要收缩呢？它实际上就是行政裁量收缩的构成要件问题，也是行政裁量收缩论的重点问题。把握好构成要件，行政裁量收缩论才能恰如其分地发挥其应有的功能，既不会削弱行政裁量的价值，也不会给私人以过低的保护；既不会强加行政以不适当的义务，也不会过分压缩私人的自由空间。关于行政裁量收缩的构成要件，存在多种学说，有三要件说、四要件说乃至五要件说，下面即以要件最多的即五要件说为框架展开论述，在其之下对各种学说和判例现状进行介绍，并逐一加以研讨。

一、被害法益的重大性

被害法益及其重大性是行政裁量收缩的规范基础，换言之，重大的被害法益是将行政裁量向零压缩的法规范上的压力。行政裁量收缩论究竟是要保护什么样的法益[①]，是仅仅保护像生命权一般重要的法益，还是保护一切的法益呢？这一问题在判例和学说之中均存在一定的分歧。

（一）被害法益的范围

被害法益包括哪些形式，是仅限于生命、身体及健康等人身法益，还是包括财产乃至一切法益在内呢？

首先来看看判例。在关西水俣病诉讼中，日本最高法院所指出的是，"自 1956 年 5 月 1 日水俣病公式发现开始起算业已经过了大约三年半的时间，其间，给在水俣湾或者其周边海域摄取鱼类、贝类的居民的生命、健康等造成深刻而重大的侵害状况在继续"[②]，其所列举的是"生命"和"健康"。在东京斯蒙诉讼第一审中，东京地方法院所指出的

① 法益和合法权益并不完全等同。合法权益都是法益，但法益并不一定就是合法权益。合法权益强调的是权益主体享有、持有该权益的合法性，而法益概念则强调利益的受保护性。参见张明楷：《法益初论》，177 页，北京，中国政法大学出版社，2000。

② 日本最高裁判所 2004 年 10 月 15 日判决，最高裁判所民事判例集 58 卷 7 号 1802 頁。

是，“存在损毁国民的生命、身体、健康结果的危险”[①]，其所列举者是“生命”、“身体”和“健康”。米糠油症第二轮诉讼第一审判决指出的是，“对国民生命、身体、财产的紧迫危险”，比岛山灾害诉讼第一审判决指出的是，“对居民生命、身体及财产的法益侵害有具体危险”[②]。这里所列举的比前者更多，将“财产”亦纳入其中。而在千叶县野犬取缔条例案中，东京高等法院则谓“有发生损害结果的危险”，没有列举具体的种类而直接概之以“损害”[③]。在米糠油症第三轮诉讼第一审判决指出的是“对国民权利的紧迫危险”，没有列举具体的种类而直接概之以“权利”[④]。

在学说上也是见解不一。阿部泰隆的主张是生命、身体、健康和重要财产等[⑤]，原田尚彦倾向性的主张是损害，也就是所有法益。[⑥] 当然，上述学者的主张多数是在研讨具体案件中或者总结案例的基础上提出的。笔者认为，将所有法益作为行政裁量收缩的法益要件并没有不妥之处，只是不同的法益，重要性程度会有所差别[⑦]，行政裁量收缩的可能性相应地也有所不同。

（二）被害法益重大性的程度

从上面的司法与学说来看，从生命、身体、健康到财产到一切权利或损害，其间也是有一个重要性程度的差别问题。究竟何种程度上的重

① 東京地方裁判所 1978 年 8 月 3 日判決，訟務月報 25 卷 1 号 13 頁。

② 刘宗德：《行政法基本原理》，324～325 页，台北，学林文化事业有限公司，1998。

③ 東京地方裁判所 1977 年 11 月 17 日判決，判例時報 875 号 17 頁。

④ 刘宗德：《行政法基本原理》，325 页，台北，学林文化事业有限公司，1998。

⑤ ［日］阿部泰隆『国家賠償法』（有斐閣、1988 年）191～192 頁参照。

⑥ ［日］原田尚彦『行政責任と国民の権利』（弘文堂、1979 年）75～78 頁参照。

⑦ 我国法院在一定程度上是承认法益之间存在重要性差别的。例如在陈宁诉庄河市公安局行政赔偿纠纷案中，大连市中级人民法院认为：“气焊切割车门的方法虽然会破损车门，甚至造成汽车的毁损，但及时抢救韩勇的生命比破损车门或者造成汽车的毁损更为重要。因为相对人的生命而言，破损汽车车门或者汽车致他人利益损害明显较小，警方在紧急情况下作出强行打开车门抢救韩勇的决定，具有充分的合理性。”该案载《最高人民法院公报》，2003（3），34 页。

要法益才能受到保护，远藤博也有一个总结：

1. 一般在守卫过失型的危险管理责任案例中都会明示或暗示生命、身体安全和健康等被侵害法益的重大性。诸如千叶县野犬咬死儿童事故、药害方面的斯蒙系列判决等。换言之，这种法益是要受到保护的。

2. 丧失职业生计的基盘和生活的根据，也是容易在危险管理责任案例中看见的。前者如高知县南国市农业废弃塑料公害案导致的渔业损害，后者如多摩川水害冲毁多数的房屋，让人失去了生活的根本。

3. 对于因妨碍日照、通风、噪音等近邻公害所产生的损害，要承认行政的责任，判例的态度比较消极。例如，河水漫过堤坝，而且河川极小无法吸收附近一带的雨水，在财政限制、技术限制之外，还有社会限制（会让相当多人家搬离，丧失职业生计基盘和生活根据）也是十分困难的，而损害仅限于床上两昼夜浸水这样的“家庭生活利益的破坏”，这时就较难获得判决的支持。

4. 其他轻微的被害，例如水害仅仅是导致床下浸水，一般会否定行政的责任。[①]

应该说，远藤博也这一类型化的归纳具有较大的参考意义。常言道，人命关天。对于生命这种重大的法益，自然应给予最大程度的保护。财产的安全对于人的自由发展亦具有重要的作用，所谓“有恒产者有恒心”，对于财产的保护亦应纳入行政裁量收缩论的范畴。可以大致归纳出这么一个公式：法益越重要，就越应受到保护。法益越轻微，越不容易得到保护。毕竟，行政的任务林林总总，而且行政的人员和物资等都是有限的，故而，不可能把所有的或轻或重或缓或急的法益都纳入最及时的保护范围之列。实际上，法益本身的重要性只是一个重要的方面，我们不能排除法益针对特定主体的个别化了的重要性（即主观价值或相对价值）。也就是说，我们还需要考虑被害法益对特定当事人的影响的程度。到底保护什么样的法益，其重大性要达到何种程度才予以保护，实际上一定程度上是一个政策性的问题，它需要考量国家的能力（包括职员的配备、财政的力量、技术的能力等）能够发挥到何种地步，

① ［日］遠藤博也「時効10年」法学教室64号（1986年1月）22～23頁参照。需要说明的是，远藤博也持四要件说，即法益条件、预见条件、回避条件和期待性条件，而排除具体危险的迫切性要件。故而，下文所引述远藤博也的观点时，只会提及其所主张的四个要件，而非本节所列举的全部五个要件。

需要考量私人的能力能够保护自己到何种地步。

在我国法院的判决中，对于近邻公害所影响的第三种法益一般承认其民事途径保护，但在行政诉讼中也可予以保护①；对于第一种、第二种法益却时而积极，时而消极，甚至有时倾向于作为法外空间而由政治予以解决②；至于第四种法益，则一般否定行政的法律责任。这种做法与“法益越重要，越应受到保护”的公式是不相吻合的，我国法院的功能还没有得到充分的发挥。

二、危险的迫切性

存在某种危险，是行政介入的正当性理由之一。但是否介入、如何介入，很大程度上还是要由行政机关来裁量的。如果没有某种特别的危险存在，就缺乏将裁量权向零压缩的现实基础。一般认为，存在迫切的具体的危险，是行政裁量收缩论适用的要件之一。但这一要件同样也存在争论。这一要件实际上可以分解为危险的样态和迫切性的程度两个部分来讨论，也就是说，需要什么样的危险、这样的危险又是达到怎样的程度才可以迫使行政裁量权限收缩至零。

（一）危险的样态

在法律上，危险，是指某种事实或行为所导致的法益实际受损害的可能状态，简言之，就是造成法益实际损害的可能性。这里，我实际上是持一种危险与实际损害二分的立场。是危险，就不是实际损害；反之亦然。当然，有的危险是可以造成实际损害的，也就是说，实际损害是危险发展的结果；但有的危险并不能转化为真正的实际损害。危险是一种向实际损害过渡的状态，一种可能性。有人或许要问，无论是存在危险还是存在实际损害，行政都可能要介入吧。探讨行政裁量收缩的要件，怎能将实际损害排除呢？诚然如此，但探讨行政裁量收缩的要件，是要看行政介入的适当时机，而且是必须介入，甚至只能以某一种方式介入，自然希望只要存在某种危险，行政就应该介入，以防止实际损害

① 诸多环境噪音案件，法院一般能要求行政机关履行其法定职责。例如，吴邦英诉崇明县环境保护局要求履行法定职责纠纷上诉案，上海市第二中级人民法院(2000)沪二中行终字第197号行政判决书，2000年12月25日。

② 除了小型环境污染造成财产和健康损害的案件之外，很少能看到由法院追究行政的法律责任的案例。

的发生。换言之，就是要科以行政避免实际损害出现、减少危险发生可能性的义务。由此，笔者并不是反对行政在存在实际损害时需要介入的观点，只是在实际损害发生时，私人的请求权基础在于排除妨害而不是预防危险。

研究危险，可能是危险的。因为危险本身极为复杂，即使是在研究较为成熟的刑法领域也是聚讼纷纷的一个课题。危险的样态，一般可分为抽象危险和具体危险，这也是日本有关行政裁量收缩的行政判决常常提到的两种样态。但究竟什么是抽象危险，什么是具体危险，也存在不同的认识。①

在大陆法系刑法理论中，根据危险的程度不同，将危险犯的危险分为具体的危险（具体危险犯的危险）和抽象的危险（抽象危险犯的危险）两类。具体的危险，是指在法律上需要明确地把危险规定于犯罪构成要件之中。对于具体危险犯的危险，法官应根据具体案情判断这种法律规定的危险是否存在。抽象的危险，是指行为本身即具有侵害法益的危险性，法律不必明文将危险规定于犯罪的构成要件之中。对于抽象的危险，法官无须对危险之有无根据具体案情加以判断，只要实施了构成要件的行为，仅根据立法理由，即可理解为具有一般危险。因此，理论上一般认为，具体的危险和抽象的危险二者的区别，在于是否对危险加以确实的判断。② 有学者对此亦加以批判，他认为这种分类忽视了实害犯未遂所包含的危险与作为具体危险犯处罚根据的危险之间的差别。如果将犯罪未遂等同于具体危险犯，那么危险犯就存在未遂了。因此，可以将危险区分为立法推定的危险与司法推定的危险。司法推定的危险是

---

① 有学者认为，在抽象危险的情况下，凡行为一经在特定地点或对特定对象实行便认为存在一般危险状态，确认行为的危险性就意味着危险结果随之存在，无须再对危险状态作进一步的判断；在具体危险的情况下，某种危害行为的实施是否足以使法定特定危险状态发生还需根据具体案情对危险状态的存在依法作出肯定的判断，这里的危险结果是指经过危险判断后的现实存在的危险事实。也有学者认为，具体危险结果是指符合构成要件的危险行为产生的使法律保护的社会关系受到高度威胁的状态，抽象危险结果是指符合构成要件的危险行为产生的使法律保护的社会关系受到一般威胁的状态。还有学者认为具体危险状态与抽象危险状态的区别在于对危险状态的判断是否需要结合案件的具体事实来进行判断。参见臧冬斌：《过失危险犯之危险研究》，载《法商研究》，2006（3），55页。

② 参见马松建：《论危险犯的危险》，载《河北法学》，2001（4），46页。

指危险的发生是该当犯罪构成要件的情况，即具体的危险犯；立法推定的危险指的是危险不是该当犯罪构成的要件，而是其实质内容的情况，其中包括实害犯中实际损害没有发生时可罚的危险以及抽象危险犯中作为可罚的实质根据的危险。[①] 笔者大致赞同我国刑法学者的新的认识，即将抽象危险理解为立法推定的危险，而将具体危险理解为司法推定的危险。概念自身应该是尽量清晰的，而不能有所重叠或者有所遗漏。

在行政裁量收缩的构成要件中，学说一般均认为抽象危险不足以成为压缩裁量权的危险，而必须是具体的危险。判例上明确点出需具体危险的也不少。也有学者从批判裁量权收缩论的立场出发，认为具体危险过于严格，抽象的危险也可以满足其要求。[②] 按照前文对抽象危险和具体危险的理解，笔者认为，抽象危险大致相当于立法推定的危险，也就是在立法当中业已明确某种行为是被禁止的，其理由是行为具有为立法者所否定的危险。换言之，抽象危险的情形相当于羁束的情形，不存在行政裁量的余地。[③] 既然不存在行政裁量，自然不能构成对行政裁量的压缩。因为具体危险，还需要行政机关根据现实的情况进行判断，判断该危险是否成为某种行为违法的构成要件之一。故而，这种危险就落在了行政裁量的范围之内。也正因为如此，这种具体危险的存在就构成了行政裁量收缩的适用情形。

（二）迫切性的程度

在刑法上有一种“危险递增理论”，即危险只有递增到一定量的时候，国家刑罚权的介入才是正当与必要的；危险递增判断的基础是，行为可能导致的危险度越大，规范处罚所要求的危险实现的现实性就越小。[④] 这一理论在行政法上也是可以借鉴的。也就是说某种行为或事实所造成的危险达到一定程度的时候，就需要行政权的介入；在该危险足

---

① 参见李海东：《社会危害性与危险性：中、德、日刑法学的一个比较——以法益实害未发生时的可罚根据为切入点》，载陈兴良主编：《刑事法评论》，第4卷，17～20页，北京，中国政法大学出版社，1999。

② ［日］佐藤英善「カネミ油症控訴審判決と国の責任（上）」法律時報56巻7号（1984年）25頁参照。

③ 通常我们所理解的羁束多数是具有裁量余地的，亦即羁束裁量。

④ 参见李海东：《刑法原理入门（犯罪论基础）》，138页，北京，法律出版社，1998。

够大的时候，行政权的介入就没有选择的余地，而必须介入，甚至只能以某一种方式来介入。

在日本的判例当中，多数均指出这种具体的危险达到迫切的程度，行政权才有必须介入的必要。但学说上一般认为，这种要求过于严格，而出现了缓和迫切性要件的呼声。例如，阿部泰隆认为，即使对国民的生命、健康的危险并不迫切，而仅仅是盖然性的存在也是充分的。芝池义一在评论新岛残留炮弹爆炸案时认为，将危险的迫切性作为不作为责任的要件，这并不是法理上的要求，而是顾及行政任务的扩大、责任的扩张以及被规制者权益之后所作的现实考虑。在该案中，残留炮弹爆炸并无被规制者，后者的考虑就并不妥当；而虑及前者，就需要从迫切性要件之外来思考。因本案已经具备持续性的危险状况，这就能足以代替危险迫切性的要件。总之，危险的迫切性并非不作为责任的不可或缺的要件。① 判例渐渐对这种学界的观点有所回应。米糠油症第一轮控诉审判决就是这样的例子。该判决指出，制造食品要具有绝对的安全性。怀疑其安全性存在具体的表征自不待言，如果具有危险发生高度盖然性的事项，行政也负有行使规制权限加以预防的法律义务。第三轮第一审判决认为，不行使权限的被害法益是国民的生命、身体、健康时，仅需有“发生被害事实的危险”就已足够，而排除迫切性的要求。泽井裕认为，这一判决从正面肯定了要件的缓和，比其第一轮控诉审判决实为进步。②

笔者以为，迫切性的程度大致可以作出以下的类型化尝试：

1. 危险已经发生，仍会有类似的危险继续。危险已经变成了实际的损害，而危险源并没有消除，同样的危险随时可以发生，则行政应迅速介入。例如，野狗甚至家犬伤人事件是常有发生的。在我国北京等地的野狗伤人事件中，已经有多起野狗咬死、咬伤人的事件发生，而且野狗伤人的危险仍然存在，这时危险就十分迫切，政府负有防止危害结果发生的义务，就应积极行使其规制权限，依法采取捕捉、扫荡等措施予

① ［日］西埜章『国家賠償責任と違法性』（一粒社、1987 年）123 頁参照。

② ［日］沢井裕「規制権限不発動と国の責任——国民の生命、健康の保全のために②」法律時報 57 巻 10 号（1985 年）85～86 頁参照。

以防止。①

2. 危险的发生有极大可能，也就是通常所说的危险业已迫切。对于迫切的危险，行政采取措施介入的可能性应该非常大。例如，有人报警说，有一批喝了酒的人拿着棍棒向某一小区去了。公安机关接到报警后应立即组织足够的警力前往，防止打砸事件的发生。这时，危险发生的可能性就是迫在眉睫。

3. 危险的发生具有盖然性。危险虽然没有达到迫切的程度，但是其发生具有较高的可能性，这时，为排除可能的危险，行政也需要介入。例如，第二次世界大战期间，日本在中国遗留下了许多没有拔除导管的炮弹。如果这些炮弹暴露于外，则对附近居民的生命、身体所构成的危险具有相当高的盖然性。这种情况下，相关的行政机关负有义务防患于未然。

4. 危险的发生只是隐约可见，盖然性相当低。例如，如果上述残留炮弹被拔除了导管，就一般不会爆炸，只有将其扔进火中或者相互撞击，才有爆炸的可能。这时其危险的迫切性、盖然性就相当低，行政介入的可能性也就特别小。

三、危险发生的预见可能性

有了危险，还必须有对危险的认识。没有对危险的认识或者预见的可能性，也就无从非难行政裁量权限的行使与否以及如何行使。

（一）预见可能性的判断标准

所谓预见可能性，是指对某种作为、不作为或事实可能造成的结果进行合理预测的可能性，简言之即是指预先知道的能力。预见可能性作为行政裁量收缩的构成要件，在很多判决当中提及。② 其判断又常常与过失判断问题相重叠。然而，对于过失自身的阐释又是千奇百怪，不一而足。笔者以为，过失问题可以在违法、赔偿的构成上来谈及，不宜在行政裁量收缩的构成要件中谈及。符合行政裁量收缩的构成要件，行政

① 当然，政府并不能不分地点、时段和对象任意采取措施，其所采取的措施应符合比例原则的要求，要注重在合理的限度内保护动物。

② 例如，东京斯蒙诉讼第一审判决中，东京地方法院指出，“行政厅知道或者容易得知上述危险的迫切……行政厅是否行使规制权限的裁量权收缩、后退”。東京地方裁判所 1978 年 8 月 3 日判决，判例タイムズ365 号 99 頁。

按照其要求收缩其裁量权，即不产生违法、赔偿等问题。也就是说，过失问题是赔偿责任构成要件的问题，而不是行政裁量收缩的要件问题。当然，判决之中的过失与预见可能性相重叠，也是可以理解的。因为判决之中必定是事后去判断应该预见而没有预见的情形，故而有过失的存在。两者的判断自然要胶合在一起。①

是否能够预见或者注意到，其判断标准大致有三：其一，良好行政所具有的预见能力。其二，具体案情中负有保护义务的行政机关的预见能力。其三，一般民众的预见能力。笔者以为，一般民众的预见能力固然具有客观性，但是该标准不足采纳。因为私人所拥有的信息和经验与行政机关所拥有的信息和经验是不同的，前者往往弱于后者。因此，民众的预见能力一般低于行政机关的预见能力。以低于自身预见能力的标准来要求行政机关，有放纵之嫌。具体案情中负有保护义务的行政机关的预见能力，因必须以其自身具体的预见或注意为标准，也就是必须以主观的尺寸为标准，自然无法客观化，亦无法为司法所适用。若采用第二个标准，则司法往往易于被行政机关所操纵和愚弄，而且标准因案件而异，也容易破坏法的安定性。相对而言，第一个标准就具有较高的合理性。所谓良好行政，实际上就是合理的行政，其水准高于一般的行政，而要求合理性，但又没有提出过高的要求，因为仅仅是合理的标准。那“良好”或“合理”如何确定呢？可以类型化的方式来进行，即将众多行政机关的水准进行等级排序，选取其中间等级为衡量标准。这种良好行政的预见能力应该适用于所有的行政机关。但是，对于个案中行政机关能力高于一般合理行政能力的情形，这种良好行政的一般标准就显得有所不妥，因为它实际上是给予高能力者的违法特权，对于法益的保护的确也比较不周到。② 所以需要对合理行政的一般标准进行一定的修正。即根据行政机关的活动领域将合理行政的一般标准进行细化，分成专业领域的一般标准。③ 例如，消防机构、卫生防疫机构、药品监

---

① 过失和预见可能性并不是一体两面的关系，也不是一个事物的两个不同阶段。过失包含着能预见未预见的内容，同时也含有能回避结果未回避的情形。

② 参见吴世敏：《过失犯中注意义务违反性之研究》，96 页，台湾大学法律研究所硕士论文，1999 年 6 月。

③ 参见吴世敏：《过失犯中注意义务违反性之研究》，114、120～121 页，台湾大学法律研究所硕士论文，1999 年 6 月。

督部门等的预见能力自然不能按照一般行政机关的预见能力来衡量，而有必要以其所在部门为对象而选取一般的标准。这样，良好行政的一般标准仍然维持客观性，也能给具备较高能力的行政机关科以合理的义务，给法益提供更为妥适的保护。

（二）预见可能性的程度

在判例上，一般均将知道或者容易知道危险作为行政裁量收缩的要件之一。例如在东京斯蒙诉讼第一审判决中，东京地方法院指出，“存在毁损国民的生命、身体、健康的危险……行政厅知道或者容易得知其危险的迫切性……行政厅是否行使规制权限的裁量权收缩、后退”①。

关于预见可能性的程度②，学说上大致存在三种主张：第一，知道或容易知道，即以判例所示为其主张。第二，缓和判例上的知道或容易知道的要件。其代表者如阿部泰隆，他认为，所谓行政容易知道危险的要件，若行政行使其权限进行调查即可知晓危险，即已满足。第三，持结果论的看法，而不要预见可能性的要件。其主张者如磯部力，他认为，损害结果一旦发生，行政厅实际上在判断时就不再有广泛的裁量幅度，至少在不让损害发生上必须行使其裁量权。③

远藤博也对预见可能性的程度，也作出了类型化的区分④：

1. 当前已经预见的场合。例如，灾害年年反复发生，居民也再三陈情，或者灾害正在发生，行政也从某处着手处理的场合。既然行政已经有了认识，期待其适当而公正地行使权限的可能性就会高涨。

---

① 東京地方裁判所 1978 年 8 月 3 日判决，判例タイムズ365 号 99 頁。

② 一般而言，就特定事件能注意而不注意，其程度因具体事件的不同而有轻重之别。通常以善良管理人的注意程度为中心，或加重或减轻。详细如下表所示：

能注意的程度	不注意的结果
一般人所不能注意	不可抗力
一般人所能注意的极限	事　变
善良管理人的注意	抽象轻过失
自己处理事务同一的注意	具体轻过失
一般人所能注意的起点	重大过失

参见曾世雄：《损害赔偿法原理》，82 页，北京，中国政法大学出版社，2001。

③ ［日］西埜章『国家賠償責任と違法性』（一粒社、1987 年）124 頁参照。

④ ［日］遠藤博也「時効 10 年」法学教室 64 号 23～25 頁参照。

2. 定量的预见可能性，也就是依据时间、场所、规模等而被特定化的个别具体的预见可能性。如果这种可能性存在，则意味着行政能够行使其权限，其作为义务也容易认定。

3. 定性的预见可能性。① 比如名古屋高等法院在飞驒川巴士翻落事故的判决中指出：若要定量地表达发生泥石流的危险，从时期、场所、规模等具体地预知、预测却较为困难。若根据当时的科学调查研究成果，该自然现象所生危险的定性要因已能大致判断清楚，而上述要因已经满足，并从诸多事情来判断，发生危险的盖然性已经存在，就不妨说其通常可以预测。②

4. 漠然的危惧感。作为判断斯蒙等药害中制药公司、米糠油症案中食品制造销售业者、合成化学物质（PCB）制造业者等的责任的前提，具有这样的预见可能性即可满足，其理由也是充分的。对

---

① 我国 2006 年 6 月发生的蜀国演义福寿螺事件亦是一例。6 月 24 日，福寿螺事件中的首例病例已在友谊医院确诊。友谊医院随即通过北京市疾病预防控制中心向北京市卫生局报告了相关的疫情。但直至 8 月 9 日，蜀国演义酒楼才停止销售凉拌螺肉。8 月 17 日，北京市卫生局向媒体和社会公开通报了此次突发事件的相关信息。在这一段时间里又有多名食客受害。宣武法院认为，本市初次临床诊断广州管圆线虫病时，国家尚无该病临床诊断标准，未将该病纳入法定传染病管理，因此也未明确要求实行报告制度。同时，由于该病主要流行于我国南方和东南亚地区，具有潜伏期、症状多变，容易与其他疾病相混淆，北京绝大多数医疗卫生机构的医生对该疾病缺乏认知，很难作出明确临床诊断。因此，通过客观评判，不能认定市卫生局应按照"重大突发公共卫生事件"予以应对。参见裴晓兰：《北京 9 名福寿螺患者起诉卫生局索赔一审败诉》，载《京华时报》，2008－03－08，见 ht-tp：//news.163.com/08/0308/04/46G2OJOS0001124J.html。法院似乎要求至少存在定性的预见可能性。

② 佐藤英善认为，过失理论（其核心是预见可能性）的出发点是，食品药品公害一旦发生，将给人的生命、身体造成难以恢复的侵害，因而如何才能防止事故发生于未然呢。若要求对危险的发生具有具体的预见性，则常常会延误时机。因此，在危险的较为抽象的预见阶段就可能有预见可能性。其观点也大致属于这一类型。[日] 佐藤英善「食品・薬品公害をめぐる国の責任（3・完）」法律時報 51 巻 10 号（1979 年）114 頁参照。但阿部泰隆认为，如果仅有抽象的预见可能性，就将行政采取防止被害措施视为法律上的义务，则不可避免地导致行政的明显肥大化和对私人自由的压抑。[日] 阿部泰隆「行政の危険防止責任——カネミ全国統一訴訟判決を契機として」（下）判例時報 886 号（1978 年）129 頁参照。

于这些企业来说，只要稍有危惧感，就应停止制造等活动，以避免造成健康上的重大损害。然而，对此负有监督职责的行政不行使其规制权限，要追究其守卫过失责任，仅仅凭这种漠然的危惧感就来判断其具有预见可能性而应行使权限，尚有疑问。因为规制伴有对私人的自由权利的限制，而且企业的直接侵害责任和行政的间接守卫责任在性质上也是有差异的，两者的预见可能性也应有所差别。例如，在米糠油症案第一轮第一审判决中，如果食品卫生监督员停止设备的运转而长时间检查脱臭罐，将会给米糠营业造成相当大的损失。因而，这种基于《食品卫生法》的规制只有在已知或者预测到了对生命、身体的具体的危险后方可启动。相反，如果并不知晓危险的存在，而仅有主观上或多或少的怀疑，这时若存在应进行上述规制的法律义务，而设备没有任何瑕疵，也不存在这样的危险，那就是滥用规制，需承担国家赔偿的责任。

我国法院并没有如远藤博也那么细致地类型化预见可能性的程度，而是如日本的实践和学说一般，大致采取知道或容易知道标准，而且是要件缓和后的标准，即行政行使其权限进行调查即可知晓危险。例如，在一起公路交通事故中，受害人驾驶摩托车在公路上堆放的猪粪上滑倒，被随后驶来的小型拖拉机碾压，致使两人死亡。东营市中级人民法院认为，依据《公路法》第43条的规定，广饶县交通局负有做好公路保护工作，保障公路完好、安全和畅通的职责。涉案公路上堆放的猪粪，持续时间长达十余天，已影响到了公路的安全和畅通，成为一种安全隐患，但广饶县交通局客观上未能消除该隐患，应认定广饶县交通局未尽到对该公路的管理养护职责，已构成行政不作为。① 法院虽然没有指出其判断标准，但可以推断认为，只要交通局在十余天中履行了维护职责，就可以知道安全隐患的存在。

当然，在业已知道危险的存在时，法院的判断就较为简单。法院在公安机关不履行法定职责案中认为，“被告派出所值班民警在接到报案后，能够预见到可能发生报复行凶的损害结果（马杜报案时也说明了可

① 李尚英等与广饶县交通局不履行法定职责行政赔偿上诉案，山东省东营市中级人民法院（2004）东行终字第53号行政判决书，2004年10月24日。

能会报复打架)，疏忽大意轻信能够避免，而未能及时出警，同时在报案后，仍关闭派出所大门，导致刘蜀湘等人求助不能，其行为有主观过失和客观过错”①。

这里需要补充说明的是，行政的预见可能性与第三人或受害人的请求之间的关系。感受到危险的当事人向行政机关请求发动规制权限，这是行政机关知情或业已预见的重要线索。应该说，当事人的感受是最直接的，当事人向行政机关提出的请求也是行政机关预见的主要来源之一。但是，这绝不意味着行政机关的预见可能性与当事人的请求之间有某种因果关系，绝不意味着没有当事人的请求，行政机关就可以免除因未能预见而产生的法律责任。当事人的请求或陈情只是为行政机关的预见提供一种可能、一个线索而已。行政机关发动自身的权限去主动发现危险、预防危险，这是国家保护义务的要求。要求私人预见到危险，特别是那种必须有专门知识才能预见到的危险，要求私人请求行政机关发动规制权限，这是一种不甚合理的要求。行政机关负有义务去保护私人，负有义务去预测并预防危险的出现。

四、损害结果的回避可能性

行政机关得知或者预见到了危险存在之后，应采取措施阻止损害结果的发生。如果没有结果回避的可能性，则行政机关纵有不作为、不适当作为的情形，也不应受到非难。

(一) 回避可能性的判断标准

回避可能性作为行政裁量收缩的构成要件，很多判决都有提及。例如，在千叶县野狗咬死儿童案中，东京高等法院指出，“知事行使其权限能够防止该结果的发生……是否行使其权限的裁量权后退，知事负有防止结果发生行使其权限的义务”②。在东京斯蒙诉讼第一审判决中，东京地方法院指出，“存在毁损国民的生命、身体、健康的危险，而行

① 刘彩勤等诉资兴市公安局不履行法定职责申请行政赔偿案，载最高人民法院中国应用法学研究所编：《人民法院案例选》，2004 (4)，444 页以下，北京，人民法院出版社，2004。

② 東京高等裁判所 1977 年 11 月 17 日判決，判例時報 875 号 17 頁。

政厅若行使其规制权限，也能容易防止其结果的发生……行政厅是否行使规制权限的裁量权收缩、后退”①。

能否回避危险，需要一个标准去检验。是依据行政机关自身的主观条件而定，还是依据行政机关的客观条件而定，还是依据社会通念而定呢？依据行政机关自身主观认识而定的标准则过于随意，对行政所课予的义务也流于轻浮，不利于保护私人的法益，也不利于促进良好的行政。那么后两种标准是否合理，或者谁更合理呢？有学者认为，“回避可能性的有无，并不是行政一方的事情，而应根据社会观念进行判断。没必要由法律、条例等明确授予规制权限，人员、预算不足也未必直接推导出回避不可能性。一方面存在具体危险的预见可能性，另一方面却不投入人员、预算，这本身就应受到非难”②。完全以社会的一般认识而不考察行政的实际情况，恐也有违于现实。行政的规制权限、行政的人员、预算等均不考虑，也确有“强人所难”之嫌。当然，社会观念如何形成，又如何获知，确实也是一个问题。社会观念本是一个较为客观的概念，如果其中亦有对行政自身的体认，则后面两个标准别无二致。

（二）结果回避义务的程度

远藤博也对结果回避义务的程度，也作出了类型化的区分：

1. 行政积极促成、帮助损害发生的，其典型的例子就是作为起因性的不作为，也就是自身没有注意却又没能好好善后。这时，回避可能性或者作为其前提的回避义务的程度最高。

2. 行政虽然没有积极促成、帮助，但事实上它本有控制的机会，如果它适当地行使其规制权限，也能容易防止重大危害结果的发生，但一不注意就眼睁睁地错过了。例如警察没有解除喝醉酒的人所携带的刀械，或者暂时保管其刀械，最后导致伤害了他人，法院判决认定其行政不作为而违法。根据枪刀法的规定，警察是可以采取暂时保管的措施的。

3. 因受到各种制约，回避可能性受到限制，判例对肯定行政的责

① 東京地方裁判所 1978 年 8 月 3 日判决，判例タイムズ365 号 99 頁。

② ［日］西埜章『国家賠償責任と違法性』（一粒社、1987 年）127 頁。

任稍有消极态度。例如，(1) 在大东水害等水害诉讼判决中，法院认定财政的制约、技术的制约、社会的制约而否定国家责任。(2) 警察权不介入民事法律关系、权限发动的谦抑主义以及比例原则等均抑制行政权限的行使。(3) 法律上没有明确的权限根据规定，在法理上是否承认防止危险的作为义务也是一个重要的论点。(4) 作为直接损害原因的第三人处于行政权限行使与损害之间时，若权限行使的实际效果不确定，也承认回避可能性受到制约。

4. 一般的交通事故、违法行为、犯罪、火灾等，发生频率相当高，十分日常，难以根绝，也就不在危险管理责任的守卫范围之列。只有在极个别的事故如千叶县野狗咬死儿童的事故中才承认行政的责任。①

在我国，法院偶尔也会提及回避损害结果可能性的要件。例如，在尹琛琰诉卢氏县公安局110报警不作为行政赔偿案中，卢氏县人民法院认为，"卢氏县公安局没有及时依法履行查处犯罪活动的职责，使尹琛琰有可能避免的财产损失没能得以避免，故应对盗窃犯罪造成的财产损失承担相应的赔偿责任"②。只是法院并没有说明"有可能避免"这一要件如何去判断。

五、规制权限发动的期待可能性

期待可能性是指，"在行为人面临违法行为之际，是否尚有期待其为其他合法行为的可能性，如无此可能性，则对行为人不能予以责任的非难而追究其责任"③。这里所说的期待可能性主要是指私人对行政的

① [日] 遠藤博也「時効10年」法学教室64号25～26頁参照。

② 尹琛琰诉卢氏县公安局110报警不作为行政赔偿案，载《最高人民法院公报》，2003 (2)，36页。

③ 林亚刚：《论期待可能性的若干理论问题》，载《中国刑事法杂志》，2000 (2)，13页。顺便说明一句：预见可能性属于认识要素，而期待可能性属于意志要素。没有预见可能性就不能对其有期待可能性，但不能由此认为预见可能性是期待可能性的表征。实际上，期待可能性是在行为人具备预见可能性基础之上，根据行为当时的客观情状对其是否具有违法性意志的一种判断。参见陈兴良：《期待可能性问题研究》，载《法律科学》，2006 (3)，77页。

期待可能性，也就是私人指望行政适当行使其规制权限的可能性。[①] 我们需要明了的是，行政直接侵害（直接打击型）与间接侵害（危害管理型）是不同的。直接打击型的直接侵害者就是行政自身，而危害管理型的直接侵害者是行政的被规制者，本负有监管职责的行政由于疏于监督管理而导致行政的被规制者所生危险发生或者实现，行政只是间接的侵害者。若行政适当行使其规制权限，则危险可能会避免。故而才有私人对发动规制权限的期待可能性问题可言。这一要件一般包含两个子要件：其一，私人的期待性，讨论的是私人对行政是否可以期待；其二，权限行使的补充性，讨论的是私人对行政何时可以期待。[②]

（一）规制权限的存在与私人的期待性

私人要想期待规制权限发动，首先应看行政有没有其所期待的规制权限。在行政法特别是警察行政法中，有一个原则，有任务不能推论为有职权，但有职权应可推定为有任务。警察任务系规定警察可以作为的领域，其主要都是与危害防止有关。在这个领域里，警察若经干预的授权，则可行使其职权。赋予警察任务的法律授权，并不能作为警察对个人自由、权利进行干预的授权。警察仍需特别授权或特别条款规定方可干预。[③] 由此，可以分成下列两种情况来分析。[④]

---

① 之所以说主要是私人的期待，是因为实际上也存在立法者通过法律等形式表现出来的对行政的期待。如果将后者都理解成立法者科以行政的义务，那是不恰当的。正如下文所述，有时候，立法者只是规定了行政的任务而未赋予其职权，这时实际上就只是一种期待和观望。规定了任务，也赋予法定的规制权限，则是立法者明确的指示和期待。

② 判例和学说多有将其作为行政裁量收缩的要件之一，但也有学者认为，判断是否发动规制权限具有专门技术性，将这一判断课予没有判断资料和判断方法的私人，事实上将失去判断的可能性；而且理应率先动员行政的组织和权限，以图事前预防。因此，以私人的请求和期待为规制权限发动的前提，过于残酷，而不能赞成。［日］佐藤英善「カネミ油症控訴審判決と国の責任（下）」法律時報 56 巻 9 号（1984 年）59 頁参照。笔者对此亦有同感。笔者不赞成以私人的请求为行政裁量收缩的前提，换句话说，行政裁量收缩既可适用于应申请的行政行为，也可适用于依职权的行政行为。

③ 参见［德］亨利·苏勒、边赫·许乐：《德国警察与秩序法》，李震山译，2 版，59、241 页，台北，登文书局，1995。

④ 从逻辑上来说，似乎还存在既无任务又无职权的情形。但是，由于宪法和法律之中概括条款的存在，便难以存在没有任务规定的情形。故而不必讨论这种逻辑上的无谓推演。

第一，有任务，有法定的规制权限。① 这种情形较为简单，也较为常见。立法者一方面规定了行政的任务所在，另一方面又赋予其职权，以便践行其任务，实现其目标。这时，私人期待行政行使其规制权限，也就顺理成章了。

第二，有任务却无法定的规制权限，将如之奈何？法律仅仅规定了行政的任务所在，却没有赋予其相应的职权。此时，行政如若进行干预规制，则有违法律保留原则。为何会产生这种情形呢？这里实际上涉及立法裁量的问题，或许是由于立法者的疏漏，或者是由于立法者虽有认识但尚无适当的方式去落实该任务。这时，私人还能期待行政行使其规制权限吗？行政由于没有相应的职权，就有了阻却事由了吗？

司法实践之中已发现了这种问题，判决也指出这种情形仍可适用行政裁量收缩论。东京斯蒙诉讼的可部判决指出，被告行政主张，对于食品卫生法上的有毒之鱼，尽管可以禁止供销售之用的捕捞，但却不能禁止自家消费，故而缺乏实效性。行政法规范诚然大抵只可对危害公共社会的行为进行规制，而不可将个人行为作为行政规制的对象。然而，对此应该以行政指导严肃认真地予以应对。业界必定遵从行政指导而没必要修改药事法，完全可以根据行政指导进行规制。水俣湾内的水产动植物遭受污染而有毒，食用将罹患水俣病，厚生大臣或者熊本县知事可以通过反复布告、传单、广播电视等进行警告，以便周知而不要捕捞销售。厚生大臣或者熊本县知事有义务进行强力的行政指导，让含有有毒物质的水俣工场设置排水的净化装置、停止排水等。② 也就是说，对于某种危险的存在，虽然行政缺乏规制的权限，但是它仍可进行行政指导，给私人以无拘束性的指示和必要的提醒。否则行政亦构成不作为而违法。因为行政机关知道危险的存在，虽无规制权限，但仍有法定任务

---

① 在德国，以警察法为中心的危险除去法有两种类型。一者为普鲁士型法，其内容较为概括，在科以担任除去危险的行政机关以任务的同时授予其权限。另一种为柏林型法，由科以任务的规范与赋予权限的规范两种规范构成。前者的规范为任务分配规范（Aufgabenzuweisungsnorm），在科以行政机关以任务的地方也赋予其活动的余地；后者的规范为权限规范（Befugnisnorm），在行政机关活动余地之中为实现其目的而确定其行使的手段和方法。［日］今村哲也「行政介入請求権をめぐる新動向」一橋論叢89卷1号（1983年）167～168頁参照。

② ［日］阿部泰隆「水俣病国家賠償認容判決」ジュリスト889号（1987年7月）24頁参照。

的存在，为实现其任务和目的，还是应该积极作为，其裁量权在此亦受到压缩。只是其作为的方式不可以采取规制干预，而只能采取行政指导这种无拘束力的措施。

在我国，法院对于规制权限与行政介入请求权的认定，一般以法律有职权或职责的规定为准，只要法律对职权或者职责有规定，私人即可请求其介入；如果没有规定，则私人一般不具有介入的请求权。① 即使没有私人的请求，行政的保护义务仍要得到适当的履行，否则亦构成违法。② 从理论上说，行政机关只要知道危险的存在，而且具有回避危险结果的可能性，无论其有无规制权限，只要有任务的存在，就值得私人期待。然而，任务又可以通过宪法和法律而确定，或具体或概括，它始终会存在。因此，行政始终可以期待。

（二）期待可能性的判断标准和程度

有关期待可能性的标准，大致有三种学说：第一，行为人标准说，即以行为人本人的能力为标准。第二，平均人标准说，即将普通人置于行为人实施违法行为的情况下，看是否能够期待普通人实施合

---

① 例如，台州市中级人民法院认为，临海市公安局没有积极预防和制止打架事件，导致打架事件发生，造成上诉人方多人受伤。可以认定被上诉人不履行法定职责的行为成立，其行为违反了《人民警察法》有关警察任务和职责的规定。广卫义诉临海市公安局不作为行政赔偿案，浙江省台州市中级人民法院（2002）台行终字第242号行政赔偿判决书，2002年10月31日。上海市第二中级人民法院在毕月美与上海市闸北区房屋土地管理局要求履行法定职责纠纷上诉案中认为，“根据《上海市住宅物业管理规定》第四十一条之规定，闸北房地局具有对损坏房屋承重结构的行为进行处理的法定职责。对于当事人要求履行该职责的，闸北房地局首先应该对被举报人是否存在改变房屋原结构的行为进行现场勘查”。上海市第二中级人民法院（2006）沪二中行终字第107号行政判决书，2006年4月12日。顺便指出一点，对于职责为什么能产生私人的请求权，法院并没有予以说明。其间的推理和技术大致可以从本章第二节中推演。

② 例如，在刘彩勤等诉资兴市公安局不履行法定职责申请行政赔偿案中，当阳晶、刘蜀湘被追杀逃跑至派出所门前，派出所铁门紧闭，求救时无人应答，更无人救助。法院认为，尽管被告此时无人接到报警，但仍违反了公安部《公安机关人民警察内务条令》第33条、第34条、第35条的规定，派出所应实行24小时值班备勤制度，安排适当警力备勤，保障随时执行各种紧急任务。刘彩勤等诉资兴市公安局不履行法定职责申请行政赔偿案，载最高人民法院中国应用法学研究所编：《人民法院案例选》，2004（4），444页以下，北京，人民法院出版社，2004。

法行为，据此来判断行为人的期待可能性，而不应以被期待人一方为标准进行判断。第三，国家标准说，行为人是否存在实施合法行为的期待可能性，不应该以被期待一方的情况为标准进行判断，而应以期待一方的国家为标准进行判断。① 日本刑法学者大塚仁指出："期待可能性的理论其意向本来在于对行为人人性的脆弱给予法的救助，判断其存否的标准也自然必须从行为人自身的立场去寻找。刑法中的责任是就所实施的符合构成要件的违法的行为对行为人进行的人格性非难，所以，像关于责任故意和责任过失已经说明，必须站在行为人个人的立场上来考虑。期待可能性的判断也应该以行为人为标准。"② 我国刑法学者陈兴良亦赞同行为人标准说。他认为，国家标准说没有考虑到被判断的具体情状，具有明显的国家主义立场，无益于期待可能性的正确判断。一般人标准说虽然从判断者的视角转到了被判断者，但平均人是一个类型化的概念，作为判断标准在掌握上有一定难度，而且它也同样没有顾及行为人的个人特征。只有行为人标准说站在行为人的立场上，设身处地考虑其作出意志选择的可能性，从而使归责更合乎情理。正因为在期待可能性的判断中采用行为人标准说，使期待可能性的判断成为一种个别判断，并且能够顾及行为人的具体情状，纠正刑法的僵硬性，使之具有人情味。③ 确实，从期待可能性在刑法中出现的"癖马案"来看④，该理论的确应从行为人的标准去认定。但这一标准是否可以直接

---

① 参见黄丁全：《论刑事责任理论中的危机理论——期待可能性》，载陈兴良主编：《刑事法评论》，第4卷，169～173页，北京，中国政法大学出版社，1999。

② ［日］大塚仁：《刑法概说（总论）》，冯军译，406页，北京，中国人民大学出版社，2003。

③ 参见陈兴良：《期待可能性问题研究》，载《法律科学》，2006（3），78页。

④ 在癖马案中，被告系驭者，自1895年以来受雇驾驭双轮马车。其中一匹马素有以马尾绕并用力以尾压低缰绳的习癖，故称癖马。被告曾要求雇主更换该马，而雇主不允，反而以解雇相威胁。被告乃不得不仍驾驭莱伦芬格。1896年7月19日当被告驾车上街之际，该马癖性发作，被告虽极力拉缰制御，但均无效，因马惊驰，将某行人撞倒，使其骨折。帝国法院认为，确定被告之违反义务的过失责任，不能仅凭被告曾认识驾驭癖马可能伤及行人，而同时必须考虑能否期待被告不顾自己失去职业而拒绝驾驭癖马，此种期待，对于本案中的被告来说事实上是不可能的。因此，本案被告不能承担过失伤害行为的责任。参见陈兴良：《期待可能性问题研究》，载《法律科学》，2006（3），72页。

搬到行政法中加以适用呢？在本节所讨论的语境中，所谓行为人就是指行政机关自身。行政机关是否有不做违法行为的可能性呢？或者说行政机关有没有可能去行使其规制权限呢？是应该以行政机关的标准，还是用社会的一般观念，还是直接采用国家的标准去判断呢？中国的现实告诉我们，行政机关林林总总，大大小小，千差万别。不考虑各个地方、各个级别的行政机关的现实，确实也有漠视现实之嫌。然而，如果利用行政机关标准去判断，也有放纵行政机关之嫌。无论是哪儿的、什么样的行政机关，都应该符合一些起码的标准。考虑到在结果回避可能性要件中已经考虑到行政的能力问题，而且对于行政机关这一公权力主体与刑法、行政法之中的私人应该有不一样的要求，笔者还是主张平均人标准，或者说以社会通念为标准去判断行政权限发动的期待可能性。当然，这里的"平均人"标准也可以置换为我国行政机关的一般水准。至于所谓国家标准，实质上并未提供有益的标准，因为国家以何为标准呢？故而不可采用。

至于期待可能性的程度，远藤博也对此也作出了类型化的区分：

1. 第一种类型是上述各要件的第一种类型的场合。即对生命、身体安全和健康等重大法益进行现实的侵害，且行政积极促成损害的发生，对其回避结果的期待就极高。

2. 第二种类型是混合有上述各要件第一或者第二类型的，其期待可能性也应是相当高的。从法益、预见、回避的三条件来导出最后的期待可能性的程度，与之不同，也可从期待可能性来导出预见、回避两个条件的程度。例如，鉴于强制拘禁设施的特殊性，假设对确保被拘禁者人身安全负有高度的义务，由此就要课予高度的预见、回避义务。

3. 第三种类型是所谓"一般水准与社会观念"。这个抽象的概括条款，什么是行政的一般水准，什么是社会观念都是个问题，只能具体问题具体分析。然而，对是否属于行政的守卫范围缺乏明显的判断标准时，对那些中间领域也只能用这种一般的概括条款来判断。

4. 最后是仅通过私人自身的力量就足以回避危险的场合。例如大阪高等法院河豚中毒案控诉审判决就是典型一例。的确，人的死亡是属于法益条件的第一种类型，但要回避河豚中毒事故，只需要食用的客人不强求提供河豚肝脏即可。这里并没有行政厅不行使权限，私人就难以通过自身的努力回避危险的情况。①

简单地说，法益越重要，危险越迫切，期待可能性就越高。但即使危险不是那么迫切，如果法益非常重要，期待可能性也要求很高。如图 4-6 所示。

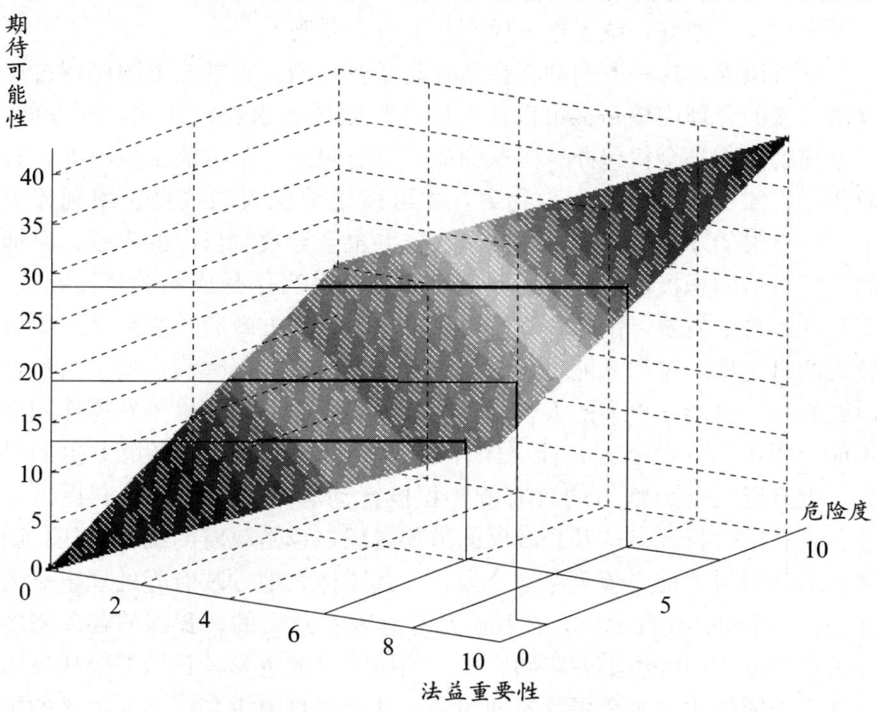

图 4-6　期待可能性与法益重要性、危险度的关系

（三）规制权限发动的补充性

行政值得期待，那么私人又能期待其何时介入呢？本子要件所谓权限发动的补充性，是指被害人个人无力回避危险、没有防止损害发生的有效手段，非依赖于行政规制权限的行使而不可；若私人可以通过自身的努力而避免危险，则行政规制权限亦不必介入。将权限发动的补充性作为行政裁量收缩的要件的判例和学说并不多见，原田尚彦、阿部泰隆等则将其作为独立的要件而与法益要件等并列。②

---

①　［日］遠藤博也「時効 10 年」法学教室 64 号 26～27 頁参照。

②　［日］原田尚彦『行政責任と国民の権利』（弘文堂、1979 年）90～92 頁；［日］阿部泰隆「水俣病国家賠償認容判決」ジュリスト889 号（1987 年 7 月）19 頁参照。

1. 补充性原则及其界限

补充性原则，又可以称为国家辅助性作用原则，一者为辅助性或者补充性，二者为作用或作为，符合前者的条件即需要也是应该作为。为何要设立这一原则，或者这一原则有没有必要呢？

笔者认为，这一原则的存在是有其必要性的。它既能力图保持古典自由主义的合理内核，又可以面对服务行政的要求积极作为。一方面，国家辅助而不是全权包办。国家的能力是有限的，不可能全权包办；有限作用，才可以节省下财力物力，才可以把纳税人的钱真正用到刀刃上——有限的才是有效的；国家全权包办也会导致对自由的限制，会抑制公民自治的积极性和满足感。国家要把公民当作是成熟的公民看待，要允许其自由发展。国家在立法层次上要允许地方政府和非政府组织有较大的自主性，这样才能更切合地方需要，减少科层弊病，提高给付行政的效率，也能让更多的人参与其中。另一方面，国家也要发挥作用而不能无所作为。在个人、社会团体有办不了、办不好的事情发生的时候，拥有巨大财力物力的政府就要积极行动起来，为公众福利提供服务，发展给付行政。这既是政府的道德责任，也是政府的法律责任。国家在启动给付之前应慎重考虑个人、公共团体、地方政府等处理事务的能力。① 强调补充性原则，在我国是有其现实意义的。我国的各项制度和国民思维之中均浸染着集团主义、团体主义的色彩，我们需要从集团主义乃至团体主义的色彩浓厚的国家、社会向自由主义、个人主义的国家、社会转移，换言之，需要向“自己责任”的社会转移。② 补充性原则是在自己责任与国家责任之间寻求一个合理的平衡点。正如有学者所指出的那样，公的责任领域与私的责任领域之间存在差别，特别是根据市民自律的强化来严格限定公的责任领域的范围，补充性原则具有“旺盛的反骨精神”，意味深长。③

应该说，国家补充性发挥作用是有其合理之处的，毕竟可以减轻国

---

① 详见王贵松：《支配给付行政的三大基本原则研究》，刘茂林主编：《公法评论》（第1卷），204～211页，北京，北京大学出版社，2003。

② 在这一点上，我国与日本具有较为相似的背景。[日] 藤田宙靖「「自己責任」の社会と行政法」『行政法の基礎理論（下巻）』（有斐閣、2005年）144頁以下参照。

③ [日] 原田尚彦『行政責任と国民の権利』（弘文堂、1979年）92頁参照。

家负担，还可以提升私人自治的价值。但是，首先应用私法救济适用补充性原则也是有其局限性的，特别是在现代社会中对于公害问题的处理更是如此。因为被害的多样性、致害源与损害之间因果关系的不确定，如果寻求私法救济，不仅需要很长的时间和高额的鉴定费和诉讼费用，还可能收不到充分的救济效果。公害对单个个体的侵害可能是有限的，而私法的救济措施主要是在相邻法上发挥功能，缺乏实效性，不能很好地控制如大气污染、水污染等公害。[①] 其次，即使是在事前，补充性原则也是有其适用条件的。那就是适用这一原则的社会背景，还有国民自身的素质和能力问题。例如，有学者认为，"在没有充分提供信息的情况下，强调消费者的自己责任，具有将经营者的责任转嫁给消费者的危险性"[②]。这时就应强调行政的介入和助成。要想在行政介入（无论是规制还是诱导）与企业自主配合之间寻求适当的组合并取得实际的效果，其前提是确保在企业—行政机关—公众之间有充分的信息流动。[③]

2. 司法实践的若干不同

在行政法律关系中，第三人的合法权益可能会受到行政机关的直接侵害，也有可能受到其间接的侵害。而后者，即直接的侵害是来源于行政相对人，行政机关只是违背了其监管职责。行政相对人由于受领了行政行为而从事相关的事务，其行为所生后果给第三人造成了损害，这种侵害本身实际上是民事法上的侵害。行政相对人与第三人之间是平等的，其间的纠纷也是一种民事上的争议。民事诉讼等民事救济方法自然是解决其间纠纷的一条路径。

除民事诉讼之外，请求行政介入乃至提起行政诉讼可行吗？在现代行政法中，行政负有危险防止责任或者说安全保障义务，有义务排除可能的危险或现实的危害。随着市场经济的发展，大企业与小市民之间实质上并不对等，只有行政介入，方能获得公平的充分的救济。如果行政

---

① ［日］保木本一郎「ドイツにおける営業警察の展開（三・完）」社會科学研究 20 巻 2 期（1968 年）111～112 頁参照。

② 杨建顺：《论产品质量保障、消费者维权与政府职能定位》，载应松年教授贺寿文集编辑委员会编：《行政法的中国之路》，669 页，北京，中国政法大学出版社，2005。

③ ［日］小早川光郎「事業者の安全管理と行政介入」ジュリスト 1307 号（2006 年 3 月）49 頁参照。

没有介入，或者介入方式等有瑕疵，这实际上是其违反法定职责，也是需要承担相应的法律责任的。现在，无论是在法律上还是理论上，都承认私人在遭受非公权力的第三方主体侵害时，有权利请求行政介入，甚至有请求行政无瑕疵裁量的权利。在行政没有履行或者不当履行其职责时，也允许私人对行政提起行政诉讼。

既然两条路径都可以，那么第三人是否可以在这两条路径之中进行选择呢？还是需要先走民事的路径，如若无果，而后行政？

先让我们来看看德国法的情形。在 1960 年 6 月 30 日吕讷堡(Lüneburg) 高等行政法院所作出的“排气装置判决”中，原告在义父 A 的租房中居住，诉讼参加人 B 公司的纺织工场 Ⅰ 离其租房约 130 米远，工场 Ⅱ 在其斜对过，工场 Ⅲ 与租房相隔仅 6 米远，每日作业。根据市的土地用途规划，工场 Ⅰ 和 Ⅱ 位于产业地域，工场 Ⅲ 与租房均位于“混合居住地域”之内。工场发出的噪声和振动，特别是其排气装置所发出的噪声在夜间让人无法忍受。原告请求市责令拆除该设施。市驳回了其请求，理由是其义父 A 曾就工场 Ⅲ 的问题提起过民事诉讼，最终以和解方式了结。之后，原告遂提起行政诉讼，一审法院判决原告胜诉，并课予市以义务。但是，二审法院却作出了市胜诉的判决。其理由在于：是否介入属于行政机关的裁量范围，只要其在现行法范围内忠实地进行裁量，即不受审查。而且原告可以通过民事诉讼寻求救济，他不对妨害者提出排除妨害请求而请求行政介入，就将民事诉讼中可能的败诉风险转嫁给行政机关，这不符合法律意旨。① 这一判决所运用的法理就是国家辅助性作用原则或者说补充性原则。但是，在此判决不久，联邦行政法院作出前述著名“带锯判决”②，承认私人在重大权益遭受侵害时有请求行政介入的权利，行政裁量的余地发生收缩，甚至收缩为零。从而，让私人可以在行政与民事路径之间进行选择。而且正如前文所述，问题在于通过民事诉讼有时不见得能够解决问题。

接着来看看日本的做法。1984 年日本最高法院在新岛残留炮弹爆炸案判决中指出，警察离岛上居民居住的地方并不那么远，海滨（作为海水浴场供一般公众使用）和附近的海底还放置着投弃的炮弹，每年海

---

① ［日］保木本一郎「ドイツにおける営業警察の展開（三・完）」社會科学研究 20 卷 2 期（1968 年）103～104 頁参照。

② 详见本书第四章第一节二。

底的炮弹还会被海水打上岸来。岛民由于欠缺关于炮弹危险性的知识也没有在意。因炮弹爆炸而发生人身事故的危险是存在的，而这种危险每年都随着打上岸来的炮弹而继续存在。岛民等人并不能用通常的手段消除这种危险。放着这些炮弹，不能确保岛民等人的生命、身体的安全，可以预测到其危险具有相当高的盖然性。如果警察也容易知道这种状况，适当地行使其权限，或者积极地要求有处分权限、能力的机关采取收回这些炮弹等措施，就可以防止因炮弹爆炸而导致人身事故的发生。这是其职务上的义务。① 可以看出，日本最高法院也是采取了补充性的原则，它强调了岛民欠缺相应的知识，没有通常的措施可以消除危险，于是警察官有义务采取措施以保护个人的生命、身体和财产。

日本下级法院也有类似的判决。1977 年，东京高等法院在千叶县野犬咬死儿童案的判决指出，法令上规定知事有捕获、留置和扫荡野犬的权限。行使这一职权需要有组织有计划地进行。因为在实施过程中野犬可能会闯入别人的所有地，单个的居民自己来打狗难乎其难，除了期待知事行使其捕获、留置和扫荡的权限别无他路。本案中，有发生损害结果的危险，而且事实上损害业已发生，知事行使其权限也可以防止结果的发生；在具体的情形下，行使该权限是可能的，也可期待其行使，这时，是否行使权限的裁量权就开始后退。为防止结果的发生，知事有义务行使其权限，否则就是违反了作为义务。②

我国对于补充性要件基本上是持否定的看法。例如，平顶山市东湖炼焦厂自 1997 年投产 4 年来，一直未进行达标验收，严重污染了周围环境，造成附近村庄土地板结，致使小麦严重减产。为此，孙大涛等平顶山市卫东区东高皇乡蒲城村农民曾多次向被告市卫东区环保局及市环保局反映，但其迟迟未作出处理。于是，农民们提起行政诉讼，请求法院依法判令平顶山市卫东区环保局履行其行政职责。被告辩称：此案不属于行政案件，应按环境民事纠纷立案审理。原告要求赔偿经济损失的诉讼请求通过行政诉讼是不能解决的，原告为保护自己的民事权益，只能向与其处于平等地位的东湖炼焦厂主张自己的权利，没有法律依据和事实根据提起行政诉讼。平顶山市卫东区人民法院认为：平顶山市环保局对东湖炼焦厂验收之后，被告没有按市环保局的意见，对东湖炼焦厂违法排

---

① 日本最高裁判所 1984 年 3 月 23 日判決，判例時報 1112 号 20 頁。

② 東京高等裁判所 1977 年 11 月 17 日判決，判例時報 875 号 17 頁。

污行为实施监督并限期治理，因此，原告要求被告履行法定职责，依法调查处理东湖炼焦厂的违法生产、违法排污行为，理由正当，应予支持。① 法院虽然没有直接就被告的辩称作出应答，但实际上肯定了原告可以请求被告履行其法定职责，也可以通过行政诉讼方式来给被告课予义务。

无论是肯定补充性要件还是否定补充性要件，都是有其一定道理的。肯定补充性要件，主要是考虑行政的能力是有限的，也需要强调私人的自己责任，力图促使其提升自治能力。而否定补充性要件，则主要考虑给私人以积极的救济，督促行政履行其应该履行的法定职责。但适用补充性原则一定要把握该原则的界限。而且现如今的法律多数已经将介入危险项目、预防危险发生规定为行政机关的职责，行政机关即应付诸实施。现在与以前没有这样的职责条款已经不同了。在没有法律规定时，私人只得去依据民事途径寻求解决。但有了这样的条款，行政介入就成为行政机关的职责。从我国实际来说，法律没有对请求行政介入设置补充性要件的障碍，则还是应当在实务中肯定私人直接请求行政介入的路径，毕竟私人享有这样的权利，行政也负有相应的职责。适用补充性原则在事前可能是适合的，但在救济上则不应强调先走民事渠道。②

六、裁量收缩要件的判断与缓和

概括而言，笔者所认为的行政裁量收缩至零的构成要件大致包括五个方面：（1）重大的法益；（2）具体危险的迫切性；（3）危险发生的预见可能性；（4）损害结果的回避可能性；（5）规制权限发动的期待可能性（可排除补充性要件）。简单地说，就是重大法益遭受迫切而具体的危险，而行政机关能够预见到危险，又拥有职权和义务能采取措施回避危险的出现，这时行政裁量必须收缩。应该说，这里所说的行政裁量收缩至零，很大程度上只是决定裁量的收缩至零。上述五个要件并没有为选择裁量逼向死角提供判断标准，

① 孙大涛、吴志有、张文宣等101户平顶山市卫东区东高皇乡蒲城村农民诉平顶山市卫东区环保局履行职责案，河南省平顶山市卫东区人民法院（2001）卫行初字第52号行政判决书，2001年5月10日。

② 杨建顺认为：“‘自己责任’是成熟的市民社会中的重要原则之一。在市民社会形成过程中，可能应当更多地强调行政介入及相关团体的助成作用。”斯言颇有道理。只是在成熟的市民社会之中，可能还是会存在自己责任与行政介入之间的矛盾问题。

而选择裁量收缩至零的判断则需要进一步结合具体的个案进行讨论，根据案件的情况在各种手段措施之中进行权衡，判断其最适合的举措。这也是探讨行政裁量收缩论的难处。

（一）裁量收缩要件的判断方法

虽然列举论述了行政裁量收缩的构成要件，但各个要件之间到底是一个什么样的关系呢？应该说，五个要件之间有很大的关联性。有了重要的法益存在，而这种法益又面临某种危险。行政机关可以预见这种危险的存在，也有相应的手段去防止这种危险的发生。如果行政机关不行使其职权，私人也没有办法很好地消除这种危险。这时，行政裁量权就必须收缩。如何在现实中对这五个要件加以判断和应用，这是需要一定技术的。行政法毕竟是行政法，它应讲究自己的可操作性，注意自己的技术应用。从大的方面来说，这里存在两种主张。①

第一，综合合算主义，即综合考察上述各个要件进行判断。例如，可以将各个要件予以类型化，然后赋予各个类型以不同的分量，如 3 点、2 点、1 点、0 点。再将各个点数相加或者相乘，合计点在某个点数之上时，即肯定行政的责任。举例来说，在大东水害中，法益要件 1 点，预见可能性要件 1 点，回避可能性要件 1 点，期待可能性要件 1 点，其相加之后综合点数为 4 点。在河豚中毒事故中，法益要件达到最高 3 点，而期待可能性要件仅为 0 点，相乘之后其综合点数为 0 点。②

第二，重点主义。即与综合合算主义中各个要件均等不同，它赋予其中的一个要件以特殊权重来进行综合判断。例如，最重视法益要件，如果是重大法益侵害，预见、回避义务等就极高，预见可能性、回避可

① ［日］遠藤博也「危険管理責任における不作為の違法要件の検討」北大法学論集 36 巻第 1・2 号（1985 年 9 月）478～480 頁参照。

② 有学者认为，各个要件虽相互独立，但又密切关联，只能进行综合判断。当然，在法益重大时，期待可能性也会高涨。预见可能性与被侵害法益的关联也是重要的。在预见有生命或重大身体侵害时，如果有相当程度上的危险盖然性，就要求行使规制权限；如果被侵害法益不是那么重要，则要有更为具体的预见可能性。私人自身难以回避危险，其期待可能性高时，要求严格的预见可能性就不适当。对于结果回避可能性，法益重大、危险迫切、又没有其他适当的救济方法、期待可能性高时，即使启动规制权限有困难，也能有结果回避可能性。被侵害法益重大、容易回避结果时，期待可能性自身也变高，故而不可各个独立地认定满足要件。［日］宇賀克也「国家賠償（1）——公権力の行使に関する国家賠償」法学教室 304 号（2006 年 1 月）107 頁参照。

能性均追随法益要件。从回避的条件也能看到期待性的条件。更进一步，法益、预见、回避三个要件合起来，更能判断期待可能性。还有另外一种重点主义，前者是沿着法益→预见→期待可能性的路线，这里刚好相反。也就是说，最后的期待可能性要件在判断中起着决定性的作用。与其对诸多情况进行综合判断，莫如先对期待可能性进行判断。在期待可能性高时，也许法益要件不高也可以，或者通过科以高度的预见、回避义务，预见可能性、回避可能性要件也能容易清晰化。因行政的领域不同，对行政的期待可能性也有所差异，与此相适应来判断其他条件也是顺理成章。① 但是必须注意的是，以期待可能性为出发点，带有浓厚的概括性政策决断的色彩，有可能堕入主观性判断。

第一种重点主义的主张相对较为可采。因为人的视野和能力总是有限的，也总是会带上这样那样的“偏见”。不同的人可能有自己的偏好，会更加看重某一方面，或者是法益，或者是期待可能性，然后或顺流而下或逆流而上进行推演。而且现实中各个要件之间并非泾渭分明，而且确实也存在水涨船高的现象。法益的位阶越高，就越会期待对其进行“无微不至”的保护。综合合算主义对各个要件进行通盘考量，赋予各个要件以不同的权重，这需要总结长期的实践经验，方可较为科学地赋予适当的权重。要实现其科学性，也较为困难。综合合算主义固然可以较为精准，较为全面，但是它也会因此产生较为苛刻的弊端，要想构成裁量权的收缩将较为困难。这也正是行政裁量收缩论为人所诟病之处。故而，综合合算主义并不可采。

（二）收缩要件的缓和及其界限

行政裁量收缩的构成要件并不是总是那么严格，在接受了各种批评之后也逐渐出现了缓和的趋势。法益要件从生命、身体缓和到了财产乃至一切权利、损害；危险的迫切性要件也从业已发生、十分迫切缓和了盖然性的存在；预见可能性要件也从业已预见、定量的预见缓和到了定性的预见；回避可能性要件也从没有防止自己行为所生危险缓和到了适当行使权限就

---

① 有学者认为，行政裁量收缩论要件中的预见可能性，要求容易预见，一般而言过于狭窄。容易与否，不能一概而论，而应与预见义务的内容、程度相适应。结果回避措施的内容也应与实定法的内容、所预见的危险程度相适应。［日］淡路剛久「公害・環境問題と法理論（その三）」ジュリスト835号（1985年5月）129～130頁参照。这一观点实际上就具有重点主义的色彩，某一要件的内容、程度大小能对其他要件产生重大影响。

可避免；期待可能性要件也从权限存在而私人又无力应对缓和到了有任务存在甚至也可以不要补充性要件。然而，无论如何缓和，它也是有其界限的，因为毕竟这是在压缩行政的裁量权，甚至要将其压缩到零的极端。

构成要件的缓和固然可以满足保护法益的需要，但并不是要件越缓和就越好，而是有一定界限的。“既然行政裁量收缩论是一种推导出作为义务的法理，就必须避免将其要件过度缓和化。过度的缓和化，就是强迫行政为不可能之事，有可能让非难行政不作为的可能性就此消失。”① 毕竟是要通过构成要件来具体探讨行政裁量权何时收缩，毕竟是要在一定条件下将行政裁量权压缩甚至压缩到零，构成要件就不可能过于缓和，否则充其量只是压缩而不可能压缩到零。行政需要一定的裁量空间，任何较为宽松的构成要件情形均可以导致行政裁量的收缩至零，则行政裁量的价值将荡然无存，行政的负担也将空前增大，从而也是不可能实现的。另外，如果较为宽松的构成要件情形都可以导致行政裁量的收缩至零，行政即行介入，还可以产生两种危险。其一，行政介入私域有了更多的借口，本来完全可以通过私人自治就可以解决的问题却要被诉诸公权，本来不需要公权规制的领域却又遭到了行政不必要的干预。所谓请神容易送神难！行政权的必要性和危险性需要我们时时予以警醒。我们必须要注意到行政法律关系的三方性，在规制者、被规制者、第三人之间是存在关联的。行政机关作为规制者为保护第三人的利益采取措施，必然是对被规制者施加。越要保护第三人，就越需要采取措施对被规制者的行为进行限制。如果保护过分，必然是规制过分，被规制者的权益将被过分压缩，甚至无从保障。其二，为了避免违反缓和了的行政裁量收缩论的要求，行政动辄就要进行干预，私人自治的空间可能会因此而缩小；私人动辄请求行政介入，从而依赖于行政，私人自治的能力可能会因此而萎缩。然而，自治正是自我的价值、自我实现的最佳体现。而且私人自治的空间和能力也是国家兴盛的不竭动力。② 真正的创新，动力的源泉在于私人。

然而，要件缓和的界限究竟划在何处，亦是一大难题。实际上，这一问题也可以转化为这样一个问题：行政的义务界限在哪里？正如美国

---

① ［日］西埜章『国家賠償責任と違法性』（一粒社、1987 年）130 頁。

② 梁启超曰：“吾民将来能享民权自由平等之福与否，能行立宪议会分治之制与否，一视其自治力之大小强弱定不定为差。”梁启超：《新民说》，载《饮冰室合集 6·饮冰室专集之四》，54 页，北京，中华书局，1988。

法学家富勒所言，“确定义务应当何处止步是社会哲学所面临的一项最艰巨的任务”①。要完成这一艰巨任务，亦非本书之力所能及。这里仅能列举几点在划定界限时所需注意的事项。

其一，需要考虑行政的能力大小，不能迫使行政做它做不了的事。②

其二，需要考虑适用行政裁量收缩论的具体背景，不能任何情形下一律缓和。在本来就有行政规制权限行使的领域，缓和行政裁量收缩的要件可能是适当的。但是在行政规制缓和甚至不需要行政规制的领域，行政裁量收缩的要件就不能缓和。例如，根据规制缓和的要求，不再要求经过建筑许可程序就可建筑，该建筑影响相邻人的权益，这时请求行政介入的可能性虽然有，但其要求就较为严格，不仅要求建筑者违反了保护相邻人的规范，而且所受损害是重大的。③

其三，在三方的行政法律关系中考量规制者、被规制者、第三人之间的关系，需要考虑被规制者的合法权益的范围与界限，需要考虑第三人自治的空间和能力，不能让私人的自治过于萎缩。

下面这幅规制者、被规制者、第三人的三方关系图（图 4-7）是一个重要的思维框架。承认第三人能要求行政提供更多的保护，行政必然

---

① ［美］富勒：《法律的道德性》，郑戈译，15 页，北京，商务印书馆，2005。

② 这常常也是行政机关抗辩的一个理由。例如，在前引“李尚英等与广饶县交通局不履行法定职责行政赔偿上诉案”中，广饶县交通局在上诉答辩中声称，“判断广饶县交通局行政不履行职责的标准不应当以公路上存在违法行为作为直接依据，原审法院以上诉人没有对此采取任何措施，也未对粪主采取相应处罚并督促处理为由，认定上诉人构成行政不作为，这种观点忽视了行政机关资源有限，只能合理保证而不是绝对保证所管辖的事项不存在违法行为，违法行为是一种社会存在的必然现象。原审法院的认定依据实际上是一种违法行为存在即等于相关行政机关履行职责违法，行政机关就要赔偿的判断标准，这种判断标准于法无据，也与社会客观规律相违背。另外，对本案来讲，他人在道路上堆放垃圾的行为是一种动态的而不是静态的，什么时候堆，堆多少存在一种不确定状态，是上诉人客观上难以控制和杜绝的，一审法院把违法行为的存在作为行政职权是否存在履行得当的判断标准，是无限扩大了行政机关的责任”。李尚英等与广饶县交通局不履行法定职责行政赔偿上诉案，山东省东营市中级人民法院（2004）东行终字第 53 号行政判决书，2004 年 10 月 24 日。行政机关的抗辩并非毫无道理，法院在判决时也应注意这一现实的存在，只是需要将其限制在合理的限度之内而已。

③ ［日］湊二郎「義務付け訴訟と裁量収縮——ドイツにおける公法上の隣人保護の一断面」鹿儿島大学法学論集 40 巻 2 号（2006 年 3 月）18～22 頁参照。

要对被规制者施加更多的规制，甚至可能会出现不合理的规制，而这种不合理的规制的结果可能是，被规制者不能提供第三人满意的服务。有时候，在第三人和被规制者之间信息充分的情形下，允许其自我解决、进行系统内自我调整，或许能达到最适的状态。

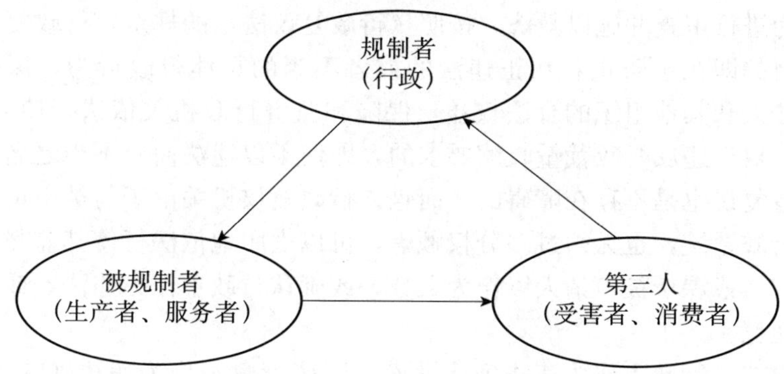

图 4-7　行政规制的三面关系

其四，需要考虑行政裁量的价值，不能动辄让行政戴上羁束的镣铐。承认行政裁量的价值，允许行政机关在规制上作出适当的选择，实际上是在尊重现实世界的复杂性，也是尊重立法者的选择判断。

其五，需要考虑适用行政裁量收缩论的主体与被课予作为义务的行政之间的关系，不能让司法无限地限制行政。

上述五点只是要件缓和时需要考虑的事项，至于行政裁量收缩至零的要件缓和到何种地步为妥，很难一般而论，尚需结合具体的案例进行探讨。

第四节　行政裁量收缩的救济

所谓行政裁量收缩的救济，是指负有法定职责的行政机关违反了行政裁量收缩的要求，没有行使裁量权或者不当行使裁量权，给当事人造成损害的，由有权主体通过一定方式保护、救济受害者的法益。

一、行政裁量收缩的救济概述

应该说，行政裁量收缩的救济方式有很多种，这里先大致介绍一下法律性的救济方式，然后择其重点——课予义务诉讼和国家赔偿——来论述。

（一）几种可行的救济路径

第一，行政复议。作为行政复议机关自然有权对违反行政裁量收缩的行为进行审查并施以救济。按照《行政复议法》的规定，行政复议的重要目的即在于防止和纠正违法的或者不当的具体行政行为，保护公民、法人和其他组织的合法权益，保障和监督行政机关依法行使职权。故而，对于违反行政裁量收缩要求的，即使不以违法而以不当之名，提起行政复议也是不存在障碍的。而且，行政复议机关由于与被申请人同属于行政系统，也无须过多分权顾虑，可以大胆地依法行使其监督和救济职权，或课予被申请人以作为义务，或确认行政不作为违法，或给以行政赔偿。

第二，行政不作为违法确认诉讼。所谓行政不作为违法确认诉讼，是一种事后的救济手段，是指私人依法对行政机关提出申请，行政机关在相当期间内没有作出行政决定的，请求法院确认其违法的诉讼。这种诉讼类型并没有被我国 1989 年《行政诉讼法》所规定，但我国在《行政诉讼法》颁布不久，即在司法实践中发展出这种违法确认的判决类型①，进而为 2000 年行政诉讼法司法解释第 57 条第 2 款所肯定，最终为 2014 年《行政诉讼法》第 74 条第 2 款第 3 项所采纳。行政裁量之决定裁量收缩至零的情形可以适用这一救济路径。在存在危及私人生命、健康和财产等危险时，私人请求行政机关对危险制造者予以规制，适当地行使其规制权限，但行政机关没有行使其规制权限，这时，私人可以申请法院确认其行为构成行政不作为，并进行违法宣告。该诉讼的胜诉要件在于行政机关对申请没有在相当的期间内作出行政决定。“相当的期间”以作出该行政决定通常所必要的期间为基准进行判断，经过了通常所要的期间时，原则上确认被告行政机关的不作为违法，除非超过上述期间有正当的特别事由时，方可免除其违法性。② 在行政不作为违法确认诉讼中，行政不作为违法的判断时间标准是什么呢？一般应以最后言词辩论时的法律和事实状况为基准。如果要确认过去的不作为违法，则以当时的法律和事实状况为基准。然而由于“不作为违法确认判决的

① 参见罗豪才主编：《中国司法审查制度》，561 页，北京，北京大学出版社，1993。

② ［日］橋本博之『要説行政訴訟』（弘文堂、2006 年）106 頁参照。

拘束力并不及于对申请应作何种应答等内容，只不过是将行政事务的迟延当作问题而已”。如果没有临时救济，而行政机关又要固执己见进行上诉，则这一诉讼就不一定能发挥其应有的功能。即使原告胜诉，也可能只获得并不满意的行政行为，还必须提起新行为的撤销诉讼。① 换言之，行政不作为违法确认诉讼存在一定的局限性，它需要与课予义务诉讼、临时救济手段等相配合，才能发挥出其适当的功能来。

第三，课予义务诉讼。所谓课予义务诉讼（Verpflichtungsklage），是指请求确认行政机关具有一定行为的义务的诉讼，分为请求行政机关为一定行为的给付之诉和请求法院变更行政机关的行为的形成之诉。② 从行政机关的角度来看，存在两种诉讼典型：其一是申请满足型课予义务诉讼，即私人请求行政机关为一定行为，该申请遭到拒绝时，私人请求法院要求行政机关作为。这在给付行政领域最多，也可用于规制行政领域。其二是直接型课予义务诉讼，即在制定法上并没有预定“私人的申请一行政机关的决定”这样的体系，私人请求行政机关发动其公权力。其典型是在公害、环境行政等领域，具体而言即请求行政机关对公害发生源的企业行使规制权限。从私人的角度来看，上述两种类型大致对应着享受利益型课予义务诉讼和排除妨害型课予义务诉讼两种。③ 本节所要探讨的是直接型课予义务诉讼或排除妨害型课予义务诉讼。当然，这里的课予义务诉讼可以和上述行政不作为违法确认诉讼合并提起，从而形成“组合拳”的攻击。

第四，撤销诉讼。当存在现实而紧急的危险时，私人请求行政机关行使其规制权限。然而，行政机关予以拒绝，认为没有行使规制权限的必要。这时，私人可以就行政机关的拒绝行为提起撤销诉讼，而不是提起课予义务诉讼，这也是一条可行的路径。当然，关于提起这种所谓

---

① ［日］橋本博之『要説行政訴訟』（弘文堂、2006 年）103 頁参照；［日］盐野宏：《行政救济法》，杨建顺译，159 页，北京，北京大学出版社，2008。

② 关于课予义务诉讼的性质到底是给付之诉还是形成之诉是存在争论的。给付之诉说认为，课予义务诉讼是原告基于实体法上的请求权，而要求行政机关作为的给付诉讼；形成之诉说认为，课予义务诉讼是根据判决在原告和行政机关之间产生作出一定处理行为之义务的形成诉讼。给付诉讼说以私人对行政机关享有实体法上的请求权为前提，其问题是这种请求权能否看作是法规的解释。与此相对，形成诉讼说则认为，课予义务判决形成行政机关法的义务。它对给付诉讼提出批评，若是给付诉讼，则没必要确定课予义务诉讼的诉讼要件和胜诉要件。日本的裁判实务支持形成之诉说。［日］橋本博之『要説行政訴訟』（弘文堂、2006 年）109 頁参照。

③ ［日］塩野宏『行政過程とその統制』（有斐閣、1989 年）308～309 頁参照。

“分离的撤销诉讼”是否容许，学说上存在争论。否定说认为，课予义务诉讼相对于撤销诉讼而言是一种特殊的诉讼类型，在符合课予义务诉讼的要件时，撤销诉讼自行撤退。而且从权利保护必要性的观点而言，原告起诉时应选择最简易而且有效的诉讼类型实现其诉讼目的，而课予义务诉讼就是这样一种诉讼路径。肯定说认为，只要原告认为对于驳回或拒绝行为提起撤销诉讼即可满足时，原则上应允许其提起。法院作出撤销判决，行政机关应受撤销判决的拘束，并应按照其意旨进行处理。因而也可以达到权利保护的目的。肯定说赋予原告以选择权，避免了私人因不熟悉法律而导致诉讼被程序驳回。而且这时法院不必命令行政机关作出特定内容的行政决定，仅须审查拒绝行为是否合法即可，因此也可减轻法院审理的负担。因而，肯定说更值得支持。① 在法国，其越权之诉的范围非常广泛。行政机关应做的事而不做，或不应拒绝而拒绝，均可以作为消极的违法，由行政法院予以撤销。② 在我国，对于拒绝履行或怠于履行的情形，一般适用履行判决。当然，如果行政裁量决定不适当，也可能适用撤销判决，但这种判决应该说在功能上是不及课予义务诉讼或履行判决的。

第五，临时救济。临时救济是一种根据具体情况下的迫切需要而给申请人以暂时的法律保护的制度。在德国，“除撤销之诉之外，对所有诉种都可作暂时命令”。根据《联邦行政法院法》第 123 条的规定，行政法院可以根据利害关系人的申请要求行政机关作出一定的行为。③ 在利害关系人请求行政机关行使其规制权限之后，却不见行政机关的任何动静，这时，利害关系人可以请求行政法院作出临时的保护命令，以免因一个迟到的决定而造成不利的影响。在日本，2004 年修改行政诉讼法，也创设了临时的救济制度。与课予义务诉讼法定化相伴随，作为课予义务诉讼的临时救济制度，行政诉讼法创设了临时课予义务诉讼，并作为行政诉讼法第 37 条之五的第 1 项。在已提起课予义务诉讼时，为避免由于不作出与课予义务诉讼相关的行政处分或裁决所产生的难以弥补的损害，而有紧急处置的必要，并且有涉及本案的理由时，法院根据申请，可临时命令行政机关应作出行政处分

---

① 参见陈清秀：《行政诉讼法》，119～120 页，植根法律事务所丛书（三），台北，自刊行，1999。

② 参见王名扬：《法国行政法》，696 页，北京，中国政法大学出版社，1989。

③ 参见［德］弗里德赫尔穆·胡芬：《行政诉讼法》，莫光华译，516 页以下，北京，法律出版社，2003。

或裁决。这种临时的救济制度，特别是临时的课予义务诉讼，对于违反行政裁量收缩要求的行为来说是十分必要的，它虽然给行政机关的影响较大，但是对于及时而有效地保障利害关系人的法益是绝对有必要的。救济应该是充分的，也应该是及时的。所谓“迟到的正义非正义”，恰好能很好地说明临时救济制度的价值所在。我国的行政诉讼法仅仅有以诉讼不停止执行为前提而存在的临时中止行政行为执行（第56条）、先予执行（第57条）的制度。临时性地课予行政机关某种作为义务，则付之阙如。这里尚需适当探讨，其中的司法权、行政权功能分立的价值与及时保护当事人重大法益的价值之间的关系值得深究。

第六，国家赔偿。与课予义务诉讼、撤销诉讼等第一次权利保护不同的是，国家赔偿属于第二次权利保护，其功能主要在于填补损害。① 故而一般不可以提起国家赔偿来寻求排除行政规制权限不行使或不适当行使所造成的危害。要排除侵害，需请求法院撤销行政决定或课予行政以义务。② 在行政机关违反行政裁量收缩要求之后，危险变成了实际损害，受害者能否获得国家赔偿，就成为制度公正与否的重要标志之一。法谚曰：有权利必有救济，有损害必有赔偿。但是，是否能够提起国家赔偿的请求，以及是否能够获得国家赔偿，还有诸多问题有待探讨。

（二）可能涉及的问题点

在行政裁量收缩的救济中，存在诸多的问题或障碍。能否适当地把握、权衡和处理这些问题，对能否实现行政裁量收缩的救济具有极为重要的意义。

---

① 为了能够不断地趋近“法秩序的极致”，学说上将私人因国家公权力侵害所产生的行政法上权利保护体系分为第一次权利保护和第二次权利保护，并且尝试将实体请求权的体系与程序实施的体系加以结合。若私人的权利遭受公权力的违法侵害，可诉请法院审查公权力行为的合法性，并可由其加以撤销，这被称为第一次权利保护，其权利依据是宪法和法律所赋予的公法上的请求权。若私人权利已发生具体损害，则可向法院提起损害赔偿之诉，这被称为第二次权利保护，其权利依据是损害赔偿的请求权。参见程明修：《行政法上侵权损害赔偿诉讼的多元结构及体系矛盾》，载《台湾本土法学》，36期（2002年7月），35～36页。

② 参见林三钦：《行政法上权利救济管道的选择》，载《台湾本土法学》，26期（2001年9月），121页。区分第一次权利保护与第二次权利保护，其根据主要在于两者的请求权基础不同，而且第一次权利保护与第二次权利保护的制度功能也不同（撤销权的目的在于排除侵害，赔偿请求权的目的在于填补损害）。

1. 司法权与行政权的分工问题

无论是在法治的先进国家，还是在法治的后学国家，行政权与司法权的相对分立、职能分工都是承认的，我国也不例外。宪法上分别设置了行政机关和司法机关，并赋予其不同的职权，其目的在于各守其位各司其职，而非行政与司法相互篡位，行越俎代庖之事。然而究竟什么样的事情必须由行政机关来做，什么样的事情又必须由司法机关来做，则没有明确的定论。虽然行政权与司法权的分工具有宪法上的基础，但是司法应该尊重行政到何种地步，则在一定程度上属于法政策的问题。

2. 保护当事人重要法益的有效性问题

尊重和保障人权是宪法的出发点和归宿地。在当事人的重要法益遭受危险或者侵害之际，能否及时、有效而充分地施以法律保护，是评价一个法律制度正当性、优劣性的重要标准。在危险防止领域，危险制造者制造了危险，给当事人的重要法益造成了危险，行政机关如果及时适当地行使其规制权限，则可能会消除危险，至少也能减少损害。然而，既然已经到了救济这一步了，自然是行政机关没有行使其规制权限或者没有适当地行使其规制权限，这时，当事人的重要法益要么是处于风雨飘摇之中，要么是已现遍体鳞伤之形。行政法到底能提供怎样的救济制度，能不能做到有效而及时，则是需要作出检视和反思的。

3. 当事人的公权地位与原告资格问题

在行政裁量收缩的救济中，受害者处于怎样的公权地位，这一点在第二节中已有分析，那就是享有积极请求行政机关给付的第三人公权地位。这种公权地位在理论上可以证成，但在实践中能否施行呢？这种公权地位与原告资格之间的关系十分紧密，按照比勒的公权三要素说，原告资格实际上就是公权的第三个要素，即具有针对国家的请求权，或言对国家请求权能的赋予性。具有原告资格就是具有请求国家为一定行为的权能。这是霍菲尔德意义上的“权利”（claim，请求权）。然而，在法治欠发达的国家，对于这种第三人意义上的原告资格还存在这样那样的限制。如何突破这些限制，如何利用现有法律进行解释和拓展，则成为一个技术性比较强、价值性比较高的现实问题。

二、课予义务诉讼

课予义务诉讼是行政裁量收缩救济的一个重要途径，有学者称之为国家赔偿诉讼的“桥头堡”①，因为课予义务诉讼及时发挥了作用，就可能防止损害的发生，也就不会引起所谓国家赔偿问题。课予义务诉讼是一种请求作出一定行政行为的给付之诉，是对行政裁量的一种事先评价，因为涉及第三人的原告资格、司法尊重行政首次判断权的问题，所以，在理论和实践中均有必要进行深入的探讨。

（一）课予义务诉讼的容许性

在本章第一节中已经指出，德国《联邦行政法院法》第 42 条中虽然规定了课予义务诉讼，可以通过诉讼判决有义务作出一个被拒绝的或不作为的行政行为，但直到 20 世纪 60 年代才在行政判例中承认了第三人可以通过课予义务诉讼来请求行政机关行使其规制权限。日本过去只是在司法实践中承认因违反行政裁量收缩要求而遭受损害的第三人可以获得国家赔偿，没有赋予第三人提起课予义务诉讼的资格；而且理论上对课予义务诉讼一直争论较大，直到 2004 年行政诉讼法修改之后课予义务诉讼才被正式承认。

相对而言，课予义务诉讼的历史并不长，因为这一诉讼类型并不是源于古典的干预行政，而是产生于给付行政。② 在干预行政中，人们可以通过提起撤销诉讼排除行政机关的不当干预，从而达到远离国家确保自由的目的。但在给付行政中，人们需要得到国家的支持和给付，需要国家介入本属于私性的领域。当行政没有兑现生存照顾的宪法要求时，私人可以提起给付之诉要求行政机关为一定给付。两种不同的时代需求，对应着两种不同的诉讼类型。在危险防止领域，由于规制行政的福利行政化，对于违反行政裁量收缩要求的行政机关，也可以提起课予义务诉讼要求其适当地行使规制权限。

对于课予义务诉讼的容许性，大致存在三种观点。其一，全面否定说。该学说接受司法与行政的权限分配论，认为行政机关的首次判断权应留给行政权。行政权是否行使，在何种条件下、在什么时点应如何行使，其判断原则上是行政权的责任。抗告诉讼的目的在于，以行政机关的上述首次判断为媒介，撤销其违法的处理行为、排除其违法状态。行

① ［日］保木本一郎「行政の危険回避・救済責任論（下）」法律時報 59 巻 9 号（1987 年）75 頁参照。

② 参见［德］弗里德赫尔穆·胡芬：《行政诉讼法》，莫光华译，282 页，北京，法律出版社，2003。

政机关没有作出首次判断时，所谓要求作出特定的行政行为或应命令其作出特定行政行为的诉讼，至少应不属于抗告诉讼的范畴。其二，补充的课予义务诉讼说（补充说）。该学说认为，课予义务诉讼与撤销诉讼之间是补充的关系，在没有其他适当的救济手段时，可以考虑适用课予义务诉讼。其具体的条件是该行政行为一义性的确定（明显性）和将发生难以恢复的损害。其三，独立的课予义务诉讼说（独立说）。与是否能获得撤销诉讼的救济无关，只要从审理的结果看，作出判决的时机已经成熟，法院即可作出课予义务判决。这时并没有侵害行政机关的首次判断权，也没有否定裁量权，而是强调了私人救济的必要性。全面否定说逐渐被学说和判例大体上否定了。如果仅仅考虑原告的救济，则独立说是最佳的。但是问题在于，对于如何在原告的救济和推行行政的便宜主义之间保持均衡，立法权是否有裁量的余地；如果有，则该裁量余地在现行法制中处于何种状态？关于原告的救济，虽然不能允许立法权剥夺宪法所规定的接受裁判的权利，但关于救济的方法，立法权却享有一定的裁量，这一点并没有异议。①

我国有学者认为，履行判决适用于行政机关不履行或拖延履行法定职责的情形。超过法定履行期限虽然属于违反法定程序，但对于这种情况不能适用撤销判决，因为无行为可撤；即使将不作为视为一种消极行为，将撤销这种消极行为视为确认该行为违法，这种判决也不能给相对人以有效的救济。因此，对这种不作为，适用履行判决应该说是最适当的。如履行已无意义，则应适用确认判决。② 这一说法实际上没有恪守形式化的司法与行政的功能分配，而是从给当事人以有效救济的角度来探讨履行判决的适用情形。不同的法制环境，课予义务诉讼的地位及其容许性可能是不同的。

（二）课予义务诉讼的诉讼要件

这里继续讨论，谁可以提起，怎样才可以提起课予义务诉讼（怎样

---

① ［日］塩野宏『行政過程とその統制』（有斐閣、1989年）313～320頁；另可参见［日］盐野宏：《行政救济法》，杨建顺译，161页，北京，北京大学出版社，2008。

② 参见姜明安：《行政诉讼法》，300页，北京，法律出版社，2007。另参见2014年《行政诉讼法》第74条第2款第3项。

才能进法院?)，怎样才能赢得课予义务诉讼的胜利（怎样才能在法院胜诉?)。这里先说诉讼要件的问题。

1. 原告资格

“诉讼，并不是为了给当事人以观念上的满足，而是旨在给当事人实质性救济的制度。如果提起诉讼没有给国民带来实益，就没有意义。‘无利益则无诉权’的原则当然也适用于撤销诉讼。主张行政处分违法、请求予以撤销必须有‘诉的利益’。”① 诉的利益可以从主观和客观两个侧面进行考察。在主观方面，撤销诉讼的原告应是对请求撤销处理有法律上的利益者，这就是原告资格；而客观方面，撤销处理时，现实地得到法律上利益的回复状态。这就是狭义上的诉的利益。在学说上，关于原告资格的判断标准，存在权利享受回复说、法律上保护的利益救济说、值得保护的利益救济说和行政行为的合法性保障说等学说。② 最主要的争论存在于法律上保护的利益说和值得保护的利益说之间。如果对法律即实定法作狭义上的解释，则两者之间的差别就比较大；如果对实定法以立法目的等方式作扩大解释，则两者之间的距离则会被缩小。

课予义务诉讼，限于对要求责令行政机关应当作出一定行为具有法律上的利益者，才能够提起。法律上的利益的有无，就要根据原告资格的判断标准来判断。在我国，1989 年《行政诉讼法》采取了“合法权益”的判断标准，2000 年行政诉讼法司法解释则将其置换为“法律上利害关系”标准（第 12 条)，即“与具体行政行为有法律上利害关系的公民、法人或者其他组织对该行为不服的，可以依法提起行政诉讼”。2014 年《行政诉讼法》第 25 条则采用了“利害关系”标准。从文字表述上说，利害关系标准较法律上利害关系标准更宽，但法院能提供的保护也只是有法律根据的部分，故而，两者并无多大差别，更多的是在模糊地带应倾向于解释为具有原告资格的指引。可以对“合法”或“法律”作形式的和实质的解释，相应地对“合法权益”、“法律上利害关

① ［日］原田尚彦『行政法要論　全訂第六版』（学陽書房、2005 年）380 頁。

② 参见［日］原田尚彦：《诉的利益》，石龙潭译，5～12 页，北京，中国政法大学出版社，2014。

系”乃至“利害关系”也可以作不同的解释。①

在传统的两方行政法律关系中，危险防止领域中的双方主体只是行政机关和危险制造者，所谓受害者与这种行政法律关系是无关的，他对行政机关行使规制权限所享受的利益，只是反射性利益而已，而不是法律上的利益，不具有请求保护的权能。然而，随着行政法律关系由两方模式向三方模式的转换，行政法律关系的当事人也相应地发生变化。现在已经可以承认受害者在三方行政法律关系中的主体地位，承认其对行政机关适当地行使规制权限享有第三人的公权，对侵犯这种公权的，自然应该赋予行政诉讼的原告资格。我国的2000年行政诉讼法司法解释第13条的规定②，也可以看作是行政诉讼法顺应行政法律关系模式转换而发生变化的一个体现。

2. 其他要件

德国《联邦行政法院法》除了在第42条第2款中规定了原告提起

---

① 日本从法律上保护的利益说出发，拓展行政诉讼原告资格的做法是值得关注和借鉴的。日本原行政诉讼法第9条仅有一款规定，即撤销诉讼只限于就请求撤销该行政处分或裁决具有法律上利益的人（包括即使在行政处分或裁决的效果因期限已过及其他理由而失效后，仍具有通过撤销行政处分或裁决而应予恢复的法律上的利益者可以提起诉讼）。判例上采用了法律上保护的利益标准而根据法条狭窄地解释原告资格（参见［日］盐野宏：《行政法》，杨建顺译，337～338页，北京，法律出版社，1999）。日本在修改行政诉讼法时，增加了一款作为第9条的第二款，即“法院在判断行政处分或裁决的相对人以外的人是否具备前款所规定的法律上的利益时，应该不仅仅考虑作为该行政处分或裁决根据的法令的字面意思，而且要考虑该法令的宗旨和目的以及该行政处分应该予以考虑的利益的内容和性质。在这一场合下，在考虑该法令的宗旨和目的时，可以参考与该法令具有共通目的的相关法令的宗旨和目的；在考虑该利益的内容和性质时，对于因为该行政处分或裁决违反作为其根据的法令而遭受侵害的利益，应该要斟酌其内容和性质以及侵害的样态和程度”。这一款规定要求法院不能狭窄地解释实定法有关原告资格的规定，而要参考实定法的立法宗旨和目的，甚至可以参考相关实定法的立法宗旨和目的，它对于扩展行政诉讼原告资格是有益的。

② 该司法解释第13条规定：“有下列情形之一的，公民、法人或者其他组织可以依法提起行政诉讼：（一）被诉的具体行政行为涉及其相邻权或者公平竞争权的；（二）与被诉的行政复议决定有法律上利害关系或者在复议程序中被追加为第三人的；（三）要求主管行政机关依法追究加害人法律责任的；（四）与撤销或者变更具体行政行为有法律上利害关系的。”

课予义务诉讼所应具备的诉的利益之外，该法第 68 条规定，提起课予义务诉讼之前，需在一前置程序审查行政行为的合法性及合目的性。如果请求作出行政行为被拒绝，则可以提起课予义务诉讼。第 75 条又规定，行政机关没有充分理由，未在适当期间内对复议申请或作出某一行政行为的申请作出实质性决定的，可无须符合第 68 条规定而提起诉讼。在提出复议申请或作出某一行政行为请求后逾 3 个月方可提起诉讼，除非因特别情况而有理由在较短期间起诉。可以看出，德国课予义务诉讼的起诉要件主要是先申请原则。日本新行政诉讼法第 37 条之二、之三规定了课予义务诉讼的起诉要件。除了具有诉的利益之外，其起诉要件还有：第一，先申请要件。对原告基于该法令的申请或审查请求，行政机关在相当的期间内未作出任何处理或裁决的，或者作出了驳回或不予受理的处理或裁决，该处理或裁决应被撤销、无效或不存在的，这时原告方可提起课予义务诉讼。如果原告没有基于法令提出申请或审查请求，则不能提起课予义务诉讼。第二，紧急性要件。课予义务诉讼仅限于由于不作出一定的处理有可能造成重大损害方可提起。法院在判断是否产生重大损害时，既要考虑损害恢复的困难程度，又要考量损害的性质、程度及其处理的内容和性质。第三，补充性要件。为避免此种损害发生尚无其他适当方法时，才可以提起课予义务诉讼。① 请求责令行政机关应作出一定复议裁决的，仅限于就处理提出复议审查请求后提出，而不能在提起有关该行为的撤销之诉或无效等确认之诉时提出。

反观我国《行政诉讼法》，它并没有就课予义务诉讼专门规定其起诉要件，故而似乎可以认为，一律采用《行政诉讼法》第 49 条的起诉条件，即原告是与行政行为有利害关系的公民、法人或者其他组织；有明确的被告；有具体的诉讼请求和事实根据；属于人民法院受案范围和受诉人民法院管辖。所谓先申请、紧急性和补充性等特别要件就无法在我国的行政诉讼法背景下成立。之所以在课予义务诉讼和撤销诉讼等之间强调补充性等要件，主要是考虑到各种诉讼功能的适当发挥和行政与

① 这里所说的是课予义务诉讼相对于撤销诉讼的补充性，而不是课予义务诉讼相对于一切诉讼（如民事诉讼）的补充性。［日］阿部泰隆『行政訴訟改革論』（有斐閣、1993 年）331～336 頁参照。本书本章第三节在论述行政裁量收缩的构成要件时，就已经否定了权限发动的补充性要件。

司法之间的合理分工。我国没有强调补充性等特别要件，应可理解为我国的行政诉讼法主要侧重于发挥行政诉讼对当事人的救济功能。具体到危险防止领域的行政裁量收缩乃至收缩至零的情形，则看不出撤销诉讼优先性的必要。

撤销之诉与课予义务诉讼最重要的区别在于，“作出履行判决之前需要裁判时机成熟”①。“成熟原则是指行政程序必须发展到适宜由法院处理的阶段，即已经达到成熟的程序，才能允许进行司法审查。”② 如果行政程序还没有发展到成熟的阶段，法院就要进行裁判，就意味着法院过早地介入了行政过程之中。行政对政策和专业知识经验的把握要胜于法院，法院提前介入，却又不承担由此带来的风险和责任，这是不适当的。至于成熟性的判断标准，美国法院认为，“成熟问题应从两个方面来看，即：问题是否适宜于司法裁判，以及推迟法院审查对当事人造成的困难”③。对于成熟与否的判断，我国《行政诉讼法》司法解释采取了“实际影响”标准④，也就是说没有产生实际影响就不可以提起行政诉讼。这种标准对于撤销之诉是适当的，对于课予义务诉讼则有过于严格之嫌。当然，也要看如何解释实际影响标准。在危险防止领域，如果将某种危险的存在，也可以解释为实际影响，则违反行政裁量收缩要求的行为也可以被提起课予义务诉讼了。

裁判时机不成熟的最重要情形涉及裁量决定。如果存在裁量瑕疵，那么尽管对行政行为的拒绝是违法的，而且侵犯了原告的某种权利，课予义务诉讼仍然不是充分具备理由的，只要还存在其他合法的选择，行政机关就能藉此在其继续拥有的裁量余地范围内作出决定。换言之，即使决定裁量违法，行政机关仍然可能合法地进行选择裁量。但是，裁量收缩至零的情形却是例外中的例外。之所以会出现这种情形，是因为这时即使在裁量决定中也只存在唯一一种行动可能性，其他所有的决定都

---

① ［德］弗里德赫尔穆·胡芬：《行政诉讼法》，莫光华译，443 页，北京，法律出版社，2003。

② 王名扬：《美国行政法》下，642 页，北京，中国法制出版社，1995。

③ 王名扬：《美国行政法》下，645 页，北京，中国法制出版社，1995。

④ 参见 2000 年行政诉讼法司法解释第 1 条，尤其是第 2 款第 6 项；另可参见姜明安主编：《行政法与行政诉讼法》，6 版，419 页，北京，北京大学出版社、高等教育出版社，2015。

是违法的。[1]

（三）课予义务诉讼的胜诉要件

胜诉要件解决的是课予义务诉讼在什么条件下原告才能胜诉，法院才能判决课予行政机关义务的问题。我国《行政诉讼法》第72条规定课予义务诉讼的胜诉要件或作出履行判决的条件较为简单，即“被告不履行法定职责”。怎样才算是不履行法定职责？这完全交给了法院去认定，而我国法院在判决中常常仅作出结论性的判断，并不作细致的分析。

日本《行政案件诉讼法》第37条之二规定了课予义务诉讼的胜诉要件是：符合课予义务诉讼的起诉要件时，关于与课予义务诉讼有关的处分，若法院认为行政机关应当作出处分而作为该处分依据的法令的规定又是明确的，或认为行政机关未作出该处分是超越裁量权范围或滥用裁量权时，法院可以判令行政机关作出该处分。这里实际上规定了可任选其一的胜诉要件，其一是法令规定的明确性或一义性，也就是我们通常所说的羁束情形，违反该规定，则可作出课予义务诉讼；其二是行政机关享有裁量权，但存在逾越或滥用的情形，也可以作出课予义务诉讼。司法在这里在很大程度上是尊重行政机关的选择和判断，但是也在一定条件下破除了行政的首次判断权。行政裁量收缩的救济问题，自然应适用第二个胜诉要件，即裁量权不收缩或收缩错误明显时，可以作出课予义务诉讼。

另外，行政机关在法院判决之前，还没有作出原告所申请的行政行为，否则法院将无法作出履行判决，而只能宣布案件终结。因为课予义务诉讼的目的在于督促命令行政机关作出一定行政行为。如果在法院判决作出之前，原告的要求已经得到了满足，或作出了请求的行政行为的，则原告对于课予义务诉讼就缺乏狭义的诉的利益。原则上，课予义务诉讼的判决以原告主张的请求权在法院作出裁判之基准时点存在为前提。如果发生行为时至裁判时事实及法律状态变更，在德国行政诉讼理论和实务上，可主张类推适用撤销诉讼“转换”为继续确认诉讼的同一法理，准予当事人将原诉声明“行政机关作成原告所申请内容的行政处分”转

---

[1] 参见［德］弗里德赫尔穆·胡芬：《行政诉讼法》，莫光华译，444～445页，北京，法律出版社，2003。

换为“行政机关拒绝或怠为行政处分曾是违法的”，以作为请求国家赔偿的理由。[①] 在我国的行政诉讼中虽然存在两种判决类型，但能否实现两者之间的这种转换，则不无疑问。这是与原告的诉讼请求相关的。

（四）分权、人权与法院的履行判决

在危险防止领域，课予义务诉讼对当事人的救济而言是十分有效的，但对行政权的限制往往也是很大的。法院的判决如何在维持分权与保障人权之间进行合理的协调，这是需要慎重思考的。

1. 维护分权、保障人权与司法权的界限

行政与司法的功能适当分配是法治国家的必备条件之一。我国虽然不施行三权分立相互制衡的体制，但国家权力的分工、在各国家机关之间适当的分配是承认的。法院的审判权需要在这种权力格局下行使，不能破坏宪法关于国家权力的安排和配置。

我国在《行政诉讼法》制定之初就比较重视法院和行政机关之间的关系问题。原全国人大常委会副委员长王汉斌同志在该法草案说明中指出：“正确处理审判权和行政权的关系，人民法院对行政案件应当依法进行审理，但不要对行政机关在法律、法规规定范围内的行政行为进行干预，不要代替行政机关行使行政权力，以保障行政机关依法有效地进行行政管理。”这是确立法院受理行政案件范围的原则之一。同时，对《行政诉讼法》合法性审查原则的解释是，“人民法院审理行政案件，是对具体行政行为是否合法进行审查。至于行政机关在法律、法规规定范围内作出的具体行政行为是否适当，原则上应由行政复议处理，人民法院不能代替行政机关作出决定”。在判决中，仅仅规定“行政处罚显失公正的，可以判决变更”。“至于行政机关在法律、法规规定范围内作出的行政处罚轻一些或者重一些的问题，人民法院不能判决改变。”[②] 短短不足五千字的草案说明，就有以上三点关于审判权和行政权关系的内容，这也可以证明立法者对这一问题的

① 参见刘宗德、彭凤至：《行政诉讼制度》，载翁岳生编：《行政法》下册，1455页，北京，中国法制出版社，2002。

② 王汉斌：《关于〈中华人民共和国行政诉讼法（草案）〉的说明——1989年3月28日在第七届全国人民代表大会第二次会议上》，载《全国人大常委会公报》，1989（2），12、14页。

重视。而且从其说明的内容来看，似乎也透视着立法者希望审判权对行政权要有一个起码的尊重。

具体到判决来说，我国法院对行政机关也确实表现出了应有的尊重。在2000年行政诉讼法司法解释第60条第1款中规定，人民法院判决被告重新作出行政行为，如不及时重新作出行政行为，将会给国家利益、公共利益或者当事人利益造成损失的，可以限定重新作出具体行政行为的期限。这里实际上确立了“以不限定重作期限为原则，以限定重作期限为例外”的规则。[①] 这里同样表现出了很大的尊重。

审判权尊重行政权是必要的，这对于充分发挥行政机关的功能、对于维护宪法关于审判权与行政权的权力格局是有意义的。但是，这种尊重不能演化为司法消极主义，不能一味地强调尊重，否则就可能忽略宪法的另一个重要的也是至为根本的目的，那就是保障人权。保障公民基本权利的目的要求法院在尊重行政权的基础上灵活地运用审判权，对公民的基本权利加以保护。私人的法益受到了什么样的损害，什么程度的损害，法院就应该给予原告相应程度的保护。审判权对行政权的尊重程度应以私人法益的重要性程度为标尺，法益越重要，就越有必要加强对它的保护。[②] 在此基础上，再来考虑审判权对行政权的尊重、考虑审判权的界限问题才是适当的。

2. 履行判决与对行政的首次判断权的尊重

行政的首次判断权，可以由制定法来规定，但更多地是由法院的判例所形成。前者的情形是不多见的，而后者是法院自我谦抑的一种表现。我们需要明了，“所谓行政的首次判断权，并不是直接从宪法中推导出的原理性原则，而完全是立法政策的产物，只不过是从行政与司法的功能分配来看具有合理性而已。故而，在制定法上即使没有采取让法院介入行政机关首次判断权的制度，但私人具有实体法上的请求权时，

---

① 参见甘雯：《行政诉讼法司法解释之评论》，172页，北京，中国法制出版社，2000。

② 这里要顺便提及，保障私人的合法权益，私人不仅仅是行政过程中的第三人，还应包括行政过程中本应受到行政规制者，具体到危险防止领域就是危险制造者。故而，在课予义务诉讼中，法院应将原告的起诉告知被规制者，并可以将其列为课予义务诉讼的第三人，以听取其意见、维护其合法权益。

也可以考虑利用直接型课予义务诉讼”①。行政的首次判断权只应是在行政程序值得进行的情况下予以尊重。“只有本行政机关能给予充分救济的案件中才应诉诸行政程序。”② 如果通过行政程序施以救济是无效的或者是不充分的，而且行政机关对某一行为也没有严密的管理权，则强求施行行政的首次判断权是不合理的。③

行政不作为，也就是行政机关怠于行使裁量权时，法院可以依据《行政诉讼法》及其司法解释的规定，要求行政机关在一定期限内履行法定职责。只是要求在一定期限内履行法定职责，而没有要求作出特定的行政裁量决定，故而对行政机关的裁量权或首次判断权还没有构成实质性的侵犯。“不作为违法时，毕竟行政机关没有适时行使其本来应该行使的决定权，即属于权限的放弃，故而即使承认课予义务诉讼，也不能说破坏司法与行政之间的均衡。”④ 对于履行的期限，一般属于行政裁量的范畴，由行政机关按照具体的案情和自身的能力等因素作出适当的决定，只要其不是明显不合理，司法应予尊重。但由于《行政诉讼法》对指定履行期限已经有明文规定，这已经是立法者在保障原告的救济和维护行政、司法的功能分配之间作出适当的裁量决定。这是立法者将确定期限的程序裁量权交给了法院，故而也不存在审判权侵犯行政权的问题。但即使如此，2000 年行政诉讼法司法解释第 60 条第 2 款中仍然规定，人民法院判决被告履行法定职责，应当指定履行的期限，因情况特殊难于确定期限的除外。换言之，指定履行期限被司法解释附加了例外情形，情况特殊可不指定履行期限。这虽然与司法的能力、行政的

① ［日］塩野宏『行政過程とその統制』(有斐閣、1989 年) 322 頁。

② ［美］伯纳德·施瓦茨：《行政法》，徐炳译，456 页，北京，群众出版社，1986。

③ 在日本的判例中，原则上承认行政的首次判断权，但也有例外。例外的第一个要件是法羁束的一义的明白性或明白性，即行政机关应作出行政处分受法律的羁束而完全没有自由裁量的余地，这时将首次判断权保留给行政机关就未必重要了；第二个要件是紧急性，即不承认事前审查则损害会很大，事前救济具有明显的必要性；第三个要件是补充性，即没有其他适当的救济方法。这被称为“例外三要件说”。［日］小早川光郎「行政庁の第一次判断権・覚え書き」『法治国家と行政訴訟——原田尚彦先生古稀記念』(有斐閣、2004 年) 227～228 頁参照。这例外三要件也为日本 2004 年新行政诉讼法所承认。

④ ［日］塩野宏『行政過程とその統制』(有斐閣、1989 年) 321 頁参照。

复杂现实相契合，但却有司法僭越立法之嫌。《行政诉讼法》已经明确规定，被告不履行法定职责的，法院判决其在一定期限内履行。“一定期限”是一个不确定法律概念，究竟确定什么样的履行期限，属于司法裁量的范畴。当然，指定履行期限的权力虽然由立法者赋予了法院，但这并不表明法院会随心所欲地去指定履行期限，会只考虑原告救济的迫切性而不考虑行政的履行能力和一般效率水准。最高人民法院行政审判庭认为，法院在指定履行期限时，首先应以法定期限为标准，没有法定期限的，则应依据合理期限，即参照类似行政行为的期限标准和实践中行政机关作出这种行政行为的一般情况来确定。确立合理期限时，“既要考虑国家利益、公共利益和相对人要求的迫切性，同时也要考虑到行政机关的履行能力和一般的效率水准”①。

然而对于行政作为的情形，也就是行政机关已经行使了其规制权限，但是其行使的方式等与行政裁量被压缩至零后的要求并不一致，这时，法院是否可以责令其作出特定的行政裁量决定呢？法律只是规定了撤销判决、履行判决、变更判决、确认判决等，对于选择裁量收缩至零，也就是违法作为的情形，并没有规定可以作出履行判决或变更判决。是否可以呢？

课予义务诉讼依情形本可以有以下几种判决：第一，驳回判决。行政机关否决原告的申请或未作出决定，如并无违法或并未损害原告的权益，原告之诉即为没有理由，应判决驳回。第二，命令行政机关为所申请内容的行政决定，但不是法院自行作成所申请的行政决定。其条件是案件已达到可裁判程度。所谓可裁判程度，是指法院对原告所请求行政决定的作成，处于可作出终局决定的地位。如果行政机关对案件事实尚未查明，或者虽已查明，但仍有裁量或判断余地，基于权力分立原则，法院不得以自己的决定取代行政机关的决定，亦即没有达到可裁判程度。第三，命令行政机关依判决的法律见解作出行政决定。在案件没有达到可裁判程度，而法院对行政决定的作成没有义务再调查事实，则可作出这种应为决定的判决。第四，确认行政机关的驳回或不为决定为违

① 最高人民法院行政审判庭编：《〈关于执行《中华人民共和国行政诉讼法》若干问题的解释〉释义》，126～127页，北京，中国城市出版社，2000。

法。第五，除去结果的附带决定。[①] 照此来看，对于行政裁量收缩案件的课予义务诉讼，大致可以作出两种判决，其一是在决定裁量收缩至零的情形下，法院可以按照《行政诉讼法》的规定作出履行判决，责令行政机关在一定期限内履行作为义务。其二是在选择裁量收缩至零的情形下，法院可以作出类似于我国《行政诉讼法》的履行判决，责令行政机关为一定行为。因为这时，只有一种选择决定是没有瑕疵，行政机关亦别无选择，法院作出这种判决，也不违反权力分立的原则。

三、国家赔偿诉讼

国家赔偿是一种事后评价的责任机制，也就是说，危险已转化为实际损害之后，由有权机关追究行政机关的责任，给受害者以国家赔偿。但受害者是否能获得国家赔偿呢？本是危险制造者直接造成的损害，也要由国家来赔偿吗？这里需要从国家赔偿的必要性以及国家赔偿责任的构成要件等方面予以分析。

---

① 参见陈敏：《课予义务诉讼之制度功能及适用可能性》，载《政大法学评论》，61期（1999年6月），172～174页。举例来说，在田永诉北京科技大学案中，北京市海淀区人民法院作出如下四点判决，并被北京市第一中级人民法院予以维持：(1) 被告北京科技大学在本判决生效之日起30日内向原告田永颁发大学本科毕业证书；(2) 被告北京科技大学在本判决生效之日起60日内召集本校的学位评定委员会对原告田永的学士学位资格进行审核；(3) 被告北京科技大学于本判决生效之日起30日内履行向当地教育行政部门上报原告田永毕业派遣的有关手续的职责；(4) 驳回原告田永的其他诉讼请求。田永诉北京科技大学拒绝颁发毕业证、学位证行政诉讼案，载《最高人民法院公报》，1999 (4)。(1) 和 (3) 两点判决均为命令北京科技大学作出某种特定行为，而 (2) 则属于命令北京科技大学根据法院的见解作出某种行为。在刘燕文诉北京大学学位委员会案中，北京市海淀区人民法院作为一审法院作出如下主要内容的两个判决：(1) 撤销被告北京大学学位评定委员会不授予原告刘燕文博士学位的决定；责令北京大学学位评定委员会于判决生效后三个月内对是否批准授予刘燕文博士学位的决议审查后重新作出决定。(2) 撤销被告北京大学为原告刘燕文颁发的博士研究生结业证书；责令被告北京大学在判决生效后两个月内向刘燕文颁发博士研究生毕业证书。参见杨建顺：《行政规制与权利保障》，678页以下，北京，中国人民大学出版社，2007。当然，该案最终以超过诉讼时效为由被驳回。第 (1) 点判决是命令北京大学根据法院的法律见解为某种行为，由北京大学作出最后决定；第 (2) 点判决是命令北京大学作出某种特定行为。

(一) 国家赔偿的必要性

本是危险制造者直接造成的损害，为何要由国家来承担赔偿责任呢？这实际上要从国家赔偿制度的目的来理解。我国《国家赔偿法》第1条即开宗明义指出，国家赔偿旨在“保障公民、法人和其他组织享有依法取得国家赔偿的权利，促进国家机关依法行使职权”。从总的方面来说，国家赔偿制度具有两个大的目的，其一是被害者的救济，填补当事人所遭受的损害，其二是国家机关依法行使职权的督促。

在自由主义、个人主义的社会意识支配下的社会，基于市民在法上的人格对等的拟制，仅在加害人存在归责事由时，由加害人承担填补责任；归责事由无法证明时，只能由受害人自行承担填补责任。然而社会状况发生了变化，在大企业与小市民之间的社会关系成为问题时，已经没有理由和根据将这种关系必须看作是对等关系的当事人，这时企业责任或危险责任的法理便发达起来。而受害人的生活沉浮受加害人有无填补能力所左右，其不合理性也促进了社会保障（包括社会保险）制度的发展，产生了危险责任的社会化和分散化的现象。① 药害、环境污染等均因社会构造的因素而给社会大众造成广泛而深刻的损害，本来还可指望通过社会保障制度予以迅速而切实的救济，但只要在法解释上允许，将国家赔偿制度扩大适用于行政监督责任，也是具有实践意义的。这是因为：（1）社会保障制度不存在时，如果否定国家赔偿责任，加害的企业不明或者倒闭破产时，现实的受害者就无法获得救济。（2）根据以社会连带为基调的社会国家理想，应确保自律的市民在遭遇难以承受的不测时，能有请求国家救济的途径。（3）司法承认国家责任，对于矫正敷衍塞责的行政而言是一份有效的刺激剂。（4）司法承认国家赔偿责任有助于认真地推进、充实社会保障立法。②

从督促行政机关依法行使职权来看，对违反行政裁量收缩要求的行政机关课予国家赔偿责任也是有必要的。对于并非行政机关的行为造成的危险，行政机关以往是不承担法律责任的，充其量只会

① ［日］下山瑛二『健康権と国の法的責任』（岩波書店、1979年）63～64頁参照。

② ［日］原田尚彦「薬害と国家賠償責任」ジュリスト663号（1978年5月）27～28頁参照。

承担行政责任或政治责任。在行政机关与受害人之间亦不存在法律关系，第三人因行政机关规制权限的行使而获益往往只承认是反射性利益而已。随着社会、国家职能的变迁和对基本权利保障的强化，私人对行政机关的依存性在加强，行政机关对私人的保护义务也在强化。通过法院等机构来追究行政机关的责任，也就成为强化行政机关责任的一种重要手段。行政机关的行政责任或政治责任也就在一定程度上可以转化为法律责任。国家赔偿制度的存在和适用，对于强化行政机关的责任、督促其积极行使规制权限、适当行使规制权限是有积极意义的。

这里不妨以医药公害的案件稍作分析。制药公司在获得国家的生产许可之后，其生产、经营等仍然要受到药品监督部门的监督。按照《药品管理法》规定，监督是国家药品监督部门所负有的法定职责。为了保证药品质量，保障人体用药安全，维护个人身体健康和用药的合法权益，国家有责任防止药害危险的出现，在知道或者容易知道这种危险的存在时，必须及时采取调查、封存乃至取缔等措施，而没有裁量的余地。怠于行使其规制权限，就负有违法不作为的责任。事实证明，在披露的欣弗等案件中，多数存在行政机关怠于行使其规制权限、履行危险防止义务的情形。在私人对无害的食品、安全的药品等无害物品没有能力、也没有机会进行选择，而完全依赖于行政的规制时，行政的安全保障义务就变成严格而高度的义务。① 按照国家赔偿法及其司法解释的规定，对于行政不作为违法造成公民合法权益损害的，国家要承担赔偿责任。在药害中，损害一般是惨重的，被害者的数目往往是众多的，损害赔偿金也常高达巨额，仅凭企业的财产，能否获得完全的救济是不能让人安心的。将拥有巨大财富的国家卷入事件之中，至少能确保赔偿金确实支付，切实地满足被害者一方的欲求。在国外，这也是产生向国家请求赔偿的直接动因。从督促行政机关履行其法定职责，从有效救济受害者来看，允许受害者向国家请求国家赔偿都是应该的。有人或许会提出疑问，如此岂不是便宜了制药公司这一直接加害人吗？并非如此。我们可以看出，行政机关和制药公司等对于药害的发生都是有责任的，在赔偿问题上，它们之间是一种连带关系，只不过这是一种非真正的连带关

---

① ［日］阿部泰隆「行政の危険防止責任」（下）判例時報 886 号（1978 年）130 頁参照。

系而已。在制药公司无力如数赔偿时，国家应该补充上相应的缺口。企业的法律责任要追究，如果不追究，实际上是放纵了企业，不利于提高其注意义务，从而不能确保安全生产经营。然而不追究行政的责任，实际上也是放松了对行政的要求，不利于督促行政机关积极履行其法定职责。

（二）国家赔偿责任的构成要件

国家赔偿责任的构成要件是对一个行为是否要承担国家赔偿责任的所有法律特征的理论概括。学说上也有一定分歧，有三要件、四要件乃至五要件等各种说法。笔者无意于梳理这些学说，评判其得失优劣，而仅从与行政裁量收缩论相关的几个方面来探讨。

1. 违法性问题

按照我国《国家赔偿法》第 2 条第 1 款的规定，“国家机关和国家机关工作人员行使职权，有本法规定的侵犯公民、法人和其他组织合法权益的情形，造成损害的，受害人有依照本法取得国家赔偿的权利”。而在“行政赔偿”的第 3 条、第 4 条均要求“违法”行使行政职权。这当中有很多问题点需要进一步去理解。

（1）违法行为的形态

《国家赔偿法》上说的是“行使职权”，那么是不是说违法行为的形态只是我们通常所理解的“行使职权”这一种形态呢？否则，裁量权不行使的情形就无法获得国家赔偿。“行使职权”，这里是从行为的角度而言的，而不是从结果意义上来说的[①]，它通常的理解只是一种积极形态，也就是积极的作为，不作为这种消极的形态则没有囊括其中。行政不作为之所以可以被拟制为一种“行使职权”，是因为其背后存在一种价值上的期待，期待其积极行使职权。行政不作为是反其道而行之的一种行为。《国家赔偿法》并没有以明文的形式规定出行政不作为也可能承担国家赔偿责任，但是根据最高人民法院的若干批复可以看出，司法实践中是承

---

① 有关行为不法说、结果不法说和相关关系说等违法性判断的标准，参见［日］宇贺克也：《国家补偿法》，肖军译，44～45 页，北京，中国政法大学出版社，2014。我国《国家赔偿法》可以理解为采取了行为不法说，它有效地区分了赔偿和补偿。

认行政不作为的国家赔偿责任的。[①] 换言之，司法实践将“行使职权”扩大解释为具有积极形态和消极形态两种，这无疑也是正确的。

（2）违法之“法”为何？

法，可以分为形式意义上的法和实质意义上的法两种。违法之“法”究竟为何，实际上与所秉持的法治观念相关。形式意义上的法是立法机关根据立法程序所制定的法规范，以及行政机关根据法律授权所制定的法规范。遵守法律、法规和规章，这是形式法治主义的基本要求。实质意义上的法包括保障人权、信赖保护、公序良俗等法的原则等。实质意义上的法能否成为判断行使职权违法性的标准，与实质法治主义是相关联的。通说认为，判断行使职权违法性的标准应该包括实质意义上的法。对此笔者也表示赞成。

（3）行政裁量行为会产生违法的问题吗？

在传统行政法学中，羁束行为与裁量行为被严格界分，只有羁束行为才可能存在违法的问题，而裁量行为只发生不当的问题。“裁量不予审理”作为行政诉讼的一个原则而存在。既然不审理，自然不存在违法的问题，是否要承担法律责任更是无从谈起。

然而也有学者对此加以批判。他们认为，作为损害填补法的国家赔偿法性质与行政诉讼法的违法性在性质上是不同的。有仓辽吉认为，侵权行为责任旨在公平负担已发生的损害，没有必要限定于违反法规。国家赔偿法要比行政诉讼法中的违法处分广泛。渡边宗太郎认为，国家赔偿法的精神在于对违反财产权保障主旨给外界产生的损害施以救济，损害赔偿请求案件并非争议行政行为自身的效力。只要损害的发生具有客观的不法性，就不必问其是违法还是不当，通常应承认赔偿诉讼请求权。下山瑛二认为，“违法”要件从法解释上说就是指欠缺客观上的正当性，而不单单是指违反法规。裁量权范围内的行为不产生责任明显与

① 2001 年 7 月 4 日，最高人民法院在《关于劳动教养管理所不履行法定职责是否承担行政赔偿责任问题的批复》指出：“重庆市西山坪劳动教养管理所未尽监管职责的行为属于不履行法定职责，对刘元林在劳动教养期间被同监室人员殴打致死，应当承担行政赔偿责任。”2001 年 7 月 17 日，最高人民法院在《关于公安机关不履行法定行政职责是否承担行政赔偿责任问题的批复》指出：“由于公安机关不履行法定行政职责，致使公民、法人和其他组织的合法权益遭受损害的，应当承担行政赔偿责任。在确定赔偿的数额时，应当考虑该不履行法定职责的行为在损害发生过程和结果中所起的作用等因素。”

国家赔偿责任的填补责任性质相矛盾。①

另一派学者亦对上述批判进行批判。今村成和认为，只要是裁量权范围内的行为，就是法允许的行为，妥当与否不是侵权行为法上的问题。② 古崎庆长法官认为，自由裁量范围内的行为是当与不当的问题，而不产生违法的问题。国家赔偿法虽然有填补损害的目的，但将违法概念扩大至仅仅是不当的问题时，国家赔偿责任就不必要的扩张，赔偿处于悬念之中，行政亦可能萎缩。杉村敏正也认为，对于因裁量行为中的裁量过错而造成损害的赔偿，只有在滥用裁量时，才能诉求赔偿。③

第二种观点在坚持羁束行为违法的基础上承认国家赔偿责任的填补责任性，在滥用裁量权之际承认其可以请求国家赔偿。换言之，还是在违法与不当二分的基础上来适当放开滥用裁量权的救济。一方面，可以维持概念内涵的明确性，另一方面既可以在一定程度上维持行政的自主性，也可以给受害人以救济。

本章所探讨的行政裁量收缩，首先还是承认行政裁量的价值，但在一定情况下还是要给其以限制，甚至予以义务化、羁束化。如果在符合第三节构成要件的情况下还违反了收缩的要求，就是一种明显的不当，就是行政裁量权的消极滥用，这时应以违法来对待。④ 故而在违法性问

---

① ［日］西埜章『国家賠償責任と違法性』（一粒社、1987年）62頁参照。

② ［日］今村成和『国家補償法』（有斐閣、1957年）108頁参照。

③ ［日］西埜章『国家賠償責任と違法性』（一粒社、1987年）62～63頁参照。

④ 我国有的法院也持这种看法。例如，中牟县法院在分析行政赔偿的构成要件时指出，行政行为的合法性，不仅包括认定事实清楚、适用法律正确、符合法定程序，还包括行政机关在自由裁量领域合理使用行政自由裁量权，明显不合理的行政行为构成滥用职权。法院认为，“无论暂扣车辆的决定是否合法，被告县交通局的工作人员准备执行这个决定时，都应该知道：在炎热的天气下，运输途中的生猪不宜受到挤压，更不宜在路上久留。不管这生猪归谁所有，只有及时妥善处置后再行扣车，才能保证不因扣车而使该财产遭受损失。然而，县交通局工作人员不考虑该财产的安全，甚至在王丽萍请求将生猪运抵目的地后再扣车时也置之不理，把两轮拖斗卸下后就驾主车离去。县交通局工作人员在执行暂扣车辆决定时的这种行政行为，不符合合理、适当的要求，是滥用职权。依照行政诉讼法第五十四条第一款第（二）项第5目和最高人民法院《关于执行〈中华人民共和国行政诉讼法〉若干问题的解释》第五十七条第二款第（二）项的规定，应当确认县交通局工作人员在行使行政职权时的行为违法”。参见王丽萍诉中牟县交通局行政赔偿纠纷案，载《最高人民法院公报》，2003（3），34～36页。

题上，违反行政裁量收缩的要求可以符合国家赔偿责任的第一个构成要件。

有学者认为，所谓“裁量权限缩至零”的情况，仅在“选择裁量限缩至零”的状况下，才有国家赔偿的问题。也就是说，行政机关不但没有不作为的自由，而且在个案具体情况下，其所应采取的作为手段，只剩下唯一的一种手段时，行政机关仍怠于执行保护规范的职务义务，未采取足以防止危害发生的手段，这时才发生国家赔偿。如果私人权益危害的迫切程度不高、公务员对损害无法预见、私人仍可依据己力防止或免除损害的，行政机关仅仅是“决定裁量限缩至零”而已，尚未达到“手段裁量限缩至零”，则行政机关仍能“选择”其认为适当的手段时，且有依情况作适当手段选择时，纵有损害发生，仍不应即率尔课予国家赔偿责任。[①] 这一理解对于行政裁量收缩至零的要求过于严格，而且似否定了行政不作为的国家赔偿责任，因为行政不作为主要体现在决定裁量限缩至零的情形。按照该学者的理解，“完全不作为”实际是不承担国家赔偿责任的，而“不完全作为”则可以承担国家赔偿责任。这显然是不合适的。

（4）违法性、过失的一元论与二元论

违法性与过失之间是一种什么样的关系呢？在理论上有两大对立的观点，即违法性与过失的一元论和二元论。前者认为，违法性与过失之间不存在差别而是一元性的构成；后者则认为，两者之间存在差别，是两元的构成。一元论者如远藤博也认为，在行政法中，行政机关行使行政权限具体特别的优越地位，具有不同于私人间的特殊性。但当行使权限有侵害其他权利的可能性、从事危险业务时，就应课予与其相应的注意义务，而且比私人间一般要更为广泛。从这一点来看，并不能承认其特别的特殊性。将民事侵权行为论中的一元理论构成带入国家赔偿责任之中，并没有障碍。[②] 村重庆一法官认为，从来的过失理论都是将过失定义为由于不注意而没有认识到加害的心理状态，也就是应该防止而未防止加害、违反防止义务者为过失。可是违反防止义务是客观的行为样

---

① 参见李惠宗：《论行政不作为之国家赔偿责任》，载《台湾本土法学》，11期（2000年6月），52页。

② ［日］遠藤博也『国家補償法（上巻）』（青林書院新社、1981年）190頁参照。

态，在其违法性的判断上，按照现今的相关关系说，这种加害行为的样态就是违法性的问题。并且不作为的违法是违反作为义务，这种作为义务（损害防止义务）与作为过失前提的注意义务（损害防止义务）是一样的，结果就是故意、过失也是违法性的问题。其细小差别在于是主张过失的客观化、向违法性接近融合，还是根据“忍受限度”新基准主张故意、过失与违法性作一元化处理。在判例中，违法而无过失者为极少数，实务上违法与过失不可分割，可谓过失的客观化。对公务员注意义务的要求很高，可以说是客观的注意义务，不需要具体的过失而只需要抽象的过失，过失的客观化、定型化在国家赔偿中相当强烈。①

通说是违法性与过失的二元论。违法性是基于加害行为的客观评价的归责事由，过失则是着眼于加害人心理方面的主观性归责事由，两者是不同的判断要素。违法性是从加害状况是否超越了一般的忍受限度的角度而作出的判断，过失是依据加害人有无违反损害预见义务乃至结果回避义务而作出的判断。② 二元论者如泽井裕认为，作为违反客观法秩序的违法性与作为主观归责性的过失之间的区别应予重新认识。以事后的见识（事实审口头辩论终结时的见识）基准从客观外形上判断违反规范，这是违法性的问题；事前的见识（行为时的见识）中的期待可能性判断（在抽象过失论中一般人行动的期待可能性），则是有责性的问题。由此可见，要重新认识裁量权的收缩要件，违法性的侧面就应与行政的期待可能性问题相分离，应从客观外形的结果论来判断。③

值得注意的是，上述讨论有一个背景，那就是日本的国家赔偿责任的归责原则是过错原则，只是其过错被客观化了而已。尽管是在这一背景下探讨违法性与过失的关系，但是其思路是值得借鉴的。我赞成违法性与过失的二元论。这对于理解我国的国家赔偿责任的构成要件与归责原则是有意义的。在我国，长期受到源自苏联的犯罪构成四要件（即客

---

① ［日］村重慶一『国家賠償研究ノート』（判例タイムズ社、1996 年）171～172頁参照。

② 参见［日］原田尚彦：《环境法》，于敏译，24 页，北京，法律出版社，1999。

③ ［日］沢井裕「損害賠償責任の構造——カネミ油症事件再論（上）」法律時報 53 巻 9 号（1981 年）83 頁；「行政の複合的集積的過失と国家賠償法上の責任——カネミ油症事件」法律時報 55 巻 6 号（1983 年）153 頁参照。

体、客观、主体和主观要件)，对于违法的构成要件也是作四要件理解。按照学说的阐释，我国行政赔偿责任的归责原则施行的是违法原则，而非过错原则。如果将违法性之中包含了过错的判断，则所谓违法原则而非过错原则，实际上是在违法之中包含了过错，“过错”就明修栈道暗度陈仓进入了国家赔偿的归责之中。如果将违法性与过失作二元论区分，则较易理解我国行政赔偿的违法原则与构成要件之间的关系。构成要件中的违法性的判断就是违反客观法秩序的客观行为，至于这种行为是否承担责任，那就要看根据什么样的原则来归责。我国在行使职权上的归责原则是违法原则，故而不必考虑主观的过错，也不必似法国、日本等国将过错客观化。[①]

2. 因果关系

有行政裁量权消极或积极滥用违法，有损害事实发生，并不意味着国家就要承担赔偿责任。很显然，违法与损害事实之间要有关联性。在法律上说，一般需要在裁量违法与损害事实之间具有因果关系存在。然而，因果关系本身又是一个较为复杂的事物。[②] 不同的因果关系认定标准，会带来不同的赔偿责任认定结论。

(1) 因果关系的若干学说

因果关系在学理上众说纷纭，莫衷一是。大致可以分为以下四种学说：

第一，条件说。一个损害可能由多个因素共同造成，这多个因素，依条件说均为条件。只要某一行为是损害的条件，该行为与损害之间即具有因果关系。在条件说的立场下，引起结果的所有条件相对于结果都具有等同的意义。

第二，原因说。多项条件中的一项是原因，其他为条件。原因与结

① 在我国，有学者是在国家赔偿责任构成要件之下谈国家赔偿的归责原则。参见姜明安主编：《行政法与行政诉讼法》，2版，554～556页，北京，法律出版社，2006。这种处理如果排除篇幅考虑的话，则是存在一定问题的。将本是平行的两个事物作包含关系处理是不妥当的。

② 英美学者曾戏引法国学者对德国学者孜孜于研发一致标准的定义所作之评论：“法国学者笑曰：因果关系即使不存在，也会被德国学者开发出来，否则德国学者将缺少训练头脑之事物。”曾世雄：《损害赔偿法原理》，112页，北京，中国政法大学出版社，2001。

果之间存在因果关系，其他条件就没有因果关系。该说赋予不同的条件以不同的分量和意义，其认定原因的标准有必要条件说、最后条件说、直接条件说、动力条件说等。

第三，相当因果关系说。根据社会社会生活经验法则，在通常情况下，某种行为产生某种结果被一般人基于普遍的经验认为是“相当的”场合，或者说行为与结果之间具有“相当性”的关系时，该行为与结果之间就具有因果关系。在介入其他条件因素的情况下，如果从普遍的经验出发，认为先行行为与行为后另外存在的条件，可以合理地引起结果，则先行行为与结果之间就具相当因果关系，都成为发生结果之原因；反之，若认为先行行为与之后所发生的条件结合产生的结果，从一般社会经验观察，仅仅是偶然的事实，就排除了其引起结果的相当性，与结果就不存在国家赔偿责任上的因果关系。

第四，法规目的说。该说认为，行为人对于行为所引发的损害是否应负责任，并不是要探究行为与损害之间有无相当因果关系，而应探究相关的法规的意义与目的，看其意旨在于保护何种利益。如果受害人的利益符合法规的目的，则成立因果关系。①

上述主要的几种学说，很大程度上是在条件说上发展起来的。条件说或者说等量条件说虽然能将各种导致危害发生的因素尽可能地一网打尽，有利于彻底追查、查缺补漏，但确实也失之于宽泛，因果关系的范围将是难以穷尽的。如此则有可能危及法的安定性原则和处罚法定原则等法治的基本理念，故而等量条件说在各国均已被扬弃。原因说亦有其合理之处，那就是否认所有的条件对结果均有同等重要的意义，而于其中根据一定标准挑选出一个条件作为原因。然而这一重要的条件如何选择，则是很难的，所以才会在该学说之下出现那么多的分支，这也足以说明该学说所存在的问题。而且现实中常常是多个条件合成地作用出某个结果，仅仅选出某一个条件也失之偏颇。原因说于19世纪盛行一时，之后逐渐衰落。相当因果关系说也是在试图限制条件说的因果关系，希望以客观的、事后的标准来确定因果关系。这一学说目前居于德国、日本刑法和行政法等领域的理论与判例的主流地位。当然，“相当因果关系说也不是条件说的对立理论，它只是条件说的一个补充，是客观归咎

① 参见曾世雄：《损害赔偿法原理》，112～114页，北京，中国政法大学出版社，2001。

理论的内容”[①]。至于法规目的说，当然也有其独到之处，行为人就其行为所引发的损害是否应负责任，基本上就法律问题，依循有关法律规定加以探究，属于理所当然之事。但是否如有学者所言：其他学说“以抽象不确定内容之标准为标准，徒增问题之复杂性，对于问题之解决并无助益”，而法规目的说则“将因果关系予以虚化而达返璞归真”[②]。笔者以为，法规目的说实际上与相当因果关系说并没有本质的区别，它只是将相当因果关系中的社会观念置换为法规目的而已。而法规目的之探讨，实际上与本章第二章所探讨的公权与反射性利益的界分也是相类似的。法规目的是不是保护某个私人的利益，还是完全出于公益目的，对于所谓虚化的因果关系都具有决定性的作用。而且法规目的的探讨，也是需要一定法律技术的：到底是立法者当时的主观意志，还是法律文本所体现的我们现在的人看起来所具有的客观意旨呢？这实际上也存在一定的争论。法规目的说一定意义上说是相当因果关系说的变种，而没有撼动相当因果关系说的通说地位。[③]

（2）我国司法实践中的因果关系

在我国国家赔偿的司法实践中，法院对于因果关系的认定一般采取“直接的因果关系”或“必然的因果关系”标准。[④] 这种标准无疑要将很多的赔偿请求拒之门外，在很大程度上缩小了行政实际赔偿的可能性，同时也减轻了行政机关的监管职责和相应的法律责任。这对于救济受害人、监督行政机关依法行政都是不利的，需要作出一定的检讨。选择直接因果关系的标准，有时候是法院的认识造成的。它们虽然认识到不同的标准会产生不同的结果，但无论选择哪一种标准都属于法院的司

---

① 李海东：《刑法原理入门（犯罪论基础）》，53页，北京，法律出版社，1998。

② 曾世雄：《损害赔偿法原理》，114页，北京，中国政法大学出版社，2001。

③ 有学者认为，近年来西方国家在实务中逐渐放宽了对因果关系的要求，而倾向于采取直接因果关系说。参见皮纯协、何寿生主编：《比较国家赔偿法》，97页，北京，中国法制出版社，1998。这种说法应是一种较为大胆的猜测或者是一种错误的表述。

④ 参见王国清等请求泸州市纳溪区水产渔政管理站行政赔偿案，闫生贵、高粉叶因其子在羁押场所被他人殴打致死申请四子王旗公安局国家赔偿案，最高人民法院中国应用法学研究所编：《人民法院案例选》（2004年行政·国家赔偿专辑），523～525、556页，北京，人民法院出版社，2005。

法裁量的范围，因为在法律没有明确规定的情况下，法院的选择即是自由的裁量。诚然法律无明确规定，但这并不意味着法院就可以在各种标准中随意选择。在国家赔偿法本意不赔的情况下，法院选择较为苛刻的标准是可以理解的；如果国家赔偿法旨在给予充分救济，而且国家政策也与此相契合，法院仍然采取苛刻的标准来进行因果关系的认定，则有违背立法意旨之嫌。

3. 法律规定

在我国，对于国家赔偿责任的构成要件是否需要法律规定，存在两种看法。其一是肯定说，即除了通常的三要件之外还必须有法律规定；其二是否定说，其理由是法律中规定的侵权行为范围和损害范围被损害事实要件和执行职务行为违法要件所吸收，而且随着国家赔偿范围的拓宽，“有法律规定”这一要件将失去意义。① 应该说，两种说法各有千秋。对于属于《国家赔偿法》规定的赔偿范围的，自然不成为问题。问题在于那些无相应规定的情形，到底要不要赔偿。是否有法律规定，实际上关涉财政的民主分配问题，法院在没有法律规定时是无权处分国家的财政的。从受害人救济的角度来看，确实不能在法律规定之要件上过于苛刻。从我国宪法与国家赔偿法之间的关系来看，立法机关也不能漠视有损害而无赔偿的情形，立法裁量权需要限制，也需要对国家赔偿法以及其他专门规定作出合宪性的解释。

（三）国家赔偿责任的承担

构成了国家赔偿责任之后，国家应该履行相应的国家责任。这里很重要的一点就是危险制造者与行政机关之间的责任分配问题。

1. 行政机关与危险制造者之间的责任关系

从因果关系上说，危险是由危险制造者直接制造的，国家只是没有适当地行使其规制权限，防止危险的发生而已。如果危险制造者不承担赔偿责任，国家会觉得“委屈”；如果国家不承担赔偿责任，私人也会觉得“委屈”。危险制造者与国家都应该承担赔偿责任，两者之间是一种非真正的连带关系。

所谓非真正的连带责任，与真正的连带责任相对应。在民法上，所谓连带债务，是指数人负同一债务，对于债权人各负全部给付之责任的

① 参见姜明安主编：《行政法与行政诉讼法》，6 版，561 页，北京，北京大学出版社、高等教育出版社，2015。

债务。连带债务的债权人，可对于债务人中的一人或数人或其全体，同时或先后请求全部或一部的给付。非真正连带债务是指数债务人基于不同的发生原因，对于债权人负以同一给付为标的的数个债务，依一个债务人的完全履行，他债务因达到目的而消灭的法律关系。连带债务与非真正连带债务的区别主要有：前者的发生原因通常相同，而后者的发生原因必为不同；前者有目的的共同，而后者仅是偶然的标的同一；前者各债务人间必有债务负担部分，而后者原则上各债务人间无负担部分。① 依据上述标准，特别是依据是否有共同目的的标准，我们可以知道，在危险防止领域，国家没有适当地行使规制权限，而造成危险发生的，国家和危险制造者之间并没有共同的目的存在，国家承担责任是因为其疏于履行监督管理责任，危险制造者承担是因为其直接制造了危险，两者的责任之间属于非真正的连带责任。国家赔偿责任是独立存在的，而非仅为补充。

有了这一认识之后，就得着手分析下面的问题：受害人如何获得充分的救济呢？国家如何承担国家赔偿责任呢？如果受害人分别提起国家赔偿诉讼和民事诉讼，请求法院责令国家和危险制造者履行赔偿责任，在国家和危险制造者之间是否要进行分配呢？如果国家全额履行了赔偿责任，是否可以向危险制造者行使追偿权呢？

第一，在国家和危险制造者之间不存在责任的分配问题。在非真正连带责任中，一个责任人履行了其赔偿责任，受害人的救济得以满足，其他责任人的责任因为救济目的的实现而消灭。而且各责任人原则上没有各自负担的部分，也就是说在行政机关和危险制造者之间不存在按照某种比例或者实质加害的程度来分配赔偿的数额。② 虽然责任人之间可以约定负担部分，但只具有内部效力。而且在行政法中，危险制造者和行政机关之间进行这种约定的可能性也是很小的。

第二，受害人不能同时获得国家和危险制造者的足额赔偿。虽然国家和危险制造者都是责任人，但是受害人所遭受的损害是一定的，在国

---

① 参见史尚宽：《债法总论》，642、672～673 页，北京，中国政法大学出版社，2000。

② 有学者认为，无意思联络数人侵权时，国家通常按照过错程度和原因力大小承担按份责任，但在具有安全保障义务时承担补充责任。参见沈岿：《论怠于履行职责致害的国家赔偿》，载《中外法学》，2011 (1)，94～95 页。

家和危险制造者之间又不存在责任分配的问题，如果受害人获得足额的赔偿，即得到两份足额的赔偿。相对于损害的既定性，受害人所得的两份足额的赔偿就构成了不当得利。但是，如果一方不能足额赔偿，则受害人有权请求另一方主体履行赔偿责任。当然，这里的一方一般只能是危险制造者一方，国家岂有无钱之理?

第三，是国家先赔偿还是危险制造者先赔偿呢?有实践和学说认为，行政机关与危险制造者的义务之间存在位序关系，国家的义务是第一位的。例如日本的地方法院在北陆斯蒙诉讼判决中曾认为，本来，制造、销售者自主对药品的安全性进行确认，这是理想的状况，但不能期待其万无一失，国家不得已而制定《药事法》，使厚生大臣负有安全保障义务，结果，厚生大臣的上述义务在法律上是第一性的义务，而制药公司的义务则是补充性的、后见性的。有学者认为，法院的上述见解是一个原则，鉴于国家行政的肥大化和私人对行政的依赖性日益提高，有必要在例外情况下对其加以修正，也就是行政上的监督制度不仅仅以防止损害发生为目的，有时还是对被规制者的一种安全性保证（例如车检制度）。①

笔者以为：是国家先赔偿还是危险制造者先赔偿，这一点原则上交由受害人自己选择，毕竟两者均有责任，而且没有主观上的联系存在。② 受害人可以掂量国家和危险制造者的赔偿能力、难易程度、兑现的可能性等各个因素而作出理性的选择。应该说，国家的赔偿能力一般是不存在问题的；而且在危险原因存在疑问时，由国家先行赔偿，有助于受害人的及时救济，有助于社会秩序的迅速稳定。如果请求国家赔偿能够较为容易的话，自然还是先请求国家赔偿为妙，然后让国家去对付危险制造者。虽然给国家增添了负担，但毕竟国家也是有其责任的。如果受害人没有提起国家赔偿诉讼对行政机关违反裁量权收缩要求的行为追究责任，而向危险制造者提起赔偿要求，这时如果危险制造者不能足额履行赔偿责任，则受害人仍然可以向国家提出赔偿要求。但如果危险

---

① ［日］阿部泰隆「行政の危険防止責任」（下）判例時報 886 号（1978 年）133～134 頁参照。

② 有学者认为，应采取救济选择原则，但对于正在发生的侵害并请求保护的，此时行政不作为，则仅承担加重部分。参见石佑启：《试析行政不作为的国家赔偿责任》，载《法商研究》，1999（1），49～50 页。

制造者足额履行了赔偿责任，则可以视为受害人放弃了对国家的赔偿要求。或许，从公平的角度来看，危险制造者在足额赔偿之后还可以向国家寻求补偿。但是，任何人都会觉得这种想法实在是滑天下之大稽，为天下人不敢为、亦为天下人所不齿之事。因为危险本由危险制造者的行为所制造，由其承担责任亦理所应当。

第四，对于国家在履行了赔偿责任之后能否向危险制造者求偿的问题，学说上持肯定的看法，行政法实践中却态度暧昧甚至消极。有学者认为，从功能上看，让国家承担责任的主要目的在于，为受害人提供可靠的救济。国家的责任就如同连带保证人一样起补充作用，以实现救济的充分；而且贯彻原因者负担原则，从节约国库财源的角度来看，国家保留求偿权，也是一个妥当的要求。[①] 也就是说，该学者认为，国家在这里的责任是补充责任。补充责任是非真正连带责任的下位概念，属于非真正连带责任的一种类型。从民法理论上说，连带债务因其各债务人的主观联系，在一个债务人承担部分超过应负担范围，可以向其他的债务人行使追偿权；而在不真正连带债务中，只有在存在终局责任人时，其他债务人履行了债务后，才可以向债务人——终局责任人进行追偿，而在终局责任人履行债务时，其就不能享有追偿权，这是源于不真正连带债务的追偿关系系建立在终局责任而非内部分担额上。尽管各债务人的债务基于不同的法律事实而独立产生，有时却是由于最终可归责于一人的事由而引起一系列债务的发生，这种可最终归责的债务人就是不真正连带债务人。[②] 如此，行政法理论与民法理论之间是基本吻合的。

在相当因果关系成立时，行政机关违反了行政裁量收缩的要求，没有适当地行使其规制权限，危险发生，受害人遭受损害。如果行政机关

---

① ［日］原田尚彦「薬害と国家賠償責任」ジュリスト663号（1978年5月）30頁参照。

② 参见王利明主编：《中国民法案例与学理研究（债权篇）》，2版，9～10页，北京，法律出版社，2003。不过，笔者亦发现一种观点认为，连带责任的一个债务人履行了全部债务，就超过自己应承担的份额，对其他债务人发生求偿权；而非真正连带责任的一个债务人履行了全部债务，虽然导致其他债务人债务的消灭，但不发生求偿权问题（参见张广兴：《债法总论》，155～156页，北京，法律出版社，1997）。但非真正连带责任实际上也存在追偿问题。只不过这种追偿并不是基于内部分担关系，而是基于其他法律关系而请求。对于追偿权的存在依据，相当一部分学者认为追偿权来源于让与请求权。笔者从其观点。

适当地行使了其规制权限，则不会发生损害。故而，国家对损害的发生是可能承担全部责任的。只是，考虑到终局责任人的存在、节省国库开支、加强危险制造者的责任等因素，而有可能也由危险制造者来承担责任。从法秩序的整体价值来看，如果国家不能行使追偿权，是有失公允的，就意味着放纵了危险制造者。因为即使是在私法领域，自己责任或者说过责自负的原则也是适用的，如果危险制造者不承担责任，也是与这一原则相悖的。从因果关系上来说，行政机关的不适当裁量决定和危险制造者的行为状态虽无意思联络却共同导致了危害结果的出现，属于多因一果的情形。允许国家对危险制造者行使追偿权，对于危险制造者提高安全意识、加强自身的日常安全管理、预防管理一般的危险是有其积极意义的。

2. 我国司法实践的做法①

我国的法律上并没有规定如何确定、分配国家与危险制造者之间的责任问题，这里我们或许可以参考相关司法解释的规定。在最高人民法院《关于审理人身损害赔偿案件适用法律若干问题的解释》② 第 6 条中规定，“从事住宿、餐饮、娱乐等经营活动或者其他社会活动的自然人、法人、其他组织，未尽合理限度范围内的安全保障义务致使他人遭受人身损害，赔偿权利人请求其承担相应赔偿责任的，人民法院应予支持”。“因第三人侵权导致损害结果发生的，由实施侵权行为的第三人承担赔偿责任。安全保障义务人有过错的，应当在其能够防止或者制止损害的范围内承担相应的补充赔偿责任。安全保障义务人承担责任后，可以向

① 在日本的审判实务中，企业责任与行政责任的关系大致有以下三种：第一，企业和行政属于共同侵权的关系；第二，不承认共同侵权的关系，但既然损害范围相同，就对损害全额承担不真正连带债务关系；第三，否定共同侵权关系，承认行政有限度的责任，这种责任仅与企业的责任存在部分的不真正连带关系。第二种和第三种的认识基础在于，应承担第一位责任的并非行政，而是企业，企业和行政的责任存在差异。北陆斯蒙诉讼第一审判决、水俣病诉讼的京都判决采用了第一种做法，熊本第三次第二轮判决采用了第三种做法；斯蒙诉讼的福冈、广岛第一审判决均采用了第二种做法；米糠油案的小仓诉讼控诉审判决、小仓第三轮诉讼第一审判决均采用了第三种做法。［日］大塚直「水俣病判決の総合的検討（その四）」ジュリスト1094号（1996 年 7 月）112 頁参照。

② 2003 年 12 月 4 日最高人民法院审判委员会第 1299 次会议通过，自 2004 年 5 月 1 日起施行。

第三人追偿。赔偿权利人起诉安全保障义务人的，应当将第三人作为共同被告，但第三人不能确定的除外”。这是一个有关民事侵权的非真正连带责任如何承担的问题，它指出了如下几层含义：第一，负有安全保障义务者在一定限度内须承担赔偿责任；第二，负有安全保障义务者承担补充赔偿责任；第三，负有安全保障义务者可先予赔偿，然后向第三人追偿；第四，原则上应利用共同诉讼来解决赔偿问题，第三人不能确定的除外。该解释虽然是针对民事赔偿，但其中所指出的“安全保障义务”以及三者之间的关系却是与危险防止领域中的行政机关的义务以及三方的行政法律关系极为相似，如果没有特别的理由足以排除在行政法中适用这一规则，则应该将其适用于解决违反国家保护义务的国家赔偿与危险制造者赔偿的问题。其赔偿责任分配的原则就应是补充原则。

2001 年 7 月 17 日，最高人民法院在《关于公安机关不履行法定行政职责是否承担行政赔偿责任问题的批复》指出：“由于公安机关不履行法定行政职责，致使公民、法人和其他组织的合法权益遭受损害的，应当承担行政赔偿责任。在确定赔偿的数额时，应当考虑该不履行法定职责的行为在损害发生过程和结果中所起的作用等因素。”这一解释仅仅指出了两点含义：第一，公安机关不作为应承担行政赔偿责任，第二，在确定行政赔偿数额的时候，应考虑一些因素。公安机关与造成损害的直接原因者之间的关系应该如何理解呢？是比照上述人身损害赔偿司法解释的补充原则来适用，还是自身建立起比例原则来确定如何赔偿呢？从其字面意思来看，答案落在后者。至于两者赔偿的先后顺序问题、诉讼程序问题、是否存在追偿的问题，则无法知晓。

在我国司法实践中，有关行政机关与危险制造者之间的责任承担分配却并不是按照补充原则进行的，而是直接按照责任比例来确定行政机关的赔偿数额。在丁卫义诉临海市公安局不作为行政赔偿案中，台州市中级人民法院认为，公安机关到达现场后不采取预防和制止措施，其不履行法定职责的行政行为违法。为此，应对上诉人被打致伤的后果，承担相应的赔偿责任。考虑公安机关不作为行为在上诉人损害发生过程中的作用，确定其应当负次要责任，对上诉人医药费损失额的 40%承担赔偿责任。①

---

① 丁卫义诉临海市公安局不作为行政赔偿案，浙江省台州市中级人民法院（2002）台行终字第 242 号行政赔偿判决书，2002 年 10 月 31 日。

在尹琛琰诉卢氏县公安局110报警不作为行政赔偿案中，卢氏县人民法院认为，“尹琛琰门市部的财产损失，是有人进行盗窃犯罪活动直接造成的，卢氏县公安局没有及时依法履行查处犯罪活动的职责，使尹琛琰有可能避免的财产损失没能得以避免，故应对盗窃犯罪造成的财产损失承担相应的赔偿责任。尹琛琰的门市部发生盗窃犯罪时，尹琛琰没有派人值班或照看，对财产由于无人照看而被盗所造成的损失，也应承担相应的责任”。法院判决卢氏县公安局赔偿尹琛琰25 001.5元损失的50%。①

在李尚英等与广饶县交通局不履行法定职责行政赔偿上诉案中，2003年12月11日，受害人常德明驾驶摩托车送受害人常康宁上学，途中摩托车在公路上堆放的猪粪上滑倒，被随后驶来的小型拖拉机碾压，致使受害人常康宁当场死亡，受害人常德明经抢救无效死亡。经交警大队认定，受害人常德明对事故负主要责任，常康宁不负责任，拖拉机车主负次要责任，猪粪主人负次要责任。法院根据《公路法》的规定认为，广饶县交通局“具有保障道路安全畅通以及对违法在公路上堆放物品的行为进行处理的法定职责。本案中他人在事故路段上堆放猪粪，广饶县交通局没有对此采取任何措施，也未对粪主采取相应处罚并督促清理，未尽到管理责任，即构成行政不作为。广饶县交通局认为李尚英等5原告的损失应通过民事诉讼途径解决，因本案中被告的行政不作为与导致事故发生具有一定因果关系，李尚英等5人有权向广饶县交通局主张部分权利，李尚英等5人要求被告赔偿丧葬费、死亡赔偿金的部分诉讼请求本院予以支持”。法院判决广饶县交通局赔偿李尚英、常传泉、常继泉、常兴泉、孟宪梅，受害人常德明死亡赔偿金、丧葬费14 040元（14 040×20×5%＝14 040），受害人常康宁死亡赔偿金、丧葬费14 040元（14040×20×5%＝14 040），共计28 080元。②

从上述三个例子中可以看出，行政机关怠于履行法定职责或不适当

---

① 尹琛琰诉卢氏县公安局110报警不作为行政赔偿案，载《最高人民法院公报》，2003（2），36页。

② 李尚英等与广饶县交通局不履行法定职责行政赔偿上诉案，山东省东营市中级人民法院（2004）东行终字第53号行政判决书，2004年10月24日。这一案件表明了两点：其一，受害人可以选择有责任的行政机关承担国家赔偿责任；其二，法院直接按照行政机关的责任大小确定其赔偿责任的承担数额。

履行法定职责是要承担国家赔偿责任的，但由于危险的直接制造者并非行政机关，就存在一个责任承担的分配问题。在这些案件中，基本上没有提及危险的直接制造者的法律责任问题，而是直接根据受害人的请求追究行政机关的国家赔偿责任。法院根据行政机关对危险的作用大小或责任大小，按照一定的比例（或50%，或40%，或5%）确定了其国家赔偿的数额。法院的这种做法可以满足国家赔偿制度的一个功能，即监督行政机关依法行使职权，但是第二个功能却未能满足，即给当事人以救济、填补当事人所受的损害。如果危险的直接制造者尚且存在，则受害人还可以向其寻求民事赔偿。按照行政机关与危险的直接制造者之间的不真正连带关系原理，受害人向谁求偿都是可以的，而且是足额的求偿。如果危险的直接制造者已经死亡或者倒闭，则受害人所受的损害是无法填补的，这对受害人来说是不公平的。

有鉴于此，可以借鉴民事法领域的安全保障义务的做法，可以由国家先承担国家赔偿责任，然后再由国家向危险制造者追偿。在诉讼中，原则上施行共同诉讼，将危险制造者列为共同被告。如此，国家赔偿制度的功能方可充分实现，受害者的权益才能得到充分的保障，同时也没有让危险制造者逃脱自己的责任。当然，在危险防止领域，最近出现了一个新的趋势，即国家赔偿的社会保障化，这是一个值得肯定的发展。国家赔偿的社会保障化有助于充分及时地实现国家赔偿制度的救济功能，但笔者认为，它还是不能代替行政机关承担法律责任。

本章小结：行政防止危险中的裁量正义

规制行政裁量是行政法的最重要的课题之一。本章的主旨就在于阐述行政裁量收缩论，规范危险防止领域中的行政裁量，使其适当地行使，而不是拒绝行使、怠于行使或不适当行使。当然，行政裁量收缩论只是限制行政裁量的一种理论，要防止危险防止中行政裁量的瑕疵，要实现行政裁量的正义，远非行政裁量收缩论单枪匹马可以解决的。

国家对私人的生命、健康和财产等重要法益负有保护的义务。行政机关是这一使命的重要担当者。要预防、防止危险的发生和发展，行政机关需要积极作为，采取各种合理的措施。行政机关采取“无为而治”

的态度自然是不可取也不足以应对的。危险的产生几乎是不可避免的。行政法何以应对？行政机关何以作为？

危险多产生于利害冲突之中，作为利害关系调整法的行政法是可以发挥消除、减少危险之功效的，作为利害关系调整人的行政机关也能够参与其中。要实现防止危险的目标，行政机关需要尽量采取适当的措施消除危险发生的根源，需要尽量采取适当的措施减少危险的破坏性。但仅仅是行政机关一方积极作为是不够的，还需要在三方行政法律关系中的各方主体积极参与。从各种行政活动的一开始，行政机关就应考虑到各种可能的利害关系人，在程序上注重保障各方主体的参与。在各方主体的积极参与下，努力调整好各方主体的利害关系，消除矛盾、减少冲突。在行政活动和社会生产生活的整个过程中，也需要注重各方主体的积极参与，以尽早发现危险，尽早采取预防措施，以实现损失的最小化。从利害关系调整法和行政过程论的角度来考虑如何适当地履行行政的法定职责、实现行政规制权限的目标，这是富有积极意义的。当然，除此之外，国家为避免危险、确保安全，还有必要整备其组织和体制，在各个行政组织之间建立起有效的信息沟通和协力机制。

在防止危险的过程中，消除不必要的裁量权，规范必要性裁量权的行使，是裁量正义的要求。在各方主体的参与下制定各种规制规则，具体化各种主体的安全注意义务，是从制度上预防危险的出现，符合制度正义的要求。但仅仅是这种制度性的预防还是远远不够的，行政机关还必须在具体的规制危险中采取适当的措施，针对个体作出适当的裁量决定，实现裁量的个别化正义。在防止危险的过程中，行政机关可以有这样那样的选择，可以采取这样那样的措施，它属于行政机关的裁量权限范围之内。鉴于危险本身具有防不胜防、甚至不可预测、不可避免，允许行政机关在个案中适当行使规制权限正是行政裁量价值的体现。但是行政裁量应是合义务、合目的的裁量，而不是任意妄为、恣意裁量。行政裁量收缩论是实现行政裁量之个别化正义的一种重要理论。

行政裁量收缩论首先承认行政裁量的价值，但又将行政便宜主义限制在合理的范围之内。在私人的生命、健康和财产等濒临危险，虽然这种危险不是由行政机关的行为造成的，但国家负有排除危险、保护私人安全的职责和义务，国家保护义务和行政介入请求权应该得到承认。正是以国家保护义务和行政介入请求权为支撑，才将行政裁量的空间向零压缩。一般而言，如果个人的生命、健康和财产等重大法益面临着一定的危险，行政机关可以预见这种危险的存在，也有相应的手段去防止这种危险的发生。如果行政机关不行使其职权，私人也没有办法很好地消除这种危险。这时，行政裁量权就必须收缩。行政裁量收缩的构成要件并不是总是那么严格，在接受了各种批评之后也逐渐出现了缓和的趋势。但无论如何缓和，它也是有其界限的，否则行政裁量的价值将荡然无存，行政的负担将空前增加，被规制者的负担亦将加重，私人的空间将显著缩小。要件严谨，只适用于行政裁量收缩至零或者说特殊的情形，但要件缓和之后的行政裁量收缩则可以十分普遍地适用于需要行政裁量适当行使的领域。

结语：作为要件补充的行政裁量

由于法律规范与案件事实之间存在永恒的张力，立法者需要借助于行政机关去实现立法目的。在适用法律规范裁断个案时，行政机关虽享有法律授予的行政裁量权，却是旨在实现授权目的而必需的自由。

从法适用的过程来看，行政裁量就是行政机关享有的补充法律要件进而确定法律效果的自由。如前所述，常见的行政裁量的法律规范是这样表述的：

如果存在 T_1 的情形，行政机关可以采取措施 R_1、R_2。

这里不妨以行政裁量基准、社会保障行政中的裁量和防止危险中的行政裁量收缩论来进一步展现这一行政裁量的内在构造。

(1) 行政裁量基准

对于法律要件部分，裁量基准的转换可能是：

如果达到一定标准 S_1，且可予评价 E_1 时，则存在 T_1 的情形。

对于法律效果部分，裁量基准会将上述裁量规范转换为：

如果存在 T_1 的情形，且情节轻微的，行政机关可以采取措施 R_1。

如果存在 T_1 的情形，且情节严重的，行政机关可以采取措施 R_2。

也可能综合起来，亦即：

如果达到一定标准 S_1，且可予评价 E_1 时，且情节轻微的，行政机关可以采取措施 R_1。

(2) 社会保障中的行政裁量

在社会保障请求权的成立问题上，会将上述裁量规范转换为：

如果存在 T_1 的情形，而物质帮助权是公民的基本权利，行政

机关必须采取措施 R_1、R_2。

在社会保障请求权的内容问题上，会将上述裁量规范进一步转换为：

如果属于常规给付，行政机关可以采取措施 R_1。

如果属于特别给付，行政机关可以考虑个人需求、财政能力、地区状态等因素采取适当的措施。

（3）防止危险中的行政裁量

在私人重要法益遭受迫切的危险时，行政机关所享有的裁量权会发生限缩，甚至必须采取某种特定的措施。原有的裁量规范可能就转换为：

如果存在 T_1 的情形，而且危及的是人的生命、危险迫切、知道危险的存在并有措施可以制止，则行政机关必须采取措施 R_1。

从上面几则例证可以清楚地看出，应有的行政裁量过程就是根据法的意旨将各种考虑因素作为要件补充进去。唯有如此，方能得出适当的裁量决定。这就是行政裁量的内在构造。

故而，为了实现行政裁量权的合目的性行使，立法者可以课予行政机关设定裁量基准、说明裁量理由的义务，并公开自己的判断形成过程。不设定裁量基准、不说明裁量理由，不公开判断的形成过程，即作为违法处理。如此，行政机关的自我规制、法院的司法审查则主要以审查行政裁量基准、裁量理由等判断形成的过程为媒介来展开。这样，一方面就突出了行政自我规制的重点，以说明裁量理由和设定裁量基准为核心，兼顾其他实体标准和程序理性，作出合法且令人信服的裁量决定；另一方面填补了法院的知识信息的不足，降低了司法审查的难度，法院审查判断形成的过程也不会构成司法权的僭越行使。

参考文献

一、中文原作

(一) 著作

1. 白鹏飞编:《行政法总论》,商务印书馆1932年版。

2. 陈春生:《行政法之学理与体系》(一),三民书局1996年版。

3. 陈春生:《行政法之学理与体系》(二),元照出版公司2007年版。

4. 陈敏:《行政法总论》,2009年自刊行第6版。

5. 陈清秀:《行政诉讼法》,植根法律事务所丛书(三),1999年自刊行。

6. 陈新民:《德国公法学基础理论》,山东人民出版社2001年版。

7. 陈新民:《行政法学总论》,三民书局2005年第8版。

8. 范扬:《行政法总论》,中国方正出版社2005年版。

9. 方世荣:《论具体行政行为》,武汉大学出版社1996年版。

10. 甘雯:《行政诉讼法司法解释之评论》,中国法制出版社2000年版。

11. 韩大元、莫纪宏主编:《外国宪法判例》,中国人民大学出版社2005年版。

12. 何海波:《实质法治:寻求行政判决的合法性》,法律出版社2009年版。

13. 黄茂荣:《法学方法与现代民法》,中国政法大学出版社2001年版。

14. 黄舒芃:《框架秩序下的国家权力》,2013年自刊行。

15. 江利红:《行政过程论研究——行政法学理论的变革与重构》,

中国政法大学出版社2012年版。

16. 姜明安：《行政诉讼法》，法律出版社2007年版。

17. 姜明安主编：《行政法与行政诉讼法》，法律出版社2006年第2版。

18. 姜明安主编：《行政法与行政诉讼法》，北京大学出版社、高等教育出版社2015年第6版。

19. 李海东：《刑法原理入门（犯罪论基础）》，法律出版社1998年版。

20. 李洪雷：《行政法释义学：行政法学理的更新》，中国人民大学出版社2014年版。

21. 李震山：《行政法导论》，三民书局1999年修订初版。

22. 林纪东编著：《中国行政法总论》，正中书局1947年第5版。

23. 林立：《法学方法论与德沃金》，中国政法大学出版社2002年版。

24. 刘宗德：《行政法基本原理》，学林文化事业有限公司1998年版。

25. 罗豪才主编：《中国司法审查制度》，北京大学出版社1993年版。

26. 皮纯协、何寿生主编：《比较国家赔偿法》，中国法制出版社1998年版。

27. 沈岿：《公法变迁与合法性》，法律出版社2010年版。

28. 史尚宽：《债法总论》，中国政法大学出版社2000年版。

29. 王贵松：《行政信赖保护论》，山东人民出版社2007年版。

30. 王和雄：《论行政不作为之权利保护》，三民书局1994年版。

31. 王利明主编：《中国民法案例与学理研究（债权篇）》，法律出版社2003年第2版。

32. 王利明：《法律解释学》，中国人民大学出版社2011年版。

33. 王名扬：《法国行政法》，中国政法大学出版社1989年版。

34. 王名扬：《美国行政法》，中国法制出版社1995年版。

35. 王泽鉴：《法律思维与民法实例》，中国政法大学出版社2001年版。

36. 翁岳生：《法治国家之行政法与司法》，月旦出版社1995年版。

37. 翁岳生：《行政法与现代法治国家》，三民书局2015年版。

38. 翁岳生编：《行政法》，中国法制出版社 2002 年版。

39. 吴庚：《行政法之理论与实用》，中国人民大学出版社 2005 年版。

40. 许宗力：《宪法与法治国行政》，元照出版公司 1999 年版。

41. 杨建顺：《日本行政法通论》，中国法制出版社 1998 年版。

42. 杨建顺：《行政规制与权利保障》，中国人民大学出版社 2007 年版。

43. 杨仁寿：《法学方法论》，中国政法大学出版社 1999 年版。

44. 杨伟东：《行政行为司法审查强度研究》，中国人民大学出版社 2003 年版。

45. 于安编著：《德国行政法》，清华大学出版社 1999 年版。

46. 余凌云：《行政自由裁量论》，中国人民公安大学出版社 2013 年第 3 版。

47. 曾世雄：《损害赔偿法原理》，中国政法大学出版社 2001 年版。

48. 张广兴：《债法总论》，法律出版社 1997 年版。

49. 张翔主编：《德国宪法案例选释》（第 1 辑 基本权利总论），法律出版社 2012 年版。

50. 赵琛：《行政法总论》，法学编译社 1933 年版。

51. 赵宏：《法治国下的目的性创设——德国行政行为理论与制度实践研究》，法律出版社 2012 年版。

52. 郑雅芳：《行政裁量基准研究》，中国政法大学出版社 2013 年版。

53. 郑春燕：《现代行政中的裁量及其规制》，法律出版社 2015 年版。

54. 钟赓言：《钟赓言行政法讲义》，法律出版社 2015 年版。

55. 周佑勇：《行政裁量治理研究》，法律出版社 2008 年版。

56. 周佑勇：《行政裁量基准研究》，中国人民大学出版社 2015 年版。

（二）中文论文

1. 蔡琳：《不确定法律概念的法律解释——基于“甘露案”的分析》，《华东政法大学学报》2014 年第 6 期。

2. 陈慈阳：《行政裁量及不确定法律概念——以两者概念内容之差异与区分必要性为研究对象》，台湾行政法学会编：《行政法争议问题研究》上，五南图书出版公司 2001 年版。

3. 陈敏：《课予义务诉讼之制度功能及适用可能性》，《政大法学评论》第 61 期，1999 年 6 月。

4. 陈兴良：《期待可能性问题研究》，《法律科学》2006 年第 3 期。

5. 陈咏熙：《法国法上的行政裁量及其司法控制》，朱新力主编：《法治社会与行政裁量的基本准则研究》，法律出版社 2007 年版。

6. 程明修：《行政法上侵权损害赔偿诉讼的多元结构及体系矛盾》，《台湾本土法学》第 36 期，2002 年 7 月。

7. 胡建淼、杜仪方：《依职权行政不作为赔偿的违法判断标准——基于日本判例的钩沉》，《中国法学》2010 年第 1 期。

8. 黄丁全：《论刑事责任理论中的危机理论——期待可能性》，陈兴良主编：《刑事法评论》第 4 卷，中国政法大学出版社 1999 年版。

9. 姜明安：《论行政自由裁量权及其法律控制》，《法学研究》1993 年第 1 期。

10. 姜明安：《行政监管裁量权的法律规制》，《湖南省社会主义学院学报》2009 年第 4 期。

11. 姜明安：《论行政裁量的自我规制》，《行政法学研究》2012 年第 1 期。

12. 李春燕：《行政行为说明理由制度的构建》，《行政法学研究》1998 年第 3 期。

13. 李海东：《社会危害性与危险性：中、德、日刑法学的一个比较——以法益实害未发生时的可罚根据为切入点》，陈兴良主编：《刑事法评论》第 4 卷，中国政法大学出版社 1999 年版。

14. 李惠宗：《论行政不作为之国家赔偿责任》，《台湾本土法学》第 11 期，2000 年 6 月。

15. 李建良：《个别裁量与一般裁量》，《月旦法学杂志》第 40 期，1998 年 8 月。

16. 李建良：《论行政裁量之缩减》，翁岳生教授祝寿论文编辑委员会编：《当代公法新论》中，元照出版公司 2002 年版。

17. 林国彬：《论行政自我拘束原则》，城仲模主编：《行政法之一般法律原则》(一)，三民书局 1999 年版。

18. 林三钦：《行政法上权利救济管道的选择》，《台湾本土法学》第 26 期，2001 年 9 月。

19. 林亚刚：《论期待可能性的若干理论问题》，《中国刑事法杂志》2000年第2期。

20. 鲁鹏宇：《德国公权理论评介》，《法制与社会发展》2010年第5期。

21. 马松建：《论危险犯的危险》，《河北法学》2001年第4期。

22. 沈岿：《论怠于履行职责致害的国家赔偿》，《中外法学》2011年第1期。

23. 盛子龙：《行政法上不确定法律概念具体化之司法审查密度》，台湾大学法律研究所博士论文，1998年6月。

24. 石佑启：《试析行政不作为的国家赔偿责任》，《法商研究》1999年第1期。

25. 王贵松：《支配给付行政的三大基本原则研究》，刘茂林主编：《公法评论》第1卷，北京大学出版社2003年版。

26. 王贵松：《宪法概念的认知方法及其反思》，《浙江学刊》2006年第3期。

27. 王贵松：《论行政法原则的司法适用》，《行政法学研究》2007年第1期。

28. 王贵松：《价值体系中的堕胎规制》，《法制与社会发展》2007年第1期。

29. 王贵松：《依法律行政原理的继受与嬗变》，《法学研究》2015年第2期。

30. 王天华：《从裁量二元论到裁量一元论》，《行政法学研究》2006年第1期。

31. 王天华：《裁量标准基本理论问题刍议》，《浙江学刊》2006年第6期。

32. 王天华：《行政裁量与判断过程审查方式》，《清华法学》2009年第3期。

33. 王天华：《裁量基准与个别情况考虑义务——从一起特殊案件反思我国的行政裁量理论和行政裁量基准制度》，王周户、徐文星主编：《现代政府与行政裁量权》，法律出版社2010年版。

34. 王天华：《作为教义学概念的行政裁量》，《政治与法律》2011年第10期。

35. 王天华：《裁量收缩理论的构造与边界》，《中国法学》2014年第1期。

36. 王锡锌：《自由裁量基准：技术的创新还是误用》，《法学研究》2008年第5期。

37. 吴庚：《基本权利的三重性质》，《“释宪”五十周年纪念论文集》，司法周刊杂志社2001年版。

38. 吴世敏：《过失犯中注意义务违反性之研究》，台湾大学法律研究所硕士论文，1999年6月。

39. 杨建顺：《论行政裁量与司法审查——兼及行政自我拘束原则的理论根据》，《法商研究》2003年第1期。

40. 杨建顺：《论产品质量保障、消费者维权与政府职能定位》，应松年教授贺寿文集编辑委员会编：《行政法的中国之路》，中国政法大学出版社2005年版。

41. 杨建顺：《论给付行政裁量的规制完善》，《哈尔滨工业大学学报（社会科学版）》2014年第5期。

42. 杨利敏：《让司法审查回归“司法”——从马某某诉厦门市公安局案看法律适用与裁量兼及司法审查的定位与界限》，罗豪才主编：《行政法论丛》第10卷，法律出版社2007年版。

43. 叶必丰：《严重不合理的正常人判断——“陆煜章案”判解》，《行政法学研究》2012年第1期。

44. 叶俊荣：《论裁量瑕疵及其诉讼上的问题》，《宪政时代》第13卷第2期，1987年10月。

45. 尹建国：《行政法中不确定法律概念的类型化》，《华中科技大学学报（社会科学版）》2010年第6期。

46. 于立深：《行政立法不作为研究》，《法制与社会发展》2011年第2期。

47. 臧冬斌：《过失危险犯之危险研究》，《法商研究》2006年第3期。

48. 章剑生：《论行政行为说明理由》，《法学研究》1998年第3期。

49. 张翔：《基本权利的双重性质》，《法学研究》2005年第3期。

50. 章志远：《行政裁量基准的理论悖论及其消解》，《法制与社会发展》2011年第2期。

51. 郑春燕：《论行政行为补充说明理由》，《行政法学研究》2004年第2期。

52. 郑永流：《法律判断形成的模式》，《法学研究》2004年第1期。

53. 周佑勇：《论行政不作为》，罗豪才主编：《行政法论丛》第2卷，法律出版社1999年版。

54. 朱芒：《日本〈行政程序法〉中的裁量基准制度——作为程序正当性保障装置的内在构成》，《华东政法学院学报》2006年第1期。

55. 朱新力、骆梅英：《论裁量基准的制约因素及建构路径》，《法学论坛》2009年第4期。

二、中文译作

（一）中文译著

1. 〔德〕卡尔·恩吉施：《法律思维导论》，郑永流译，法律出版社2004年版。

2. 〔德〕弗里德赫尔穆·胡芬：《行政诉讼法》，莫光华译，法律出版社2003年版。

3. 〔德〕亚图·考夫曼：《类推与"事物本质"——兼论类型理论》，吴从周译，学林文化事业有限公司1999年版。

4. 〔德〕考夫曼：《法律哲学》，刘幸义等译，法律出版社2004年版。

5. 〔德〕阿图尔·考夫曼、温弗里德·哈斯默尔主编：《当代法哲学和法律理论导论》，郑永流译，法律出版社2002年版。

6. 〔德〕哈特穆特·毛雷尔：《行政法学总论》，高家伟译，法律出版社2000年版。

7. 〔德〕卡尔·拉伦茨：《法学方法论》，陈爱娥译，商务印书馆2003年版。

8. 〔德〕平特纳：《德国普通行政法》，朱林译，中国政法大学出版社1999年版。

9. 〔德〕英格博格·普珀（Ingeborg Puppe)：《法学思维小学堂》，蔡圣伟译，元照出版公司2010年版。

10. 〔德〕埃贝哈德·施密特-阿斯曼等著，乌尔海希·巴迪斯选编：《德国行政法读本》，于安等译，高等教育出版社2006年版。

11. 〔德〕罗尔夫·斯特博：《德国经济行政法》，苏颖霞、陈少康译，中国政法大学出版社1999年。

12. 〔德〕亨利·苏勒、边赫·许乐：《德国警察与秩序法》，李震山译，登文书局1995年第2版。

13.〔德〕汉斯·J·沃尔夫、奥托·巴霍夫、罗尔夫·施托贝尔：《行政法》第1卷，高家伟译，商务印书馆2002年版。

14.〔德〕格奥格·耶利内克：《主观公法权利体系》，曾韬、赵天书译，中国政法大学出版社2012年版。

15.〔法〕莫里斯·奥里乌：《行政法与公法精要》上册，龚觅等译，辽海出版社、春风文艺出版社1999年版。

16.〔法〕莱昂·狄骥：《宪法学教程》，王文利等译，辽海出版社、春风文艺出版社1999年版。

17.〔法〕孟德斯鸠：《论法的精神》上册，张雁深译，商务印书馆1961年版。

18.〔法〕古斯塔夫·佩泽尔：《法国行政法》，廖坤明、周洁译，国家行政学院出版社2002年版。

19.〔日〕大须贺明：《生存权论》，林浩译，法律出版社2001年版。

20.〔日〕和田英夫：《现代行政法》，倪健民、潘世圣译，中国广播电视出版社1993年版。

21.〔日〕美浓部达吉：《行政法总论》，熊范舆译述，丙午社1907年版。

22.〔日〕美浓部达吉：《行政裁判法》，邓定人译，中国政法大学出版社2005年版。

23.〔日〕平冈久：《行政立法与行政基准》，宇芳译，中国政法大学出版社2014年版。

24.〔日〕室井力主编：《日本现代行政法》，吴微译，中国政法大学出版社1995年版。

25.〔日〕室井力、芝池义一、浜川清编著：《日本行政程序法逐条注释》，朱芒译，上海三联书店2009年版。

26.〔日〕田村悦一：《自由裁量及其界限》，李哲范译，中国政法大学出版社2016年版。

27.〔日〕盐野宏：《行政法总论》，杨建顺译，北京大学出版社2008年版。

28.〔日〕盐野宏：《行政救济法》，杨建顺译，北京大学出版社2008年版。

29.〔日〕宇贺克也：《国家补偿法》，肖军译，中国政法大学出版社 2014 年版。

30.〔日〕原田尚彦：《环境法》，于敏译，法律出版社 1999 年版。

31.〔日〕原田尚彦：《诉的利益》，石龙潭译，中国政法大学出版社 2014 年版。

32.〔英〕戴雪：《英宪精义》，雷宾南译，中国法制出版社 2001 年版。

33.〔英〕威廉·韦德：《行政法》，徐炳等译，中国大百科全书出版社 1997 年版。

34.〔美〕肯尼斯·卡尔普·戴维斯：《裁量正义》，毕洪海译，商务印书馆 2009 年版。

35.〔美〕伯纳德·施瓦茨：《行政法》，徐炳译，群众出版社 1986 年版。

（二）中文译文

1.〔德〕Christian Starck：《基本权利之保护义务》，李建良译，《政大法学评论》第 58 期，1997 年 12 月。

2.〔日〕小早川光郎：《行政诉讼与裁量统制》，王天华译，《行政法学研究》2006 年第 3 期。

3.〔美〕W. N. 赫菲尔德：《司法推理中应用的基本法律概念》，陈端洪译，《环球法律评论》2007 年第 3 期、第 4 期。

三、日文作品

（一）日文专著

1. 阿部泰隆『行政裁量と行政救済』（三省堂、1987 年）（行政裁量与行政救济）。

2. 阿部泰隆『行政訴訟改革論』（有斐閣、1993 年）（行政诉讼改革论）。

3. 阿部泰隆『行政法解釈学Ⅰ—実質的法治国家を創造する変革の法理論—』（有斐閣、2008 年）（行政法解释学Ⅰ——创造实质法治国家的变革法理）。

4. 阿部泰隆『行政法解釈学Ⅱ—実効的な行政救済の法システム創造の法理論—』（有斐閣、2009 年）（行政法解释学Ⅱ——创造实效性行政救济之法体系的法理）

5. 阿部泰隆『国家補償法』（有斐閣、1988 年）（国家补偿法）。

6. 村重慶一『国家賠償研究ノート』（判例タイムズ社、1996 年）

(国家赔偿研究笔记)。

7. 大橋洋一『行政法Ⅰ 現代行政過程論』(有斐閣、2009年)(行政法Ⅰ现代行政过程论)。

8. 渡辺洋三『現代国家と行政権』(東京大学出版会、1972年)(现代国家与行政权)。

9. 高木光『技術基準と行政手続』(弘文堂、1995年)(技术基准与行政程序)。

10. 高橋滋『現代型訴訟と行政裁量』(弘文堂、1990年)(现代型诉讼与行政裁量)。

11. 亘理格『公益と行政裁量』(弘文堂、2002年)(公益与行政裁量)。

12. 宮田三郎『行政計画法』(ぎょうせい、1984年)(行政规划法)。

13. 宮田三郎『行政裁量とその統制密度(増補版)』(信山社、2012年)(行政裁量及其控制强度)。

14. 戸松秀典『立法裁量論』(有斐閣、1993年)(立法裁量论)。

15. 交告尚史『処分理由と取消訴訟』(勁草書房、2000年)(处分理由与撤销诉讼)。

16. 今村成和『国家補償法』(有斐閣、1957年)(国家补偿法)。

17. 南博方、高橋滋編『条解行政事件訴訟法 第3版』(弘文堂、2006年)(行政案件诉讼法逐条释义)。

18. 橋本博之『要説行政訴訟』(弘文堂、2006年)(要说行政诉讼)。

19. 人見剛『近代法治国家の行政法学——ヴァルター・イェリネック行政法学の研究』(成文堂、1993年)(近代法治国家的行政法学——瓦尔特・耶利内克行政法学之研究)。

20. 山本隆司『行政上の主観法と法関係』(有斐閣、2000年)(行政上的主观法与法关系)。

21. 山村恒年『行政法と合理的行政過程論——行政裁量論の代替規範論』(慈学社、2006年)(行政法与合理的行政过程论——行政裁量论的替代规范论)。

22. 杉村敏正『法の支配と行政法』(有斐閣、1970年)(法的支配与行政法)。

23. 神橋一彦『行政訴訟と権利論（新装版）』（信山社、2008 年）（行政诉讼与权利论）。

24. 深澤龍一郎『裁量統制の法理と展開』（信山社、2013 年）（裁量控制的法理与展开）。

25. 室井力編『行政救済法』（日本評論社、1986 年）（行政救济法）。

26. 矢崎光圀『日常世界の法構造』（みすず書房、1987 年）（日常世界的法构造）。

27. 藤田宙靖『行政法総論』（青林書院、2013 年）（行政法总论）。

28. 田村悦一『行政訴訟における国民の権利保護』（有斐閣、1975 年）（行政诉讼中国民的权利保护）。

29. 田中二郎『行政法総論』（有斐閣、1957 年）（行政法总论）。

30. 田中二郎『司法権の限界』（有斐閣、1976 年）（司法权的界限）。

31. 〔德〕C. H. Ule『ドイツ連邦共和国における公法の発展』田口精一監訳（慶應義塾大学法学研究会、1971 年）（德意志联邦共和国的公法发展）。

32. 西埜章『国家賠償責任と違法性』（一粒社、1987 年）（国家赔偿责任与违法性）。

33. 下山瑛二『健康権と国の法的責任——薬品・食品行政を中心とする考察』（岩波書店、1979 年）（健康权与国家的法律责任——以药品食品行政为中心的考察）。

34. 小早川光郎『行政法講義下Ⅰ』（弘文堂、2002 年）（行政法讲义下Ⅰ）。

35. 小早川光郎『行政法講義下Ⅱ』（弘文堂、2005 年）（行政法讲义下Ⅱ）。

36. 塩野宏『行政過程とその統制』（有斐閣、1989 年）（行政过程及其控制）。

37. 野中俊彦、中村穆男、高橋和之、高見勝利『憲法Ⅱ第 5 版』（有斐閣、2012 年）（宪法Ⅱ）。

38. 遠藤博也『計画行政法』（学陽書房、1976 年）（规划行政法）。

39. 遠藤博也『国家補償法（上巻）』（青林書院新社、1981 年）（国家补偿法）。

40. 宇賀克也『行政法概説Ⅱ行政救済法 第2版』(有斐閣、2009年)(行政法概论Ⅱ行政救济法)

41. 原田尚彦『行政責任と国民の権利』(弘文堂、1979年)(行政责任与国民的权利)。

42. 原田尚彦『行政法要論　全訂第六版』(学陽書房、2005年)(行政法要论)。

43. 芝池義一『行政法総論講義　第4版補訂版』(有斐閣、2006年)(行政法总论讲义)。

44. 芝池義一『行政法読本 第3版』(有斐閣、2013年)(行政法读本)。

45. 中川義郎『ドイツ公権理論の展開と課題』(法律文化社、1993年)(德国公权理论的展开与课题)。

(二) 日文论文

1. 阿部昌樹「行政裁量の立法技術論的検討(一)」法学論叢121巻2号(1987年5月)(行政裁量的立法技术论研究)。

2. 阿部泰隆「行政の危険防止責任——カネミ全国統一訴訟判決を契機として(上)(下)」判例時報883号(判例評論232号)、判例時報886号(判例評論233号)(1978年)(行政的危险防止责任——以卡奈梅全国统一诉讼判决为契机)。

3. 阿部泰隆「行政の危険防止責任その後(一)(二)(三・完)」判例時報1001号(判例評論269号)、判例時報1004号(判例評論270号)、判例時報1007号(判例評論271号)(1981年)(行政的危险防止责任之后)。

4. 阿部泰隆「水俣病国家賠償認容判決」ジュリスト889号(1987年7月)(水俣病国家赔偿认可判决)。

5. 安西文雄「司法審査と立法裁量論」立教法学47号(1997年7月)(司法审查与立法裁量论)。

6. 奥平康弘「コールマン「瑕疵なき裁量行使を求める公権」」法政論集33号(1965年)(科尔曼的“请求无瑕疵行使裁量的公权”)。

7. 保木本一郎「ドイツにおける営業警察の展開(三・完)」社會科学研究20巻2期(1968年)(德国营业警察的展开)。

8. 保木本一郎「行政の危険回避・救済責任論(下)」法律時報59巻9号(1987年)(行政的危险回避与救济责任论)。

9. 北島周作「理由提示の程度と処分基準」法学教室 373 号（2011 年 10 月）（提示理由的程度与处分基准）。

10. 常岡孝好「行政裁量の手続的審査の実体——裁量基準の本来的拘束性（中）」判例時報 2136 号（2012 年 3 月）（行政裁量的程序性审查的实体——裁量基准的本来拘束性）。

11. 常岡孝好「裁量基準の実体的拘束度——脱・手続的アプローチ、脱・自己拘束論」高木光ほか編『行政法学の未来に向けて　阿部泰隆先生古稀記念』（有斐閣、2012 年）（裁量基准的实体拘束度——去程序性路径、去自我拘束论）。

12. 湊二郎「義務付け訴訟と裁量收縮——ドイツにおける公法上の隣人保護の一断面」鹿儿島大学法学論集 40 巻 2 号（2006 年 3 月）（课予义务诉讼与裁量收缩——德国公法上相邻人保护的一个缩影）。

13. 村上裕章「判断過程審査の現状と課題」法律時報 85 巻 2 号（2013 年 2 月）（判断过程审查的现状与课题）。

14. 大貫裕之「行政訴訟の審判の対象と判決の効力」磯部力、小早川光郎、芝池義一編『行政法の新構想Ⅲ』（有斐閣、2008 年）（行政诉讼的审判对象与判决效力）。

15. 大橋洋一「行政法総論から見た行政訴訟改革」磯部力、小早川光郎、三辺夏雄、高橋滋編『法治国家と行政訴訟——原田尚彦先生古稀記念』（有斐閣、2004 年）（从行政法总论看行政诉讼改革）。

16. 大塚直「水俣病判決の総合的検討（その四）」ジュリスト1094 号（1996 年 7 月）（水俣病判决的综合研究）。

17. 淡路剛久「公害・環境問題と法理論（その三）」ジュリスト835 号（1985 年 5 月）（公害、环境问题与法理）。

18. 淡路剛久「水俣病第三次訴訟判決について」ジュリスト889 号（1987 年 7 月）（论水俣病第三次诉讼判决）。

19. 高木光「行政介入請求権」磯部力、小早川光郎、三辺夏雄、高橋滋編『法治国家と行政訴訟——原田尚彦先生古稀記念』（有斐閣、2004 年）（行政介入请求权）。

20. 高木光「行政処分における考慮事項」法曹時報 62 巻 8 号（2010 年 8 月）（行政处分中的考虑事项）。

21. 高木光「法規命令による裁量拘束—保険薬局指定処分を素材とした一考察—」法学論叢 172 巻 4・5・6 号（2013 年 3 月）（法规命

令对裁量的拘束——以指定保险药局处分为素材的一个考察)。

22. 高橋靖「我国裁量理論へのLaun説の導入(一)」早稲田法学会誌29巻(1978年)(劳恩说在日本裁量理论中的导入)。

23. 高橋靖「行政裁量理論の始原的形態」早稲田法学会誌31巻(1980年)(行政裁量理论的始源性形态)。

24. 高橋靖「行政裁量における違法性・不当性峻別論への批判」早稲田法学会誌33巻(1982年)(行政裁量中严格区分违法性与不当性之批判)。

25. 高橋滋「行政裁量論に関する若干の検討」小早川光郎、高橋滋編『行政法と法の支配——南博方先生古稀記念』(有斐閣、1999年)(行政裁量论的若干探讨)。

26. 〔德〕托马斯・格罗斯(Thomas Groβ)「欧州的文脈におけるドイツの裁量論」(小舟賢訳)判例時報1933号(2006年8月)(欧洲文脉中的德国裁量论)。

27. 亘理格「行政裁量の法的統制」高木光、宇賀克也編『行政法の争点』(有斐閣、2014年)(法对行政裁量的控制)。

28. 鍋澤幸雄「ドイツにおける行政裁量概念の成立序説」早稲田法学会誌12号(1962年2月)(德国行政裁量概念的成立序论)。

29. 和田英夫「反射的利益論1、2、3」法律時報41巻1号、2号、3号(1969年)(反射性利益论)。

30. 交告尚史「無瑕疵裁量行使請求権」成田頼明編『行政法の争点(新版)』(有斐閣、1990年)(无瑕疵裁量请求权)。

31. 交告尚史「行政法:「理由の提示」というテーマから学習方法を考える」法学教室379号(2012年4月)(行政法:从“理由提示”这一主题思考学习方法)。

32. 今村哲也「行政介入請求権をめぐる新動向」一橋論叢89巻1号(1983年)(行政介入请求权的新动向)。

33. 山本隆司「開かれた法治国——行政法総論の基本概念の再検討」公法研究65号(2003年)(开放的法治国——行政法总论基本概念的再审视)。

34. 山本隆司「日本における裁量論の変容」判例時報1933号(2006年8月)(日本裁量论的嬗变)。

35. 山本真敬「「立法裁量」と「行政裁量」の関係についての一

考察—裁量論の総合的検討のための予備的考察—」早稲田法学会誌63巻2号（2013）（对“立法裁量”与“行政裁量”关系的一个考察——裁量论综合探讨的预备性考察）。

36. 山下竜一「裁量基準の裁量性と裁量規律性」法律時報85巻2号（2013年2月）（裁量基准的裁量性与裁量规范性）。

37. 上原克之「裁量限界論に関する一考察—ヴァルター・イェリネックとビューラーを素材として—」東京都立大学法学会雑誌35巻1号（1994年7月）（裁量界限论的一个考察——以W. 耶利内克和比勒为素材）。

38. 上原克之「裁量決定における理由付記の意義——ドイツ法を素材として」兼子仁、磯部力編『手続法的行政法学の理論』（勁草書房、1995年）（裁量决定中附具理由的意义——以德国法为素材）。

39. 榊原秀訓「学生に対する措置と裁量審査」宇賀克也、交告尚史、山本隆司編『行政判例百選Ⅰ第6版』（有斐閣、2012年）（对学生的措施与裁量审查）。

40. 室井力「カネミ控訴審判決について——国の損害賠償責任」ジュリスト816号（1984年6月）（卡奈梅控诉审判决——国家的损害赔偿责任）。

41. 手島孝「無瑕疵裁量行使請求権の法理について（1）（2・完）」法律時報39巻1号、2号（1967年）（无瑕疵裁量请求权的法理）。

42. 藤田宙靖「「自己責任」の社会と行政法」『行政法の基礎理論（下巻）』（有斐閣、2005年）（“自己责任”的社会与行政法）。

43. 藤田宙靖「自由裁量論の諸相—裁量処分の司法審査を巡って—」日本学士院紀要70巻1号（2015年10月）（自由裁量论之诸相——围绕裁量处分的司法审查）。

44. 梶哲教「処分理由の提示」高木光、宇賀克也編『行政法の争点』（有斐閣、2014年）（处分理由的提示）。

45. 小早川光郎「行政庁の第一次判断権・覚え書き」磯部力、小早川光郎、三辺夏雄、高橋滋編『法治国家と行政訴訟——原田尚彦先生古稀記念』（有斐閣、2004年）（行政厅的首次判断权备忘录）。

46. 小早川光郎「事業者の安全管理と行政介入」ジュリスト1307号（2006年3月）（企业的安全管理与行政介入）。

47. 塩野宏「理由のない行政処分はない—理由付記の機能—」塩野宏、室井力編『行政法を学ぶ1』(有斐閣、1978年)(无理由无行政处分——附具理由的功能)。

48. 又坂常人「社会保障受給権と行政裁量の関係についての若干の考察(二)」自治研究58巻11号(1982年11月)(社会保障获得权与行政裁量关系的若干考察)。

49. 園部逸夫「行政法上の不確定概念—西ドイツにおける論議について—」法学論叢62巻2号(1956年6月)(行政法上的不确定概念——德国的相关讨论)。

50. 原田大樹「処分基準と理由提示」法政研究78巻4号(2012年3月)(处分基准与理由提示)。

51. 原田尚彦「薬害と国家賠償責任——行政権限不行使の加害性について」ジュリスト663号(1978年5月)(药害与国家赔偿责任——行政权限不行使的加害性)。

52. 原田尚彦「裁量権収縮論」法学教室54号(1985年3月)(裁量权收缩论)。

53. 宇賀克也「国家賠償(1)——公権力の行使に関する国家賠償」法学教室304号(2006年1月)(国家赔偿(1)——公权力行使的国家赔偿)。

54. 宇佐美誠「司法審査と公共選択:立法裁量論の予備的検討(一)」中京法学28巻3・4号(1994年4月)(司法审查与公共选择:立法裁量论的预备探讨)。

55. 遠藤博也「危険管理責任における不作為の違法要件の検討」北大法学論集36巻第1・2号(1985年9月)(危险管理责任中不作为的违法要件研究)。

56. 遠藤博也「時効10年」法学教室64号(1986年1月)(时效10年)。

57. 沢井裕「損害賠償責任の構造——カネミ油症事件再論(上)(中)」法律時報53巻8号、9号(1981年)(损害赔偿责任的构造——再论卡奈梅油症案)。

58. 沢井裕「行政の複合的集積的過失と国家賠償法上の責任——カネミ油症事件」法律時報55巻6号(1983年)(行政的复合累积过失与国家赔偿法上的责任——卡奈梅油症案)。

59. 沢井裕「規制権限不発動と国の責任——国民の生命、健康の保全のために②」法律時報 57 巻 10 号（1985 年）（不发动规制权限与国家的责任——为了保护国民的生命健康）。

60. 佐藤英善「食品・薬品公害をめぐる国の責任（3・完）」法律時報 51 巻 10 号（1979 年）（食品药品公害的国家责任）。

61. 佐藤英善「カネミ油症控訴審判決と国の責任（上）（下）」法律時報 56 巻 7 号、9 号（1984 年）（卡奈梅油症控诉审判决与国家的责任）。

62. 折橋洋介「理由の提示（3）——旅券発給拒否」宇賀克也、交告尚史、山本隆司編『行政判例百選Ⅰ　第 6 版』（有斐閣、2012 年）（理由的提示——拒绝发放护照）。

63. 芝池義一「行政決定における考慮事項」法学論叢 116 巻 1～6 号（1985 年 3 月）（行政决定中的考虑事项）。

64. 芝池義一「行政法における公益・第三者利益」芝池義一、小早川光郎、宇賀克也編『行政法の争点 第 3 版』（有斐閣、2004 年）（行政法中的公益与第三人利益）。

事项索引

F

G

H

L

J

Z

初出一览

1.《行政裁量收缩论的形成与展开——以危险防止型行政为中心》，《法学家》2008 年第 4 期，第 33～42 页。为人大报刊复印资料《宪法学、行政法学》2009 年第 1 期（第 44～53 页）全文转载。——本书第四章第一节

2.《行政裁量：羁束与自由的迷思》，《行政法学研究》2008 年第 4 期，第 47～51 页。——本书第一章第二节

3.《行政裁量的内在构造》，《法学家》2009 年第 2 期，第 31～40 页。收录于中国人民大学法学院组编：《中国人民大学法学院青年学者文集》，中国人民大学出版社 2010 年版，第 72～83 页。——本书第一章第三节

4.《行政裁量权收缩之要件分析——以危险防止型行政为中心》，《法学评论》2009 年第 3 期，第 111～118 页。为人大复印资料《宪法学、行政法学》2009 年第 10 期（第 27～34 页）全文转载。——本书第四章第三节

5.《行政裁量权收缩的法理基础——职权职责义务化的转换依据》，《北大法律评论》第 10 卷第 2 辑（总第 19 辑），北京大学出版社 2009 年版，第 354～374 页。——本书第四章第二节

6.《危险防止型行政不作为的赔偿责任承担》，《学习与探索》2009 年第 6 期，第 109～113 页。——本书第四章第四节三

7.《论无瑕疵裁量请求权》，《学习与探索》2010 年第 5 期，第 123～127 页。——本书第三章第二节

8.《行政裁量的司法审查强度》，《法商研究》2012 年第 4 期，第 66～76 页。受到《法制日报》2012 年 8 月 22 日，第 12 版介绍；为

《法制资讯》2012年第9期（第7页）部分转载。为人大报刊复印资料《诉讼法学、司法制度》2012年第11期（第51～62页）全文转载。——本书第三章第四节

9.《行政法上不确定法律概念的具体化》，《政治与法律》2016年第1期，第144～152页。——本书第一章第四节

10.《行政裁量基准的设定与适用》，《华东政法大学学报》2016年第3期，第65～76页。——本书第二章第三节

后　记

行政裁量被誉为行政法的精髓，是行政法学的经典概念之一。行政裁量论是近十多年来中国行政法学的重要增长点，已积累了不少优秀成果。这时仍以行政裁量为题出版专著，是需要一定勇气的。本书试图总结相关的学说脉络，但仍有甲说乙说我说之病；试图梳理中国的相关研究和司法判决，但仍显思考不足。本书主张行政裁量的法律要件补充说，并在行政过程论之下依此架构出说明理由和裁量基准两大核心规范行政裁量权的方法。应有的行政裁量过程就是根据法的意旨将各种考虑因素作为要件补充进去。不设定裁量基准、不说明理由，不公开判断的形成过程，即可作为违法处理。从这一主旨思考来看，还有些许特色。故而，仍不揣冒昧，将自己不成熟的思考公之于众。

距离我最先发表有关行政裁量基准的短文（《在裁量与拘束之间》，《法制日报》2005 年 6 月 13 日，第 6 版），我对行政裁量的理论思考已有十个年头。自 2007 年参加工作以来，我陆陆续续发表了一些论文。本书共收录其中 10 篇文章，新写五节内容，算是我有关行政裁量研究的一个阶段性总结。已发表的文章在收录时原则上保留原貌，只是在文字、案例、注释等方面稍作加工。由于形成于不同时期，未能充分吸收最新的研究成果，个别地方甚至存在少许重复，也祈请读者谅解。

说来也惭愧，本书的研究可以说是一次逆流而上的探索过程，好在前后应无自相矛盾之处。我 2007 年的博士论文“行政裁量收缩论”（曾获得“北京大学优秀博士学位论文”），只是构成本书的第四章，也就是最后一章。之后开始向上游前进。2010 年申请了国家社会科学基金青年项目“行政裁量的基础理论研究”，2013 年顺利结项（结项成果被鉴定为“优秀”）。此后，又增写三篇论文，这时才凸显出我对行政裁量过程性控制的思考，最终形成了本书的全部内容。

做学问，真的是有学有问。2004 年 9 月，我入学北京大学，在姜明安教授的指导下，攻读法学博士学位。最初设想将“不确定法律概念的具体化”作为博士论文选题，但难度太大，后转为行政裁量论。2007 年 6 月 3 日，我在北京大学陈明楼参加了博士学位论文答辩，答辩委员会由袁曙宏（主席）、郭道晖、孙琬钟、姜明安、湛中乐、王磊等六位教授组成，各位委员给我积极的鼓励，也提出了诸多问题。另外，我也曾就本书的内容在不同时期专门请教过诸多前辈。2006 年 9 月—10 月，在中华发展基金和陈新民教授的支持下，访学台北大学，其间请教了陈春生、李建良教授。2009 年 7 月—8 月，在韩大元、王云海教授的帮助下，访学日本一桥大学，在周蒨博士的帮助下请教了高桥滋教授。2013 年 1 月—2014 年 1 月，在日本国际交流基金的支持下，访学京都大学，其间请教了高木光、深泽龙一郎教授。在各篇论文的写作中，还得到杨建顺、王天华、杜强强、高秦伟、杨利敏、须田守等诸多师友的指点，也得到多个杂志编辑的有益建议。在本书的资料收集和撰写过程中，得到了诸多亲朋好友的支持和鼓励，恐挂一漏万，不再一一列举。在本书的出版上，得到了中国人民大学法学院和中国人民大学出版社法律分社的大力支持。在此一并致以谢忱。

书是写成了，但写作并不是一件幸福的工作。即便是书稿的最后整理工作，也是颇费时日——增删内容，润色文字，核查文献，无一不让人殚精竭虑。相形之下，读书学习才是真正快乐的事情。十分怀念读博撰写博士论文时与王卫明、丁鹏、闫仁河等诸多同学时常切磋琢磨的岁月；十分怀念工作后在京都大学听课、参加学习会、定期向高木光教授请益的时光；十分感念本教研室的各位同仁和人大法学院给我的宽松的研究环境。

这是我的第三本专著，也是我相对满意的一本。因为这些年不曾懈怠，以有限的脚力不断跋涉于无涯的书山学海。孤旅常寂，冷暖自知，掩卷云开，悲欣交集。

王贵松

中国人民大学明德法学楼

2016 年 3 月 10 日

图书在版编目（CIP）数据

行政裁量的构造与审查/王贵松著.—北京：中国人民大学出版社，2016.5
ISBN 978-7-300-22887-7

Ⅰ.①行… Ⅱ.①王… Ⅲ.①行政法-研究 Ⅳ.①D912.104

中国版本图书馆 CIP 数据核字（2016）第 108029 号

行政裁量的构造与审查

王贵松 著

Xingzheng Cailiang de Gouzao yu Shencha

出版发行	中国人民大学出版社		
社　　址	北京中关村大街 31 号	**邮政编码**	100080
电　　话	010－62511242（总编室）		010－62511770（质管部）
	010－82501766（邮购部）		010－62514148（门市部）
	010－62515195（发行公司）		010－62515275（盗版举报）
网　　址	http://www.crup.com.cn		
经　　销	新华书店		
印　　刷	唐山玺诚印务有限公司		
开　　本	720 mm×1000 mm　1/16	**版　　次**	2016 年 5 月第 1 版
印　　张	20.75 插页 2	**印　　次**	2024 年 6 月第 2 次印刷
字　　数	335 000	**定　　价**	89.00 元